国家骨干高职院校建设项目成果

旅游企业管理实务

刘锋华　唐环宇　主　编

张　颖　汪英姿　副主编

经济科学出版社

图书在版编目（CIP）数据

旅游企业管理实务 / 刘锋华，唐环宇主编 . —北京：
经济科学出版社，2012. 12
ISBN 978 - 7 - 5141 - 2855 - 0

Ⅰ. ①旅…　Ⅱ. ①刘…②唐…　Ⅲ. ①旅游企业 –
企业管理 – 高等职业教育 – 教材　Ⅳ. ①F590. 65

中国版本图书馆 CIP 数据核字（2012）第 315799 号

责任编辑：侯晓霞
责任校对：王肖楠
责任印制：李　鹏

旅游企业管理实务

刘锋华　唐环宇　主　编
张　颖　汪英姿　副主编
经济科学出版社出版、发行　新华书店经销
社址：北京市海淀区阜成路甲 28 号　邮编：100142
教材分社电话：010 – 88191345　发行部电话：010 – 88191522
网址：www. esp. com. cn
电子邮件：houxiaoxia@ esp. com. cn
天猫网店：经济科学出版社旗舰店
网址：http://jjkxcbs. tmall. com
北京密兴印刷有限公司印装
787 × 1092　16 开　22. 25 印张　540000 字
2012 年 12 月第 1 版　2012 年 12 月第 1 次印刷
ISBN 978 – 7 – 5141 – 2855 – 0　定价：45. 00 元

前　言

　　大力发展旅游产业，人才队伍建设是关键。旅游业的快速发展，对旅游人才的素质提出了新的更高的要求。目前中国旅游业的人才现状与旅游业的发展需要还有着相当大的差距，旅游管理人员的数量和管理水平，旅游院校的培养模式、培养体制还难以与迅速发展的旅游业相适应。整合旅游教育资源，加强专业建设，深化教学改革，提高旅游教育水平，为旅游企业输送更多的高素质技能人才，是学院教学的基本目标，也是促进旅游业持续、快速、健康发展，实现世界旅游强国宏伟目标的战略措施之一。旅游业的强关联性、高乘数效应以及较低的市场准入度成为其在中国迅速发展的主要原因，但是目前中国的旅游业竞争力弱，旅游企业管理水平低，从业人员素质较差，在知识经济浪潮和信息化的推动下，旅游企业必须尽快转变以适应日益激烈的内外部竞争环境。

　　本教材是根据高职高专旅游管理专业人才培养目标，结合当前旅游行业实际需求而编写的具有很强实用价值的教材，是一本系统的、紧跟时代发展的且适合中国旅游发展实际的旅游企业管理方面的教材，本书遵循旅游企业管理理论—管理实务—管理技术方法的逻辑线索展开论述，注重理论与实际相结合，并针对中国目前旅游业内普遍存在的一些问题作了探讨和论述。

　　本教材从管理学的角度，分析研究了旅游企业管理的理论和方法，初步形成了"点、线、面"的旅游企业管理体系，即旅游企业管理、旅游行业管理和旅游景区管理。

　　本教材对旅游企业管理的理论和实务进行了概括性、系统性的阐述，内容涵盖旅游企业管理、旅游饭店管理、旅行社管理、旅游企业营销管理、旅游企业人力资源管理、旅游企业质量管理等方面。

　　本教材内容新颖，力求结合行业发展的热点、难点问题，把握旅游企业研究的最新动态；注重理论与实践的结合，例证丰富，说理清晰；构建了旅游企业管理的基本框架，结构严谨。

　　本教材编者由高职院校多年从事旅游专业教学的教师和旅游企业行家组成，由刘锋华、唐环宇（九江青旅国际旅行社有限公司副总经理）担任主编，张颖、汪英姿（婺源县春天旅行社有限责任公司总经理）担任副主编；秦丹、崔晓慧、曹俊（九江青旅国际旅行社有限公司副总经理）、车婵娟（九江假日旅行社）、徐敏（江西财经职业学院培训中心经理）参编。本教材编写过程中，参阅了大量的相关文献资料，限于篇幅只列出了主要参考书目，在此，谨向有关作者表示真诚的感谢！

　　本教材在编写过程中，得到了学院领导的悉心指导，也得到了九江市导游服务中心、九江青旅国际旅行社、婺源县春天旅行社有限责任公司、江西财经职业学院培训中心等校企合作基地的大力支持，他们为教材的编写提供了大量的基本素材，在此对他们表示感谢！

　　全书内容简明，设计新颖，案例丰富，训练多样，考核全面，功能齐全，融通俗性、可读性、应用性于一体，力求体现"教、学、做、评"合一和"以学生为主体，以教师为引导"的高职高专教育教学改革新思路。既可以作为旅游管理专业的专科生、高等职业院校学生的教科书，也可作为广大旅游从业人员自学的参考用书。

编　者

2012 年 12 月

目录

模块一

基础模块

旅游企业管理概述

【引言】

中共十六大以来，中国旅游业发展令人瞩目：10 年间，中国的国民人均出游率从不到 1 次发展到超过两次，旅游消费真正实现了国民化，大众旅游时代也已经到来；10 年间，中国国内旅游、入境旅游、出境旅游三大市场全面繁荣，成为世界第三大入境旅游接待国和出境旅游消费国，并形成全球最大的国内旅游市场；10 年间，旅行社、酒店、景区等主要旅游企业数量均已进入"上万级"，邮轮、游艇、房车、露营等新业态层出不穷，旅游产业素质全面提升；10 年间，铁路、公路、航空等基础设施更加完善，人们出游更加便捷，旅游发展环境全面改善；10 年间，从促消费、扩内需，到转方式、调结构，旅游业的关联带动作用充分发挥，综合功能愈发凸显；10 年间，从国民经济的重要产业，到国民经济的战略性支柱产业，旅游业的产业定位空前提升，已全面融入国家战略。如今，中国的旅游企业如同驶入大海的帆船，与实力雄厚的"航母"（国际上大的旅游企业）共同搏击。毋庸置疑，中国的旅游企业在发展中还将不断创造新的辉煌。

【学习目标】

1. 了解旅游企业。
2. 理解旅游企业管理体系。
3. 掌握企业管理的理论基础。

任务1　了解旅游企业

一、旅游企业的概念与特征

（一）企业的概念和类型

企业作为一种经济组织形态，是社会生产力和商品经济发展到一定阶段的产物。它是依法设立的，以营利为目的的，从事生产经营活动的、独立核算的经济组织。

现代企业有多种不同的类型，有的是从事物质资料生产的企业，如制造业、与采掘相关的企业；有的是从事商品流通的企业，如商业、贸易企业；有的是从事金融和保险业务的企业，如银行、保险公司；还有许多从事信息、咨询和劳务服务的企业，如旅游企业等。

（二） 什么是旅游企业

由以上企业的定义，可以发现旅游企业属于工商类企业，是第三产业的组成部分，它是利用旅游资源和旅游设施，为旅游者提供观赏性和愉悦性的产品与经历，从事相关旅游经营活动的营利性的、相对独立的经济实体。

（三） 旅游企业的性质

1. 一般企业的共性。旅游企业作为企业的具体类型，具有一般企业的共性特征，具体表现在以下几个方面：

（1）旅游企业作为企业，自然要生产产品，需要建立相关的生产销售系统，包括由原材料采购、加工到商品出售的全过程，其中，消费者的需要是旅游企业产品设计与生产的基本依据。

（2）正常的组织运作是企业生产的基本保障，因此，旅游企业要实现企业的目标，就必须建立起有效运作的管理体系，包括计划、质量、财务、安全、人事等全方位的管理系统与相应的规章制度。

（3）旅游企业的核心是人，企业中最为宝贵的资源也是人。对于以提供劳务服务为主的企业，如何发挥企业中人的积极主动性，尤为重要，旅游企业必须通过自己的人力资源管理系统来对该问题加以解决和保证。

（4）旅游企业的经营需要依靠一定的物资资源和设施设备。与一般企业相似，旅游企业的资源和设施设备状况决定了旅游企业的类型与规模，同时，也在一定程度上反映了企业的先进程度。

2. 旅游企业的特性。旅游企业由于旅游行业的特殊性，除具备以上企业的一般共性外，还具有一些专有特征。

（1）对基础设施和环境的依赖性及其发展的适当超前性。旅游企业主要是利用旅游资源和设施设备的功能、空间和其他产业所提供的产品为旅游者提供服务。根据产业关联理论划分，旅游产业符合最终需求型产业（又称下游产业）的特征。它在生产过程中显著地依赖其他产业的产品作为中间投入的生产要素，与先行产业的产业关联性较强，旅游业的发展会拉动其先行产业相关部门的发展，因此，一个地区的基础设施建设、市政工程配套、资源环境、设备物资配置、旅游者所需各种生活用品的生产和供应，以及水电能源消耗等，对该地区旅游企业的发展具有重要影响。同时，由于旅游业在促进国际经济、文化和科技的交流，吸收外汇，拉动内需，积累资金等方面的突出作用，旅游企业又可以适当超前发展。其超前的程度取决于国民经济的承受能力、外汇偿还能力以及客源增长速度，不能盲目建设。

（2）旅游企业经营的敏感性。由于旅游活动本身受国内外政治、经济、文化、外交以及汇率变动、恐怖事件、自然灾害、疾病流行等多种因素的影响，旅游企业经营活动往往具有较强的敏感性。例如：2003年一场突如其来的"非典"疫情，使中国旅游业一下子跌入深谷，截至2003年4月底，全国有组织的入境旅游、国内旅游和出境旅游都基本停止。经过全国上下的共同努力，世界卫生组织（WHO）先后于2003年5月、6月先后宣布撤销对香港、广东和北京的旅游警告，并将它们从SARS疫区名单中删除，旅游业随即出现强劲的恢复势头。根据国家旅游局正式公布的统计资料，2004年，中国入境旅游人次数创纪录地达到了 1.0904 亿人次，不仅比 2003 年增长 18.96%，而且比历史最高水平的 2002 年增长了 11.37%。同时，2004 年中国国内旅游表现出了急剧恢复后的可喜发展。正像《旅游绿皮书》所预测的那样，"表现为对 2003 年应有的正常增长后的再增长，即出现两年正常增长的叠加。"旅游业的这种敏感性特征，需要企业更多地关注各种危机事件发生的可能性，不断提高企业的抗风险能力，同时对旅游业的发展应保持充分的信心。

（3）旅游企业经营的关联性和竞争性。旅游企业是以客人的旅行游览活动为主线提供服务的，在客源市场上，旅游企业间的经营具有较强的关联性，需要旅游企业间的有效合作，不同的旅游企业在旅游活动的不同环节为客人提供不同的服务。如旅行社负责组织客源，旅游交通公司提供运输服务，饭店则提供食宿服务，餐馆、旅游商店及其他企业提供各种相关配套服务。另一方面，由于一定时期旅游客源市场的有限性和旅游企业设施设备的不可储存性，旅游企业间的经营也会形成激烈的竞争关系，尤其是同一个地区相同类型的旅游企业。旅游企业经营的这种特点，一方面要求国家和地区的旅游企业相互配套，合理安排，另一方面也要求旅游企业注重市场需求及其变化，多方开发市场，加强旅游企业之间的联系，正确处理好联合和竞争的关系，以促进旅游企业的健康有序发展。

（4）先进设备和劳务服务并存，工艺技术性较强。旅游企业是为游客提供享受服务的企业，因而大多具有先进的设施设备。但先进设施不能完全取代手工操作和劳务活动，必须与劳务活动融为一体，才能相得益彰。如饭店室内装饰艺术、烹调艺术、导游艺术等，都要靠劳务服务来完成。在设施、设备基本完善的条件下，企业员工的工艺技术水平和劳务服务质量，直接影响着旅游企业产品质量的好坏。

二、旅游企业的分类

旅游企业涉及为旅游者提供吃、住、行、游、购、娱等全方位的产品与服务，根据不同标准可分为多种企业类型，目前主要的分类有以下几种：

（1）按投资主体划分，根据《中国旅游统计年鉴》的标准，旅游企业可以分为国有、集体、私营、联营、有限责任、股份合作、股份有限、其他内资、外商投资、港澳台投资等多种类型。改革开放以来，旅游企业投资已由过去单一由国家投资为主转向多元化发展，尤其是沿海地区，如广东省的国有星级饭店比重已低于 50%；外商投资饭店和港澳台地区投资饭店逐年增加，给旅游企业带来了新的体制和活力。

（2）按隶属关系分，旅游企业可以分为行业内直属企业与行业外从事旅游经营的企业，行业内直属企业主要是国家或地方旅游局直接管理的企业，而行业外从事旅游经营的企业，包括许多行业为进行多元化经营而投资建设的各种旅游企业，如银行、税务、运输、烟草等行业在中国建设了许多隶属各系统内的旅游企业，这些旅游企业也需要按照旅游行业的规范进行统一管理，如旅游企业、旅游景区评定星级等。这种划分，主要是为了对旅游业进行统筹规划并加强行业管理。

（3）按旅游企业的经营规模（由经营业务项目多少、营业额、职工人数、固定资产价值等指标决定）来划分，可以分为大型旅游企业、中型及小型旅游企业等，如饭店企业通常按饭店客房数的多少来划分其规模，客房数不超过 300 间的为小型饭店，客房数在 300 ~ 600 间的为中型饭店，客房数在 600 间以上的为大型饭店。而旅行社则按注册资本和质量保证金的多少划分为国际社和国内社。国际社注册资本不少于 150 万元，质量保证金为 60 万元，国内社上述两项分别为 30 万元和 10 万元。

（4）按与旅游活动的密切程度可划分为直接旅游企业、间接旅游企业、旅游配套企业三大类。直接旅游企业是直接和专门经营旅游业务的企业，如旅行社、旅游景区、饭店宾馆、旅游汽车公司等，它们是旅游企业的主体。间接旅游企业是指那些除为旅游者服务外，同时也为社会其他部门和人员服务的企业，如商店、歌舞厅、影剧院、公共交通运输等企业。旅游配套企业是为旅游企业提供配套产品和服务的相关企业，如装饰公司、食品饮料和旅游商品的生产企业、建筑企业，以及为旅游企业提供设备和供应服务的其他企业等。

三、旅游企业的主要类型

旅游是旅游者脱离了自己的日常生活世界而进入旅游世界的一种体验，这其中需要各种经济实体为旅游者提供产品和服务，同时包括在旅游者的日常生活中也需要的服务。但就旅游世界本身的性质和特殊性而言，旅游企业主要有旅游观赏娱乐企业、旅行社、餐饮住宿企业、交通和通信企业、旅游商品经营企业等。

（一）旅游观赏娱乐企业

旅游观赏娱乐企业是旅游业的核心成分，以向旅游者提供观赏娱乐产品（核心旅游产品）为其基本产业职能，其典型的企业形式是风景区（点）和有突出的特色吸引力的娱乐场所。可以说，旅游观赏娱乐企业是吸引旅游者从居住地来到旅游目的地的根本性因素。

长期以来，旅游学的专业文献中都认为，构成旅游业的三大支柱是饭店、旅行社和旅游交通，并没有把观赏娱乐业置于足够重要的地位，这种认识给人们造成极大的错觉，那就是旅游业的主体部分是住宿、餐饮、旅行社和旅游交通部门，殊不知没有了旅游观赏娱乐业，上述各个产业的存在意义仅在于为当地居民服务，或者就根本不可能存在（如旅行社）。所以，这种认识不仅有理论上的问题，而且给实践带来直接影响，阻碍了旅游景区（点）的产业化进程以及对这种产业所依赖的资源的认识和重视。而从旅游的本质属性来看，相对于旅游观赏娱乐业而言，其他产业都是提供旅游产品追加价值的产业，处于附属的地位。

（二）旅行社

旅行社也是一个典型的中介服务型产业，它是从事招徕、接待旅行者，组织旅游活动的企业。旅行社的功能包括以下几个方面：

（1）设计并销售旅游产品。根据旅游者需求设计旅游产品线路，安排旅游行程，向旅游者提供导游和陪同服务等。

（2）中介服务。旅行社实际上是旅游产品进入流通领域后的经营商，为旅游产品价值的实现提供便利，如使旅游者在申办护照、办理签证、兑换外汇、海关查验、办理旅行票据和住宿预定手续等方面都更加方便。

（3）信息咨询和反馈职能。旅行社是连接生产者和消费者的桥梁和纽带，也是信息交流的中枢，旅行社在向旅游者提供旅游信息咨询、向旅游产品生产企业提供需求信息反馈方面，具有得天独厚的优势。

（三）餐饮住宿企业

餐饮住宿企业是满足旅游者在旅行和逗留过程中必需的基本需要。它们有多种不同的称谓，但基本可分为餐馆和饭店两大类，餐馆主要是单纯向旅游者、旅行者或当地居民提供餐饮服务的企业，而饭店是指主要向旅游者、旅行者甚至当地居民提供住宿服务并同时提供餐饮和其他服务的企业。随着旅游者和旅行者需求趋势的发展和变化，现代的饭店在功能上不断扩展，已经能够在很大程度上提供旅游者所需要的综合性服务。但是，不管饭店功能如何复杂化，饭店最本质的特征在于它始终不能脱离住宿服务，否则就不能称其为饭店。由于功能的拓展以及各种功能在饭店中所处的地位不同（由此形成了饭店服务的倾向性），现代饭店出现了多种多样的类型，如商务饭店、度假饭店、会议饭店、公寓饭店、汽车饭店、赌场饭店等。这些饭店又往往根据服务档次和质量被评定为不同的级别（一般采取星级制）。饭店的这些发展，标志着现代饭店具有重视人的因素并针对不同的细分市场提供高品质服务的特点。

（四）交通和通信企业

交通和通信两大企业是旅游业实现旅游者和旅游信息的空间位移的基本保障。由于这两大产业在世界范围内的发展使地球的时空距离大大缩短，人们相互往来的机会和愿望更加强烈也更加现实了。可以说现代旅游业的发展，是伴随着交通和通信业发生革命性变化而快速崛起的。

（五）旅游商品经营企业

旅游商品是旅游者在旅游目的地国家或地区的旅游过程中所购买的各种物品，主要包括旅游工艺品、旅游纪念品、文物古玩及其复制品、土特产品、日用品和其他商品。这种商品在经济特性上与一般消费品没有根本的区别，也不像旅游产品那样具有自身的明显特点，因此在经营上除了需要强调产品设计中的独特性、文化性、纪念性和艺术性以外，并没有其他的特殊要求。

任务2　理解旅游企业管理体系

一、旅游企业管理的基本含义

（一）旅游企业管理的定义

什么是旅游企业管理？简而言之，就是旅游企业最大化利用自身的资源以实现企业目标的活动。而如何能有效运作旅游企业的活动呢？它需要旅游企业遵循科学的规律。根据管理学的基本理论，结合旅游企业实际，可以给旅游企业管理定义为：旅游企业管理者在了解市场的前提下，遵循一定的理论和原则，运用各种管理方法，对旅游企业所拥有的有形与无形等综合资源进行有效的决策、计划、组织、指挥、控制、协调，使各项资源要素得以合理配置，以实现企业所预期的战略目标。旅游企业管理的内涵可归纳为以下几个方面，如图 1 - 1 所示。

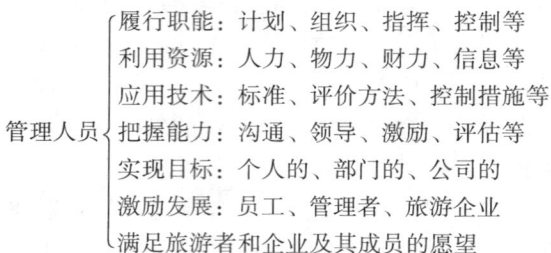

管理人员 {
履行职能：计划、组织、指挥、控制等
利用资源：人力、物力、财力、信息等
应用技术：标准、评价方法、控制措施等
把握能力：沟通、领导、激励、评估等
实现目标：个人的、部门的、公司的
激励发展：员工、管理者、旅游企业
满足旅游者和企业及其成员的愿望
}

图 1 - 1   旅游企业管理的基本要素

（二）旅游企业管理的资源

旅游企业管理的资源具有广泛性和一定的特殊性。除了一般企业所具有的人、财、物、信息、资金、技术等方面外，在旅游资源、游客资源和人力资源等方面还具有一定的特殊性要求。

1. 旅游资源。旅游资源是在一定地区对旅游者具有吸引力的自然景观、历史文化遗产和社会现象的总和，它包括自然风光、名胜古迹和风土人情等方面。旅游企业对旅游资源的利用与开发，形成一系列的旅游产品，从而创造出经济和社会价值。由于旅游资源存在于特定的地域和历史发展过程，旅游企业在运用旅游资源时应遵循其规律，处理好产品开发与资源保护的关系，如对资源的环境承载力、文化遗产历史原貌的把握等。

2. 游客资源。游客资源是旅游产品现实和潜在的消费者。旅游企业的游客资源与一般企业消费者显著的差别在于其消费与生产的同一性。一般消费者去商店购买商品，当他离开商店时带走的是实物产品，而游客购买的旅游产品，当他离开时带走的主要是经历而不是实物产品，旅游产品被游客在旅游目的地就地消费了，如景点的参观游览，饭店的住宿等。实物产品的生产、交换、消费在时间和地点上都是分离的，而多数的旅游产品的生产、交换、消费在时间上几乎是同时发生的或间隔时间很短。这一特点决定了旅游企业产品在很大程度上是不可储存的。因此，加强旅游企业产品的预定、预售和营销推广工作就显得十分重要。

3. 人力资源。人力资源是能为旅游企业创造价值的员工的总和。旅游企业是为旅游者提供精神产品为主的企业，且以员工的劳务服务产品为主。因此，旅游企业的从业人员尤其要具备高情商和善于沟通的能力，同时，由于上述的生产与消费的同一性，旅游企业的从业人员还应具备扎实的工作技能、踏实的工作态度和灵活的应变能力，同时企业管理应形成相应的管理机制激励员工不断为客人提供优质高效的旅游产品。

（三）旅游企业管理的功能系统

旅游企业的功能系统是旅游企业正常运转的保证，它是旅游企业管理者运用管理职能开展旅游企业经营活动实现企业目标的过程，具体如图 1 - 2 所示。

该功能系统由三个层面组成，即基础支撑功能、主干执行功能和系统反应功能。

1. 基础支撑功能。基础支撑功能是旅游企业经营活动的先行功能，它为主干功能提供

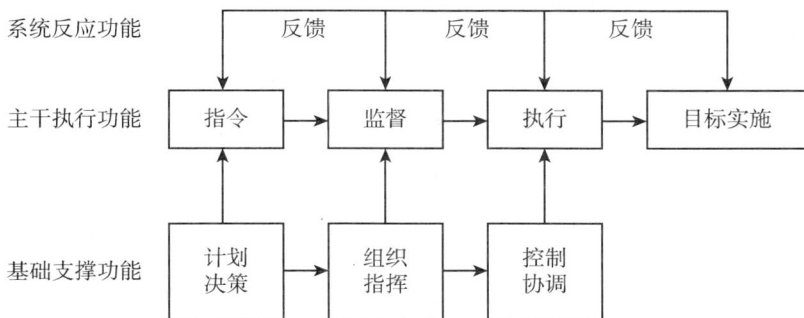

图 1 - 2　旅游企业管理功能示意

行动方案和科学依据。决策与计划是以调查研究和预测为基础，确定企业目标和计划方案，并形成一个个具体的指令下达到各部门各环节以便于执行。组织指挥则是为落实计划去合理有效地配置资源，并设计相应的机构、岗位和规章制度来监督和保证各项指令的到位和执行。控制和协调功能是根据计划指令的进度，协调各种关系，控制管理过程及成本消耗，纠正偏差，最终保证目标的实现。

2. 主干执行功能。主干执行功能是旅游企业运行的主体，也是体现旅游企业经营活动的实质性的功能。旅游企业的各种决策计划只有通过具体的指令并监督执行才能实现企业目标，该功能也是旅游企业创造效益的源泉。

3. 系统反应功能。系统反应功能及时反馈企业运行各环节的问题与信息，以不断完善企业运行质量。它是保证旅游企业循环高效运行的重要环节，但由于该环节一般不会影响到某一个具体的执行功能，因此往往容易被忽视。旅游企业要实现可持续发展，就必须重视反馈功能的作用。

上述三个层面相辅相成，基础功能支撑主干功能，提供科学方案、机构与制度等；主干功能有效实施，发挥最佳效益；反馈功能及时反应，良性循环，从而保证旅游企业的运行效率。

二、旅游企业管理的基本属性

从旅游企业管理的学科性质看，它属于一级学科工商管理学的范畴，同时也是由二级学科企业管理和旅游管理的交叉而产生的边缘学科。它是以旅游企业为研究对象，研究旅游企业管理活动过程中的各种要素与相互关系的一门学科。旅游企业管理是经营和管理各种旅游产品的企业，具体包括旅行社管理、风景区管理、娱乐业管理、饭店管理、旅游交通企业管理、游船企业管理等。

旅游企业管理的基本性质也具有与生产力、社会化大生产相关的自然属性和与生产关系、社会制度相关的社会属性。

（一）旅游企业管理的自然属性

旅游企业管理的自然属性是指旅游企业管理过程中在不同的社会制度和意识形态中所表

现出来的共性,反映出旅游企业管理的一般规律性,可以供不同的社会制度与国家在发展旅游业中学习与借鉴。

1. 系统相关性。旅游企业是一个开放的系统,它与环境有着密切的相互关系,同时,企业内部各环节、各部门也是一个有机的整体,共同完成对顾客的服务。比如市场营销部门招徕的客人,需要企业内部各部门有效地配合才能真正让客人的整个旅游经历满意,旅游企业系统具有相关性特征,要求旅游企业员工树立系统整体性观念,局部利益服从于整体利益,同时还应有团队意识,共同创造企业系统整体利益的最大化。

2. 需求与供给的不平衡性。旅游企业在一定时间内,其供给接待能力是一定的,如饭店的床位数、餐厅的餐位数、景区的环境承载量、旅游车队的车辆数等。而客人的需求却是一个不断波动的数,虽然游客的变动也具有一定的规律性,但具体到某一个时间某一个旅游企业所面对的顾客量却经常出现较大变化,这也体现旅游企业经营活动经常出现的淡旺季差异性。因此,需要旅游企业具备平衡需求变化的应对能力和采取相应的措施。

3. 旅游企业经营的文化性。旅游企业是带有强文化色彩的企业,这已成为旅游企业的共识。旅游企业的强文化性是由旅游企业的特殊性所决定的。第一,旅游企业服务的对象是人。旅游者购买旅游产品的主要目的是为了其发展与享受精神层次需要,如现代旅行者外出旅行的动机可以是多种多样的,但有一个动机是共同的,即探求异地文化。旅游企业也就成了他们探求和感受异地文化的一个组成部分。第二,旅游企业生产和销售的是无形产品。无形产品的使用价值不仅表现在物质形态上,也表现在环境和氛围上。与此相对应,无形产品的价值也不仅包含可计量的成本费用支出,还包括环境文化、氛围营造、服务文化等的附加价值。无形产品给宾客带来的不仅是旅居或社会需求的满足,还给予宾客精神享受和心理感受上的满足。这种享受和感受主要靠文化的魅力和影响力。第三,旅游企业一定处于某个地域。特定的地域有其特定的社会、经济、历史、地域、文化背景。旅游企业处在这样的背景中,就会带上特定的地域文化色彩。而实际上很多饭店的经营者已经意识到,地域文化是一项宝贵的资源,取得这一资源是无偿的,但它会给旅游企业锦上添花,甚至成为旅游企业的主格调或主题,其产生的影响是不可估量的。第四,市场对文化的需求。市场要求旅游企业具有文化特色和文化氛围已成为今天的现状和今后的趋势。21世纪,在生产力高速发展的同时,人们的生活也进入了一个崭新的境地。人们在不断提高物质生活质量的同时,也同步追求精神生活的更高层次和境界。这一时代的宾客对饭店的使用也有着物质和精神两方面的要求。精神的享受主要通过文化来体现。

旅游企业强文化性的表现形式是多方面的,具体可通过旅游企业的硬件和软件两个方面来体现。硬件方面主要有建筑物造型和外环境、外装修,旅游企业的环境艺术和内装修设计,设备设施及物品的造型、色彩图案、款式、设置创意、配备的种类和用途,CI设计的视觉效果等。软件主要有旅游企业的产品理念和服务理念、旅游企业的文化理念、服务程序设计、产品及业务设计、服务中的CI设计、服务过程中的文化点缀、服装设计、语言文字的设计、对客服务的设计等。除了旅游企业软、硬件的文化性外,旅游节事活动也是旅游企业文化的重要方面。我们把旅游节事活动看作地域文化和民族文化的反映。旅游节事活动要通过活动策划、场景设计、宣传营销、活动表演、游客参与、气氛烘托等多方面来体现。

（二）旅游企业管理的社会属性

从企业管理的历史看，它从来就是为统治阶级、为生产资料的占有者服务的，是一定社会生产关系的反映。因此，不同社会制度的企业管理具有不同的社会属性。然而，随着世界政治、经济、科技的不断发展，过去认为的资本主义和社会主义企业管理"水火不容"的社会属性也在发生着变化，这种变化反映在旅游企业管理的社会属性上主要体现在以下几个方面：

（1）政府加强宏观调控。过去资本主义经济一贯以自由著称，而当今资本主义国家政府对本国的经济采取了不同形式、不同程度的干预。许多国家和政府都制定了长期和中期以至于年度的旅游经济发展计划，对一些垄断性的旅游资源，如自然保护区、文化遗产等更是直接纳入国家直接控制范围，并用法律、经济、行政等手段促使旅游企业执行政府的计划，在一些国家和地区，政府主导型的旅游业被证明是一种成功的管理模式。

（2）旅游企业管理的目标趋向多元化。由于消费者日益成熟，环保意识的不断加强等方面的影响，社会公众和广大消费者（用户）对企业提供的商品和劳务，对企业活动对环境造成的损害，抱着更加挑剔的态度，并且形成了各种消费者协会和形形色色的环境保护组织，迫使企业管理者不得不认真考虑消费者利益和社会生态环境的保护。

作为旅游企业的职业管理者在行使管理职能时，他既要满足资本所有者及股东对股息和红利的要求，又要保证扩展企业实力的需要；他既要尽可能满足本企业员工物质和精神方面的需要，又要考虑到社会公众、广大消费者和用户的利益；他既要千方百计追求企业的利润最大化，又要处理好旅游企业同政府的关系，遵从政府的种种法规和限制。因此可以说旅游企业管理的目标已经多元化了。

（3）旅游职业经理阶层出现。科学技术的飞速进步促进了经济的加速发展，旅游企业规模不断扩大，社会分工更加细密，信息传播速度和信息传播数量都空前增加，人们之间的相互交往频繁，使管理的复杂性大大提高了，于是一批受过良好职业训练的经理阶层应运而生，使旅游企业的终极所有权与经营权发生了分离。股份制企业的资本所有者——股东不再直接管理企业。由于股东可以随时出卖自己的所有权——股权，因而他们甚至不怎么关心企业的管理，他所关心的仅仅是股票价格的涨落和红利的多少。

以上旅游企业管理社会属性的种种变化反映了不同社会制度的趋同性，但从本质上讲，并没有改变资本主义管理的剥削性和独裁性。从总体上看，社会主义国家的旅游企业的管理都是为人民服务的，管理的预期目的都是为了使人与人之间的关系以及国家、集体和个人的关系更加协调。因此，在社会主义条件下管理的社会属性与资本主义社会存在着根本的不同。在社会主义条件下，管理的社会属性应当体现为任何企业、任何个人在实行管理时都要从全社会、全体人民的利益出发，并且自觉地让局部利益服从全局利益，个人利益服从集体利益。任何层次的管理者都应当真正成为人民的公仆，而人民则应当真正成为各个社会组织的主人。

三、旅游企业管理的内容体系

国外一些学者将企业管理基本要素概括为"七个 M"：

（1）人事（Men）：包括职工的招聘、培训、考核、奖惩、升降、任免等。

（2）金钱（Money）：包括筹资、预算控制、成本、财务分析、资本营运等。

（3）方法（Methods）：包括战略经营、计划、决策、质量管理、作业研究、工作设计等。

（4）机器（Machines）：包括企业布局、工作环境、工艺装备、设施等。

（5）物料（Material）：包括材料的采购、运输、储存、验收等。

（6）市场（Market）：包括市场需求预测、生产决策以及价格和销售策略制定等。

（7）工作精神（Morale）：包括提高工作效率，把职工的热情、兴趣、志向引导到生产或工作上，发挥人的积极性和创造性。

旅游企业管理同样是一个复杂的管理过程，其内容也涉及诸多方面，具体有如下几个方面：

1. 旅游企业战略与计划管理。

（1）旅游企业战略环境分析，包括政策、行业态势与竞争等。

（2）旅游企业战略类型比较与核心竞争力把握。

（3）旅游企业战略选择与资源配置。

（4）旅游企业计划制订。

（5）旅游企业计划指标体系建立。

（6）旅游企业计划落实的手段与措施。

2. 旅游企业筹建与项目管理。

（1）旅游企业的市场与功能定位，目标市场确定与企业功能配合。

（2）旅游企业的选址依据与决策。

（3）旅游企业筹建项目管理，包括资金筹集、项目申请等。

（4）旅游企业装饰装修风格确定。

（5）旅游企业的合理布局与设备设施安排，包括节电、节能方面的措施。

3. 旅游企业组织与制度管理。

（1）旅游企业组织设计原则与要求。

（2）旅游企业组织架构与岗位设置。

（3）旅游企业组织制度建设。

（4）旅游企业管理层级与责权体系确定。

（5）旅游企业组织风格与个性。

4. 旅游企业营销策划与公共关系管理。

（1）旅游企业市场调研与分析，包括对市场环境、消费者行为、竞争形势等方面的判断与研究。

（2）旅游企业整体营销计划的确定，包括4P营销基本要素的把握。

（3）旅游企业营销策划技术的运用与方案的设计，CIS理念的导入。

（4）旅游企业产品的市场开拓，销售渠道、销售方式的选择。

（5）旅游企业顾客关系管理。

（6）旅游企业公共形象树立与公共关系的维系。

5. 旅游企业人力资源管理。

（1）旅游企业人员定编定岗与招聘管理。

（2）旅游企业员工职业生涯设计与素质要求。

（3）旅游企业员工的绩效考核与薪酬设计。

（4）旅游企业人力资源的激励与培训开发。

（5）旅游企业人力资源的有效利用与保护。

6. 旅游企业质量系统管理。

（1）旅游企业业务流程与相关标准的设计，包括程序、管理和服务等方面。

（2）旅游企业质量管理计划的制订。

（3）旅游企业质量管理体系与措施的建立。

（4）旅游企业全面质量管理意识的树立与培养。

7. 旅游企业信息与效率管理。

（1）旅游企业信息系统的建立，包括硬件设备与软件配套。

（2）旅游企业信息操作流程与规章制度的制定。

（3）旅游企业信息系统平台安全管理。

（4）旅游企业信息系统的高效开发与合理利用。

8. 旅游企业效益与风险管理。

（1）旅游企业资金筹集管理。

（2）旅游企业项目投资风险管理。

（3）旅游企业成本利润管理。

（4）旅游企业财务制度建立与管理。

（5）旅游企业经济效益的考核。

9. 旅游企业法规与诚信管理。

（1）旅游企业法律法规意识的树立。

（2）法律法规对旅游企业经营的约束与保护。

（3）运用法律手段正当维护自身权益。

（4）旅游企业诚信与道德体系的建立。

（5）旅游企业诚信行为的培养。

10. 旅游企业危机与预警管理。

（1）旅游企业安全制度建设与组织体系。

（2）旅游企业危机类型与危害分析。

（3）旅游企业危机预警体系的建立。

（4）旅游企业危机管理教育。

11. 旅游企业文化与价值体系构建。

（1）旅游企业文化与价值体系内涵。

（2）旅游企业文化建设措施与方法。

（3）旅游企业个性文化的形成与宣传。

（4）旅游企业核心价值理念的构建。

四、旅游企业管理的研究方法

旅游企业管理学涉及旅游学与企业管理学的相关领域，因此，旅游学和企业管理学的一般研究方法也适用于旅游企业管理的研究。具体的研究方法有以下几种：

（一）系统研究法（System Analysis）

　　系统研究的方法是将旅游企业管理的外部环境、市场、政策等要素和内部的人、财、物、信息等资源放在一个有机的系统中进行分析和研究，而不是孤立地研究某个要素，从而清晰地识别系统与外部环境之间以及系统内的各要素之间的平衡关系，进而发挥旅游企业管理的综合职能，实现旅游企业管理系统的合理有效运行。

　　在研究旅游企业经营管理的过程中，既要善于把握系统的整体性分析方法，也要能够运用解剖分析的方法，去具体研究旅游企业系统的某一个部门和环节存在的问题，同时，还应该用动态的观点看待旅游系统本身是在不断发展变化的，旅游企业系统内的各种因素也在不断地发展变化，随时把握旅游企业管理实践中出现的新问题和研究的热点，从而保持旅游企业管理学的先进性和科学性。

（二）实证调研法（Case Study）

　　尽管旅游企业的经营与管理有一些共同的规律可循，但没有完全相同的两个旅游企业，每一个旅游企业都有自己的个性，因此要求在具体分析某一个具体企业时，尤其是为企业提供咨询诊断时，一定要亲临旅游企业做实地的调研，收集旅游企业的经营管理各个方面的数据、发展背景资料和现实的管理状况。该方法强调直接的访谈、观察、记录和测试等方法与手段，当然，为调研不同的目的，需要有针对性地设计相关的问卷，如为旅游企业做薪酬设计、绩效考核，与做市场分析所需要的问卷和考察的内容是不一样的。这种方法对于旅游企业的个案分析是一种十分有效的方法。

（三）对比研究法（Contrast Study）

　　对比研究的方法是一种具有广泛应用价值的科学研究方法，应用在旅游企业管理学中，一方面可以对比企业内部各部门的效益、成本、资源利用等各方面的水平，从而找出企业内部的优势和核心竞争力；另一方面，该方法还可以用于不同旅游企业的对比，分析不同旅游企业在旅游业构成中的分工与竞争关系。此外，对不同地区和国家的旅游企业对比研究，还可以找到旅游企业管理发展的特色和规律，为旅游企业制定科学的决策服务，同时也可以研究旅游企业的发展历程，为探索旅游企业管理发展的一般规律服务。

（四）模式分析法（Model Analysis）

　　模式是一种趋向于定式化思维的研究方法，试图用单纯的文字叙述、图像描述、数学公式等形式重构、解释和预测复杂的现象。用于刻画现象的结构、形态、关系和流程，具有很强的表现力和抽象力。对于复杂的现象，模式分析可以通过图像形式加以有意简化的描述。一个模式旨在表明某种结构或过程的主要组成部分以及这些部分之间的相互关系。在社会科学中，模式分析至少有这样几个优点：

　　首先，模式具有构造功能。它能揭示出系统之间的次序及其相互关系，能使我们对事物有一个很难从其他方法中获得的整体的印象。在这一方面。模式能为各种不同的特殊状态提供一个一般的图景。

其次，模式具有解释和启发功能。它能用简洁的方式提供其他方法所能提供的相当复杂或含糊的信息。由于模式能引导学生或研究者关注某一过程或系统的核心环节，这又使模式具有启发功能。

最后，模式具有预测功能。利用模式分析，有可能对事件的进程或者结果进行预测，至少，它能够为估算各种不同结局可能发生的概率提供基本依据，研究者因而可以据此建立其假说。

对于旅游研究而言，由于其中所包含的复杂的空间关系、时间运动过程，又由于旅游企业本身的复杂结构，以及与各种其他社会经济现象的复杂的联系方式，不借助于某种概括的方式就很难把握旅游企业运行的本质，旅游企业管理研究中运用模式在构建企业组织结构、运行流程及预测等方面都有着广泛的运用。在斯蒂芬·史密斯的《旅游分析手册》一书中，大量地介绍了旅游学研究人员常用的模式，从中可以一窥模式分析在旅游学研究领域的潜力。

五、旅游企业管理的意义

旅游企业是构成旅游业的主体，加强旅游企业管理对促进旅游业发展具有十分重要的意义。

（一）旅游企业的整体状况影响着旅游业的发展水平

一个地区旅游企业的发展比例、布局情况、效益高低等方面反映并影响着旅游业的发展水平。中国的主要旅游企业、旅行社、饭店等在改革开放后有了飞速的发展，但与发达国家比较，总体表现为规模小、竞争力弱，对市场不能形成有效地控制，尚未摆脱粗放经营的状况，而发达国家旅游企业的集团化已占据行业的主体，并已形成核心竞争力主导着市场。

（二）增收创汇，拉动内需，刺激经济发展

旅游企业是旅游业的重要组成部分，也反映旅游业的地位。2012 年，旅游市场总体上呈现"两增一平"格局，国内、出境旅游市场保持较快增长，入境旅游基本持平。预计全年旅游业总收入将达到 2.59 万亿元，同比增长 15.1%；国内旅游人数有望达到 30 亿人次，同比增长 13.6%，国内旅游收入达到 2.3 万亿元，同比增长 19.1%；中国公民出境人数预计将达到 8200 万人次，同比增长 16.7%；出境旅游花费 980 亿美元。纵观这些年旅游业的发展情况，可以发现旅游业在国民经济总量中所占的比重呈逐年上升的趋势。旅游业一向被认为是创汇率高的行业而受到国家的鼓励。在拉动内需，刺激经济发展方面旅游企业也发挥着重要的作用。中国是以内需为主导的国家，最终消费在我国国内生产总值中所占的份额达到 60% 左右。而旅游消费作为一种新兴健康的消费形式，受到越来越多消费者的青睐，并且还带动了一大批相关消费，如旅游购物、休闲、娱乐、健身等，被认为是经济增长最具活力的影响因素。

（三）提高旅游企业投入产出效益水平

加强旅游企业管理是提高旅游企业投入产出效益水平的关键。中国的饭店企业是旅

游企业中发展规模较大，相对也较成熟的企业，从近几年的发展来看，出现了"三高三低"型饭店经营效益较好的结构特征。"三高"是：一是拥有500间以上客房的大饭店；二是高星级饭店；三是外资饭店。这三类饭店总体来说经营情况比较好，收入、出租率、利润等项指标位居行业前列。而"三低"型饭店，反映的是档次低、单体规模低、价格低但是经营情况较好，投资回报快的一批饭店，也形成了市场的热点。其中有代表性的饭店有上海锦江集团推出的"锦江之星"、北京首旅集团推出的"如家客栈"、国际青年旅舍等。成功的"三低"型饭店其共同点一是对应市场需求，二是品牌化经营，三是连锁化发展，所以会形成独到的竞争优势，这代表了饭店市场的一个发展方向。研究这些经营有特色、经济效益好的饭店，对于指导其他饭店和旅游企业的改革与提高有着示范作用。

（四）改善就业状况，提高从业人员素质

　　旅游企业是一个劳动密集型企业，能吸纳较多的劳动力就业，因而旅游企业往往对一个国家和地区改善就业状况发挥着重要的调节作用。同时旅游企业提供的产品是以劳务服务为主的，旅游企业的人员一般要经过培训后才能持证上岗工作，如导游资格证书、景区等旅游企业经理岗位证书等。从服务业与第三产业的比较来看，旅游企业的从业人员素质要求相对较高，因而旅游企业为社会培养了大批有一定素养的人才。世界500强之一的麦当劳快餐，同时也位居全球10大品牌之列。在麦当劳的企业里，有超过75%的餐厅经理、50%以上的中高级主管，以及1/3以上的加盟经营者，是由计时员工做起的，他们通过有效的培训成为企业的中坚力量。

（五）促进相关企业及地区旅游经济的发展

　　旅游企业的发展对于推动相关企业和地区旅游经济的发展具有重要的作用。深圳市旅游企业的发展就充分说明了这一点。20世纪80年代末，香港中旅集团在荒芜的深圳湾上开发了中国第一座主题公园——锦绣中华，获得了巨大的成功，第一年即收回全部投资，并以此为契机，又相继开发了民俗文化村、世界之窗、欢乐谷大型现代化主题公园，从而形成了华侨城主题公园群。如今，华侨城集团已发展成为集旅游业、彩电业、房地产业三位一体的企业控股集团。旅游业是华侨城最具社会影响的产业，主要项目有四大主题公园、海景酒店、何香凝艺术馆、华夏艺术中心、华侨城体育中心、燕含山郊野公园和连通华侨城各景区、酒店的欢乐干线高架单轨车。华侨城地区的房地产也因旅游景区的带动而成为深圳最具升值潜力的景观房产之一。

（六）传播文化，扩大旅游影响

　　旅游企业生产的产品在很大程度上是一种文化产品，无论是景区的景观、旅行社的导游服务，还是旅游车船、饭店所提供的服务等产品，其实质都是让旅游者得到物质与精神上的享受，并且以精神上的享受为主。旅游企业在提供旅游产品的同时，也在传播着文明，传承着文化。因此，旅游企业往往也被称为民间大使。比如，对一个地区名胜古迹的介绍、地方菜系的品尝，都会给客人留下难忘的印象。旅游企业在传播文化的过程中，也扩大了与各国、各地区的交往，有些也成为吸引外商和投资者对本地区投资的重要因素。

任务3　掌握企业管理的理论基础

一、现代企业理论

现代企业理论又称"企业的契约理论"，由科斯（Coase）开辟先河。该理论是过去20年间主流经济学中发展最为迅速、最富有成果的领域之一，它与博弈论、信息经济学、激励机制设计理论及新制度经济学相互交叉，大大丰富了微观经济学的内容，改进了人们对市场机制及企业组织制度运行的认识。

现代企业理论的核心观点是，企业是一系列（不完全）契约（合同）的有机组合（nexus of incomplete contracts），是人们之间交易产权的一种方式。它把企业看做一种人与人之间的交易关系，认为企业行为是所有企业成员及企业与企业之间博弈的结果，这里企业成员的目标函数都是约束条件下的个人效用最大化。

具体来说，现代企业理论要解决三个问题：一是企业为什么存在？企业的本质是什么？如何界定企业与市场的边界？二是什么是企业所有权（Ownership）或委托权（Principalship，定义为剩余索取权和控制权）的最优安排？企业内谁应该是委托人（Principal）？谁应该是代理人（Agent）？三是委托人与代理人之间的契约如何安排？委托人如何监督和控制代理人？基于上述问题的现代企业理论产生了两个主要分支——交易成本理论和代理理论。交易成本理论重点研究企业与市场的关系，代理理论侧重于研究企业内部组织结构与企业具体成员之间的代理关系。两者都强调了企业的契约性、契约的不完全性及由此导致的企业所有权的重要性。

以科斯为代表的企业理论从全新的视角对企业的最基本的问题进行了探讨，帮助人们从企业的最根本的问题——企业性质入手，探索企业的本质。运用现代企业理论对旅游企业性质的本质进行深入的认识，指导旅游企业按照经济学规律进行生产经营活动，并有利于进一步探索我国旅游企业，尤其是国有旅游企业公司化改造的过程。

二、企业管理理论

管理科学的发展是随着社会生产力的发展而逐渐发展的，它是现代旅游企业管理的基石。它可以划分为古典管理理论和现代管理理论两个发展阶段。

（一）古典管理理论

古典管理理论发端于美国工程师泰罗（F. W. Taylor）在20世纪初首创的"科学管理"。他在1911年出版的《科学管理原理》，奠定了科学管理的基础，被誉为"科学管理之父"，其主要原理包括工作定额原理、标准化原理和差别计件工资制。在泰罗的科学管理理论指导下，企业逐渐开始用科学的管理方法代替旧的经验管理。

紧接着，法国人法约尔（H. Fayol）于1916年发表了其著作《工业管理与一般管理》，标志着一般管理理论的形成。他最主要的贡献在于三个方面：从经营活动中提炼出管理职能，作为与技术、商业、财务、安全和会计并列的第六项经营职能；提倡教育获取管理能力；提出五大管理职能（计划、组织、指挥、协调和控制）和 14 条管理原则（劳动分工、权力与责任、纪律、统一命令、统一管理、个人利益服从整体利益、合理报酬、集中、等级链、秩序、平等、人员的稳定、首创精神、集体精神等）。法约尔管理思想的系统性和理论性比较强，他对管理的五大要素的分析为管理科学提供了一套科学的理论框架，提出的管理原则具有普遍的意义，因此他被后人尊称为"管理理论之父"。

同一时期，德国社会学家马克斯·韦伯（M. Weber）在其著作《社会和经济组织的理论》中描绘了理想的行政组织模式，其核心思想是组织要通过职务或职位而不是个人或世袭地位来管理，为组织指明了一条制度化的组织准则，指出理想的组织应以合理、合法权利为基础，没有某种形式的权力，任何组织都不能达到自己的目标。韦伯提出的组织理论为社会发展提供了一种高效率、合乎理性的管理体制，因此被誉为"组织理论之父"。

泰罗、法约尔、韦伯奠定了管理思想的基础。他们的理论代表了早期的管理思想，其研究涉及管理方法、管理职能、组织方式等基本的管理方面，但是忽略了人的行为心理因素，因此在管理发展阶段中也被称为是古典管理理论阶段。这些管理思想对当代旅游企业的管理仍然具有一定的指导意义，如在旅游企业业务流程与质量标准设计、组织与制度建设等方面，提供了较普遍的模式。

（二）现代管理理论

现代管理的理论阶段是管理思想丰富和大力发展的阶段。在古典管理理论的研究基础上，许多管理学者从不同的研究角度提出了对管理学的见解，涌现出丰硕的成果。这一阶段的管理理论是现代企业管理的重要理论基础，也被称为"管理理论丛林"时期。主要有以下几大学派，它们的比较如表 1 - 1 所示。

表 1 - 1 现代管理理论学派比较

主要学派	对管理思想的贡献	代表人物
管理过程学派	是在法约尔的一般管理理论的基础上发展而来。一是相对于其他学派而言是最为系统的学派；二是确定了管理职能和管理原则，为管理活动指明了方向。	[美] 哈罗德·孔茨 [美] 西里尔·奥唐奈
社会系统学派	奠定了现代组织理论的基础，主张用社会学的观点来分析和研究管理的问题。认为组织是一个协作系统，它包含三个基本要素：协作愿望、共同目的、信息沟通。以管理者为核心，探讨组织内部均衡与外部相适应的条件。	[美] 欧文·巴纳德
系统管理学派	他们认为，组织是一个人造的、开放的社会技术系统，与环境之间存在着交互作用；它由各个相互联系的子系统组成。该学派重视对组织结构和模式的分析，应用系统理论的范畴、原理，全面分析和研究企业及其他组织的管理活动和管理过程，并建立起系统模型以便于分析。	[美] 卡斯特 [美] 罗森茨韦克 [德] 贝塔朗菲
经验主义学派	把管理看成对经验的研究，并运用案例分析作为概括管理经验的手段。成功和失败的管理经验教训能够给人们未来如何运用有效的方法解决管理问题提供借鉴，管理应该侧重于实际研究而不是纯粹的理论研究。	[美] 彼得·德鲁克 [美] 欧内斯特·戴尔

主要学派	对管理思想的贡献	代表人物
行为科学学派	以梅奥等人创立的人际关系学说为基础，从人的本性和需要、行为的动机等心理因素的角度研究人的行为规律，特别是研究人与人之间的关系、个人与集体之间的关系，并运用这种规律性的认识来预测和控制人的行为，以提高工作效率，实现组织的目标。	［美］梅奥 ［美］马斯洛 ［美］赫茨伯格 ［美］斯金纳 ［美］麦格雷戈等
决策理论学派	认为决策是管理的核心，贯穿于整个管理过程，管理就是决策。组织是由作为决策者的个人所组成的系统。西蒙把系统理论、运筹学、计算机科学和心理学综合运用于管理决策分析上，形成了有关决策过程、准则、类型及方法的较完整的理论体系。	［美］赫伯特·西蒙
管理科学学派	认为管理就是制定和运用数学模型和程序的系统，就是用数学模型和公式来表示计划、组织、控制、决策等合乎逻辑的程序，求出最优解，以达到企业的目标。该学派对管理学的精确化、数量化和科学化作出了贡献。	［美］伯法 ［英］布莱克特
权变理论学派	强调在管理中要根据组织所处的内外环境变化而随机应变，针对不同情况采用相宜的管理模式与方法，没有一成不变的、普遍适用的、最好的管理模式和方法。	［英］伍德沃德 ［美］卢桑斯 ［美］菲德勒

值得一提的是受世界经济环境变化的影响，现代管理理论在不断地创新发展着，许多管理学者从不同的高度、不同的角度提出了新的视野，为旅游企业管理综合借鉴不同管理理论与方法提供了可资学习的依据。

三、旅游学理论

旅游学的基本原理揭示了旅游的本质及研究内容，其理论是旅游企业管理的基础。旅游学的研究开始于近代社会，国外的学术研究一般较多地通过理论途径，在不同角度和层面上对旅游现象的性质、形态、结构、特征、运行机理及其与社会的各种关系和影响作宏观和微观两方面的探讨，以阐明其意义、判明其演变、分析其态势，提出对应的见解。其研究最早开始于意大利，第二次世界大战后旅游研究的中心开始转向北美，并且在研究方法上表现出明显的多学科（包括经济学、人文地理、社会学、人类学、心理学等）渗透的学术特点。旅游学的研究对象是旅游活动的内在矛盾及其表现，旅游学的任务就是要通过研究来认识这种矛盾的性质及其发生原因、形态结构、运动规律和它所产生的各种外部影响。旅游活动包括：旅游者活动和旅游产业活动这两个互为前提、相互依存的界面。旅游学的研究内容包括：旅游是一种人类经历，旅游是一种社会行为，旅游是一种地理现象，旅游是一种财源，旅游是一种商业活动，旅游是一种行业。旅游企业是旅游经济效益的直接产生者，旅游企业的性质决定了其活动要以旅游学的基本原理为指导。

四、旅游经济学理论

旅游经济学是研究旅游活动所产生的经济现象和经济关系的一门学科，其基本原理构成了旅游企业管理的重要理论基础。国内对旅游经济理论和分析方法的研究正在走向成熟。其中，罗明义对旅游经济学的内容作了系统的研究，其内容包括旅游者行为分析、旅游市场分析、旅游供求关系分析、旅游产品开发分析、旅游地开发分析、旅游空间结构分析、旅游产业结构分析、旅游投资分析、旅游人力资源分析、旅游经济宏观分析、旅游经济影响力分析、旅游发展环境分析等 12 个方面的内容，并运用相关的经济技术方法和手段进行系统的研究，经济学中的供求理论、市场分析技术、旅游地空间结构都为旅游企业经营管理提供了管理的方法和技术。

五、旅游企业管理理论的新趋势

如前面所分析的，管理理论是随着社会经济环境的发展变化和技术的更新换代而不断创新变化的，随着对管理理论的深入研究，以及企业理论的不断发展，旅游企业管理也不断地运用新思维、新技术和新方法创新发展，涌现出了一些新的管理理论趋势。

(一) 核心能力

核心能力亦称为核心竞争力（Core Competitive Competence）。企业核心能力是管理学与经济学交叉融合的理论成果，此概念由美国学者普拉哈拉德（G. K. Prehalad）和英国学者哈默（G. Hamel）于 1990 年在《哈佛商业评论》上发表的文章《企业的核心竞争力》中提出，并正式确立了它在管理学理论与实践上的地位。普拉哈拉德和哈默认为："核心能力是在组织内部经过整合的知识和技能，尤其是关于怎样协调多种生产技能和整合不同技术的知识和技能。"

企业核心竞争力是企业长期竞争优势的源泉，其核心竞争力的形成要经历企业内部资源、知识、技术等的积累、整合过程，并且当它们具有价值性、稀缺性、异质性、垄断性等特质时就可形成企业的核心竞争力。企业核心能力理论的主要观点认为：企业竞争力来自于企业的竞争优势及其持续性；企业竞争优势是由企业资源和能力作基础支撑的，而持续竞争优势则来源于企业核心能力；企业学习和创新是建立并不断强化企业核心能力的根本途径。

(二) 柔性管理

"柔性管理"是相对于以"规章制度为中心"的"刚性管理"而提出的一种人性化管理方法，它是依据企业的共同价值观和文化、精神氛围进行的人格化管理，它是在研究人的心理和行为规律的基础上，采用非强制性方式，在员工心目中产生一种潜在的说服力，从而把组织意志变为个人的自觉行动。

柔性管理最大的特点，在于它主要不是依靠权威、制度约束员工，而是依靠人性解放、权力平等、民主管理，从内心深处来激发每个员工的内在潜力、主动性和创造精神，积极为企业不断开拓新的优良业绩，成为企业在全球化的激烈市场竞争中取得竞争优势的力量源泉。

柔性管理有三大实施要素：人、组织结构和信息。这三个要素在企业生产经营的各个环节中相互交错。其中人是最具柔性的资源，主要是因为人是企业的主体，人通过自己的创造能力、选择能力和分析能力具备了柔性，同时人能够主动地感觉、学习和适应环境；合理的组织结构能够促进企业各个环节的柔性，适应外部环境的变化；信息是企业获取柔性，实施各项措施和行动的强有力的支持，快速收集、存储、传播信息有助于企业迅速作出正确的决策并付诸实施。因此企业应该与消费者建立有效的沟通渠道，生产满足消费者需求的产品，同时企业要加强内部组织的交流，减少组织内部的信息不对称。

柔性管理在劳动密集型且产品以劳务服务为主的旅游企业具有重要的应用价值，它要求旅游企业更多地从人性管理出发，创造具有凝聚力和向心力的旅游企业文化，从根本上激发员工的积极性与创造性。

（三）项目管理

项目管理（Project Management）是 20 世纪 50 年代企业管理学科中成长最快的一个分支，它对项目的实施提供了一种有力的组织形式，改善了对各种人力和资源利用的计划、组织、执行和控制的方法，对管理实践作出了重要的贡献。企业项目管理，强调企业不同部门的合作，通过整合资源，达到企业任务的完成、目标的实现。其核心是基于项目管理的组织管理体系的建立与运作。

实施企业项目管理应注意的基本要素为：（1）企业资源基础；（2）规范化的工作执行程序；（3）具有团队精神的企业文化；（4）合理有效的授权体系；（5）矩阵式组织结构；（6）有效的沟通渠道；（7）集成化项目管理技术。

（四）风险管理

风险管理是指企业在科学系统全面的风险管理措施保障之下，通过科学的实施风险识别、评估、控制与预防，以最小的成本达到最大的安全保障的管理过程。风险管理的思想，是由美国宾夕法尼亚大学的索罗门·许布纳博士于 1930 年提出的。随后受到各国政府以及经济学家、企业家的重视，并迅速发展成为一门新兴的管理学科。

由于企业所处环境与资源的不断变化，旅游企业经营就伴随着风险。企业的重大风险一般包括决策风险、财务风险与运营风险，旅游企业风险的大小是由企业实际产出和预期目标之间的差距确定的。风险管理的目的，是对旅游企业面临的不确定性进行主动积极的管理，从而使企业以最有效率、最富有成效的方式，达到其目标，完成其使命。

旅游企业风险虽然带有偶然性、不确定性，但应对风险的措施与步骤却有一定的规律，具体包括，建立风险管理机构与人员设置、设定风险管理目标、风险事项识别、风险测评、风险对策、控制风险活动、信息沟通与反馈等。根据旅游企业面对风险的具体情况，又可将风险处理对策分为风险防范、风险回避、减少风险、接受风险、转移风险等做法，即努力把风险事件的损失和影响降至最低程度，从而保护旅游企业的生存和持续发展能力。例如，对于旅游企业自身不可抗拒而产生的灾害，如 SARS、海啸等危机事件，旅游企业只能尽力做到减少风险、接受风险，不断增强自身的抗风险能力；而对于自身可控的风险，如投资风险、合作风险等则可以通过企业加强监管来防范风险、回避风险甚至是转移风险。

（五）管理信息化

信息时代的到来不断地改变着企业的经营方式，而且正以前所未有的速度改变着人们的消费观念，企业管理信息化是顺应时代发展的要求，随着网络技术和信息技术的发展而不断发展的，它们为企业管理信息化提供了技术支撑，直接导致了管理信息化。企业管理的信息化经历了电子数据处理阶段、综合数据处理阶段和系统数据处理阶段，目前正朝着网络化、信息技术集成化方向发展。企业管理信息化实现了从个人计算机到群体计算机工作网络、从孤立系统到联合系统以及从内部计算机网络到跨企业计算机网络的飞跃。正如著名学者莫顿（Morton M. S. scott）所指出的，这种变化至少可以归纳为六个方面：（1）信息化给企业生产、管理活动的方式带来了根本性的变革；（2）信息技术将企业组织内外的各种经营管理职能、机制有机地结合起来；（3）信息化将在许多方面改变产业竞争格局和态势；（4）信息化给企业带来了新的、战略性的机遇，促使企业对其使命和活动进行反思；（5）为了成功地运用信息技术，企业必须进行组织结构和管理方法的变革；（6）对企业管理的重大挑战是如何改造企业，使其有效地运用信息技术，适应信息社会，在全球竞争中立于不败之地。

管理信息化使得企业能够突破传统的生产模式的限制，更灵活地安排企业内部资源，高效率地完成客户需要的产品，同时可以节约大量的原料和劳动力成本。

目前出现的虚拟企业也是基于信息技术而出现的，是管理信息化的直接应用。虚拟企业能够及时抓住机遇，通过信息技术连接和协调把不同地区的现有资源迅速组合成一种超越空间约束、靠信息网络手段联系和统一指挥的经营实体，以最快的速度提供高质量、低成本的产品或服务。

由于旅游活动的异地性和旅游产品服务的无形性等特点，使其成为管理信息化较适宜发展的领域。如旅游电子商务就是基于管理信息化的平台，为旅游企业与客户间，旅游企业与合作企业间及旅游企业内部管理构建的服务与管理网络，以整合旅游企业技术、资金、人力资源和管理等资源，将有效的资金、先进的技术、适合的人才与高效的管理运行系统有机结合，从而实现旅游企业、顾客与合作商的协调发展。

（六）学习型组织

学习型组织是现代管理的重要表现形式。该概念最早见于西方学者赫钦斯 1968 年出版的《学习社会》一书。20 世纪 70 年代初，联合国教科文组织明确提出了创建"学习型社会"的目标。1990 年，美国学者彼得·圣吉在所著《第五项修炼》一书中首次将其理论化、系统化。他强调"21 世纪企业间的竞争，实质上是企业学习能力的竞争，而竞争唯一的优势是来自比竞争对手更快的学习能力。"由此，学习型组织受到越来越多企业的推崇。

所谓学习型组织，是指通过培养弥漫于整个组织的学习气氛、充分发挥员工的创造性思维能力而建立起来的一种有机的、高度柔性的、扁平的、符合人性的、能持续发展的组织。这种组织具有持续学习的能力，具有高于个人绩效总和的综合绩效。

"学习型组织"理论认为，要把企业从传统的"权力控制型组织"改造创建成"学习型组织"的企业，必须进行五项修炼：（1）建立共同的愿景目标。进行这一项修炼的目的是建立生命共同体，它包括企业愿景（企业蓝图）、企业价值观、企业目的和使命以及具体目标等内容。（2）加强团队学习，其目的是为了激发群体的智慧，强化团队的向心力。（3）改善心智模式，这项修炼要求企业的领导者和职工打破旧的思维障碍，用创新的眼光看世界。（4）培养系统思考能力。将企业看成一个系统，考虑问题既要看到局部，更要顾及整体；既要看到当前利益，又要兼顾长远利益。（5）追求自我超越。鼓励人们不断挑战自我，挖掘潜力，实现人生价值。

通过建立学习型组织能够一方面保证旅游企业适应环境的生存，使旅游企业具备不断改进的能力，提高竞争力；另一方面实现旅游企业员工与工作的真正融合，使员工在工作中不断实现自身价值。

（七）业务流程再造

业务流程再造，由美国麻省理工学院的计算机教授迈克尔·哈默（M. Hammer）提出。此概念的提出向传统的改善生产经营系统、管理组织结构的思想提出了挑战。哈默将企业业务流程再造定义为：对组织的作业流程，进行根本的重新思考与彻底翻新，以便在成本、品质、服务与速度上获得根本性的改善。其中心思想是企业必须采取激烈的手段，彻底改变工作方法。在哈默之后，许多专家和学者提出了相似的概念，表 1 – 2 所示是一些代表性的定义。

表 1 – 2　　　　　　　　　　业务流程再造的概念比较

作　　者	概　　念	定　　义
T. H. Davenport & J. E. Short	BP Redesign 企业流程再设计	组织内或组织之间工作流程或各种流程的分析与设计
M. Hammer & J. Champy	BP Reengineering 企业流程再造	重新思考，彻底翻新作业流程，以便在现今衡量表现的关键上，如成本、品质和速度等获得戏剧化的改善
M. Monow & M. Hazell	BP Redesign 企业流程再设计	检查关键流程中的活动和信息流，以达到简化、降低成本，提高质量和柔性的目的
J. E. Short & N. Venkatraman	BP Redesign 企业流程再设计	企业对内部运营流程的重新构造——对顾客产品分销与发运服务的业绩的改善
J. E. Short & N. Venkatraman	BN Redesign 企业网络再设计	对从属于更大的企业网络中的部分重要的产品与服务进行重新构造
H. J. Johanssonetal	BP Redesign 企业流程再设计	它是组织取得成本、周期、服务和质量彻底变化的手段，需要许多工具和方法，并强调企业是一系列面向客户的核心流程的集合
T. H. Davenport	BP Innovation 企业流程创新	达到企业巨大改善的流程创新工作
R. B. Kaplan & L. Murdock	Core Process Redesign 核心流程再设计	对企业是如何运行进行根本性的再思考，对其工作流程、决策、组织和信息系统同时以集成的方式进行再设计
J. N. Loewenthal	Organizational Reengineering 组织再设计	以组织核心竞争力为重点，对企业流程和组织结构进行根本性的再思考和再设计，以达到组织业绩的巨大提高
小林裕成（日）	BP Redesign 再造工程	将既有的业务以零基预算重新组合、更换事业流程的本体

旅游企业业务流程再造必须遵循以下原则：一是以顾客满意为中心目标。旅游者及其行为是旅游业流程分析的中心和起点。旅游企业的业务流程再造应时刻以顾客满意为目标和原则。二是全面关注业务流程的系统优化。要求围绕顾客满意设计流程和管理模式，讲究集成化和简约的流程设计及管理理念。

旅游企业流程再造可以采用如下策略：首先，取得高层管理者的支持，这是企业流程再造的关键因素之一。其次，要选择适当的局部业务流程为突破口进行再造。流程再造是企业组织的一种根本性变革，突破口找对了则有利于流程再造的成功。再次，要授予一线操作者决策的权力。这是由旅游产品和服务的自身特性所决定的，旅游企业一线员工对于向消费者传送价值具有决定作用。最后，要建立通畅的沟通渠道。企业流程再造需要全体员工的参与，同时市场也会对流程再造产生一定反应。取得流程再造的成功，必须加强信息的沟通。

（八）客户关系管理

客户关系管理即 CRM（Customer Relationship Management），由美国 IT 咨询顾问公司 Gartnet Group 提出。CRM 源于以客户为中心的管理思想，是一种先进的管理模式，它是基于网络、通信、计算机等信息技术，实现企业与客户之间的信息交流互动管理系统，使企业在服务与保持客户、市场竞争、销售及支持方面形成彼此协调的全新的关系实体，为企业带来长久的竞争优势。该模式对于客户交流频繁、客户支持要求高的行业，如银行、保险、电信、航空、证券、房地产、旅游休闲、电子、医疗保健等行业具有较大的应用价值。CRM 不仅是一套管理软件和技术，也是一种企业经营理念，更是一种企业文化的体现。

客户关系管理通过导入资讯技术系统，以规范企业与客户来往的一切互动行为与资讯，有效管理企业的客户关系，针对所有的客户进行分层化区别与差异化服务，并建立资讯架构。识别和保持有价值客户是客户关系管理的两项基本任务，其管理理念已不仅停留在顾客满意层面，而是通过客户认知、客户满意、客户信任和转移成本等多种因素共同影响客户忠诚，从而不断开发和保持对企业有价值的忠诚顾客。

客户关系管理对旅游企业来说具有重要的意义。旅游企业的产品是以劳务服务为主的产品，需要旅游企业的员工与顾客频繁交流，加强客户关系管理，从顾客角度看，有利于减少顾客为购买而付出的搜索成本，对老顾客采用让利等措施，甚至是在旅游旺季供应紧张时也能让老顾客获得所需要的服务。从旅游企业的角度看，可以赢得长期的忠诚顾客，从而获得企业持续的发展动力和效益。

【资料链接】

据江西省赣州市旅游产业发展工作会议消息，今年（2010 年——编者注）江西赣州市将强化资源整合和资本运作，组建大型旅游企业集团——客家旅游集团。据了解，2009 年，面对国际金融危机的严重影响，赣州的旅游总收入接近 80 亿元，增长 21.9%，占全市 GDP 的 8.33%。

赣州市委副书记、市长王平表示，旅游产业为赣州市保增长、扩内需、调结构作出了很大贡献，但也面临着前所未有的机遇和挑战。当前和今后的一个时期，赣州旅游产业处在重要发展阶段的紧要关口，因此，各县（市、区）、各相关部门要充分认识到旅游产业发展的重大战略意义、面临的发展机遇和严峻挑战，全面发动社会力量，加大规划主导力度，强化部门配合，进一步加大旅游发展力度。通过抓好景区景点、旅游线路、配套资源的整合，来推进旅游资源整合；通过抓好策划和包装、加大旅游项目招商力度、进一步完善投融资体制，推进旅游项目开发。同时，创新促销方式，积极开拓境内外市场，做好市内外旅行社对接工作，以此打开旅游市场。

据悉，赣州将加大陡水湖区域旅游开发，促进生态旅游产业集群核心旅游区建设；强势推进以章贡区水东至赣县湖江以山水资源为依托、以和谐钟塔为主题的文化休闲度假区建设。

资料来源：南昌新闻网．江西组建大型旅游企业集团——客家旅游集团 http：//www．ncnews．com．cn/xwzx/yw/t20100318_556687．html。

【案例解析】

旅游企业集团是旅游企业发展的高级形式，也是国际旅游企业所普遍采用的方式，它具有资金雄厚、抗风险能力强、品牌感召力、全方位营销与采购成本低等诸多优势，是中国旅游企业的发展方向。

项目小结

本项目首先提出了旅游企业的概念，分析了旅游企业与一般企业的共性以及其行业特性，对旅游企业进行了分类，同时分析了旅游企业的主要业务特点；构建了一个较完整的旅游企业管理的框架体系，同时对旅游企业管理的基本属性、意义和研究方法进行了探讨；并对旅游企业管理的理论基础进行了系统的阐述。

项目实训

【实训目的】

1. 了解当地旅游企业的基本情况。
2. 掌握旅游企业管理理论的具体实践操作。

【实训内容】

1. 搜集本地旅游企业的主要信息。包括旅游交通、旅游饭店、旅行社、旅游吸引物等的数量，并按营业收入或服务的人次对前十位进行排名。
2. 搜集一家旅游企业的员工手册或其他管理规章制度，分析其体现了哪些基本的管理思想和管理方法等。

【实训要求】

1. 实训学时：2 学时。
2. 实训完成后，根据实训情况写出实训报告。

项目二

饭店管理

【引言】

随着国内旅游市场的快速发展，以及国外游客对中国的热情与日俱增，带动了中国饭店业近年的迅猛增长，在这一势头推动下，新建的本地饭店如雨后春笋般竞相开业，国际饭店集团也在中国大展拳脚，不断增加市场投入及扩大饭店网络，未来的五年将看到饭店市场实现双位数以上的增长速度。需求在2012年将保持稳定，但是房价的增长将超过通货膨胀的增长速度，这意味着利润和市场规模将会显著增长。面对饭店业的发展趋势，您准备好了吗？

【学习目标】

1. 了解饭店的基础知识。
2. 掌握饭店组织管理。
3. 领会饭店服务质量管理。
4. 熟悉饭店职能部门。
5. 认知饭店营销管理。

任务1　了解饭店的基础知识

饭店是以一定的建筑物及其他相应的设备为凭借，通过为顾客提供住宿、餐饮和其他各种综合性的服务而取得经济效益的企业组织。

一、饭店的概念及发展历程

（一）饭店的概念

饭店（Hotel）一词来源于法语，当时的意思是贵族在乡间招待贵宾的别墅。在中国的港澳台地区及东南亚地区被称为"饭店"，在中国内地被称为"饭店"、"宾馆"、"旅馆"等。

对饭店或饭店一词的解释可追溯到千年以前，早在1800年《国际词典》一书中写道："饭店是为大众准备住宿、饮食与服务的一种建筑或场所。"一般地说来就是给宾客提供歇宿和饮食的场所。具体地说饭店是指其功能要素和企业要素达到规定的标准，能够接待商务和其他类型客人，并为他们提供住宿、饮食、购物娱乐以及其他服务来获取经济效益的劳动密集型服务企业。

（二）饭店的发展历程

旅游和商务活动自古有之，饭店餐馆就应运而生。相传欧洲最初的食宿设施约始于古罗马时期，其发展进程经历了所谓古代客栈时期、大饭店时期、商业饭店时期等阶段，其间几经波折起落。第二次世界大战以后，欧美各地随着经济形势和旅游业的不断发展进入了新型饭店时期，并逐步形成了庞大独立的饭店行业。

1. 古代客栈时期。这个时期客栈的主要特点是：规模小，设备简陋，价格低廉，只能保证客人的食、宿及生命、财产的安全等最基本的需要。其经营或是以家庭为单位，或是由国家主管，接待的对象多为商人、宗教徒、文人、政府官员。客栈是现代意义上饭店的雏形。

2. 大饭店时期。亦称豪华饭店时期，出现于19世纪后半期到20世纪初的欧美各国。其特点是，它们全都建在繁华的大都市，规模宏大，设施豪华，装饰讲究，服务礼仪烦琐。主要接待对象为王公贵族、社会名流、上层官员等特权阶层。而能够使用这种饭店的服务，也成为人们地位、身份、权力的象征。

1898年，瑞士籍人塞尚·里兹 Cesar Ritz 在巴黎建造里茨饭店。格言之一是：The guest is never wrong. "客人永远不会错"。他所经营的饭店及他本人的名字成了最豪华、最高级、最时髦的代名词 Ritzy。

3. 商业饭店时期。20世纪初到50年代，随着商务旅行和经济交往的日益增多，原来简陋的客栈和豪华的饭店都难以满足旅游者、尤其是以经商为主的旅游者的需求，于是具有商业性质，讲究经济效益的商业饭店应运而生。其特点是：接待对象以从事商业活动的旅游者为主，设施与服务项目讲求舒适、方便、清洁、实用和实惠。经营者以营利为目的，因此格外讲究经营艺术，注意服务质量，不断改善管理，降低成本，以获取最佳利润。并在经营上向标准化、连锁化迈进。

被称为现代饭店之父（"饭店标准化之父"）的美国饭店业大王斯塔特勒是这一时期的杰出代表。

这一时期，为加强饭店管理、培养人才，一批专门的饭店管理学校相继建立，如美国的康奈而饭店学院、柏林饭店管理学院、伯尔尼大学的饭店经济专业等。

4. 现代新型饭店时期。第二次世界大战结束后，由于经济繁荣，人们手里有钱，交通工具十分便利，从而使人们对饭店的需求剧增，一度处于困境的饭店业又开始复苏。1950年后开始出现世界范围的经济发展和人口增长，而工业化的进一步发展增加了人民大众的可支配收入，为外出旅游和享受饭店、餐馆服务创造了条件。至20世界50年代末60年代初，旅游业和商务的发展趋势对传统饭店越来越不利，许多新型饭店大批出现。现代新型饭店时期，饭店面向大众旅游市场，许多饭店设在城市中心和旅游胜地，大型汽车饭店设在公路边和机场附近。这个时期，饭店的规模不断扩大，类型多样化，开发了各种类型的住宿设施，服务向综合性发展，饭店不但提供食、住，而且提供旅游、通信、商务、康乐、购物等多种服务，力求尽善尽美，饭店集团占据着越来越大的市场。

二、饭店的类型

饭店分类的目的在于有利于饭店的市场营销，使宾客在选择饭店时有明确的目标，同时也便于饭店对比研究，更好地实现其经营和管理，表2-1、表2-2对此进行了分析。

表2-1　　　　　　　　　　　　各种饭店类型的描述

组织类别	描述	实例
单体饭店、单个饭店	或由自己管理，或由别人管理	
品牌饭店（饭店联号）	由多家在同一品牌下运转的单体饭店集合构成，以资产、特许经营协议或委托管理合同联结	假日饭店、假日快捷饭店、万豪饭店、万丽饭店、万怡饭店、华美达饭店、索菲特饭店
饭店管理公司（Ⅰ）	一类是依托于品牌饭店（联号）存在的管理公司，称为联号管理公司，它们拥有品牌，同时提供管理服务	万豪饭店管理公司、假日饭店管理公司
饭店管理公司（Ⅱ）	一类是不依存任何品牌饭店而独立存在的管理公司，即独立饭店管理公司，仅提供单纯的管理服务，不能够向饭店提供品牌及与品牌相关的营销和预订服务	美国洲际饭店管理100多家饭店，通过特许协议使用万豪、希尔顿、假日品牌
饭店集团	拥有一个或多个品牌饭店（联号）的大型饭店组织	万豪饭店集团、洲际饭店集团等
饭店联盟（Ⅰ）	第一类：成员店加入该类联盟后自身品牌不会消亡，改为自身品牌＋联盟名号形式，获得联盟有限的营销服务，同时自己承担较多营销	世界一流饭店组织、世界小型豪华饭店、超国界饭店联盟等
饭店联盟（Ⅱ）	第二类：提供信息技术资源支持的饭店联盟，联盟的名号对消费者不具品牌含义，更加注重与销售有关的信息技术服务的提供	飞马解决方案公司（将各饭店预订系统连到全球分销系统）
战略联盟	互补型饭店组织，目前都是在大型饭店组织之间形成的，通过共同投资或利用对方优势资源促进相互发展	互补型饭店组织，目前都是在大型饭店组织之间形成的，通过共同投资或利用对方优势资源促进相互发展

表2-2　　　　　　　　　　　　不同类型饭店组织特征比较

饭店组织类别	说明	发展现状	主要联系手段	规模	组织紧密程度	管理权	边界灵活性	成员店品牌
品牌饭店（饭店联号）	公司所有型，联号总部拥有所有营运业务单位。	国际饭店集团早期扩张方式。	香格里拉一直采用此模式：资本/管理/品牌、营销	较小	紧密	有	不灵活	统一

饭店组织类别	说明	发展现状	主要联系手段	规模	组织紧密程度	管理权	边界灵活性	成员店品牌
特许经营型	特许经营型	目前为主流模式，如圣达特的天天、豪生、速八等联号，精品国际所有联号等	品牌、营销	大	较紧密	不定	灵活	统一
饭店管理公司（联号管理公司）	依托联号存在，向拥有联号的饭店集团服务，成员饭店既与联号签订特许经营协议，也签订委托管理合同	该模式被广泛采用	管理合同	较大	较紧密	有	较灵活	统一
独立管理公司（也叫第三方管理公司）	仅单纯提供管理服务，不能提供品牌	始于20世纪60年代，一般与联号饭店签订特许经营合同，如早期的美国洲际饭店公司	管理合同	较小	较紧密	有	较灵活	一般不统一
饭店联盟一	成员店品牌＋联盟名号	成员店品牌＋联盟名号	有限的品牌－营销	较大	较松散	无	灵活	有限品牌
饭店联盟二	无品牌含义、提供全面电子预定转换系统	随信息技术新兴。如飞马解决方案公司（为最大饭店联盟）	营销－销售技术服务	大	松散	无	灵活	不统一
饭店集团	拥有多个饭店联号的大型饭店集团	目前各大国际饭店集团公司资本、管理、品牌、营销	品牌及营销	大	紧密或较紧密	不定	较灵活	统一
饭店战略联盟	互补型组织，通过共同投资促进各自发展出现在大饭店之间	四季－丽晶饭店，希尔顿美国－英国	合作协议、合资企业	不定	不一定	不定	灵活	不统一

1. 根据饭店的坐落地点划分：城市饭店、度假地饭店、海滨饭店等。这种分类法，使人们对饭店的外部环境一目了然，为宾客选择饭店提供了一定的方便。

2. 根据同交通工具或交通设施的关系划分：汽车旅馆、铁路饭店、机场饭店、港口饭店等。

3. 根据使用者的访问目的或饭店主要针对的目标市场划分：商务旅馆、度假旅馆、会议饭店、旅游饭店等。

4. 根据设施及服务范围划分：综合饭店、公寓旅馆等。

5. 根据饭店的规模划分：大型、中型、小型饭店。所谓饭店的规模，是指饭店的客房数。一般规定：300 间客房以下属小型饭店，300~600 间客房是中型饭店，600 间客房以上是大型饭店。

6. 根据饭店的等级划分：可分为高、中、低档饭店；豪华、经济饭店；一至五星级饭店等。

7. 根据经营管理方式划分：独立饭店、连锁饭店等。

8. 根据饭店的经济类型划分：国有饭店、内资饭店、外资饭店、合资饭店等。

另外，根据饭店计价方式来划分，可分为欧式计价饭店（European Plan，EP）、美式计价饭店（American Plan，AP）、修正美式计价饭店（Modified American Plan，MAP）、欧陆式计价饭店（Continental Plan，CP）、百慕大计价饭店（Bermuda Plan，BP）。

三、现代饭店集团的发展

在全球饭店业规模不断扩大的同时，饭店业中的集中化程度也在明显发展，所谓集中化程度就是指饭店企业的平均规模。企业平均规模越大，集中化程度也就越高，而集中化程度越高，则意味着竞争者数目越少，企业要了解其竞争对手也就越容易。衡量集中化程度的指标是集中率，通常用一个产业或行业中一批最大的企业所占有的市场份额表示。在饭店业中，人们则通常以大型饭店公司所拥有的客房数或床位数在饭店业中所占的比率来表示。

饭店业的集中化以及由此而带来的集团化经营这一发展趋势的出现正是全球饭店业激烈竞争的必然产物。当今饭店业普遍趋于饱和，加之建设周期较长使饭店落后于竞争，逐个开发兴建高星级饭店的做法有时不合时宜，也代价昂贵。根据贝恩及 PIMS 研究小组的发现：行业平均利润率与行业集中度呈正相关关系。行业集中度越高，行业的平均利润率越高。相形之下，经济型旅馆和三星级以下的饭店可以通过新建连锁获得扩张。

（一）国际饭店集团化经营模式

1. 直接并购模式。

（1）横向联合，如马里奥特收购里兹·卡尔顿和复兴集团；HFS 特许经营系统与 CUC 集团兼并，成为排名世界第一的史丹特集团；仁达屋收购威斯汀、喜来登、恺撒世界等，成为全球最大的市场融资集团。

（2）纵向联合，如实行产销一体化，史丹特集团拥有阿威斯租车公司和 RCI 分时度假，雅高控股卡尔森·华乾里特旅游网络和"欧洲汽车"租车公司。

（3）混合一体化，如英国酿酒公司巴斯集团兼并了假日、洲际饭店连锁，成为世界第二强；英国蓝特布洛克博彩集团收购了美国以外的全部希尔顿连锁饭店。

迄今为止，全球饭店业最大的单项并购案是 1996 年英国电讯巨人格林纳达集团以近 60 亿美元强迫接管英国福特饭店集团。格林纳达集团在英国已拥有许多知名饭店品牌，如 LeMeridien、Posthouse、Travelodge 等。直接并购可廉价收购资产，实现低成本扩张；提高股票价位，获取垄断地位，使投资组合多元化；取得规模和范围效应，获得更大的市场份额和品牌认知度。

2. 特许联号方式。租赁管理，不少公司以出售后再租回方式转移产权、减少风险、扩大回报。如格林纳达集团将 SHERBORN 饭店出售给私人投资商转而租回，租期 100 年，交易额 140 万英镑，年投资收益率 9%。合资经营增值持有资产，体现共担风险意识。如福特集团与爱尔兰 AerLingus 航空公司和西班牙 Pepsol 石油公司合资发展 TRAV ELODGE 经济型饭店连锁；法国雅高与英国 JAVIS 合资，使用雅高"水星"品牌。特许联号史丹特集团和精华国际完全采用了特许联号方式扩展全球市场份额。

（二）国际饭店集团分类

综观世界饭店集团的发展现状，基本上可将其划分为饭店连锁集团（Hotel Chains）和饭店合作集团（Hotel Consortia）两大类。

1. 饭店连锁集团。饭店连锁集团与独立自营饭店相比，具备以下六个方面的优势：

（1）资本优势。饭店基本属于独立的经营单位，资产规模小、集团化程度低，无法形成有效竞争。饭店连锁集团以资本控制为纽带，通过参与所属企业的经营决策控制成员企业，从而形成资本巨大的企业群体。饭店连锁集团具有较强融资调控能力，具体表现在：对内，它可以及时调控各家饭店的资金余缺，对新建饭店或经济较困难的饭店，可予重点扶持；对外，它具有较好的融资信誉度，对吸纳社会资金、发展饭店业务、加快设备设施及技术的更新，具有突出的作用。

（2）人才技术经济优势。饭店连锁集团从实际出发，一般均聘请并培训一批理论水平高、实践经验丰富的各方面人才，可以随时为联号内各饭店提供服务。同时，饭店连锁集团一般都有自己比较完善的培训系统，培养旅馆所需要的各类人才，并经常对在职人员进行轮训，提高管理和技术水平。

（3）市场营销优势。饭店连锁集团在集团内分化出几个不同档次的品牌、服务不同的细分市场。饭店连锁集团最大特点和优点之一，就是客源联网，一般说旅馆联号作为一个群体，它有着统一的名称、标志，具有统一先进的经营管理模式和规范的服务标准，因此，通过宣传便于在市场上树立良好的群体企业形象，效果显著。再加上利用完备、高效的预订系统，建立起自己独立的全国乃至全球的客房预订中央控制系统，从而争取客源。例如，希尔顿集团内部就分化出希尔顿饭店、希尔顿国际饭店、希尔顿商务饭店、希尔顿会议饭店、希尔顿机场饭店、希尔顿度假饭店、希尔顿公寓饭店与希尔顿庭院饭店八大系列。集团成员饭店要统一采购、统一促销、统一培训、建立统一的预订网络。

（4）价格优势。一是客房价格，可以充分利用联号饭店网络多、信息灵的特点，及时制定联号内各饭店的价格，在价格策略上赢得主动；二是饭店设备设施和就饭店物品供应的价格，可以发挥联号内集中采购的优势，取得优惠价格，降低成本。例如，希尔顿的饭店的管理七信条之一就是大量采购。在希尔顿集团内的 21 项物品，如火柴、瓷器、肥皂、地毯等，都是大量采购，这样不但可以省钱，而且制造商可以根据饭店的特殊标准来生产这些物品。

（5）财务管理方面的优势。随着饭店连锁集团规模的增加，单一品牌成员饭店数量的增加，经营成本减少，而经营效率却得以提高。由于成员饭店共同分担各类成本，如培训、促销、R&D 及人事组织等产生的成本减少。与此相反，小饭店只能定位于服务狭小的市场，必须定高价才能覆盖其因过小规模或过于专门化的营销引发的高成本。

（6）风险扩散优势。饭店连锁集团由于规模较大，分布地域广，产品较多，可以充分利用管理公司的资金优势、促销优势、采购优势、预订优势、人才优势、管理模式的优势，将风险分解到不同地域、不同类型和不同客源市场的饭店中，最小化风险，从而形成综合的抗风险优势。

2. 连锁集团成员饭店的类型。

（1）连锁公司自己拥有产权并且自己经营的饭店——直接经营。

（2）连锁公司从开发商或其他饭店业主手中租来经营的饭店（有经营权，无所有权）——租赁经营。

（3）连锁公司代管经营的饭店——管理合同。

（4）连锁公司特许经营的饭店——特许经营。

3. 饭店合作集团。

饭店合作集团是指若干饭店为了在物资采购、房间预定、人员培训及市场营销等方面采取联合行动而自愿组合建立起来的一种饭店合作组织。饭店合作集团是在面对饭店连锁集团竞争的情况下，很多独立饭店自发组合而成，是内部不存在统辖关系的松散型的集团组织。

饭店合作集团的类型主要有：市场营销合作集团、物资采购合作集团、人员培训合作集团和预订系统合作集团。

至于饭店在经营过程中采取什么类型或者模式，各个饭店应根据自身的实际情况和战略发展需要进行确定。现在，我们就将饭店合作集团的经营与饭店连锁集团的经营以及其他经营模式进行一下比较（见表 2－3），以对上述问题形成一个较清晰的认识。

表 2－3 　　　　　饭店合作集团经营与饭店连锁集团经营及其他模式比较

经营模式	要求	优点	区别	代表企业
委托管理	较强的饭店管理经验和能力	对下属饭店进行紧密的控制与管理；减少投资风险	管理输出、直接经营管理权	利润较高洲际集团、万豪集团、喜达屋集团
饭店连锁集团经营	由较强品牌实力及经营、管理、服务运作的能力有效的低成本扩张和品牌输出	减少直接投入和资金风险	加盟店有助于提高品牌影响率与市场占有率没有直接经营管理权，只有监督及指导权，利润较低	万豪集团（中档定位的华美达品牌）、喜来登集团、圣达特集团、精品国际集团、全球卡尔森
带资管理	通过独资，控股或参股等直接或间接投资方式来获取饭店经营管理权并对其下属系列饭店实行相同品牌标识	相同服务程序，相同预订网络，相同采购系统，相同组织结构，相同财务制度，相同政策标准，相同企业文化及相同经营理念的管理方式		香格里拉饭店集团是在我国最早采用此方式的国际饭店管理集团，2000 年以前基本上以合资经营为主，对大多数管理的饭店持有绝对控股权

续表

经营模式	要求	优点	区别	代表企业
饭店合作集团经营	近年来，伴随着全球分销系统的（GDS）普及和互联网实时预订功能的实现，国外的"联销经营集团"应运而生并且发展迅猛	饭店联销集团是由众多的单体经营管理的饭店自愿付费参加并通过分享联合采购，联合促销，联合预订，联合培训，联合市场开发，联合技术开发等资源共享服务项目而形成的互助联合体		

四、饭店管理体系

（一）饭店管理的基本含义

1. 饭店管理的概念。饭店管理是指饭店管理者在了解市场的前提下，通过执行计划、组织、指挥、控制、协调等职能，使饭店形成最大接待能力，保证实现经济效益和社会效益的过程。饭店管理是从对市场的了解和认识开始的。饭店管理者要了解饭店相关的市场规律、市场状况和客源渠道，并根据市场需求规定自己的作业行为。饭店向客人提供的服务都是具有商品生产和商品交换性质的特殊商品，它同样要依据市场，面向市场。饭店管理的主要活动是执行管理职能，这是每个管理者的基本职责。现代管理要求管理者精通业务，全面熟悉管理范围内的操作技术，有一定的时间参加与管理岗位相适应的业务操作，但不强调管理者必须参加业务操作活动，而强调管理者必须执行管理职能。

饭店管理的目的是为了实现饭店的经济效益和社会效益，首先是为了取得良好的社会效益。社会效益是指饭店对社会需求的满足程度。饭店占有和消耗社会劳动，就应该为社会作出贡献，为社会承担责任。饭店首先要满足客人对旅居生活和日常消费的需求，要满足饭店所在地客人的消费需求，直至成为一个对外交流、开放的窗口。饭店的水平反映了一个国家、一个地区、一个城市的精神面貌和生产力水平，反映了社会经济、文化意识形态水准，在推动商品流通、经济发展，促进对外开放和精神文明建设等方面都有重要作用。

饭店是一个自负盈亏的企业，当然要追求经济效益。饭店要参与商品交换、进行再生产，要得到发展，自然就要使自己的劳动消耗得到完全的补偿。从社会效益和经济效益的关系来看，社会效益是前提，经济效益是结果，没有社会效益也就没有经济效益，只顾经济效益忽视社会效益，不能称为合格的现代管理。

2. 饭店经营与管理。饭店管理实际上既包括经营也包括管理。经营和管理是两个密不可分的概念，但有着不同的内涵。经营是在国家政策指导下，以市场为导向，充分利用市场规律，通过与市场的双向信息交流，对饭店的经营方向、目标、内容、方式、市场策略等作出决策。经营的重点是"眼睛向外"，针对市场、针对需求。管理是为了达到饭店的经营目标，对饭店的人、财、物力进行合理的组织、调配和组合，形成饭店的接待能力，最大限度地满足市场需求。管理的重点是"眼睛朝内",针对具体业务,针对内部的人、财、物、组织、制度等方面。

　　经营的内容包括:市场状况分析、开发组合饭店产品以求最大可能地占有市场、参与市场竞争、扩大客源市场等;管理包含的主要内容是:根据科学管理原则组织和调配饭店的人、财、物、信息四大资源,遵循饭店业务运转的客观规律使业务正常运营,在业务运转中保证和控制服务质量,激励并保持员工的工作积极性,通过核算工作保证达到饭店经营的经济目标。经营和管理是两个内涵既有区分又有交叉的概念,经营中蕴涵着管理,管理中蕴涵着经营,二者互相融合、密不可分。饭店管理者必须既懂经营又懂管理,并能把两者有机结合起来并贯穿于实际管理工作之中。

(二) 饭店管理纲要

　　1. 营销管理。营销是饭店最主要的经营活动之一。是饭店与市场之间的沟通渠道。营销管理的目的是如何向社会提供适合的产品,满足社会的需要。为饭店创造最大的经济效益,树立良好的企业形象。

　　饭店营销管理的内容包括:饭店服务产品的定价、产品的组合、寻找和扩大销售渠道、产品销售、宣传产品、了解市场需求和宾客意见、扩大饭店的知名度和建立饭店的信誉。

　　2. 业务管理。饭店的主要业务就是向客人提供饭店的服务产品,产生营业收入。饭店的主要业务部门包括前厅部、客房部、餐饮部、康乐部等,各业务部门业务管理的主要内容有:服务过程管理、物质和成本管理、人员素质管理等。

　　3. 服务质量管理。饭店所销售的唯一商品就是服务,服务质量是饭店的生命线。内容包括:硬件水平、软件管理水平、物质产品质量、劳动服务质量。

　　4. 人力资源管理。是在经济学与人本思想指导下,通过招聘、甄选、培训、报酬等管理形式对饭店内外相关人力资源进行有效运用,满足饭店当前及未来发展的需要,保证饭店目标实现与成员发展的最大化。人力资源管理包括:人员编制管理、人员的招聘录用和考核、人员的教育和培训、劳动工资、福利待遇以及人事档案等的管理等。

　　5. 财务管理。以资金运动的手段来促进饭店的发展,计划和控制饭店的经营活动。财务管理的内容包括:资金管理、资产管理、成本费用管理、营业收入和利税管理、财务分析管理等。

　　6. 设备管理。设备管理内容包括:设备的资产管理、设备的运行操作和使用、设备的维护保养、饭店的能源消耗和控制、操作人员的培训等。

　　7. 饭店安全管理。安全是一切活动的前提。饭店的安全管理工作包括:治安、消防、劳动保护、食品安全、卫生防疫等。

任务 2　掌握饭店组织管理

一、组织行为学

　　组织行为学是研究企业组织中员工和群体在工作中的行为及其规律的学科,以组织中的人为研究对象。饭店组织行为学研究的问题：一是饭店组织对员工工作行为的影响；二是员工的行为方式及其绩效对组织效率和组织目标的影响。

个性具有稳定性，是在一个人身上经常表现出来的、比较一贯的、持久出现的心理特征。人在先天生物遗传的基础上，受后天环境的影响和实践经验的影响，个性会形成、发展或者改变。个性和行为有直接的联系：一个人的行为是由其个性和所处环境共同作用的结果。

（1）需求、动机和激励。需求、动机、行为是一种关系连锁和关系组合。需求是个体为了得到某种满足的心理状态，动机是为了满足而想去行动的意图，行为是指人们一切有目的的活动。需求产生动机，动机产生行为。

饭店组织管理就是要创造让员工产生需求的空间，根据需求形成激励机制，激发员工为达到满足的目标而努力行动。

饭店激励有多种形式，较常用的有物质激励、尊重和自我实现的激励（包括培养、荣誉称号、晋升提拔等）、目标激励（饭店目标、部门目标、个人目标）、企业文化激励等。

（2）群体功能。群体是指多个个体为了共同的目标以一定的形式组合起来的相互依赖、相互协作、相互作用的集合体。饭店组织群体有两大功能：一是作业功能；二是人际关系功能。群体能维系和协调其成员的人际关系，满足成员的社会性需求。饭店组织既要注意群体的作业功能，也要注意群体的人际功能。

（3）团体动力。团体动力指群体中人与人相互接触、相互影响所形成的群体目标、能量和处事准则。团体动力研究主要是以非正式组织为研究对象。团体动力可以是组织前进的作用力，也可以是反作用力。团体动力必然表现为群体行为，组织职能是要使群体行为和组织目标一致起来。

（4）组织变革。组织变革是指组织依据外部环境和内部情况的变化，及时调整并完善组织的结构和功能，以适应未来组织发展的要求。饭店组织变革是由外部环境和内部情况变化引起的。

外部环境：社会经济环境的变化；科学技术进步的影响；理念、意识发展的影响；管理理论和实践的发展。

内部因素：饭店目标和价值观的变化；饭店功能的变化；资本结构、成分的变化；群体行为方面的变化；管理者的因素。

二、饭店组织结构的形式

饭店组织结构：在对饭店各部门划分后，还要确定各部门在组织中的位置，并把各部门组合起来，形成合理的集聚状态。

（一）饭店组织结构的类型

1. 直线制组织结构。直线制组织结构，是最早、最简单的一种组织结构形式。其特点是饭店内各种机构和部门按照纵向系统直线排列，形成自上而下的指挥系统，每个下属只接受一个上级的直接领导。这种形式一般适用，客源范围小不需按职能实行专业化管理的小型饭店企业。

（1）直线制组织结构形式的优点：第一，机构简单，决策迅速；第二，职责清楚，权限明确，责任心强；第三，权力集中，上下联系简捷，有利于统一指挥，提高组织效率。

（2）直线制组织结构形式的缺点：一是要求饭店经营管理人员具有全面的经营管理知识和业务能力，并具有较强的综合协调能力和指挥能力；二是由于集权过多，缺乏横向的协调和配合，一旦饭店经营规模扩大或产生复杂问题，就会出现不适应状况。因此，这种形式一般只适用于规模较小、员工人数不多的小型饭店。

2. 直线职能制组织结构。直线职能制，也称为直线参谋制组织结构。它是在"直线制"和"职能制"的组织结构基础上发展而来的，以纵向统一指挥为主，职能参谋为辅。其主要特点是既保持了纵向系统的统一指挥优点，又充分发挥了职能部门的作用。从而提高了现代饭店的经营管理效率和水平。如今，中国大多数饭店企业采取这种组织结构形式。

（1）直线职能制组织结构的优点：既有利于保证集中统一的指挥，又可发挥各类职能部门的专业管理作用。

（2）缺点：①各职能单位自成体系，往往不重视工作中的横向信息沟通，加上狭窄的隧道视野和注重局部利益的本位主义思想，可能引起组织中的各种矛盾和不协调现象，对饭店经营和管理效率造成不利的影响。②如果职能部门被授予的权力过大过宽，则容易干扰直线指挥命令系统的运行。③按职能分工的组织通常弹性不足，对环境的变化反应比较迟钝。④职能工作不利于培养综合管理人才。

直线职能制组织结构在中国绝大多数企业尤其是面临较稳定环境的中小企业中得到了广泛采用。

3. 事业部制组织结构。事业部制组织结构，又称为部门化组织形式，其特点是在饭店总经理统一领导下，把饭店各经营部门划分成若干相对独立的经营单位，授予相应的权力，独立从事经营活动，是一种实行集中决策、分散经营的分权组织机构。目前，国外的大型企业普遍采用这种组织结构形式，中国的一些饭店或饭店集团也有采取这种组织结构形式的。

采用事业部结构具备三个条件：具有独立的产品市场；具有独立的利益；具有足够的权利，能自主经营。

（1）事业部制组织结构的优点：第一，有利于饭店高层管理人员摆脱日常行政事务，集中精力抓好饭店的经营发展战略和重大经营决策；第二，有利于面向市场、分散经营，提高饭店经营管理效率，增强饭店的应变能力，提高服务质量和水平；第三，有利于考核各事业部的经营业绩，促进各事业部之间进行比较和竞争，调动各方面的积极性和主动性；第四，有利于培养独立的、全面的主持饭店经营管理工作的高级经营管理人才。

（2）事业部制组织结构的缺点：一是表现在各事业部之间容易形成部门狭隘观念，而忽略饭店整体利益；二是部门之间横向协调差，不利于人才的流动；三是机构重叠而导致管理费用增加、利益协调困难等。

（二）组织管理层次的设计

1. 决策管理层。决策管理层即最高管理层，成员由饭店的总经理及助手组成。是站在企业整体立场上，对企业进行全面、综合管理，负责全局性策划和组织指挥的管理层。

2. 职能管理层。职能管理层即专业管理层，它是中间管理层，即帮助决策管理层参谋决策的智能管理层，承担各自专业职能管理职责。对上是参谋和助手，对具有指导、控制、监督、协调作用。

3. 基础管理层。基础管理包括执行管理层和作业管理层，是直接面对一线员工进行现场管理的层次。

三、饭店组织原则及影响因素

（一）饭店组织原则

1. 充分发挥组织能力。饭店在实施组织职能时，要把组织行为学的理论和揭示的规律尽量运用到组织实践中去。比如根据管理者和员工的个性，进行合理的岗位安排，根据群体行为理论在组织结构上形成大组织小群体（即部门可大，班组可小）。

要注意充分发挥人的积极性和能力，比如岗位设置，岗位规程要细，但岗位职责可以粗一些，使员工既有规范，又有发挥能动性的空间和余地。

2. 组织形式服从组织目标。组织形式要为市场服务，组织形式要有利于创造顾客、生产适销产品、促进信息沟通、强化营销等。

组织形式为效率服务，饭店效率既取决于全体员工的积极性和士气，又取决于组织的有效性。因此，一要根据跨度原则和饭店实际情况确定饭店的组织层次；二要按需设岗；三要精减人员。

管理职位为管理目标服务，管理是为了实现组织目标，管理职位应根据管理需要设置，而不能因人而设。

3. 等级链。饭店作为一个组织系统从上到下形成了各管理层次，从最高层次的管理者到最低层次的管理者之间组成了一个链条结构——等级链。这个链条系统结构反映的组织特点是：组织是有层次有等级的；每一链条上的各环是垂直而相互联系的。

4. 组织宽度与授权原则。

组织宽度原则——组织宽度是一位管理者能够有效领导、监督、指挥直接下属的人数。我们建议：总经理的指挥宽度为 3，副总经理的指挥宽度为 4，部门经理的指挥宽度为 6，主管的指挥宽度为 6，领班的指挥宽度为 12。以上的宽度指最大限度。

授权原则——当组织确定了各管理职位后，也应当同时确定该职位所拥有的权力，这就是授权。授权有两种形式：即组织制度明确规定和上级口头授予。

权力的制约——授权是为了有效管理，管理是为了饭店的目标。权力绝不能成为谋取私利的手段。对权力要有制约。饭店应建立权力制约机制。一是要有权力制约机构，二是对权力的监督和制约都应有相关的制度作为保证，只有这样才能杜绝权力谋私及腐败。

5. 组织的系统原则。强调组织目标——饭店系统的目标就是饭店的整体效益。饭店组织的各层次和各部门都应以饭店的目标和宗旨为自己的目标和宗旨，这就是组织系统的统一性。

各子系统的目标和责任——系统中各子系统的性质和职能由它们在总系统中的功能和作用所决定。各子系统以自己的系统目标来实现饭店的整体目标，以自己的运行功效为总系统承担责任。根据组织任务分配的功能，饭店要把总目标进行分解，成为各子系统的分目标。

分目标和分目标与总目标的关系要明确。

组织的均衡性——饭店的稳定状态在于组织结构的均衡，工作量、任务和资源配置的均衡，权力的均衡，服务质量的均衡，群体行为和企业文化的均衡，效益的均衡。所有这些均衡构成了组织的均衡。均衡不是平均，而是系统内要相互配套、相互协调一致。组织变革是因为产生了不均衡，且组织变革打破了原有的均衡而产生了新的均衡。

6. 团结一致的原则。

组织必须团结——组织存在是为了目标。不团结就会阻碍目标的实现。团结能充分发挥组织的人际关系功能；团结能充分发挥组织的协作功能。

饭店产生不团结的原因——利益重于目标；员工素质低；组织文化不健康；无事生非。

团结是有原则的——饭店团结的原则是组织目标、正气、道德准则。

组织保证——要使饭店组织能真正团结一致，组织保证是关键。

要建设健康的企业文化，形成一种良好的氛围；从制度上、道德观念上确立每位员工的人格尊严观，建立起人与人之间的正确关系，并以此来约束每个人的言论和行动；以制度形式界定破坏团结的言论和行动，并有相关的处罚条例；各级管理人员在团结方面应起到模范表率作用，管理人员要自身作风正，要以人格的魅力和榜样的力量去影响全体员工。

（二） 饭店组织设计的原则

1. 精简有效原则。所谓精简，是指企业的组织结构在满足经营需要，保证企业目标实现的前提下，把组织中的机构和人员的数量减少到最低限度，使组织结构的规模与所承担的任务相适应。

【资料链接】

南国旅行社的成功之路

1999 年 6 月 23 日，南国旅行社在当地新闻媒体上打出"妈妈，我要上北大"的主题旅游广告词，众多暑期放假的学生及家长就把电话打到旅行社。到 8 月 20 日，南国旅行社组织了 4 个旅游团共 170 余人前往北京旅游。在景点安排上，除了常规景点外，南国旅行社紧紧抓住许多家长望子成龙的心理，推出参观北大或清华、中国人民解放军军事博物馆、圆明园遗址、世界公园和观看天安门广场升旗仪式等。在参观北大、清华期间，导游还特地邀请学校讲解学校发展史，从而使学生认识到，只要自己好好学习，北大、清华并非高不可攀。正是通过这些特殊景点的安排，使游客在不知不觉中接受了爱国主义教育，增长了知识，从而激发了学生学习的热情。正是因为有主题旅游，南国旅行社在这个火热的暑期有了源源不断的客源。"妈妈，我要上北大"这一创意，抓住了学生的心理，带动了其他线路，把暑期生意做得红红火火。自从 1997 年起，"97 重阳爱心之旅——爷爷奶奶逛北京"、"我爱北京天安门"、"千名老人游上海"、"红色革命路线"、"大年换个过法怎样"、"女人有个三八节"、"新婚蜜月之旅"、"单身男女玫瑰之旅"、"同学们，带你看大海去"等，这些都是南国旅行社推出的"主题旅游"创意。虽然成败皆有，但这一举措在旅游界和广大市民中引起的反响却是强烈而长远的。明确旅游主题，引导消费，创造了商机，为原本带有很大盲目性为旅游开创了一片天地。

资料来源：张红，李天顺. 旅行社经营管理实例评析. 南开大学出版社.

2. 统一指挥原则。无论饭店怎么设计，都要服从统一指挥的原则，要在饭店的总体发展战略指导下工作。饭店所有部门要按照董事会的方针进行工作，在总经理和总裁的统一指挥下工作。

贯彻统一指挥原则，必须遵守以下四点要求：（1）从最上层到最基层，这个等级链不能中断。（2）任何下级只能有一个上级领导，不允许多头领导。（3）不允许越级指挥。（4）职能机构是参谋，只有提出建议之权，无权过问该直线指挥系统下属的工作。

3. 管理幅度适度原则。管理幅度（或称管理宽度、管理跨距、控制界限）指平均每位干部管理下属员工的数量配备。管理层级指最高管理者到最基层员工之间设了几层机构。管理幅度与管理层级是对应的关系，管理幅度越大，管理层级就越少；管理幅度越小，管理层级就越多。

管理者由于精力有限，有效管理幅度要受到一定限制。管理幅度过小，造成越级指挥、多头指挥、越权指挥；管理幅度越宽，对干部素质要求越高，虽可降低管理中间层次，但管理幅度超过一定范围，势必导致管理人员负担过重，无法对下属人员施加必要的监督和有效的指导，从而影响工作效率。

（1）最适当的管理幅度设计并无一定的法则，一般是 3 ~ 15 人。

高阶层管理跨距约 3 ~ 6 人。中阶层管理跨距约 5 ~ 9 人。低阶层管理跨距约 7 ~ 15 人。

（2）设定管理幅度要考虑的要素：

① 人员素质：主管或部属能力强、学历高、经验丰富者，可以加大控制。

② 沟通渠道：公司目标、决策制度、命令可迅速而有效的传达者，主管可加大控制。

③ 职务内容：工作性质单纯、标准化者，可加大控制层面。

④ 幕僚运用：利用幕僚机构作为沟通协调者，可扩大控制层面。

⑤ 追踪控制：设有良好、彻底、客观追踪执行工具、机构或人员者，则可扩大控制层。

⑥ 组织文化：具有追根究底风气与良好的制度文化背景的公司可加大控制。

⑦ 所辖地域：地域近可多管，地域远则少管。

【资料链接】

A 饭店过去是一家市政府所属的高级招待所，经过更新改造以后，升为四星级饭店。但饭店的组织机构基本上沿袭了招待所的模式。为了加强销售工作，饭店增设了公关销售部。但是由于过去销售工作由客房、餐厅和各业务部门分别去做，所以这一格局并未打破。这样便出现了饭店所有部门都有销售指标。各个部门一同出去跑推销的局面。有时为了争取同一个客户，各部门轮番争抢，出现内部竞争。在销售部，每个人的工作都由销售额目标决定只要你能完成定额无论你找什么客户都行。结果造成这位销售人员前两天刚来，而另一位销售人员又登门推销，而且每个销售人员报的价格并不完全相同，弄得客户不知所措。另外，由于经常出现内部竞争，致使销售部与其他部门之间，销售部内部员工之间，经常因为争客户而发生矛盾，影响了饭店内部的协调和合作。这种状况弄得有些客户莫名其妙。他们认为如此混乱的管理不可能造就良好的服务，因此打消了与 A 饭店合作的念头。

【讨论】

1. 饭店在组织机构设置上存在什么问题？

2. 你认为应该从哪些方面着手改变这一现状？

3. 设置组织结构应遵循的原则有哪些？

（三）影响组织结构设计的因素

1. 战略。在组织结构与战略的相互关系上，一方面，战略的制定必须考虑饭店组织结构的现实；另一方面，一旦战略形成，组织结构应作出相应的调整，以适应战略实施的要求。适应战略要求的组织结构，能够为战略的实施，从而为组织目标的实现，提供必要的前提。

战略选择的不同，将会在两个层次上影响组织的结构：不同的战略要求开展不同的业务活动，这会影响管理职务的设计；战略重点的改变，会引起组织的工作重点转变，从而各部门与职务在组织中重要程度的改变，因此要求对各管理职务以及部门之间的关系作相应的调整。

2. 外部环境。外部环境对组织结构的影响可以反映在三个不同的层次上，这就是职务与部门设计层次、各部门关系层次、组织总体特征层次。这主要是由于组织作为整个社会经济大系统的一个组成部分，它与外部的其他社会经济子系统之间存在着各种各样的联系，所以，外部环境的发展变化必然会对企业组织结构的设计产生重要的影响。

3. 技术。组织的活动需要利用一定的技术和反映一定技术水平的特殊手段来进行。技术以及技术设备的水平，不仅影响组织活动的效果和效率，而且会作用于组织活动的内容划分、职务设置，会对工作人员的素质提出要求。例如，信息处理的计算机化，必将改变组织中的会计、文书、档案等部门的工作形式和性质。

4. 饭店规模与饭店所处的发展阶段。饭店的规模往往与饭店的发展阶段相互联系，伴随着饭店活动的内容会日趋复杂，人数会逐渐增多，活动的规模会越来越大，饭店组织结构也须随之调整，以适应变化了的情况。

（四）饭店组织结构的变化趋势

服务短缺时代的终结，经济全球化大潮下的激烈的市场竞争，顾客选择空间的扩大和对饭店产品、服务质量要求的提高，以及企业内部员工心理需求层次的提高，现代科学技术特别是信息处理的计算机化和互联网对饭店组织经营管理活动的广泛作用等等，使现代饭店组织结构发生新的变化，明显呈现出以下趋势：扁平现代饭店组织结构设计的一个明显特征，是由先前的竖式结构向扁平式结构转变，即最大限度地削减中间层，对中间层和职能部门实行合并和作业重组，加大管理幅度，这样既有利于精减人员，降低管理成本，又有利于由于中间层的减少，提高信息流转的速度和准确度。同时，一线员工的权限在扁平结构中得到适当扩大。

四、饭店组织管理的主要内容

确定饭店组织结构的框架后，再建设组织的实体，然后确定饭店组织管理的具体内容（先框架、后实体，规章制度为管理）。

1. 业务的分工与协作。
2. 管理人员的配备和使用。
3. 任务的分配。

4. 编制定员。
5. 劳动组织。

五、饭店组织制度

（一）对饭店制度的认识

饭店制度：是以文字条例形式规定员工在饭店里的行为的规范和准则。包括：制度的目标性、制度的规范性、制度的强制性和公平性、制度的灵活性、制度的发展性。

（二）饭店制度体系

饭店的制度有四大类，每类制度都对饭店管理和运行起着某方面的规范作用。这四类制度有着内在的联系，它们之间相互补充、相互配合形成了饭店的制度体系。

1. 基本制度。
2. 部门制度。
3. 专业管理制度。
4. 饭店工作制度。

（三）饭店制度的类型

1. 基本制度。

饭店管理方案：依据饭店管理的基本原理和本饭店的特点，从原则上和饭店管理的一般上提出饭店及各部门管理的理念、思想、原则、内容、方法。

员工手册：提出企业精神，规定全饭店员工拥有的权利和义务，是全体员工都应该遵守的行为规范的条文化文件。

经济责任制：以目标管理为基础，把饭店各部门各部分的目标责任和经济利益联系在一起的责任制度。

岗位责任制：以岗位为单位，具体规定每个岗位及该岗位的职责权限的责任制度。

服务规程：它不仅规定了员工的作业行为规范，而且规定了作业规范。

2. 部门制度。饭店各部门为确保工作的顺利进行而制定的相关制度，如饭店餐饮部的《原材料采购制度》。

任务3　领会饭店服务质量管理

一、饭店服务质量的含义和内容

（一）饭店服务质量的含义和内容

服务质量：饭店以其所拥有的设施设备为依托，为宾客所提供的服务在使用价值上适合和满足宾客物质和精神需要的程度。

饭店服务质量实际上包括有形产品质量和无形产品质量两个方面。

（二）饭店服务质量的内容

1. 有形产品质量：有形产品质量主要满足宾客物质上的需求，是指饭店提供的设施设备和实物产品以及服务环境的质量。

2. 无形产品质量：无形产品质量是指饭店提供的服务的使用价值的质量，即服务质量。服务的使用价值使用以后，其服务形态便消失了，仅给宾客留下不同的感受和满足度。

二、饭店服务质量的特点

（一）功能性

饭店的功能就是为宾客提供生活、工作或社会交际等最基本的条件，它包括饭店建筑、设备、设施、环境及各种服务项目。功能性是服务质量最起码、最基本的物性，没有基本的服务功能也就不成其为饭店了。

（二）经济性

经济性是指宾客入住饭店之后，其费用开支与所得到的服务是否相等，价与值是否相符。饭店服务的价值标准是用尽可能低的支出，为客人提供高质量的服务。

（三）安全性

安全是客人关注的首要问题。饭店的服务员在为宾客服务的过程中，必须充分保证宾客的生命和财产不受威胁、危害和损失，身体和精神不受到伤害；饭店的机械设备完好运行，食品和环境干净卫生，这些都是服务质量中安全性的重要方面。

（四）时间性

时间性对于服务工作至关重要。当今社会，时间就是金钱。饭店的服务能否在时间上满足宾客的要求，是服务质量优劣的表现。时间性这一特点强调为宾客服务要做到及时、准时和省时。

（五）舒适性

宾客住进饭店，饭店的各种设施要适应客人的生活要求和习惯。它包括适用、舒服、方便、整洁、美观和有序。

（六）文明性

文明性属于精神需求。在饭店，宾客一般都希望能获得自由、亲切、尊重、友好、理解的气氛和良好的人际关系，享受精神文明的温馨。文明性是服务质量特性中一个极为重要的方面，它充分体现服务工作的特色。

三、饭店服务质量管理体系

（一）饭店全面质量管理

饭店全面质量管理的含义指饭店为保证和提高服务质量，组织饭店全体员工共同参与，综合运用现代管理科学，控制影响服务质量的全过程和各因素，全面满足宾客需求的系统管理活动。

饭店全面质量管理的特点：全方位的管理全过程的管理、全员参与的管理、方法多种多样的管理。

（二）服务质量分析

1. ABC 分析法。ABC 分析法的步骤：（1）确定分析对象，如原始记录中的服务员工作记录、顾客意见记录、质量检查记录、顾客投诉记录等如实反映质量问题的数据。（2）根据质量问题分类画出排列图。（3）通过各类问题所占比例找出主要问题。（4）将分析结果总结出的问题分别采取措施加以解决。

例如，某饭店利用调查表向宾客进行服务质量问题的意见征询，共发出 150 张表，收回 120 张。其中，反映服务态度较差的 55 张、服务员外语水平差的 36 张、餐饮菜点质量差的 24 张、饭店设备差的 4 张、失窃的 1 张，对以上情况进行分析，并制作巴雷特曲线图。此图是一个直角坐标图，它的左纵坐标为频数，即某质量问题出现次数，用绝对数表示；右纵坐标为频率，常用百分数来表示。横坐标表示影响质量的各种因素，按频数的高低从左到右依次画出长柱排列图，然后将各因素频率逐项相加并用曲线表示累计频率在 80% 以内的为 A 类因素，即是亟待解决的质量问题。

2. 圆形百分比分析图法。例如，某餐厅在一个星期内随机调查了 100 位顾客对餐饮服务的意见，根据数据统计得出了百分比分析图。由图分析可知，该餐厅当前需要重点解决的服务质量问题是增加服务项目和提高服务技能。

3. 因果分析图法。用 ABC 分析法主要是寻找主要存在问题，将找出这些质量问题产生的原因用因果分析图法分析是简单而有效的方法。因果分析图法是利用因果分析图对产生服务质量问题的原因进行分析的图解法。

因果分析法分析程序：

（1）确定要分析的质量问题，即通过 ABC 法找出 A 类问题。

（2）分析 A 类质量问题产生的原因，找出质量问题产生的各种原因是用好这个方法的关键。

（3）将找出的原因进行整理，按结果与原因之间的关系画出因果分析图。

4. PDCA 循环法。PDCA 管理循环：PDCA 即计划（plan）、实施（do）、检查（check）、处理（action）的英文简称。指按计划、实施、检查、处理这四个阶段进行管理工作，并循环不止地进行下去的一种科学管理方法。PDCA 循环转动的过程，就是质量管理活动开展和提高的过程。

（1）PLAN 阶段：分析现状，找出存在的问题；分析产生问题的原因（人，设施，环境，商品）；找出主要影响因素；制订解决问题的计划措施。

（2）DO 阶段：严格执行预订计划。

（3）CHECK 阶段：检查计划执行情况。

（4）Action 阶段：总结经验教训，实行标准化；提出遗留问题，转入下一个循环。

PDCA 管理循环的四个阶段缺一不可。只计划而没有实施，计划就是一纸空文；有计划，也有实施，但没有检查，就无法得知实施的结果与计划是否存在差距和有多大差距；若计划、实施、检查俱全，但没有处理，则不但已取得的成果不能巩固，失败的教训不能吸取，而且发生的问题还会再次重复，如此，服务质量就难以提高。

（三）零缺点质量管理

零缺点质量管理是美国克劳斯比（Philip B Crosby）于 20 世纪 60 年代提出的一种管理观念。他认为：低质量产品需要花费大量的人、财、物力，增加企业的经营费用，并导致消费者不满，其成本远远大于保证一次性完成的优质产品的投入。因此，企业必须以零缺点的要求来控制产品质量，

追求完美零缺点质量管理应做好以下几点：建立饭店服务质量检查制度；DIRFT；开展"零缺点"竞赛。

（四）现场巡视管理

饭店管理者通过现场巡视管理，可以检查员工准备工作，监督指导对客服务（或后台供应）质量标准的执行情况，指导和激励下属员工的工作，事先消除质量隐患，预防质量问题的发生，并及时处理质量问题，最终使饭店质量相对稳定。

不同的饭店管理者各有其不同的巡视管理范围。管理者在现场巡视中，应随时倾听宾客的意见和要求，给予反馈，并应注意听取员工的意见和建议。现场巡视过程中如发现员工工作不符合质量要求时，如违反服务规程，应及时指出并纠正，但应注意方式方法。

（五）优质服务竞赛和质量评比

需要定期组织优质服务竞赛和质量评比，内容和形式可以多样化，奖优罚劣，措施分明，最后总结分析，不断提高服务质量。

（六）服务质量控制

1. 服务质量的事前管理。建立详细的服务规范与流程：服务活动展开、服务顺序设计、服务特征设计、服务方法与技巧设计、资源需求设计。注重人员素质的培训，人员素质技能是服务质量的基本保证。制定突发事件管理制度，制度内容必须包括应急、异常事件识别，应急处理职责权限，应急准备和响应策划，应急预案等。

2. 服务质量的事中管理。按照监控规范实施过程控制，在服务过程中进行符合度的抽查管理，制定服务问题等级管理体系。

3. 服务质量事后管理。如何提高顾客满意度？进行顾客满意度浅析，找出影响满意度的几大因素，在服务过程中注意这些因素，找出常见问题的原因及处理方法，再进行下一个事前、事中、事后控制。

任务4　熟悉饭店职能部门

饭店职能部门不直接从事饭店接待和供应业务，而是为业务部门服务，执行自身某种管理职能的部门。饭店的人事部、安全部、销售部、财务部和工程部均属于饭店的职能部门。

一、人事部

人事部（Personnel Department）的主要职责是为了满足饭店经营管理的需要，协助其他部门负责饭店管理人员和服务人员的选聘、培训及具体的管理工作。人事部是饭店中的一个非常重要的部门，一般直接受总经理的领导和指挥。人事部除设有经理和副经理外，还有专职人员负责人员调配、职工培训、工资管理等。有些饭店的人事部还设有专门的培训机构。

二、销售部

销售部（Sales Department）的主要职责和工作目标是为饭店组织客源。为了保证饭店有充足的客源，销售部的人员要进行市场调研，了解市场需求，掌握客源流向并负责推销饭店产品。

饭店销售部的大小规模是有差异的。一般是从 1～15 人或 20 人。销售部设经理和主管销售业务的专职人员。有些大型饭店的销售部还设分管旅游销售、会议销售、宴会销售的经理以及公共关系等专职工作人员。为了搞好销售工作，饭店总经理也要分出一部分时间来处理销售部的有关事宜。

三、工程部

工程部（Engineering Department）的主要职责是负责饭店房屋及设备的维修工作，使饭店的外部及内部装修等保持在完好和较高的水平上，并经常对饭店的各项设备、设施进行修理、保养和更新。工程部还需要按计划对饭店的能源进行有效的管理。

工程部的组织机构包括：工程部办公室（由工程部经理、助理调度员等组成）；锅炉冷冻组（由锅炉房和冷冻机房组成）；电工组（由交配电组与强弱电组组成）；维修组（由综合维修人员组成）；电梯组（由电梯操作、维修人员组成）；土建维修组（由土建、木工、油漆工组成）。也有的饭店只设锅炉、冷冻、水电、土建四组。

四、安全保卫部

安全保卫部（Security Department）是饭店非常重要的职能部门之一，宾客在饭店中不仅需要良好的食宿服务条件，同时需要一个安全、舒适、宁静的环境。安全部对饭店的各种设施、财产的安全以及宾客的人身和财产安全负有重要的责任。

饭店设有安全部经理和专职的安全保卫工作人员，对全饭店进行 24 小时的安全保卫和巡视。虽然安全部的人员可以负责饭店整体的安全保卫工作，但是饭店的所有工作人员和服务人员都应当关心安全工作，并积极参加安全保卫措施的具体实施工作。

五、财务部

财务部（Financial Department）负责处理饭店经营活动中的财务管理和会计核算工作。财务部人员的数量取决于饭店的经营规模。一般来说，饭店财务工作直接由一位饭店的副总经理领导，财务部门内部设有经理、副经理、主管会计、会计员、出纳员若干名。

六、其他机构设置

根据中国国情、法律、政治经济体制，饭店还要设置其他机构：一是党组织的领导机构。它要对饭店的经营决策、正常运行、实现组织目标起监督保证作用。二是工会、共青团、妇女组织机构。工会是职工代表大会的常设机构，通过职工代表大会的形式使职工行使民主管理的权利，并维护广大职工的利益。共青团、妇女组织是饭店的群众组织。根据该组织章程，它们一方面要从该组织成员的特点出发，引导他们在饭店中发挥积极作用，另一方面要保护该组织成员的权益。

任务5 认知饭店营销管理

一、饭店营销的概念和特点

（一）饭店营销的概念

饭店营销：饭店产品出售给宾客前所有活动的总和以及饭店产品走向市场后为造就满意的宾客而开展的活动的总和。

饭店推销：以饭店现有的产品作为工作的起点，研究怎样利用广告、公关、实物展示等手段来增加销售量，在增加销售量的基础上实现饭店的目标。

（二）饭店营销的特点

饭店的产品是有形设施和无形服务的结合，它不是单纯以物质形态表现出来的无形产品，作为销售这些特殊饭店产品的市场营销，有综合性、无形性、易波动性、时效性特点。

1. 综合性。顾客对饭店的需求除了宿、食等基本外，还包括美食、购物、娱乐、信息交流、商务活动等综合需求（组合营销），现代饭店营销与饭店各部门的员工密切相关，只要有一名员工的服务使宾客不满意，就会造成 $100 - 1 = 0$。

2. 无形性。服务是饭店的主要产品，饭店所有的产品都伴随服务出售，对饭店产品质量评价，取决于顾客对由服务支配的饭店产品的主观感受（店内营销、服务营销），饭店产品被顾客购买后，只是在一定时间和空间拥有使用权，而无法占有它们。

3. 时效性。饭店产品被顾客购买后，只是在一定时间和空间拥有使用权，而无法占有它们，即饭店产品的不可储存性。

4. 易波动性。旅游构成中，食、住、游、购缺一不可。同时受季节性波动，即我们所讲的淡季、旺季以及政治、经济、社会及自然因素的影响。

二、饭店营销的内容

（一）营销调研

市场调研是饭店企业开展营销活动的起点。饭店企业要在市场上开展营销活动，就要了解并准确把握市场的"脉搏"，探测宏观环境与微观环境的基本特点，在此基础上，科学确定营销计划。

（二）市场细分

饭店必须对其所面临的市场进行科学的分析，根据宾客的爱好、需求、购买行为、地域分布等因素，寻找适合购买本饭店产品或服务的具体消费对象。找准对本饭店富有吸引力的某几个客源市场，集中自身优势，充分满足选定客源市场的特定需求，使得本饭店"在一定的市场上获得最大限度的市场占有率"，并以尽可能小的代价，追求尽可能高的收益。

市场细分的本质是对不同宾客按需求特征的差异性与相似性进行分类，使得同一细分市场内部，宾客的需求特征相对一致，而在不同的细分市场之间，宾客的需求特征截然不同。

（三）市场选择

饭店对各个细分市场进行"可进入性"分析，评估饭店的营销机会，从中选择适当的细分市场作为饭店营销的目标市场。

常用的目标市场营销策略有三种：

1. 整体目标市场营销策略：饭店把所有细分市场都视为其营销目标，根据这一市场上绝大多数人的需求，设计出一套单一的营销策略。

2. 差异目标市场营销策略：饭店针对不同的细分市场制定出不同的营销组合策略，全方位地开展针对性的营销活动。

3. 集中目标市场营销策略：饭店将资源集中起来用于一个最具有潜力且最能适应饭店资源组合现状的细分市场，目的是在这一细分市场上取得绝对优势，实现"小市场、大份额"之目的。

（四）市场定位

市场定位是以了解和分析宾客的需求心理为中心和出发点的，其本质是让饭店的产品或服务走进宾客心灵深处，设定本饭店独特的、与竞争者有显著差异的形象特征，引发宾客心灵上的共鸣，留下印象并形成记忆。

三、饭店营销策略组合

(一) 饭店传统的营销组合策略——4Ps 营销组合

4Ps 营销组合包括产品（product）、价格（price）、营销渠道（place）和促销方式（promotion）

1. 产品策略（product）。

（1）整体产品设计：核心产品、形式产品、附加产品饭店在开发设计各种产品时，应根据"先核心，后形式，再延伸"的思路进行全面设计，以增加产品的科学性和适用性。

（2）饭店产品的创新：全新新产品、改进新产品、仿制新产品等。

2. 价格策略（price）。指饭店通过对宾客需求量的估计和成本的分析，按照季节为各个细分市场制定灵活的价格，最终实现营销目标。

（1）影响价格的因素：市场因素、成本、营销目标、政策因素、饭店产品因素、通货膨胀。

（2）定价策略：新产品价格策略（渗透定价法、满意定价法、撇脂定价法）、心理定价策略（尾数定价策略、整数定价策略、分级定价策略、吉祥数定价策略）、折扣定价策略（数量折扣、季节折扣、时间折扣、现金折扣、功能折扣、有效的整体折扣）、延期折扣策略（价值返还、连续购买优惠、代理佣金）。

3. 营销渠道（place）。指从宾客产生消费动机进入饭店到最终消费饭店产品的全过程中所经历的路线以及相应的一切活动的总和，又称为分销渠道。

（1）营销渠道的种类：直接营销渠道、间接营销渠道、营销渠道选择策略：产品因素、饭店自身的因素 、营销对象因素

（2）营销渠道的发展趋势 ：一分技术、二分管理、七分运用。

4. 促销方式（promotion）。对促销对象或领域、促销任务、促销目标、促销效果、促销投入、各种限制条件等进行科学的选择、配置、控制和分析，使信息宣传、沟通手段和过程系统化、规范化，尽量提高促销活动的效果、效率，使之低投入高产出。

(二) 饭店新型营销组合策略

1. 4Cs 营销组合策略的基本内涵。

20 世纪 90 年代 4Cs 营销组合策略包括：顾客（customer）、成本（cost）、方便（convenience）、沟通（communieation）。

（1）Customer（顾客）主要指顾客的需求。饭店必须首先了解和研究顾客，根据顾客的需求来提供产品。同时，饭客提供的不仅仅是产品和服务，更重要的是由此产生的客户价值（Customer Value）。

（2）Cost（成本）不单是饭店的生产成本，或者说是 4P 中的 Price（价格）。它还包括顾客的购买成本，同时也意味着产品定价的理想情况，应该是既低于顾客的心理价格，亦能够让饭店有所盈利。此外，这中间的顾客购买成本不仅包括其货币支出，还包括其为此耗费的时间、体力和精力消耗以及购买风险。

（3）Convenience（便利）即所谓为顾客提供最大的购物和使用便利。4C 理论强调企业在制定分销策略时，要更多地考虑顾客的方便，而不是企业自己方便。要通过好的售前、售中和售后服务来让顾客在购物的同时，也享受到了便利。便利是客户价值不可或缺的一部分。

（4）Communication（沟通）则被用以取代 4P 中对应的 Promotion（促销）。4C 认为，企业应通过同顾客进行积极有效的双向沟通，建立基于共同利益的新型企业/顾客关系。这不再是企业单向的促销和劝导顾客，而是在双方的沟通中找到能同时实现各自目标的通途。

2. 4Cs 营销组合策略的缺陷。4Cs 营销理论也留有遗憾。总体来看，4Cs 营销理论注重以消费者需求为导向，与市场导向的 4Ps 相比，4Cs 营销理论有了很大的进步和发展。但从企业的营销实践和市场发展的趋势看，4Cs 营销理论依然存在以下不足：

（1）4Cs 营销理论是顾客导向，而市场经济要求的是竞争导向，中国的企业营销也已经转向了市场竞争导向阶段。顾客导向与市场竞争导向的本质区别是：前者看到的是新的顾客需求；后者不仅看到了需求，还更多地注意到了竞争对手，冷静分析自身在竞争中的优、劣势并采取相应的策略，在竞争中求发展。

（2）4Cs 营销理论虽然已融入营销策略和行为中，但企业营销又会在新的层次上同一化。不同企业至多是个程度的差距问题，并不能形成营销个性或营销特色，不能形成营销优势，保证企业顾客份额的稳定性、积累性和发展性。

（3）4Cs 营销理论以顾客需求为导向，但顾客需求有个合理性问题。顾客总是希望质量好、价格低，特别是在价格上要求是无界限的。只看到满足顾客需求的一面，企业必然付出更大的成本，久而久之，会影响企业的发展。所以从长远看，企业经营要遵循双赢的原则，这是 4Cs 需要进一步解决的问题。

（4）4Cs 营销理论仍然没有体现既赢得客户又长期地拥有客户的关系营销思想，没有解决满足顾客需求的操作性问题，如提供集成解决方案、快速反应等。

（5）4Cs 营销理论总体上虽是 4Ps 的转化和发展，但被动适应顾客需求的色彩较浓。根据市场的发展，需要从更高层次以更有效的方式在企业与顾客之间建立起有别于传统的新型的主动性关系，如互动关系、双赢关系、关联关系等。

3. 4Rs 营销组合策略。针对 4Cs 存在的问题，美国学者 Done Schultz 提出了 4Rs 营销组合策略。认为：现代企业营销的关键在于能否与消费者建立关联（relative）、能否提高市场反应速度（reaction）、能否开展关系营销（relation）、能否得到回报（reward）。

根据这一理论，面对竞争性市场中动态性的宾客，饭店企业要赢得长期的稳定的市场，就要做到：

（1）通过某些有效的方式与宾客建立一种互助、互求、互需的关系，减少宾客流失。

（2）建立快速的市场反应机制，提高反应速度和回应力。

（3）注重关系营销，把服务、质量和营销有机结合起来，通过与宾客建立长期稳定的关系实现长期拥有宾客的目的。

（4）注重营销活动的回报。一切营销必须以为宾客及企业创造价值为目的。回报是维持和发展市场关系的必要条件。

四、饭店营销新理念

(一) 主题营销

1. 主题营销的内涵。以文化为生命的主题营销的兴起，在饭店行业中刮起了一股强劲的寻找文化、继承文化、发扬文化、创新文化的热潮，并由此形成了一个文化创新基地，推动饭店业高质高速发展。

2. 主题营销的基本思路。

完全主题化——是指饭店赋予自身以不同的主题文化内涵，以主题饭店的面貌立足于市场并成为市场的最大卖点。

部分主题化——是指饭店通过开发各类主题客房、主题餐饮或主题娱乐的方式实践主题营销理念。

主题活动——本质是饭店在组织策划各类促销活动时，以某一文化作为主题，推介产品，推介这一主题文化。

(二) 机会营销

市场机会——市场上尚未被满足的需求或尚未被完全满足的需求，它为饭店提供了可供开发占领的潜在市场。是一个客观存在，表明了一种可供开发的潜在市场。

营销机会——是市场机会的一部分，是企业在市场营销环境中，在各种需求要素的变更中，寻找出来的与本饭店的经营条件和经营目的最吻合的市场机会，即开发这一市场所需的资源条件正是本饭店所具备的最佳条件。

机会的捕捉和利用：饭店企业应精于捕捉和利用机会。可从信息中判断机会的有无，要有目的、有计划地通过报纸、杂志、网络等途径，收集各种信息尤其是与本行业有关的信息，并加以分析、筛选、分类、利用。社会潮流也往往预示着巨大的营销机会。饭店应注重观察各种消费潮流，并准确预测未来的消费潮流。也可借助各种国内外大事"因事造势"，还可利用知识经济开展营销创新。

饭店还可借力开展机会营销，包括借名人之力、借活动之力、借同行之力、借员工之力、借宾客之力、借媒介之力、借会展之力、借关键人物之力等。

(三) 服务营销

从 20 世纪末开始，以知识为基础的服务经济在社会经济生活中起着越来越大的作用，服务业开始成为当今社会的主导产业。

服务营销的基本内涵：不仅是吸引宾客，而且还要拥有宾客、留住宾客。服务营销注重的是提高宾客的满意度和忠诚度，注重追求企业的长期利益，注重与宾客建立良好的关系。它要求饭店明确，饭店内部只有两种人：专职销售员、非专职销售员。

服务营销体系包括：销售代表、饭店服务人员、服务设施和设备、非人员沟通。

服务营销的核心——服务质量。服务质量是饭店为了使目标宾客满意而提供的最低服务水平，也是饭店保持这一预订服务水平的连贯性程度。优质服务要求能给宾客一种难忘的消费经历，因而饭店必须谨记优质服务的七条标准：礼貌性、沟通性、安全性、理解性、情感性、有形性和及时性。

（四）网络营销

网络营销的英文为 cyber marketing 或 online marketing。它是指以互联网为传播手段，通过对市场的循环营销传播，达到满足消费者需求和商家需求的过程。

饭店企业的网络营销是指借助网络、电子计算机通信和数字交互式媒体等技术来为宾客设计产品，从而实现饭店的营销目标。它是"目标营销、宾客导向营销、双向互动营销、远程全球营销、无纸化营销、自助式营销"等一系列先进营销方式的综合体。

网络营销的运用方式主要有网络调研、网站设计、网络广告等。

（五）分时营销（time share marketing）

指饭店客房的使用权分时段买给顾客，即不同的消费者购买客房不同时段的使用权，共同维护、分时使用客房，并且可以通过交换网络与其他消费者交换不同饭店的客房使用权。

分时营销的具体运作：原理——饭店与购买者、饭店与销售代理商、饭店与交换公司、销售代理商与购买者、交换公司与购买者、开展交换的购买者之间。

【资料链接】
经济型饭店的品牌管理策略解读——以"如家酒店"为例
一、中国经济型饭店品牌管理现状及存在问题
近年来，随着大众旅游的快速增长和商务交流的日益频繁，起源于20世纪90年代的中国经济型饭店取得了长足的发展。"经济型饭店"（Budget Hotel）是相对于传统的全服务饭店（Full Service Hotel）而存在的一种饭店业态。它提供基本服务项目，满足中低端客户群体基本需求。经济型饭店在我国有着巨大的市场空间，在锦江之星、如家等一批知名品牌的带动之下，风格各异、形式多样的经济型饭店如雨后春笋般冒出，成了一线城市主要商业区上的亮丽风景。
二、如家快捷酒店品牌管理策略
（一）品牌定位
科学地细分市场和精准地品牌定位，是如家在机会稍纵即逝的市场上捷足先登成功创建品牌的关键。正是在这种市场格局之下，如家在高标准的星级饭店和低服务质量的低星级之间找到了一种平衡，并且将其服务的重心放在了住宿和早餐两个优先的饭店功能上来，最终实现"价廉物美"的价值诉求。"一张舒服的床、热水、干净整洁的房间、温馨的环境、交通相对便利"，正是如家核心服务理念和竞争力形象的体现。
（二）品牌识别
品牌识别策略的第一步就是为品牌设计一个朗朗上口、独特好记的名称。"如家"的取名，和经济型饭店的定位保持高度的一致，即希望能给客人营造一种"宾至如归，温馨如家"的感觉。同时，"如家"这两个字蕴涵着浓郁的中国风情，向全世界展示着中华民族欢迎八方宾客的"家"文化服务理念和民族品牌形象。
另外，在 Logo 的设计上，如家采用了轮廓圆润的五边形设计。外观就像一所房子，既简洁明了，又兼具包容性，中挂一轮弯月，散发出浓淡相宜的亲情。一个在设计上传神到位

的经济型饭店品牌，离不开硬件设施和优质服务的支撑。既然如家是"家"，所以在饭店的服务和客房设计方面，如家也不断采用"家"的元素。这一切不仅让客人享受到家的温馨和便捷，同时对如家的企业形象产生好的联想和记忆，强化了对如家品牌的认同。

（三）品牌传播

在"2004 北京国际旅游博览会"上，如家酒店作为经济型饭店闪亮登场。为了充分展示如家品牌，市场部从展台的设计，资料、礼品的准备，人员的安排及媒体的接洽等均作了详细的布置。如家酒店的亮相，引起各新闻媒体的关注，其中，中央人民广播电台、人民网现场采访了如家的梁总并进行直播。此外，如家市场部人员积极发放宣传资料，与商户洽谈，收到了良好的效果。而当印度洋海啸肆虐时，如家在第一时间开展为海啸灾区人民渡过难关、重建家园的捐款活动。

正是通过参加这些国际交往和社会公益活动，如家通过大众传媒在消费者面前树立良好的企业形象，扩大了品牌的知名度，提升了品牌的美誉度和忠诚度。这就为如家进一步拓展经营空间，提高企业或其产品的市场占有率奠定良好的基础。

（四）品牌维护

品牌作为无形资产容易流失。由于经营管理内部或外部的原因，经济型饭店的品牌在市场竞争中会出现知名度、美誉度下降以及销量和市场占有率降低等品牌失落现象。因此，要提高饭店品牌的生命力，使其获得持续的竞争优势，必须不断进行品牌维护。如家采用了一列策略来维护饭店的品牌：

1. 确保品牌一致性。2004 年 3 月 24 日，如家酒店连锁率先在上海成立了国内经济型饭店中第一个管理学院——如家酒店管理学院。该学院不以营利为目的的，而是以强化人才培养为宗旨。通过培训，有利于增强员工对企业的归属感，提高企业的凝聚力和向心力，鼓励员工为客人提供更加优质的标准化服务。

2. 树立品牌忠诚度。为了树立消费者对如家品牌的忠诚度，2003 年 4 月如家酒店推出了一项常客优惠服务——家宾卡俱乐部，让经常惠顾如家的客人享受更加优惠的价格和更高级别的待遇。例如，通过"家宾卡"记录下客人的特殊需求和喜好，如家为客人提供更具有针对性的个性化服务，为客人在温馨、惬意的氛围中强化对如家品牌的认同。

3. 确保品牌质量。目前国内的经济型饭店品牌有不少都是采用特许加盟的方式，有的经济型饭店为了加快品牌扩张的速度，不断降低加盟的门槛，吸引更多饭店的进入。但是，这些连锁饭店品牌在不断扩大规模的同时也会暴露出一些问题，就是品牌的输出者也很难监控加盟的经营和管理。在充分认识到这点后，如家控制加盟店的发展，力主直营店。重点做直营店，把样板做好，少量发展特许经营店，并且全部结束与市场联盟店的合同，这样，就使如家的各家饭店归于一种标准，避免了同一品牌却千差万别的现象。

三、如家的品牌管理启示

（一）强调"独特的销售主张"，明确品牌定位

独特的销售主张（Unique Selling Proposition，USP），是市场营销和广告传播中一个重要的策略。它强调，某种商品或服务的主张必须是竞争对手做不到的或无法提供的，必须说出其独特之处，强调人无我有的唯一性。所强调的主张必须是强而有力的，必须聚焦在一个点上，集中打动、感动和吸引消费者来购买相应的产品。像如家———"家一般的温馨氛围"，七斗星———"充满情趣，时尚而有品位的第三空间"，都给顾客留下难以忘却的情

感记忆。

（二）运用 CIS 策略提高品牌形象

CIS（Corporate Identity System）即"企业形象识别系统"，它将企业经营活动以及运作经营活动的企业经营理念或经营哲学等企业文化，运用视觉沟通技术，以视觉化、规范化、系统化的形式，通过传播媒介传达给企业的相关者，包括企业员工、社会大众、政府机关等团体和个人，以塑造良好的企业形象。经济型饭店的品牌标志是品牌管理的关键内容。

（三）注重品牌的宣传推广，实施系统化的品牌营销战略

恰当的品牌营销有利于品牌的认知度建设，提高品牌知名度。经济型饭店要善于通过对外传播和对内沟通，全方位、多渠道、多角度、多层次地进行品牌宣传，系统开发品牌信息载体，大力宣传品牌信息，以树立经济型饭店品牌形象。

SWOT 是一种分析方法，用来确定企业本身的竞争优势（Strength），竞争劣势（Weakness），机会（Opportunity）和威胁（Threat），从而将公司的战略与公司内部资源、外部环境有机结合。因此，清楚地确定公司的资源优势和缺陷，了解公司所面临的机会和挑战，对于制定公司未来的发展战略有着至关重要的意义。下面我们看看如家快捷酒店的 SWOT 分析。

1. 竞争优势（S）。是指一个企业超越其竞争对手的能力，或者指公司所特有的能提高公司竞争力的东西。

如家的竞争优势有以下几个方面：

● 服务人员阳光热情，服务质量好，如家目前的形象对于谈房屋租金很有利，可节约采购成本；

● 很好的品牌和优秀的企业文化；

● 选才用才制度严格完善；

● 完善的信息管理系统，忠诚的客户群，美国纳斯达克上市；

● 连锁酒店业的名牌，便于扩张，市场份额居先。

2. 竞争劣势（W）。是指某种公司缺少或做得不好的东西，或指某种会使公司处于劣势的条件。

可能导致如家内部弱势的因素有：入住率的优势在减弱等。

3. 公司面临的潜在机会（O）。市场机会是影响公司战略的重大因素。公司管理者应当确认每一个机会，评价每一个机会的成长和利润前景，选取那些可与公司财务和组织资源匹配、使公司获得的竞争优势的潜力最大的最佳机会。

如家潜在的发展机会可能是：

● 发展高端客户，做四星、五星标准的饭店；

● 提高购并竞争对手（追随者）的能力；

● 市场需求增长强劲，可继续快速扩张到其他区域，扩大市场份额；

● 削减一切成本费用。

4. 危及公司的外部威胁（T）。在公司的外部环境中，总是存在某些对公司的盈利能力和市场地位构成威胁的因素。公司管理者应当及时确认危及公司未来利益的威胁，做出评价并采取相应的战略行动来抵消或减轻它们所产生的影响。

如家面临的外部威胁：

- 连锁饭店品牌如雨后春笋般破土而出；
- 小旅馆提高优质低价的服务；
- 市场需求减少，入住率下降；
- 房租涨价；
- 受到金融危机和业务周期的冲击。

资料来源：柯锦煌．消费导刊，2009（13）．

项目小结

本项目首先介绍了饭店业的发展历程，先后经历了古代客栈时期、商业饭店时期、大饭店时期和现代新型饭店时期；然后又介绍了饭店的管理体系、饭店的组织结构，在这基础上阐述了饭店服务质量的内涵及其管理体系；介绍了饭店的职能部门，同时探讨了饭店营销管理的基本构成内容。

项目实训

【实训目的】

通过实地调查的分析，掌握星级饭店的基本知识，并运用到实践中去。

【实训内容】

调查本地区星级饭店的基本情况，查阅相关资料，讨论并分析该饭店的星级、客源市场、客房数量、计价方式，以及具体的关于管理方式和组织结构制度等方面的基本情况。

【实训要求】

1. 实训学时：4 学时。
2. 以组为单位（3~4 人一组），实地调查，同时查阅相关资料。
3. 实训完成后写出实训报告。

【技能要求】

能够熟练应用所学知识对调查来的数据进行科学分析，得出正确的结论。

项目三

旅行社管理

【引言】

中国居民收入的增长推动了旅游行业快速发展。中国城镇居民人均年可支配收入从1996年的4839元上升到2011年的21810元；人均年旅游花费从1996年的534元上升到2011年的近900元。随着城镇居民人均年可支配收入的增加，人均年旅游花费也随之增加。2011年年末，中国人均GDP已超过5500美元，按照旅游行业的发展规律，人均GDP的增加也催生了中国旅游行业的结构性升级。自改革开放以来，中国旅行社行业经历了1978~1989年的初步形成阶段、1990~1994年的快速增长阶段、1995~2001年的结构调整阶段以及2002年至今的全面开放阶段，取得了长足的发展。截至2011年年底，全国纳入国家旅游局统计范围的旅行社有23690家，同比增长3.98%；全行业预计实现营业收入2950亿元，同比增长超过11%。

【学习目标】

1. 了解旅行社基础知识。
2. 了解如何设立旅行社。
3. 认知旅行社组织结构。
4. 理解旅行社经营战略管理。
5. 掌握旅行社行业管理。

任务1　了解旅行社基础知识

旅行社的出现距今却只有一个半世纪。旅行社是社会经济发展一定阶段的产物，是人类旅游活动发展的必然结果。

一、旅行社的产生与发展

（一）旅行社的产生背景

旅行社的产生是商品经济、科学技术及社会分工发展的直接结果，同时也是旅行长期发展的必然产物。世界工业革命的兴起改变世界范围内的旅行和旅游发展方向。

具体表现在四个方面：

1. 生产力发展和社会财富的增长——提供了经济条件。

2. 交通运输的大力发展——提供了交通条件。

交通运输的发展带动了旅馆业、餐饮业等许多产业的发展。当时在欧美国家的一些主要城镇、交通枢纽和铁路沿线建起了许多客栈、餐馆和咖啡馆，这些服务机构的出现为出门旅行的人们提供了必要的生活之便。

3. 城市人口的大发展——使旅行成了生活的必要。

4. 人们工作性质的改变——产生了度假的要求。

社会经济和旅行条件的变化使外出旅游的人数大大增加，但由于当时绝大多数人，包括新兴资产阶级在内，都缺乏丰富的旅行经验，对异国他乡的情况了解甚少，也不知道如何办理旅行手续，加之语言及货币方面的障碍，使得人们实际出游受到限制。在这种情况下，需要专门的组织机构和专业人员把旅游活动的组织、安排和联络工作担当起来，把旅游者同提供旅游服务的各行各业联系起来。富有经营头脑的英国人托马斯·库克于1845年成立了世界上第一家旅行社。

（二）英国托马斯·库克旅行社

托马斯·库克旅行社成立于1845年，是世界上公认的第一家以旅行业务为主要经营内容的商业旅行社。

1. 托马斯·库克的主要业绩。

（1）托马斯·库克组织了世界上第一次团体包价旅游，这次活动在历史上被认为是现代旅行社业务开端的标志。1841年包租列车从莱斯特到拉夫伯参加禁酒大会。第一次采用集体折扣付费的方法。这次团体旅游的重要意义在于，它具有了一些不同于以往旅游活动的特点：首先，具备了现代旅行社组织的旅游团的基本特征。使这次旅游活动具有了大众性。其次，开创了现代旅行社的全程陪同业务。库克全程陪同。

（2）托马斯·库克组织了世界上第一次团体观光旅游，这次活动开创了世界旅行社业的先河，确立了团体旅游业务的基本模式。1845年夏天，库克组织了到利物浦的第一次团体观光旅游，这次观光旅游的特征在于：首先，是一种纯商业盈利活动，区别于以往的业余旅游活动；其次，是一种超过24小时的、目的在于观光旅游的长途旅游，使参与人员具有了现代旅游者的特征。再次，是一种有组织、有导游的旅行社业务活动，从而区别于以往只负责组织和护送的旅游。

（3）1845年，库克在莱斯特正式成立了托马斯·库克旅行社，开始专门从事旅行代理业务，从而成为世界上第一位专职的旅行代理商。

托马斯·库克旅行社的意义：第一，加速了旅游社会化的历史进程；第二，标志着近代旅游业的崛起；第三，为旅行社运行提供了范式。

（4）托马斯·库克组织了世界上第一次出国包价旅游，这次活动是世界铁路史上的创举，是现代出境旅游业务的初次尝试。1855年，库克以包价的形式组织了从英国莱斯特到法国巴黎的旅游。

（5）托马斯·库克组织了世界上第一次团体环球旅游，这次活动标志着旅行社业务范围已逐步由英格兰扩大到整个世界。1872年，托马斯·库克旅行社成功地组织了首次环球旅游。历时222天，历经十多个国家。

（6）1874年，托马斯·库克旅行社首次发行旅行支票。

（7）1929年，托马斯·库克旅行社与欧洲国际卧车公司（怀根—里特公司）合并。

2. 托马斯·库克对旅行社业的贡献。

（1）世界首家专职旅游经营者。

（2）旅游组织工作上有很多创造，如对前往参观的地方详加调查制成说明书，先行分发，印制旅游凭证、团体票价、派遣导游员、发行流通票据等。

（3）旅游思想方面的贡献：提出作为旅行事业的经营者，应"尽可能地使客人方便舒适，尽可能地替客人省钱"；他的理想是"经营旅行事业，不仅带别人去游山玩水，更是探求新知识、新事务的先锋队"；他确认旅游是一项机会教育与启迪民智的工作，提出的"Saving money for travel"，在人们对旅游的认识方面做出了贡献。

（三）世界旅行社发展现状

1. 旅游发达国家旅行社数量的基本稳定。旅行社从数量增长阶段进入质量增长阶段。在战后到20世纪90年代初，世界旅行社处于数量上的快速增长阶段。但是，随着旅行社对市场渗透度的加大和市场竞争日趋激烈，进入20世纪90年代以后，西方国家旅行社的数量不但停滞不前，而且有下降趋势。

旅游发达国家旅行社数量的基本稳定，表明旅游业在这些国家已经进入成熟期，旅行社业的发展已经从粗放型的数量增长阶段进入了集约型的质量增长阶段。自20世纪90年代以来，旅游发达国家一般每万人就拥有一家旅行社或旅行社营业点，旅行社在数量上已经能够保证市场的充分和有效渗透，或者说，已经基本能满足广大旅游者的旅游需求。现在面临的问题是如何应对随之而来的竞争的加剧。

2. 市场规模和企业规模不断扩大。市场规模的扩大表现在旅行社营业额的快速增长上。例如，美国旅行社的营业额在1987～1999年之间，以年均12.3%的速度快速增长，12年间翻了一番多，成长为一个年营业额达到1430亿美元的行业。旅行社业在西方国家的国民经济发展中的作用越来越大。

【资料链接】

世界上的主要经济发达地区都出现了一些巨无霸旅行社：如美国最大的旅行社运通公司2000财务年度的总营业额是236.75亿美元，其中旅游公司的营业额是146亿美元，从事旅游业的雇员是1.56万人；欧洲最大的旅游服务集团普鲁赛格（Preussag）2000财务年度的总营业额是219亿欧元（约合201亿美元），其中旅游业的营业额是105.6亿欧元（约合96.9亿美元），从事旅游业的雇员为4.61万人；日本最大的旅行社JTB集团2000年的资本金为2170.5万美元，营业额为1400亿日元（约合116.5亿美元），雇员人数为1.24万人。

从20世纪80年代末到现在，美国大旅行社的数量在行业中所占的比重不断增加。从1989～1999年10年间在旅行社总量趋于稳定的大环境下，美国年营业额在500万美元以上的旅行社的数量增加了一倍多，在行业中所占比例急剧上升。此外，大旅行社营业额的增长幅度要大于数量的增长，例如1999年美国年营业额在500万美元以上旅行社的总营业额为828亿美元，占行业总收入的58%，而1997年这两个数字分别是680亿美元和54%。两年间，收入比重增加了4%，而数量比重只增加了0.9%。欧洲国家也呈现出类似美国越来越垄断集中的情形。如目前英国旅行社业已形成航空（Air 2000）、航空旅行（Air travel）及托马斯（Thomas）三大旅行经营商垄断80%市场份额的局面。

大旅行社所拥有的足够资源使它在旅游产品开发、旅游服务采购、旅游市场拓展、旅游接待以及资金、信息、人才和抵御风险等方面具有极大的优势，在经营中处于有利地位。因此，旅行社业的集中经营成为必然趋势，未来单体小旅行社在市场上的地位将会继续减弱。

资料来源：世界旅行社发展趋势及北京旅行社业的差距．旅盟网．http：//www. ruchina. com/know/2006 - 8 -21/441. html.

3. 旅行社适应游客的个性需求不断更新营销策略。在旅游发达国家，旅游者对于严重束缚其个性发展的标准化旅游产品的需求日趋减弱，旅游者的信息渠道和消费意识发生了深刻的变化。旅游市场因此自然地分化成若干大小不一的细分市场，具有不同需求的群体在不同的细分市场上追逐不同的旅游产品。旅游市场的划分出现了越来越细的发展趋势。

当代的旅游市场需求总体呈现出差异化、复杂化和个性多样化的特征。旅游市场的不断成熟正在造就出一大批"新型"旅游者，其特点是阅历广、经验多、要求高。传统的消费度假模式将逐渐被追求多种兴趣以及追求富有新意的旅游经历所超越。包价旅游的重要程度将相对下降，人们对自行安排的散客旅游，或者至少是对按自己的要求而"定制"的旅游安排越来越感兴趣。

为适应旅游需求日趋个性化和差异化发展趋势，旅行社逐步调整其市场营销战略，通过细分甚至超细分市场，提供多样化的旅游产品，以满足日趋复杂多变的旅游需求。大众营销战略逐步为区隔营销（segmented marketing）战略、适位营销（nice marketing）战略和一对一（one-to-one marketing）战略所取代。

4. 旅行社全球化发展，大公司进行跨国兼并及强强合作。世界旅游市场的全球化发展趋势使得大旅行社采取了新的主动性竞争策略——跨国兼并，强强联合。2000 年 5 月，欧洲最大的旅游公司普鲁赛格（Preussag）集团在收购战中击败对手德国第二大旅游公司 C&N 旅行社（C&N Touristic AG），以 18 亿英镑收购英国汤姆逊（Thom-son）旅游集团，同时普鲁赛格在英国第三大旅行社托马斯·库克（Thomas Cook）中占有 50.1% 的股份。此外，普鲁赛格还持有法国最大的综合性旅游公司拉伏那斯·伏朗瑞斯公司（Nouvelles Frontieres）34.4% 的股份，以及意大利最大的旅游公司阿尔卑斯旅游公司（Alpitour）10% 的股份，并由此在法国和意大利旅游市场上与这两家公司成功地进行了战略性合作。美国运通公司近年来先后收购了巴西、瑞典、德国、澳大利亚的几家较大的旅游企业。美国卡尔森旅游集团与法国瓦根利特旅行公司（Wagonlit Travel）合资购买了德国有 27 家分支机构的布鲁恩·瑞斯布罗旅游公司（Brune Reiseburo）。德国国际旅游联盟收购了西班牙特别快车旅行公司75%的股份。日本第二大旅行社近畿日本国际旅行社（Kinki Nippon Tourist Co.）、第三大旅行社日本旅行公司（Nippon Travel Agency Co.）和 TIS 旅行社 2001 年 1 月 18 日宣布，将于 2003 年 1 月之前合并，使新公司的总营业额达到 13200 亿日元（约合 109.8 亿美元），以便与日本最大的旅行社 JTB 相抗衡。

美国第二大旅行社卡尔森—瓦根利特旅行公司在全球拥有 3000 家办事处；日本最大的旅行社 JTB 在全球拥有超过 2500 家销售店；世界上最大的旅游观光和服务集团法国雅高（Ac-cor）在全世界 140 多个国家有 129000 个合作伙伴。

5. 旅游网站发展迅猛。在线旅游市场包括机票、酒店分销预订、旅游度假等细分市场，其中在线机票市场趋于成熟，在线酒店市场前景广阔，在线度假市场正处于蓬勃发展阶段。艾瑞咨询集团发布的《2011～2012年中国在线旅游行业年度监测报告》显示，2011年中国在线旅游市场交易规模达到1313.9亿元，同比增长38.5%，2011年在线渗透率为6%。据中国旅游研究院武汉分院数据统计，截止到2011年12月底，中国旅行预订用户达4270万人，用户增长达到16.5%。

2012年是中国电商市场竞争尤为激烈的一年，也是成绩较亮眼的一年，在线旅游行业在电商大市场中也成为亮点。中国互联网协会公布的数据显示，截至2012年6月底，我国在线预订机票、酒店、旅行形成的用户规模已经达4200多万人次，网民使用率达8%；从市场规模来看，2012年上半年在线旅游市场交易规模达760亿元人民币。艾瑞咨询统计数据显示，在2012年第三季度，在线旅游市场交易规模为488亿元人民币，同比增长了28%。在线旅游已经发展成为旅游经济中不容忽视的一股力量。

众多分析研究机构也对在线旅游行业的未来发展充满了信心，其中艾瑞咨询机构认为中国旅游消费从线下转向线上的趋势是不可逆转的，未来5年在线旅游将释放巨大的市场潜力。艾瑞咨询机构预计2014年中国在线旅游市场交易规模将达到4580亿元，未来以两位数增长的国内旅游市场和逐年升温的出境旅游市场将继续为该领域的企业带来巨大的利润。

随着国民旅游需求和在线旅游渗透率的提升，中国在线旅游市场将释放巨大的潜力。此次中国旅游研究院发布的《2012年旅游集团年度20强排名》，在线旅游企业在入围数量、排名上的表现正是这一行业快速发展状况的一个缩影。

（四）中国旅行社的产生与发展

1. 中国第一家旅行社——中国旅行社。中国最早的旅行社追溯到1923年上海商业储备银行开设的旅行部，在1927年6月1日，旅行部从银行中分立，正式命名为中国旅行社（现为香港中国旅行社股份有限公司），成为中国人自己创办的第一家旅行社。创始人：陈光甫。

【资料链接】

陈光甫，江苏丹徒人，生于1881年，他幼年在上海报关行当过学徒，公余苦读英文等，后考入海关邮局，1907年获特准津贴留美，半工半读完成了宾州大学商学士学位，返国，担任银行监督等职，1915年创办上海商业银行。

2. 新中国的旅行社业发展状况。

（1）开创时期（1949～1983年）——导入时期。

主要旅行社：

1949年11月第一家旅行社——厦门华侨服务社（现名厦门中国旅行社）成立，负责接待海外华侨、外籍华人、港澳及台湾同胞，属于侨务系统。

1957年，组建华侨旅行服务社总社及其分社（1974年更名为中国旅行社）；1954年在北京又成立中国国际旅行社总社及分支社；后者负责接待外国自费旅游者，由国务院及地方政府的外事办公室领导。

1980年在北京创办中国青年旅行社总社及分支社。

【资料链接】
1978 年，来华旅游入境人数仅为 180.9 万人次，其中外国人 23 万人次；旅游创汇 2.63 亿美元，居世界第 41 位。

资料来源：中国旅游与国际合作 . http：//www. gdhotels. org/Article/10/990. html.

【资料链接】
邓小平同志对加快旅游业的发展多次做出重要指示："旅游事业大有文章可做，要突出地搞，加快地搞"。"搞旅游要把旅馆盖起来。下决心要快，第一批可以找侨资、外资，然后自己发展"。

资料来源：迎接跨世纪的辉煌（代序）. 中国旅游报，http：//www. ctnews. com. cn/wxfg/2005 - 12/21/content_ 6651. html.

20 世纪 80 年代中期以前，中国旅行社发展的主要特征：第一，旅游经营活动长期作为外事工作的一部分存在，属行政事业单位。工作性质主要是政治效果。第二，中国旅行社的产业地位尚未确立，旅行社发展尚处于导入时期。第三，旅游经营的业务范围比较单一，入境旅游占绝对优势。

（2）迅速发展时期（1984~1994 年）。

① 1984~1988 年。

1984 年后，随着经济体制改革的深入，旅行社的管理体制也进行了改革：一是打破垄断，放开经营旅行社，下放外联权，允许更多的旅行社经营国际旅游业务，但旅行社必须是国有企业；二是规定旅行社由行政或事业单位改为企业。中国旅行社得到了大的发展。

1985 年，颁布了中国旅行社业的第一部管理法规——《旅行社管理暂行条例》，对旅行社的企业性质作出了明确规定。

1988 年，中国旅行社猛增至 1573 家，从此彻底打破了旅行社三家垄断的局面。1988 年，中国的国内旅游已超过 3 亿人次，旅游支出达 187 亿元。

这一阶段中国旅行社业发展的特点：一是旅游外联权的下放打破了三家旅行社垄断的局面，旅行社作为一个相对独立的经济行业开始形成一定的规模；二是政府开始将旅行社作为相对独立的经济行业实施有效管理；三是旅行社的业务由发展初期的单一国际入境旅游业务发展成为国际入境旅游业务与国内旅游业务并举的现状。

② 1989~1991 年。

海外来华客源大幅度下降。导致许多旅行社关门、转向，市场上出现了无序竞争。旅行社数量由 1989 年的 1617 家下降为 1991 的 1561 家。

③ 1992~1994 年。

1992 年邓小平同志南方谈话和党的十四大之后，中国掀起了改革开放的新高潮。当年来华客源和旅游创汇均以超过 30% 的高速度增长。1992 年中国观光年的举办，对旅游业的迅速恢复也起到了积极的作用；1992 年中国政府开始允许中国公民出国探亲和旅游，出境旅游开始崛起。

（3）调整阶段旅行社业的发展（1995 年至今）。

1995 年颁布了《旅行社质量保证暂行规定》，标志着国家旅游局对旅行社实行行业管理的两个巨大转变：其一是适应国际旅游法制化管理的潮流，采取切实有效的措施保护旅游消费者的合法权益；其二是引导旅行社行业发展由单纯追求行业规模向追求企业素质转变，并希望通过这一转变改善旅行社行业的市场秩序。

1996 年 10 月，国务院颁布了新的《旅行社管理条例》，对中国的旅行社又进行了重大调整。

1997 年年底，中国共有国际旅行社 991 家、国内旅行社 3995 家。

1997 年，颁布了《旅行社经理资格认证管理规定》。

1999 年，联合发布了《中外合资旅行社试点暂行办法》，推动了中国旅行社市场开放的进程。

2009 年 5 月 1 日，《旅行社条例》开始实施，新的《旅行社条例》对旅行社的管理采用了"宽进严管"的思路，这是该条例精髓所在，这样既有利于促进经营旅游业务的迅速发展，活跃旅游经济，又能保障旅行社之间进行健康、有序的市场竞争。

二、旅行社的性质与职能

(一) 旅行社的性质

1. 旅行社的定义。

（1）不同国家和地区对旅行社的定义。旅行社是一个以持久营利为目标，为旅客和游客提供有关旅行及居留服务的企业。

（2）中国关于旅行社的定义。国务院 2009 年 5 月颁布的《旅行社条例》规定："本条例所称旅行社，是指从事招徕、组织、接待旅游者等活动，为旅游者提供相关旅游服务，开展国内旅游业务、入境旅游业务或者出境旅游业务的企业法人。"

（3）有关国家标准关于旅行社的定义。旅行社：是依法设立并具有法人资格，主要从事招徕、接待旅游者，组织旅游活动，实行独立核算的企业。

组团旅行社：是接受旅游团（者）或海外旅行社预定，制订和下达接待计划，并可提供全程陪同导游服务的旅行社。

接待旅行社：是接受组团社的委托，按照接待计划委派地方陪同导游人员，负责组织安排旅游团（者）在当地参观游览等活动的旅行社。

2. 旅行社的性质。

（1）以营利为目的决定了旅行社的企业性质；

（2）旅行社是中间商、中介组织；

（3）旅行社是生产企业，是旅游产品的生产者。

(二) 旅行社的职能

旅行社一般具有以下五种基本职能（见表 3 - 1）：生产职能（组装职能）；销售职能；组织协调职能；分配职能；提供信息职能。

表 3 – 1 旅行社基本职能

旅行社基本职能	主要表现形式
生产职能	设计和组装各种包价旅游产品
销售职能	销售包价旅游产品；代销其他旅游产品
组织协调职能	组织各种旅游活动；协调与各有关部门的关系
分配职能	分配旅游费用；分配旅游收入
提供信息职能	向有关部门（企业）提供旅游市场信息；向旅游者提供旅游目的地、有关部门（企业）及其产品的信息

三、旅行社的类型与基本业务

（一）欧美地区旅行社的类型

1. 旅游经营商。旅游经营商是指那些以组织和批发包价旅游产品为主要经营业务，兼营旅游产品零售业务的旅行社。旅游经营商也可以是批发商和当地服务商。

2. 旅游批发商。旅游批发商：通常是创造和营销一揽子旅游和包价旅游或通过零售商销售或再销售而批量购买服务的公司。经常和旅游经营商的概念互用。

旅游经营商与批发商有什么区别？

（1）旅游批发商主要从事组织和批发包价旅游业务。他们与饭店、交通运输部门、旅游景点及包价旅游所涉及的其他部门签订协议，预先购买这些服务项目，然后根据旅游者的不同需求和消费水平，设计出各具特色的包价旅游产品，通过旅游零售商在旅游市场上销售。旅游经营商是指以组合及批发包价旅游产品为主要业务，兼营旅游产品零售业务的旅行社。

（2）批发商主要通过购买并组合现成的服务形成新的包价；经营商事实上总是创造。

（3）批发商一般不从事实地接待业务，而经营商则相反。

3. 旅游代理商（旅游零售商）。旅游代理商也称旅游零售商。旅游零售商作为代理人是位于本人（如航空公司、轮船公司、旅馆业者）与第三者（一般旅行消费者，也就是顾客）之间，代理本人从事销售及服务，并向其收取佣金。

旅游零售商的特点是：（1）收入主要来自佣金；（2）直接和旅游者见面。

（二）我国旅行社的类型

按照经营业务划分，旅行社目前分为两类，一类是可以经营国内业务和入境业务的旅行社，另一类是可经营国内业务、入境业务和出境业务的旅行社。

（三）旅行社的基本业务

旅行社作为人们旅行提供服务的专门机构，其基本业务主要包括以下几项：

1. 产品开发业务（产品设计、产品试产与试销、产品投放市场、产品效果评估）。

2. 旅游服务采购业务（旅游交通、住宿、餐饮、景点游览、娱乐、保险）。

3. 产品销售业务（制定产品销售战略、选择产品销售渠道、制定产品销售价格）。

4. 产品促销业务（促销要素、目标、效果）。

5. 旅游接待业务（团体接待业务、散客接待业务）。

（四）旅行社的业务范围

1. 国内旅游业务，是指旅行社招徕、组织和接待中国内地居民在境内旅游的业务。

2. 入境旅游业务，是指旅行社招徕、组织、接待外国旅游者来中国旅游，香港特别行政区、澳门特别行政区旅游者来内地旅游，台湾地区居民来大陆旅游，以及招徕、组织、接待在中国内地的外国人，在内地的香港特别行政区、澳门特别行政区居民和在大陆的台湾地区居民在境内旅游的业务。

3. 出境旅游业务，是指旅行社招徕、组织、接待中国内地居民出国旅游，赴香港特别行政区、澳门特别行政区和台湾地区旅游，以及招徕、组织、接待在中国内地的外国人、在内地的香港特别行政区、澳门特别行政区居民和在大陆的台湾地区居民出境旅游的业务。

（五）旅行社的分工体系

1. 垂直分工。在时间上先后承接具有互补关系的职能之间的分解垂直分工体系：由执行不同职能的旅行社组成，各类旅行社在经营中互相配合，如负责组织包价旅游产品的旅游批发商和负责产品销售的旅游零售代理商等。

2. 水平分工。在同一操作层次上、针对操作的不同特点而进行的水平分工体系：由执行同一职能的旅行社，按照服务的市场和业务范围分化而成，如专门负责出入境旅游接待的旅游批发经营商和专门负责国内旅游接待的旅游批发经营商等。

四、旅行社的地位与作用

（一）旅行社的地位

1. 旅行社行业属于第三产业中的旅游业，与旅游交通业和住宿业共同构成旅游业的三大支柱，旅行社在旅游业中处于中枢地位。在中国，人们形象地将旅行社称为中国旅游业的"龙头"。

2. 聚集旅游服务供应部门的中心。

3. 连接旅游者和旅游服务供应部门的纽带。

（二）旅行社的作用

1. 有利于旅游服务产品的销售。旅行社的主要职能就是销售旅游产品和引进客源，从这个意义上说，称旅行社为这些国家的旅游业的龙头企业是不为过的。

2. 旅行社为旅游者实现其消费需要提供服务。给旅游者提供方便，保证旅游活动顺利进行，减轻旅游者的经济负担，提高旅游服务质量。总之，旅行社的存在，使旅游者得到了省时省力和价廉物美的旅游服务，使旅游成为人们越来越喜欢的一项活动。

3. 促进旅游目的地经济的发展。在经济上，旅游业已成为并将继续成为世界最大的产

业之一，据 WTTC/WEFA 组织预测，从 2000～2010 年，旅游业的直接和间接产值将占世界
GDP 总值的 11.7%，并提供 2 亿～2.25 亿个就业机会。同时，国际旅游人数持续上升，旅
游将成为国际贸易的重要组成部分。另据世界旅游组织的资料显示，在占 83% 的国家中，
旅游属于五大出口类别之列，特别是欧洲、中东和美洲国家，而且至少在每三个国家就有一
个国家的旅游业是其外汇收入的重要来源。

4. 增进旅游客源地与旅游目的地人民之间的了解，推动各国和各地区之间科学文化
交流。

任务 2　了解如何设立旅行社

一、中国旅行社设立的基本条件

1. 有固定的营业场所。为了经营旅游业务，旅行社必须拥有与其旅游业务规模相适应
的固定营业场所。所谓"固定的营业场所"是指在较长的一段时间里能够为旅行社所拥有
或使用，而不是频繁变动的营业场所。

2. 有必要的营业设施。设立国内旅行社必需的基本设施：传真机、电话机、电子计算
机。国际旅行社还必须拥有能够保证其顺利和有效地开展旅游业务所必需的汽车。

3. 有符合国家规定的经营人员。旅行社属于智力密集型行业，对从业人员的知识结构
和文化层次要求很高。中国规定：旅行社的高级管理人员、重要部门的中层管理人员，必须
经过培训考核，并持证上岗。设立国际旅行社对总经理、经理人员也有相关的规定。

4. 有法定数额的注册资本和质量保证金。旅行社为什么要实行质量保证金制度？注册资
本是指旅行社向政府企业登记主管部门登记注册时所填报的财产总额，包括流动资金和固定资
金。注册资本是旅行社承担债务的一般担保财产。规定注册资本的重要作用：（1）保护旅行
社的债权人利益；（2）保护旅行社行业利益；（3）提高旅行社的经营能力和经济实力。

旅行社设立时，须向规定的旅游行政管理部门缴纳质量保证金。质量保证金是一种专用
款项，用于赔偿在旅行社存续期间，因旅行社的过错或破产而造成的旅游者合法权益损失。

二、旅行社设立的影响因素

影响旅行社设立的因素很多，但从总体上可归纳为外部和内部两方面。外部因素指的是
旅行社自身无法控制但又必须受其约束和控制的外部环境条件，如旅游业发展状况、国家关
于旅行社行业管理的政策与法规等；内部因素指的是旅行社自身可以控制的条件，如人力、
物力、财力、经营管理等因素。

（一）影响旅行社设立的外部因素

1. 旅游业发展状况。一定时期一个地区旅游业的整体发展水平往往会对该地区旅行社
的数量产生重要的影响。如果旅游业发展水平高，客源充足，设立旅行社的数量就可能多；
否则，旅行社的数量就可能少。

2. 国家有关旅行社管理的政策和法律规定。任何行业的有序发展都离不开国家有关政策和法律法规的规范与约束。根据旅行社行业的发展状况和发展趋势，国家对旅行社设立的经营场所、法定注册资本、质量保证金等方面作了明确规定。所以，任何单位或个人申请设立旅行社都要符合国家政策和相关的法律法规。

（二）影响旅行社设立的内部因素

1. 资金。在外部条件许可的情况下，资金是旅行社设立的首要条件。《旅行社条例》对设立旅行社的注册资本、质量保证金的数额都作了详细的规定。这就要求申办者根据自己的实际情况去筹集能满足旅行社设立和经营需要的资金。

2. 营业场所。足够的营业场所和必要的营业设施是设立旅行社的基本要求。旅行社营业场所的地理位置和环境条件会影响旅行社业务的开展。限于经营业务的不同和经营风格的差异，旅行社营业场所的选择标准也不尽相同。通常，目标市场、方便顾客等因素是旅行社选择营业场所应予以考虑的。

3. 人力资源。旅行社属于知识密集型行业，这就要求从业人员要有广博的知识和很高的能力。无论是旅行社的管理人员、线路设计人员、服务采购人员，还是导游人员，都应具有较高的专业知识和管理知识等。事实上，旅行社经营的成功与否，很大程度上取决于员工的知识和能力水平。

三、中国旅行社设立的程序

（一）申请行业许可

旅行社业务许可制度的确立是由其业务性质所决定的。旅行社业务属于一种综合性的服务，作业范围广、环节多、投资少、风险大，因而要有一定的经营规范和较高的市场准入条件才能保证全行业的正常秩序。因此，国家工商局在1992年《关于改进企业登记管理工作，促进改革和经济发展的若干意见》中，将旅游业列为特许经营的行业，即旅游企业申请开业登记应首先按国家有关规定报请行业归属部门审批。然后再向工商行政管理部门办理登记注册。

申请开办旅行社的单位在申请业务许可证时，应向旅游行政管理部门提交以下文件：设立申请书；设立旅行社可行性研究报告；旅行社章程；旅行社经理、副经理履历表和本条例第六条第三项规定的资格证书；开户银行出具的资金信用证明、注册会计师及其会计师事务所或者审计师事务所出具的验资报告；经营场所证明；经营设备情况证明。

设立国际旅行社者应直接向所在省、自治区、直辖市旅游行政管理部门提出申请，受理申请的旅游行政管理部门在征得拟设地的县级以上旅游行政管理部门的意见并签署审查意见后，报国家旅游局审批。

设立国内旅行社者应直接向所在省、自治区、直辖市旅游行政管理部门或其授权的地、市级旅游行政管理部门提出申请，受理申请的旅游行政管理部门在征得拟设地的县级以上旅游行政管理部门的意见后，根据《旅行社管理条例》的规定进行审批。

有关旅游行政管理部门根据旅游业发展规划和市场需要进行审批，在收到申请书之日起的 30 个工作日内作出批准或不批准的决定，并通知申请人。对批准者发给《国际旅行社业务经营许可证》或《国内旅行社业务经营许可证》，许可证有效期为三年，旅行社应在到期前三个月内到原颁证机关换证。申请人凭许可证向工商行政管理部门申领营业执照。

在实际工作中，中国旅行社的审批采取"先筹备、后验收、再审批"的做法，即申办者首先提交有关文件申请筹办旅行社，并在接到获准筹备通知后一年内达到验收标准。这样做的目的是在筹备期自然淘汰那些不具备旅行社经营能力的申办者，并帮助那些有条件的申办者创造开展业务的必要条件，以便在注册后能够尽快进入经营状态。如果申办者自接到筹备通知后一年内仍未达到验收标准，旅游行政管理部门将依照规定取消其筹备资格，并规定三年内不得再申办旅行社。

申办者经过一段时间的筹备后，自己认为已经具备了经营业务的条件，可填写《审批旅行社技术报告》（申请材料、审批意见和必要的附表），正式申请验收。经旅游行政管理部门实地验收合格者，按规定缴纳旅行社质量保证金，即可获得《旅行社业务经营许可证》。

（二）　办理注册登记

旅行社经旅游行政管理部门批准后，申办者须在收到许可证后的规定期限内持有关批准文件和许可证到工商行政管理部门办理注册登记手续，领取营业执照。旅行社营业执照的签发日期，即为该旅行社的成立日期。

（三）　办理税务登记

旅行社应在领取营业执照后的 30 个工作日之内，向当地税务部门办理开业税务登记，并在办妥银行账号之后，申请税务执照。在办理税务登记时应向当地税务部门领取统一的税务登记表，如实填写各项内容，经税务机关审核后，发给税务登记证。税务登记结束后，申领发票，开张营业。

（四）　设立分支机构

旅行社根据业务经营和发展的需要，可以设立非法人分社和门市部（包括营业部）等分支机构，但旅行社不能设立办事处、代表处和联络处等办事机构。依照中国现行法律规定，只有年接待人数超过 10 万人次的旅行社才能设立不具备独立法人资格的分社，且以设立社名义开展旅游业务经营活动的分支机构，具体设立程序如下：

1. 向原审批的旅游行政管理部门办理核准该旅行社每年接待旅游者达 10 万人次以上的证明文件。

2. 按《条例》规定数额到设立地缴质量保证金。

3. 到原审批的旅游行政管理部门领取许可证。

4. 凭证明文件和许可证到工商行政管理部门办理登记注册手续。旅行社应当在办理完分社登记注册手续之日起 30 个工作日内，报送主管的旅游行政管理部门和分社所在地的旅游行政管理部门备案。

旅行社门市部是指旅行社在注册地的市、县行政区以内设立的不具备独立法人资格，为设立社招徕游客并提供咨询、宣传等服务的分支机构，设立程序如下：一是征得拟设地县级以上旅游行政管理部门的同意。二是在办理完工商登记注册手续后的 30 个工作日内，报原审批的旅游行政管理部门、主管的旅游行政管理部门和门市部所在地的旅游行政管理部门备案。

任务3　认识旅行社组织机构

一、旅行社组织机构设计原则

(一) 组织机构设计的重要性

机构的设置是否合理，组织管理是否科学将直接影响旅行社能否高效益地动作。著名管理学家，美国的斯佩里公司总裁 Q. E. 吉尔摩曾经说过，积 40 年在政府与企业工作的经验，人们在精力与能力上的最大浪费是由组织不良产生的。

何谓组织？比较一致看法认为组织具有两重含义：首先，组织是一种管理机构设置，是企业为了完成特定的目标与任务，依照一定的原则，通过一定的规章制度建立起来的企业内部管理体系。另一重含义指的是一种管理活动，是企业围绕自己目标与任务，在责权利统一基础上对生产与经营活动进行分工、协调、计划、指挥、监督、控制的过程，也有人称为企业内部管理。

(二) 旅行社的组织机构设计原则

1. 目标原则。目标原则要求旅行社在进行组织设计时应该以事建机构，并明确职能、任务和工作量，再配置必需的人员，而不是因人设岗、因岗找事。

2. 分工协作原则。劳动分工的细化、专业化，往往能产生比较高的劳动生产率。行业不同，管理的方法与重点就要有区别，组织结构也就有差别。例如，旅游饭店的管理多侧重于企业内部，因而它更适合于集权式组织结构；而旅行社管理的重点在于市场，以对外销售为主，故更适合于分权式组织结构。当然并非分工越细越好。

3. 集权与分权原则。旅行社组织权力的集中与分散，是通过统一领导与分级管理来实现的。集权与分权是注意职权与职责的统一。组织设计中，要充分考虑到职权和职责的明确与配套，这样才能调动员工的积极性和工作热情。

职权是管理职位所固有的发布命令和希望命令得到执行的一种权力；职责是与被授予的权力相应的"责任"。授权不授责只会给滥用职权提供机会，授责不授权只能束缚员工的创造力和做事的积极性。组织发挥影响力的源泉还来自于权力的其他要素，如强制权力、奖赏权力、专家权力和感召权力等。

4. 管理跨度原则。管理跨度通常是指一个管理人员所拥有的直接下属的数量，它决定着组织的层次和管理人员的数目。管理跨度小，意味着直接下属少、工作量小、管理层次多，故工作效率低；管理跨度大，则意味着直接下属多、工作量大、管理层次小，故工作效率也就高。

目前的发展趋势是越来越多的企业采用以大管理跨度设计的扁平结构的组织体系。

确定企业管理跨度的大小主要考虑哪些因素？在确定合适的管理跨度时应考虑以下具体情况：管理人员的能力；任务性质；人员素质。

二、旅行社组织机构的基本模式

旅行社组织机构的基本模式有直线制、直线职能制和市场部门制三种。

（一）直线制与直线职能制

这是一种比较常见的旅行社组织结构模式。它的基本特征是权力高度集中统一，企业领导拥有全部权限，尤其是经营决策与指挥权。各部门按事务集中方式划分，上下级实行单线从属形式管理。直线职能制与直线制的区别在于权限的分配形式上，前者通常设立若干职能管理部门，为旅行社经营管理提供决策咨询与监督指导作用。一般而言，职能部门不拥有对业务部门直接指挥的权力。

目前，中国大部分旅行社以内部生产过程导向进行业务部门划分与设立，其主要部门有：外联、计调、接待、综合业务部、人事部、财务部、办公室等。其格局是："外联买菜、计调做菜、接待吃菜、总经理洗碗筷"。

现行组织设计存在的弊端：

1. 机构设计方面，增加了工作的复杂性，增加了管理中协调的难度。
2. 劳动分工的专业化程度较低，专业化生产优势得不到发挥。
3. 各业务部门利益分配不均，组织内部冲突增加。

（二）市场部门制

事业部门制将旅行社划分成与各个市场细分有关的多个事业领域或部门，在此基础上建立的部门可以视作亚旅行社。从财会角度来看，事业部门也称作利润中心，或称为责任中心。旅行社通常授予部门营利的责权。

事业部门制组织设计方式，基本适应了旅行社业务的特点，并将发挥以下优势：

1. 有利于业务衔接和利益分配。
2. 有利于旅行社对部门实行目标管理。
3. 有利于推行二级核算制。
4. 有利于部门整体业务的开展。
5. 有利于各地区业务的稳定与发展。
6. 有利于将内部竞争转化为对外部的竞争。
7. 有利于旅行社业务范围的扩展、数量的增加与质量的提高。
8. 有利于从政策上鼓励开辟新的地区业务。

组织机构设计的发展趋势：一些大旅行社在这几年的实践中开始加强了统一管理。如中旅总社1996年开始增加"以财务为中心，实行六统一，即统一订房、统一订餐、统一票务、统一集团内部运作、统一购物商店和次数、统一运送行李"。上海中旅和上海国旅在一条龙的基础上，设立的"市场销售部"或旅游业务一部、旅游业务二部等机构，统一定价、审核合同、调节矛盾等。

中小旅行社一般都是"一条龙"的部门设置，即按部门从产品组织、外联组团、订房餐车、接待全过程操作。部门内人员也是外联、接待一肩挑。

三、旅行社组织机构的基本职能

（一）业务部门的职能

1. 外联部。旅行社的外联部主要负责对外联络工作，包括旅游产品设计、促销和销售等职能。外联部的主要任务是将获得的各种旅游信息资料有机地组合成旅游产品，并将旅游产品销售给旅游中间商或旅游者。

2. 计调部。旅行社的计调部主要负责旅游接待计划的落实，保证旅游活动的正常进行。即负责与相关的旅游服务供应部门或其他旅行社签订旅游合作协议，负责向外联部提供相关旅游服务部门的服务信息，负责旅行社客流情况统计和各采购单位情况的统计工作。

3. 接待部。旅行社的接待部按照具体接待计划安排导游，帮助旅游者完成旅游活动。

4. 市场部。旅行社的市场部主要负责旅游市场营销、客源招徕等工作。

（二）职能部门的职能

旅行社的人事部、财务部分别负责旅行社的人事、财务管理，而办公室职能则比较复杂，担负着旅行社内务、文秘、协调、后勤服务等多项日常管理工作。

任务4　理解旅行社经营战略管理

旅行社在经营中能否营利，能否不断开拓新的市场，逐步发展成为具有相当经济实力和拥有较大市场份额的旅游企业，在很大程度上取决于经济实力和拥有较大市场份额的旅游企业，在很大程度上取决于它的经营战略是否正确。

一、旅行社经营战略的概念和特征

（一）旅行社经营战略的概念

经营是指企业为了实现目标所进行的一切经济活动的总称。包括企业供、产、销全部活动的运筹与谋划。经营是决策过程，是确定目标，解决"为什么要这样干"的方向问题，主要是企业外部的、战略性问题。

管理是对企业经营活动进行计划、组织、指挥、控制和调节等各项工作的总称。管理是怎样实现目标，是解决"怎么干"的问题，主要是企业内部的、战术性问题。可以说管理是经营的一部分。

旅行社经营战略是指旅行社为了实现长远目标所进行的总体性谋划。

（二）旅行社经营战略的特征

1. 全局性，经营战略具有全局性的特征。它指以旅行社全局为研究对象，来确定企业的总体目标，规定旅行社的总体行动，追求旅行社的总体效果。

2. 长远性，指旅行社战略的着眼点是旅行社的未来而不是现在，是为了谋求旅行社的长远利益而不是眼前利益。

3. 纲领性，指经营战略所确定的战略目标和发展方向是一种原则性和总体性的规定，是对旅行社未来的一种粗线条设计，是对旅行社未来成败的总体谋划，而不是纠缠于现实的细枝末节。

4. 抗争性，指旅行社在竞争中为战胜竞争对手，迎接环境的挑战而制订的一整套行动方案。

5. 风险性，指战略考虑旅行社的未来而具有不确定性，因而战略必然具有风险性。

二、旅行社经营战略管理过程

（一）旅行社战略管理的基本要素

1965 年，美国著名战略学家安索夫在《企业战略论》一书中，把企业战略管理要素概括为四个方面，即产品与市场领域、成长方向、竞争优势和协同效应。他认为这四种要素可以在企业中产生一种合力，形成企业的共同经营主线。所谓共同经营主线是指企业目前的产品与市场组合和未来的产品与市场组合之间的关联。企业在制定战略时，应当从产品、技术以及市场营销等方面的类似性，为企业确定出一条共同经营主线。根据旅行社的业务特点，其战略管理的基本要素主要有：产品与市场领域、资源配置、竞争优势和协同效应作用。

1. 产品与市场领域。旅行社战略管理的第一步是确定旅行社的产品与市场领域。这里的产品与市场领域不仅包括旅行社现在所从事的事业活动（即"正在做什么"），而且还包括旅行社将来的事业活动范围（即"应该做什么"），以便于旅行社具有长足的成长空间。中国旅行社的产品是为了满足旅游者旅游过程的需要而借助一定的旅游吸引物和旅游设施向旅游者提供的各种有偿服务。市场领域主要有出境游服务、入境游服务、国内旅游服务三大领域。

2. 资源配置。资源配置是指旅行社过去和目前的各种资源进行配置的模式或状态，资源配置合理与否是旅行社形成企业核心竞争力的基础。

3. 竞争优势。竞争优势是指在特定的产品与市场领域中，旅行社具有比竞争者优势的特征和条件。它常常表现为旅行社所拥有的资源与竞争对手相比，在数量上或质量上形成的有利差别。一般来说，旅行社竞争优势可以来源于三个层次：其一，通过兼并方式，谋求并扩张企业竞争优势；其二，进行新产品开发并抢在对手之前将产品投放市场；其三，保持或提高竞争对手的进入壁垒等。

4. 协同效应。协同效应是指若干因素的有效组合，这样的组合可以比各个因素单独作用产生的效果更大，也就是可以取得综合性的效果。企业中的这种协同效应可以表现在多个方面，如销售协同效应、生产协同效应、投资协同效应、管理协同效应等。旅行社协同效应是指从资源配置和经营范围的决策中所能获得的各种努力的综合效果。

（二）旅行社战略管理过程

战略管理过程一般包括战略分析、战略制定与战略实施三个环节。在一般教科书中，这三个环节是按直线排列的，即战略分析之后是战略制定，战略制定之后是战略实施。但实际上，很可能各环节之间是互相联系的，评价战略时就开始实施战略了，因此战略选择和战略分析就会重叠，战略分析也可能是一个持续的过程，这样战略分析与战略实施也会重叠。所以，战略管理过程的三个环节是相互联系、循环反复、不断完善的一个过程。

1. 战略分析。旅行社战略分析是指对影响旅行社现在和未来生存和发展的一些关键因素进行分析，这是战略管理的第一步。战略分析主要包括外部环境分析、内部环境分析和战略目标的设定三个方面。

2. 战略制定。战略分析为战略制定提供了坚实的基础。旅行社战略制定主要包括四部分内容：公司战略、竞争战略、职能战略以及战略方案的选择。

3. 战略实施。企业战略方案一经选定，管理者的工作重心就要转到战略实施上来。旅行社战略实施是贯彻执行既定战略规划所必需的各项活动的总称，也是战略管理过程的一个重要部分。显而易见，如果精心选择的战略不付诸实施，或不认真地组织实施，则以前的努力将付诸东流，反之，不但可以保证好的战略取得成功，而且还可以克服原定战略的某些不足，使之趋于完善，同样获得成功。

战略管理是在充分占有信息基础上的一个系统的决策和实施过程，它必须遵循一定的逻辑顺序，包含若干必要的环节，因此形成一个完整的体系。

任务 5　掌握旅行社行业管理

一、旅行社的行业特点

（一）知识密集型

旅游业是文化性很强的经济事业，管理与一线人员需具备历史、地理、文学、美学、心理学、企业管理、谈判技巧等，旅行社经营成败很大程度上取决于人员的素质。

（二）依附性较强

两头分别是供给企业和顾客，依赖于其他行业和部门，都需要有非常广泛的协作关系，处理好，是生命线。因而具有较强的脆弱性，旅游不是生活必需品，需求弹性很大，受政治、物价、经济繁荣、安全等多方面影响。

（三）季节性强

一些产品具有明显的季节性，如丝绸之路、三峡游船之旅、哈尔滨冰灯节等。

（四）产品替代性强

二、旅行社的行业管理

（一）旅行社管理的定义

1. 旅行社管理一般意义的表述。旅行社管理是通过行使各种职能，自觉控制人和组织的行为，运用旅行社各种资源，高效率地实现旅行社经营目标的过程。

2. 适合旅行社企业管理特点的表述。旅行社管理充满着创意和想象，承担着风险并制造风险，要善于掌握他人错失的机遇，要有洞察未来的行为。

3. 旅行社管理科学意义的表述。组织导游、员工在招徕、接待旅游者活动中既获得经济利益，又使游客感到满意，还能使导游、员工具有高昂士气，获得成就感。

（二）旅行社行业管理

1. 法制化管理。旅行社总是在一定的环境中运行，就社会环境而言，主要包括制度环境、市场环境和技术环境等。如果说市场环境是旅游市场机制内生的话，那么制度环境则是一个国家的社会、政治、经济、文化特征所决定的政府行为在旅行社业中的现实反映。而法律环境属于制度环境中作用最为直接、力度最为强烈的组成部分。

（1）旅行社业发展较成熟国家的中央政府对旅行社业管理的法律、法规体系，见表3-2。

表3-2　　　　　　　　　　旅行社业管理的法律、法规体系

法律、法规项目	内容简要说明
民法与商法	约束旅行社之间和旅行社与旅游者之间的一般交易规则，如合同法、反垄断法、反不正当竞争法、消费者权益保护法等
旅游法	旅游业的根本法
旅行社专门法	针对旅行社行业的法律规范，如日本的《旅行业法》
专门法	针对旅行社业某一要素而制定的法律，如导游法
政令	由国务院或内阁会议颁发的与旅行社有关的条例、规定
局（部）令	由各国旅游局（部）发布的相关法律的实施细则和其他
标准体系	主要指国家和行业标准，对旅行社的生产服务有约束力，如 GB/T15971-1995《导游服务质量》等
交易合同范本	对旅行社的交易过程有示范指导作用

注：法律、法规项目自下而上对旅行社的强制程度越大，反之则越小。

（2）旅行社运行的国际制度环境（见图3-1）。

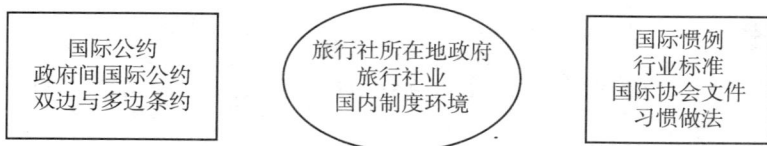

图3-1　旅行社运行的国际制度环境

（3）中国政府对旅行社业的管理法律、法规。与旅行社业发展较成熟国家相比，中国的旅行社业管理的法律、法规体系尚不完善。中国没有《旅游法》，更不用说旅行社专门法等其他旅游专项法了，有关的民法、商法由于实施机制方面的原因存在着与旅游不配套、针对性差、执行力度小等问题。

●国务院条例（政令）：在《旅游法》等专项法律缺位的情况下，中国政府对旅行社业实行管理的国家一级法律、法规依据来自于国务院的政令。

主要有《旅行社管理条例》、《导游人员管理条例》，目前，这两个条例是我国在旅行社管理中最高级别的，也是发挥最直接作用的两个行政法规。

●旅游局局长令和其他相关行政法规。主要有：1995 年 1 月 1 日，国家旅游局发布第 2号、第 3 号局长令《旅行社质量保证金暂行规定》、《旅行社质量保证金暂行规定实施细则》。1997 年 3 月 26 日，第 7 号局长令《旅行社质量保证金赔偿办法》。1997 年 5 月 8 日，第 8 号局长令《旅行社经理资格认证管理规定》。此外，国家旅游局还以文件形式发布了一些行政法规。

●地方政府对旅行社业的管理。虽然中国目前尚无一部普遍适用的旅游根本法《旅游法》，然而在旅游业繁荣发展的大好形势下，各地方政府却非常重视旅游业的立法工作，各地普遍建立起地方性的旅游法规，从 1995 ~ 2012 年，已经有海南、山东、北京等 22 个省市出台了由地方人大通过的《旅游管理条例》。

2. 行业自律。旅行社行业组织的性质：旅行社行业组织又称行业协会，是指旅行社为实现本行业共同的利益和目标而在自愿基础上组成的民间组织。它具有以下几个特征：

（1）旅行社行业协会是民间性组织，而非官方机构或行政组织。

（2）旅行社行业协会是旅行社为实现单位企业无力达到的目标而组成的共同利益集团。

（3）旅行社是否加入协会完全出自自愿，而且随时可以退出。

三、中国旅行社行业组织

（一）中国旅行社协会的成立

中国现有的旅行社行业组织主要是 1997 年 10 月 27 日在大连正式成立的中国旅行社协会。该协会是由中国境内的旅行社按照自愿原则组成，并经国家旅游行政主管部门和民政部门依法登记的法人社会团体，接受国家旅游局和民政部的领导与管理，作为中国旅游行业的专业性协会，在业务上接受中国旅游协会的指导。

（二）中国旅行社协会的宗旨

中国旅行社协会的宗旨是沟通会员与政府部门间的联系，协调会员与其他方面的关系，加强会员间的联系，规范会员的行为，维护会员的合法权益，为会员服务。

从协会的章程和成立初衷来看，发起者和组织者希望其成为“旅行行政管理部门与旅行社之间的桥梁与纽带；成为推动行业自律的重要组织；成为在市场经济条件下旅行社利益的代表者和保护者”。但是无论是从会员总数来看（共 800 家，全行业企业为 5000 余家），还是从旅行社的加入方式（自愿加入，不是旅行社运作的必要条件）来看，中国旅行社协会要想成为真正意义上的中国旅行社行业管理主体之一，还有漫长的路要走。

（三）中国旅行社协会的主要任务

1. 贯彻执行国家旅游发展方针和旅行社行业政策法规。

2. 进行旅行社调研，向旅游行政管理部门提出合理化建议。

3. 向政府及社会有关方面反映会员的合理要求，维护会员的合法权益。

4. 制定、实行行规行约，实现行业自律。

5. 编印会刊，召开研讨会，为会员提供信息服务。

6. 进行行业人力资源开发。

7. 积极开展与海外旅行社协会及相关行业组织之间的交流与合作。

8. 完成政府部门交办的事宜。

【资料链接】

解读新旅行社条例对旅行社的影响

2009年颁布的《旅行社条例》对旅行社的管理采用了"宽进严管"的思路，这是该条例精髓所在，这样既有利于促进经营旅游业务的迅速发展，活跃旅游经济，又能保障旅行社之间进行健康、有序的市场竞争。《旅行社条例》首先在条例名称上体现了新亮点，由1996年颁布实施的《旅行社管理条例》变更为《旅行社条例》，去掉"管理"两个字，这样的改动强调了以消费者为先和行业自律的双重内涵，旅游行政管理部门将强化公共服务的职能，更注重保障游客和旅行社双方的权益，促使旅行社行业形成良性循环市场。新条例内容更可谓亮点多多，主要体现了以下三大亮点：

亮点一：降低了旅行社的设立门槛，促进行业发展。

1. 取消了旅行社类别划分，注册资本统一为30万元。在新条例中，不再有"国际旅行社"和"国内旅行社"的字眼，只要取得旅行社业务经营许可，既可以经营国内旅游业务也可以经营入境旅游业务；注册资本最低限额也统一为30万元。而且，旅行社取得经营许可满两年，且未因侵害旅游者合法权益受到行政机关罚款及处罚的，即可申请经营出境旅游业务。

2.《旅行社业务经营许可证》申领难度减小。

3. 消除了旅行社设立分支机构的体制性障碍。

4. 质量保证金的规定减轻了旅行社的负担。国内入境旅游业务的质量保证金由60万元减少到20万元，降低幅度巨大，另外，质量保证金的利息全部归旅行社，旅游管理部门不再提取所谓的"管理费"。

5. 外商可单独设立旅行社。外商投资旅行社除原来规定的中外合资经营旅行社和中外合作经营旅行社外，还增加了外资独资的旅行社，并且，取消了原《旅行社管理条例》规定的注册资本必须达到400万元的最低限额，取消了涉外旅行社对中国投资者及外商旅游经营者的诸多限制性条件的规定。

亮点二：对旅行社经营行为作了全面、严格的规范，加大了违规行为的处罚力度。这可谓用"铁腕"惩治不法行为，加强行业管理。

旅行社行业以前经常发生的虚假宣传、低于成本价揽客、单方改变旅游合同约定的行程、欺骗、胁迫消费、领队"甩客"等损害游客利益的行为将被《旅行社条例》明确规定禁止。转让、出租、出借旅行社业务许可证的行为也将被明令禁止。

旅行社应当与旅游者签订合同。为防止旅行社采取合同欺骗的方式损害消费者利益，条例规定，旅行社为旅游者提供服务，应当与旅游者签订旅游合同。

条例同时规定，合同订立后，旅行社非因不可抗力不得改变旅游合同安排的行程，旅行社未经旅游者同意不得在旅游合同约定之外提供其他有偿服务。否则，将分别处以10万元以上 50 万元以下、1 万元以上 5 万元以下的罚款；情节严重的，吊销旅行社业务经营许可证、导游证或者领队证。

亮点三：对旅游行政管理部门的责任提出了具体要求。

明确了旅游、工商、价格、商务、外汇等有关部门的职责，进一步扩大了旅行社的监督管理机构范围，有利于旅游行政管理部门借鉴相关部门的力量，填补了旅游行政部门在行政执法中的空白。

可以说，《旅行社条例》的出台充分体现了旅游行业法治进步的成果，为规范我国旅游市场，加强旅行社的管理提供明确的法律依据，并具有较强的适用性、操作性。新条例实施后，受益最大的还是"游客"，相比较之下，众多严厉的管理规定将给旅行社带上"紧箍咒"，促使其严格管理、规范竞争，可能会造成旅行社行业的又一次重大"洗牌"，同时优胜劣汰的市场法则作用将更加明显，但是相比以前旅行社之间出现的"饮鸩止渴"式的不正当竞争，以及由此引起的诚信缺失等问题对整个行业的损害，《旅行社条例》对行业的正面作用不容小视，大多数旅行社将会在严格的规范和管理下脱胎换骨，走上一条更为积极、健康的发展道路，从这个角度上看，那些诚信、守法经营的旅行社将是最终的受益者。

资料来源：解读新旅行社条例对旅行社的影响．http：//www．easytt．com/xintiaoli/2009－07－27/12804．html．

项目小结

本项目首先介绍了旅行社产生与发展的过程，阐述了旅行社的性质与职能，介绍了旅行社的地位和作用；在此基础上阐述了旅行社设立的过程，介绍了旅行社组织结构设计的基本原则和基本模式；同时介绍了旅行社的行业特点，阐述了行业管理的基本内容。

项目实训

【实训目的】

1. 熟知旅行社设立的基本条件。
2. 懂得旅行社创建的基本程序。

【实训内容】

1. 基本文件或资料的撰写。
2. 相关文件或材料的整理。

【实训要求】

1. 实训学时：4 学时。
2. 在实训老师的带领与指导下，列出具体的实训步骤，认真完成规定的实训内容。

【资料链接】

旅行社条例
第一章　总　则

第一条　为了加强对旅行社的管理，保障旅游者和旅行社的合法权益，维护旅游市场秩序，促进旅游业的健康发展，制定本条例。

第二条　本条例适用于中华人民共和国境内旅行社的设立及经营活动。

本条例所称旅行社，是指从事招徕、组织、接待旅游者等活动，为旅游者提供相关旅游服务，开展国内旅游业务、入境旅游业务或者出境旅游业务的企业法人。

第三条　国务院旅游行政主管部门负责全国旅行社的监督管理工作。

县级以上地方人民政府管理旅游工作的部门按照职责负责本行政区域内旅行社的监督管理工作。

县级以上各级人民政府工商、价格、商务、外汇等有关部门，应当按照职责分工，依法对旅行社进行监督管理。

第四条　旅行社在经营活动中应当遵循自愿、平等、公平、诚信的原则，提高服务质量，维护旅游者的合法权益。

第五条　旅行社行业组织应当按照章程为旅行社提供服务，发挥协调和自律作用，引导旅行社合法、公平竞争和诚信经营。

第二章　旅行社的设立

第六条　申请设立旅行社，经营国内旅游业务和入境旅游业务的，应当具备下列条件：

（一）有固定的经营场所；

（二）有必要的营业设施；

（三）有不少于30万元的注册资本。

第七条　申请设立旅行社，经营国内旅游业务和入境旅游业务的，应当向所在地省、自治区、直辖市旅游行政管理部门或者其委托的设区的市级旅游行政管理部门提出申请，并提交符合本条例第六条规定的相关证明文件。受理申请的旅游行政管理部门应当自受理申请之日起20个工作日内作出许可或者不予许可的决定。予以许可的，向申请人颁发旅行社业务经营许可证，申请人持旅行社业务经营许可证向工商行政管理部门办理设立登记；不予许可的，书面通知申请人并说明理由。

第八条　旅行社取得经营许可满两年，且未因侵害旅游者合法权益受到行政机关罚款以上处罚的，可以申请经营出境旅游业务。

第九条　申请经营出境旅游业务的，应当向国务院旅游行政主管部门或者其委托的省、自治区、直辖市旅游行政管理部门提出申请，受理申请的旅游行政管理部门应当自受理申请之日起20个工作日内作出许可或者不予许可的决定。予以许可的，向申请人换发旅行社业务经营许可证，旅行社应当持换发的旅行社业务经营许可证到工商行政管理部门办理变更登记；不予许可的，书面通知申请人并说明理由。

第十条　旅行社设立分社的，应当持旅行社业务经营许可证副本向分社所在地的工商行政管理部门办理设立登记，并自设立登记之日起3个工作日内向分社所在地的旅游行政管理部门备案。

旅行社分社的设立不受地域限制。分社的经营范围不得超出设立分社的旅行社的经营范围。

第十一条　旅行社设立专门招徕旅游者、提供旅游咨询的服务网点（以下简称旅行社服务网点）应当依法向工商行政管理部门办理设立登记手续，并向所在地的旅游行政管理部门备案。

旅行社服务网点应当接受旅行社的统一管理，不得从事招徕、咨询以外的活动。

第十二条　旅行社变更名称、经营场所、法定代表人等登记事项或者终止经营的，应当到工商行政管理部门办理相应的变更登记或者注销登记，并在登记办理完毕之日起 10 个工作日内，向原许可的旅游行政管理部门备案，换领或者交回旅行社业务经营许可证。

第十三条　旅行社应当自取得旅行社业务经营许可证之日起 3 个工作日内，在国务院旅游行政主管部门指定的银行开设专门的质量保证金账户，存入质量保证金，或者向作出许可的旅游行政管理部门提交依法取得的担保额度不低于相应质量保证金数额的银行担保。

经营国内旅游业务和入境旅游业务的旅行社，应当存入质量保证金 20 万元；经营出境旅游业务的旅行社，应当增存质量保证金 120 万元。质量保证金的利息属于旅行社所有。

第十四条　旅行社每设立一个经营国内旅游业务和入境旅游业务的分社，应当向其质量保证金账户增存 5 万元；每设立一个经营出境旅游业务的分社，应当向其质量保证金账户增存 30 万元。

第十五条　有下列情形之一的，旅游行政管理部门可以使用旅行社的质量保证金：

（一）旅行社违反旅游合同约定，侵害旅游者合法权益，经旅游行政管理部门查证属实的；

（二）旅行社因解散、破产或者其他原因造成旅游者预交旅游费用损失的。

第十六条　人民法院判决、裁定及其他生效法律文书认定旅行社损害旅游者合法权益，旅行社拒绝或者无力赔偿的，人民法院可以从旅行社的质量保证金账户上划拨赔偿款。

第十七条　旅行社自交纳或者补足质量保证金之日起三年内未因侵害旅游者合法权益受到行政机关罚款以上处罚的，旅游行政管理部门应当将旅行社质量保证金的交存数额降低 50%，并向社会公告。旅行社可凭省、自治区、直辖市旅游行政管理部门出具的凭证减少其质量保证金。

第十八条　旅行社在旅游行政管理部门使用质量保证金赔偿旅游者的损失，或者依法减少质量保证金后，因侵害旅游者合法权益受到行政机关罚款以上处罚的，应当在收到旅游行政管理部门补交质量保证金的通知之日起 5 个工作日内补足质量保证金。

第十九条　旅行社不再从事旅游业务的，凭旅游行政管理部门出具的凭证，向银行取回质量保证金。

第二十条　质量保证金存缴、使用的具体管理办法由国务院旅游行政主管部门和国务院财政部门会同有关部门另行制定。

第三章　外商投资旅行社

第二十一条　外商投资旅行社适用本章规定；本章没有规定的，适用本条例其他有关规定。

前款所称外商投资旅行社，包括中外合资经营旅行社、中外合作经营旅行社和外资旅行社。

第二十二条　设立外商投资旅行社，由投资者向国务院旅游行政主管部门提出申请，并提交符合本条例第六条规定条件的相关证明文件。国务院旅游行政主管部门应当自受理申请之日起 30 个工作日内审查完毕。同意设立的，出具外商投资旅行社业务许可审定意见书；不同意设立的，书面通知申请人并说明理由。

申请人持外商投资旅行社业务许可审定意见书、章程，合资、合作双方签订的合同向国务院商务主管部门提出设立外商投资企业的申请。国务院商务主管部门应当依照有关法律、法规的规定，作出批准或者不予批准的决定。予以批准的，颁发外商投资企业批准证书，并通知申请人向国务院旅游行政主管部门领取旅行社业务经营许可证，申请人持旅行社业务经营许可证和外商投资企业批准证书向工商行政管理部门办理设立登记；不予批准的，书面通知申请人并说明理由。

第二十三条　外商投资旅行社不得经营中国内地居民出国旅游业务以及赴香港特别行政区、澳门特别行政区和台湾地区旅游的业务，但是国务院决定或者我国签署的自由贸易协定和内地与香港、澳门关于建立更紧密经贸关系的安排另有规定的除外。

第四章　旅行社经营

第二十四条　旅行社向旅游者提供的旅游服务信息必须真实可靠，不得作虚假宣传。

第二十五条　经营出境旅游业务的旅行社不得组织旅游者到国务院旅游行政主管部门公布的中国公民出境旅游目的地之外的国家和地区旅游。

第二十六条　旅行社为旅游者安排或者介绍的旅游活动不得含有违反有关法律、法规规定的内容。

第二十七条　旅行社不得以低于旅游成本的报价招徕旅游者。未经旅游者同意，旅行社不得在旅游合同约定之外提供其他有偿服务。

第二十八条　旅行社为旅游者提供服务，应当与旅游者签订旅游合同并载明下列事项：

（一）旅行社的名称及其经营范围、地址、联系电话和旅行社业务经营许可证编号；

（二）旅行社经办人的姓名、联系电话；

（三）签约地点和日期；

（四）旅游行程的出发地、途经地和目的地；

（五）旅游行程中交通、住宿、餐饮服务安排及其标准；

（六）旅行社统一安排的游览项目的具体内容及时间；

（七）旅游者自由活动的时间和次数；

（八）旅游者应当交纳的旅游费用及交纳方式；

（九）旅行社安排的购物次数、停留时间及购物场所的名称；

（十）需要旅游者另行付费的游览项目及价格；

（十一）解除或者变更合同的条件和提前通知的期限；

（十二）违反合同的纠纷解决机制及应当承担的责任；

（十三）旅游服务监督、投诉电话；

（十四）双方协商一致的其他内容。

第二十九条　旅行社在与旅游者签订旅游合同时，应当对旅游合同的具体内容作出真实、准确、完整的说明。

旅行社和旅游者签订的旅游合同约定不明确或者对格式条款的理解发生争议的，应当按照通常理解予以解释；对格式条款有两种以上解释的，应当作出有利于旅游者的解释；格式条款和非格式条款不一致的，应当采用非格式条款。

第三十条　旅行社组织中国内地居民出境旅游的，应当为旅游团队安排领队全程陪同。

第三十一条　旅行社为接待旅游者委派的导游人员或者为组织旅游者出境旅游委派的领队人员，应当持有国家规定的导游证、领队证。

第三十二条　旅行社聘用导游人员、领队人员应当依法签订劳动合同，并向其支付不低于当地最低工资标准的报酬。

第三十三条　旅行社及其委派的导游人员和领队人员不得有下列行为：

（一）拒绝履行旅游合同约定的义务；

（二）非因不可抗力改变旅游合同安排的行程；

（三）欺骗、胁迫旅游者购物或者参加需要另行付费的游览项目。

第三十四条　旅行社不得要求导游人员和领队人员接待不支付接待和服务费用或者支付的费用低于接待和服务成本的旅游团队，不得要求导游人员和领队人员承担接待旅游团队的相关费用。

第三十五条　旅行社违反旅游合同约定，造成旅游者合法权益受到损害的，应当采取必要的补救措施，并及时报告旅游行政管理部门。

第三十六条　旅行社需要对旅游业务作出委托的，应当委托给具有相应资质的旅行社，征得旅游者的同意，并与接受委托的旅行社就接待旅游者的事宜签订委托合同，确定接待旅游者的各项服务安排及其标准，约定双方的权利、义务。

第三十七条　旅行社将旅游业务委托给其他旅行社的，应当向接受委托的旅行社支付不低于接待和服务成本的费用；接受委托的旅行社不得接待不支付或者不足额支付接待和服务费用的旅游团队。

接受委托的旅行社违约，造成旅游者合法权益受到损害的，作出委托的旅行社应当承担相应的赔偿责任。作出委托的旅行社赔偿后，可以向接受委托的旅行社追偿。

接受委托的旅行社故意或者重大过失造成旅游者合法权益损害的，应当承担连带责任。

第三十八条　旅行社应当投保旅行社责任险。旅行社责任险的具体方案由国务院旅游行政主管部门会同国务院保险监督管理机构另行制定。

第三十九条　旅行社对可能危及旅游者人身、财产安全的事项，应当向旅游者作出真实的说明和明确的警示，并采取防止危害发生的必要措施。

发生危及旅游者人身安全的情形的，旅行社及其委派的导游人员、领队人员应当采取必要的处置措施并及时报告旅游行政管理部门；在境外发生的，还应当及时报告中华人民共和国驻该国使领馆、相关驻外机构、当地警方。

第四十条　旅游者在境外滞留不归的，旅行社委派的领队人员应当及时向旅行社和中华人民共和国驻该国使领馆、相关驻外机构报告。旅行社接到报告后应当及时向旅游行政管理部门和公安机关报告，并协助提供非法滞留者的信息。

旅行社接待入境旅游发生旅游者非法滞留我国境内的，应当及时向旅游行政管理部门、公安机关和外事部门报告，并协助提供非法滞留者的信息。

第五章　监督检查

第四十一条　旅游、工商、价格、商务、外汇等有关部门应当依法加强对旅行社的监督管理，发现违法行为，应当及时予以处理。

第四十二条　旅游、工商、价格等行政管理部门应当及时向社会公告监督检查的情况。公告的内容包括旅行社业务经营许可证的颁发、变更、吊销、注销情况，旅行社的违法经营行为以及旅行社的诚信记录、旅游者投诉信息等。

第四十三条　旅行社损害旅游者合法权益的，旅游者可以向旅游行政管理部门、工商行政管理部门、价格主管部门、商务主管部门或者外汇管理部门投诉，接到投诉的部门应当按照其职责权限及时调查处理，并将调查处理的有关情况告知旅游者。

第四十四条 旅行社及其分社应当接受旅游行政管理部门对其旅游合同、服务质量、旅游安全、财务账簿等情况的监督检查，并按照国家有关规定向旅游行政管理部门报送经营和财务信息等统计资料。

第四十五条 旅游、工商、价格、商务、外汇等有关部门工作人员不得接受旅行社的任何馈赠，不得参加由旅行社支付费用的购物活动或者游览项目，不得通过旅行社为自己、亲友或者其他个人、组织谋取私利。

第六章 法律责任

第四十六条 违反本条例的规定，有下列情形之一的，由旅游行政管理部门或者工商行政管理部门责令改正，没收违法所得，违法所得10万元以上的，并处违法所得1倍以上5倍以下的罚款；违法所得不足10万元或者没有违法所得的，并处10万元以上50万元以下的罚款：

（一）未取得相应的旅行社业务经营许可，经营国内旅游业务、入境旅游业务、出境旅游业务的；

（二）分社的经营范围超出设立分社的旅行社的经营范围的；

（三）旅行社服务网点从事招徕、咨询以外的活动的。

第四十七条 旅行社转让、出租、出借旅行社业务经营许可证的，由旅游行政管理部门责令停业整顿1个月至3个月，并没收违法所得；情节严重的，吊销旅行社业务经营许可证。受让或者租借旅行社业务经营许可证的，由旅游行政管理部门或者工商行政管理部门责令停止非法经营，没收违法所得，并处10万元以上50万元以下的罚款。

第四十八条 违反本条例的规定，旅行社未在规定期限内向其质量保证金账户存入、增存、补足质量保证金或者提交相应的银行担保的，由旅游行政管理部门责令改正；拒不改正的，吊销旅行社业务经营许可证。

第四十九条 违反本条例的规定，旅行社不投保旅行社责任险的，由旅游行政管理部门责令改正；拒不改正的，吊销旅行社业务经营许可证。

第五十条 违反本条例的规定，旅行社有下列情形之一的，由旅游行政管理部门责令改正；拒不改正的，处1万元以下的罚款：

（一）变更名称、经营场所、法定代表人等登记事项或者终止经营，未在规定期限内向原许可的旅游行政管理部门备案，换领或者交回旅行社业务经营许可证的；

（二）设立分社未在规定期限内向分社所在地旅游行政管理部门备案的；

（三）不按照国家有关规定向旅游行政管理部门报送经营和财务信息等统计资料的。

第五十一条 违反本条例的规定，外商投资旅行社经营中国内地居民出国旅游业务以及赴香港特别行政区、澳门特别行政区和台湾地区旅游业务，或者经营出境旅游业务的旅行社组织旅游者到国务院旅游行政主管部门公布的中国公民出境旅游目的地之外的国家和地区旅游的，由旅游行政管理部门责令改正，没收违法所得，违法所得10万元以上的，并处违法所得1倍以上5倍以下的罚款；违法所得不足10万元或者没有违法所得的，并处10万元以上50万元以下的罚款；情节严重的，吊销旅行社业务经营许可证。

第五十二条 违反本条例的规定，旅行社为旅游者安排或者介绍的旅游活动含有违反有关法律、法规规定的内容的，由旅游行政管理部门责令改正，没收违法所得，并处2万元以上 10 万元以下的罚款；情节严重的，吊销旅行社业务经营许可证。

第五十三条　违反本条例的规定，旅行社向旅游者提供的旅游服务信息含有虚假内容或者作虚假宣传的，由工商行政管理部门依法给予处罚。

违反本条例的规定，旅行社以低于旅游成本的报价招徕旅游者的，由价格主管部门依法给予处罚。

第五十四条　违反本条例的规定，旅行社未经旅游者同意在旅游合同约定之外提供其他有偿服务的，由旅游行政管理部门责令改正，处 1 万元以上 5 万元以下的罚款。

第五十五条　违反本条例的规定，旅行社有下列情形之一的，由旅游行政管理部门责令改正，处 2 万元以上 10 万元以下的罚款；情节严重的，责令停业整顿 1 个月至 3 个月：

（一）未与旅游者签订旅游合同；

（二）与旅游者签订的旅游合同未载明本条例第二十八条规定的事项；

（三）未取得旅游者同意，将旅游业务委托给其他旅行社；

（四）将旅游业务委托给不具有相应资质的旅行社；

（五）未与接受委托的旅行社就接待旅游者的事宜签订委托合同。

第五十六条　违反本条例的规定，旅行社组织中国内地居民出境旅游，不为旅游团队安排领队全程陪同的，由旅游行政管理部门责令改正，处 1 万元以上 5 万元以下的罚款；拒不改正的，责令停业整顿 1 个月至 3 个月。

第五十七条　违反本条例的规定，旅行社委派的导游人员和领队人员未持有国家规定的导游证或者领队证的，由旅游行政管理部门责令改正，对旅行社处 2 万元以上 10 万元以下的罚款。

第五十八条　违反本条例的规定，旅行社不向其聘用的导游人员、领队人员支付报酬，或者所支付的报酬低于当地最低工资标准的，按照《中华人民共和国劳动合同法》的有关规定处理。

第五十九条　违反本条例的规定，有下列情形之一的，对旅行社，由旅游行政管理部门或者工商行政管理部门责令改正，处 10 万元以上 50 万元以下的罚款；对导游人员、领队人员，由旅游行政管理部门责令改正，处 1 万元以上 5 万元以下的罚款；情节严重的，吊销旅行社业务经营许可证、导游证或者领队证：

（一）拒不履行旅游合同约定的义务的；

（二）非因不可抗力改变旅游合同安排的行程的；

（三）欺骗、胁迫旅游者购物或者参加需要另行付费的游览项目的。

第六十条　违反本条例的规定，旅行社要求导游人员和领队人员接待不支付接待和服务费用、支付的费用低于接待和服务成本的旅游团队，或者要求导游人员和领队人员承担接待旅游团队的相关费用的，由旅游行政管理部门责令改正，处 2 万元以上 10 万元以下的罚款。

第六十一条　旅行社违反旅游合同约定，造成旅游者合法权益受到损害，不采取必要的补救措施的，由旅游行政管理部门或者工商行政管理部门责令改正，处 1 万元以上 5 万元以下的罚款；情节严重的，由旅游行政管理部门吊销旅行社业务经营许可证。

第六十二条　违反本条例的规定，有下列情形之一的，由旅游行政管理部门责令改正，停业整顿 1 个月至 3 个月；情节严重的，吊销旅行社业务经营许可证：

（一）旅行社不向接受委托的旅行社支付接待和服务费用的；

（二）旅行社向接受委托的旅行社支付的费用低于接待和服务成本的；

（三）接受委托的旅行社接待不支付或者不足额支付接待和服务费用的旅游团队的。

第六十三条 违反本条例的规定，旅行社及其委派的导游人员、领队人员有下列情形之一的，由旅游行政管理部门责令改正，对旅行社处 2 万元以上 10 万元以下的罚款；对导游人员、领队人员处 4000 元以上 2 万元以下的罚款；情节严重的，责令旅行社停业整顿 1 个月至 3 个月，或者吊销旅行社业务经营许可证、导游证、领队证：

（一）发生危及旅游者人身安全的情形，未采取必要的处置措施并及时报告的；

（二）旅行社组织出境旅游的旅游者非法滞留境外，旅行社未及时报告并协助提供非法滞留者信息的；

（三）旅行社接待入境旅游的旅游者非法滞留境内，旅行社未及时报告并协助提供非法滞留者信息的。

第六十四条 因妨害国（边）境管理受到刑事处罚的，在刑罚执行完毕之日起五年内不得从事旅行社业务经营活动；旅行社被吊销旅行社业务经营许可的，其主要负责人在旅行社业务经营许可被吊销之日起五年内不得担任任何旅行社的主要负责人。

第六十五条 旅行社违反本条例的规定，损害旅游者合法权益的，应当承担相应的民事责任；构成犯罪的，依法追究刑事责任。

第六十六条 违反本条例的规定，旅游行政管理部门或者其他有关部门及其工作人员有下列情形之一的，对直接负责的主管人员和其他直接责任人员依法给予处分：

（一）发现违法行为不及时予以处理的；

（二）未及时公告对旅行社的监督检查情况的；

（三）未及时处理旅游者投诉并将调查处理的有关情况告知旅游者的；

（四）接受旅行社的馈赠的；

（五）参加由旅行社支付费用的购物活动或者游览项目的；

（六）通过旅行社为自己、亲友或者其他个人、组织谋取私利的。

第七章 附 则

第六十七条 香港特别行政区、澳门特别行政区和台湾地区的投资者在内地投资设立的旅行社，参照适用本条例。

第六十八条 本条例自 2009 年 5 月 1 日起施行。1996 年 10 月 15 日国务院发布的《旅行社管理条例》同时废止。

【资料链接】

旅行社条例实施细则
第一章 总 则

第一条 根据《旅行社条例》（以下简称《条例》），制定本实施细则。

第二条 《条例》第二条所称招徕、组织、接待旅游者提供的相关旅游服务，主要包括：

（一）安排交通服务；

（二）安排住宿服务；

（三）安排餐饮服务；

（四）安排观光游览、休闲度假等服务；

（五）导游、领队服务；

（六）旅游咨询、旅游活动设计服务。

旅行社还可以接受委托，提供下列旅游服务：

（一）接受旅游者的委托，代订交通客票、代订住宿和代办出境、入境、签证手续等；

（二）接受机关、事业单位和社会团体的委托，为其差旅、考察、会议、展览等公务活动，代办交通、住宿、餐饮、会务等事务；

（三）接受企业委托，为其各类商务活动、奖励旅游等，代办交通、住宿、餐饮、会务、观光游览、休闲度假等事务；

（四）其他旅游服务。

前款所列出境、签证手续等服务，应当由具备出境旅游业务经营权的旅行社代办。

第三条　《条例》第二条所称国内旅游业务，是指旅行社招徕、组织和接待中国内地居民在境内旅游的业务。

《条例》第二条所称入境旅游业务，是指旅行社招徕、组织、接待外国旅游者来我国旅游，香港特别行政区、澳门特别行政区旅游者来内地旅游，台湾地区居民来大陆旅游，以及招徕、组织、接待在中国内地的外国人，在内地的香港特别行政区、澳门特别行政区居民和在大陆的台湾地区居民在境内旅游的业务。

《条例》第二条所称出境旅游业务，是指旅行社招徕、组织、接待中国内地居民出国旅游，赴香港特别行政区、澳门特别行政区和台湾地区旅游，以及招徕、组织、接待在中国内地的外国人、在内地的香港特别行政区、澳门特别行政区居民和在大陆的台湾地区居民出境旅游的业务。

第四条　对旅行社及其分支机构的监督管理，县级以上旅游行政管理部门应当按照《条例》、本细则的规定和职责，实行分级管理和属地管理。

第五条　鼓励旅行社实行服务质量等级制度；鼓励旅行社向专业化、网络化、品牌化发展。

第二章　旅行社的设立与变更

第六条　《条例》第六条第（一）项规定的经营场所应当符合下列要求：

（一）申请者拥有产权的营业用房，或者申请者租用的、租期不少于1年的营业用房；

（二）营业用房应当满足申请者业务经营的需要。

第七条　《条例》第六条第（二）项规定营业设施应当至少包括下列设施、设备：

（一）2部以上的直线固定电话；

（二）传真机、复印机；

（三）具备与旅游行政管理部门及其他旅游经营者联网条件的计算机。

第八条　申请设立旅行社，应当向省、自治区、直辖市旅游行政管理部门（简称省级旅游行政管理部门，下同）提交下列文件：

（一）设立申请书。内容包括申请设立的旅行社的中英文名称及英文缩写，设立地址，企业形式、出资人、出资额和出资方式，申请人、受理申请部门的全称、申请书名称和申请的时间；

（二）法定代表人履历表及身份证明；

（三）企业章程；

（四）依法设立的验资机构出具的验资证明；

（五）经营场所的证明；

（六）营业设施、设备的证明或者说明；

（七）工商行政管理部门出具的《企业名称预先核准通知书》。

省级旅游行政管理部门可以委托设区的市（含州、盟，下同）级旅游行政管理部门，受理当事人的申请并作出许可或者不予许可的决定。

第九条　受理申请的旅游行政管理部门可以对申请人的经营场所、营业设施、设备进行现场检查，或者委托下级旅游行政管理部门检查。

第十条　旅行社申请出境旅游业务的，应当向国务院旅游行政主管部门提交原许可的旅游行政管理部门出具的，证明其经营旅行社业务满两年，且连续两年未因侵害旅游者合法权益受到行政机关罚款以上处罚的文件。

旅行社取得出境旅游经营业务许可的，由国务院旅游行政主管部门换发旅行社业务经营许可证。旅行社持旅行社业务经营许可证向工商行政管理部门办理经营范围变更登记。

国务院旅游行政主管部门可以委托省级旅游行政管理部门受理旅行社经营出境旅游业务的申请，并作出许可或者不予许可的决定。

旅行社申请经营边境旅游业务的，适用《边境旅游暂行管理办法》的规定。

旅行社申请经营赴台湾地区旅游业务的，适用《大陆居民赴台湾地区旅游管理办法》的规定。

第十一条　旅行社因业务经营需要，可以向原许可的旅游行政管理部门申请核发旅行社业务经营许可证副本。

旅行社业务经营许可证及副本，由国务院旅游行政主管部门制定统一样式，国务院旅游行政主管部门和省级旅游行政管理部门分别印制。

旅行社业务经营许可证及副本损毁或者遗失的，旅行社应当向原许可的旅游行政管理部门申请换发或者补发。

申请补发旅行社业务经营许可证及副本的，旅行社应当通过本省、自治区、直辖市范围内公开发行的报刊，或者省级以上旅游行政管理部门网站，刊登损毁或者遗失作废声明。

第十二条　旅行社名称、经营场所、出资人、法定代表人等登记事项变更的，应当在办理变更登记后，持已变更的《企业法人营业执照》向原许可的旅游行政管理部门备案。

旅行社终止经营的，应当在办理注销手续后，持工商行政管理部门出具的注销文件，向原许可的旅游行政管理部门备案。

外商投资旅行社的，适用《条例》第三章的规定。未经批准，旅行社不得引进外商投资。

第十三条　国务院旅游行政主管部门指定的作为旅行社存入质量保证金的商业银行，应当提交具有下列内容的书面承诺：

（一）同意与存入质量保证金的旅行社签订符合本实施细则第十五条规定的协议；

（二）当县级以上旅游行政管理部门或者人民法院依据《条例》规定，划拨质量保证金后3个工作日内，将划拨情况及其数额，通知旅行社所在地的省级旅游行政管理部门，并提供县级以上旅游行政管理部门出具的划拨文件或者人民法院生效法律文书的复印件；

（三）非因《条例》规定的情形，出现质量保证金减少时，承担补足义务。

旅行社应当在国务院旅游行政主管部门指定银行的范围内，选择存入质量保证金的银行。

第十四条　旅行社在银行存入质量保证金的，应当设立独立账户，存期由旅行社确定，但不得少于1年。账户存期届满，旅行社应当及时办理续存手续。

第十五条　旅行社存入、续存、增存质量保证金后7个工作日内，应当向作出许可的旅游行政管理部门提交存入、续存、增存质量保证金的证明文件，以及旅行社与银行达成的使用质量保证金的协议。

前款协议应当包含下列内容：

（一）旅行社与银行双方同意依照《条例》规定使用质量保证金；

（二）旅行社与银行双方承诺，除依照县级以上旅游行政管理部门出具的划拨质量保证金，或者省级以上旅游行政管理部门出具的降低、退还质量保证金的文件，以及人民法院作出的认定旅行社损害旅游者合法权益的生效法律文书外，任何单位和个人不得动用质量保证金。

第十六条　旅行社符合《条例》第十七条降低质量保证金数额规定条件的，原许可的旅游行政管理部门应当根据旅行社的要求，在10个工作日内向其出具降低质量保证金数额的文件。

第十七条　旅行社按照《条例》第十八条规定补足质量保证金后7个工作日内，应当向原许可的旅游行政管理部门提交补足的证明文件。

第三章　旅行社的分支机构

第十八条　旅行社分社（简称分社，下同）及旅行社服务网点（简称服务网点，下同），不具有法人资格，以设立分社、服务网点的旅行社（简称设立社，下同）的名义从事《条例》规定的经营活动，其经营活动的责任和后果，由设立社承担。

第十九条　设立社向分社所在地工商行政管理部门办理分社设立登记后，应当持下列文件向分社所在地与工商登记同级的旅游行政管理部门备案：

（一）设立社的旅行社业务经营许可证副本和企业法人营业执照副本；

（二）分社的《营业执照》；

（三）分社经理的履历表和身份证明；

（四）增存质量保证金的证明文件。

没有同级的旅游行政管理部门的，向上一级旅游行政管理部门备案。

第二十条　分社的经营场所、营业设施、设备，应当符合《条例》第六条第（一）项、第（二）项及本实施细则第六条、第七条规定的要求。

分社的名称中应当包含设立社名称、分社所在地地名和"分社"或者"分公司"字样。

第二十一条　服务网点是指旅行社设立的，为旅行社招徕旅游者，并以旅行社的名义与旅游者签订旅游合同的门市部等机构。

设立社设立服务网点的区域范围，应当在设立社所在地的设区的市的行政区划内。

设立社不得在前款规定的区域范围外，设立服务网点。

第二十二条　服务网点应当设在方便旅游者认识和出入的公众场所。

服务网点的名称、标牌应当包括设立社名称、服务网点所在地地名等，不得含有使消费者误解为是旅行社或者分社的内容，也不得作易使消费者误解的简称。

服务网点应当在设立社的经营范围内，招徕旅游者、提供旅游咨询服务。

第二十三条 设立社向服务网点所在地工商行政管理部门办理服务网点设立登记后，应当在 3 个工作日内，持下列文件向服务网点所在地与工商登记同级的旅游行政管理部门备案：

（一）设立社的旅行社业务经营许可证副本和企业法人营业执照副本；

（二）服务网点的《营业执照》；

（三）服务网点经理的履历表和身份证明。

没有同级的旅游行政管理部门的，向上一级旅游行政管理部门备案。

第二十四条 分社、服务网点备案后，受理备案的旅游行政管理部门应当向旅行社颁发《旅行社分社备案登记证明》或者《旅行社服务网点备案登记证明》。

第二十五条 设立社应当与分社、服务网点的员工，订立劳动合同。

设立社应当加强对分社和服务网点的管理，对分社实行统一的人事、财务、招徕、接待制度规范，对服务网点实行统一管理、统一财务、统一招徕和统一咨询服务规范。

第四章 旅行社经营规范

第二十六条 旅行社及其分社、服务网点，应当将《旅行社业务经营许可证》、《旅行社分社备案登记证明》或者《旅行社服务网点备案登记证明》，与营业执照一起，悬挂在经营场所的显要位置。

第二十七条 旅行社业务经营许可证不得转让、出租或者出借。

旅行社的下列行为属于转让、出租或者出借旅行社业务经营许可证的行为：

（一）除招徕旅游者和符合本实施细则第三十四条第一款规定的接待旅游者的情形外，准许或者默许其他企业、团体或者个人，以自己的名义从事旅行社业务经营活动的；

（二）准许其他企业、团体或者个人，以部门或者个人承包、挂靠的形式经营旅行社业务的。

第二十八条 旅行社设立的办事处、代表处或者联络处等办事机构，不得从事旅行社业务经营活动。

第二十九条 旅行社以互联网形式经营旅行社业务的，除符合法律、法规规定外，其网站首页应当载明旅行社的名称、法定代表人、许可证编号和业务经营范围，以及原许可的旅游行政管理部门的投诉电话。

第三十条 《条例》第二十六条规定的旅行社不得安排的活动，主要包括：

（一）含有损害国家利益和民族尊严内容的；

（二）含有民族、种族、宗教歧视内容的；

（三）含有淫秽、赌博、涉毒内容的；

（四）其他含有违反法律、法规规定内容的。

第三十一条 《条例》第三十四条所规定的旅行社不得要求导游人员和领队人员承担接待旅游团队的相关费用，主要包括：

（一）垫付旅游接待费用；

（二）为接待旅游团队向旅行社支付费用；

（三）其他不合理费用。

　　第三十二条　旅行社招徕、组织、接待旅游者，其选择的交通、住宿、餐饮、景区等企业，应当符合具有合法经营资格和接待服务能力的要求。

　　第三十三条　在签订旅游合同时，旅行社不得要求旅游者必须参加旅行社安排的购物活动或者需要旅游者另行付费的旅游项目。

　　同一旅游团队中，旅行社不得由于下列因素，提出与其他旅游者不同的合同事项：

　　（一）旅游者拒绝参加旅行社安排的购物活动或者需要旅游者另行付费的旅游项目的；

　　（二）旅游者存在的年龄或者职业上的差异。但旅行社提供了与其他旅游者相比更多的服务，或者旅游者主动要求的除外。

　　第三十四条　旅行社需要将在旅游目的地接待旅游者的业务作出委托的，应当按照《条例》第三十六条的规定，委托给旅游目的地的旅行社并签订委托接待合同。

　　旅行社对接待旅游者的业务作出委托的，应当按照《条例》第三十六条的规定，将旅游目的地接受委托的旅行社的名称、地址、联系人和联系电话，告知旅游者。

　　第三十五条　旅游行程开始前，当发生约定的解除旅游合同的情形时，经征得旅游者的同意，旅行社可以将旅游者推荐给其他旅行社组织、接待，并由旅游者与被推荐的旅行社签订旅游合同。

　　未经旅游者同意的，旅行社不得将旅游者转交给其他旅行社组织、接待。

　　第三十六条　旅行社及其委派的导游人员和领队人员的下列行为，属于擅自改变旅游合同安排行程：

　　（一）减少游览项目或者缩短游览时间的；

　　（二）增加或者变更旅游项目的；

　　（三）增加购物次数或者延长购物时间的；

　　（四）其他擅自改变旅游合同安排的行为。

　　第三十七条　在旅游行程中，当发生不可抗力、危及旅游者人身、财产安全，或者非旅行社责任造成的意外情形，旅行社不得不调整或者变更旅游合同约定的行程安排时，应当在事前向旅游者作出说明；确因客观情况无法在事前说明的，应当在事后作出说明。

　　第三十八条　在旅游行程中，旅游者有权拒绝参加旅行社在旅游合同之外安排的购物活动或者需要旅游者另行付费的旅游项目。

　　旅行社及其委派的导游人员和领队人员不得因旅游者拒绝参加旅行社安排的购物活动或者需要旅游者另行付费的旅游项目等情形，以任何借口、理由，拒绝继续履行合同、提供服务，或者以拒绝继续履行合同、提供服务相威胁。

　　第三十九条　旅行社及其委派的导游人员、领队人员，应当对其提供的服务可能危及旅游者人身、财物安全的事项，向旅游者作出真实的说明和明确的警示。

　　在旅游行程中的自由活动时间，旅游者应当选择自己能够控制风险的活动项目，并在自己能够控制风险的范围内活动。

　　第四十条　为减少自然灾害等意外风险给旅游者带来的损害，旅行社在招徕、接待旅游者时，可以提示旅游者购买旅游意外保险。

　　鼓励旅行社依法取得保险代理资格，并接受保险公司的委托，为旅游者提供购买人身意外伤害保险的服务。

　　第四十一条　发生出境旅游者非法滞留境外或者入境旅游者非法滞留境内的，旅行社应当立即向所在地县级以上旅游行政管理部门、公安机关和外事部门报告。

第四十二条　在旅游行程中，旅行社及其委派的导游人员、领队人员应当提示旅游者遵守文明旅游公约和礼仪。

第四十三条　旅行社及其委派的导游人员、领队人员在经营、服务中享有下列权利：

（一）要求旅游者如实提供旅游所必需的个人信息，按时提交相关证明文件；

（二）要求旅游者遵守旅游合同约定的旅游行程安排，妥善保管随身物品；

（三）出现突发公共事件或者其他危急情形，以及旅行社因违反旅游合同约定采取补救措施时，要求旅游者配合处理防止扩大损失，以将损失降低到最低程度；

（四）拒绝旅游者提出的超出旅游合同约定的不合理要求；

（五）制止旅游者违背旅游目的地的法律、风俗习惯的言行。

第四十四条　旅行社应当妥善保存《条例》规定的招徕、组织、接待旅游者的各类合同及相关文件、资料，以备县级以上旅游行政管理部门核查。

前款所称的合同及文件、资料的保存期，应当不少于两年。

旅行社不得向其他经营者或者个人，泄露旅游者因签订旅游合同提供的个人信息；超过保存期限的旅游者个人信息资料，应当妥善销毁。

第五章　监督检查

第四十五条　根据《条例》和本实施细则规定，受理旅行社申请或者备案的旅游行政管理部门，可以要求申请人或者旅行社，对申请设立旅行社、办理《条例》规定的备案时提交的证明文件、材料的原件，提供复印件并盖章确认，交由旅游行政管理部门留存。

第四十六条　县级以上旅游行政管理部门对旅行社及其分支机构实施监督检查时，可以进入其经营场所，查阅招徕、组织、接待旅游者的各类合同、相关文件、资料，以及财务账簿、交易记录和业务单据等材料，旅行社及其分支机构应当给予配合。

县级以上旅游行政管理部门对旅行社及其分支机构监督检查时，应当由两名以上持有旅游行政执法证件的执法人员进行。

不符合前款规定要求的，旅行社及其分支机构有权拒绝检查。

第四十七条　旅行社应当按年度将下列经营和财务信息等统计资料，在次年3月底前，报送原许可的旅游行政管理部门：

（一）旅行社的基本情况，包括企业形式、出资人、员工人数、部门设置、分支机构、网络体系等；

（二）旅行社的经营情况，包括营业收入、利税等；

（三）旅行社组织接待情况，包括国内旅游、入境旅游、出境旅游的组织、接待人数等；

（四）旅行社安全、质量、信誉情况，包括投保旅行社责任保险、认证认可和奖惩等。

对前款资料中涉及旅行社商业秘密的内容，旅游行政管理部门应当予以保密。

第四十八条　《条例》第十七条、第四十二条规定的各项公告，县级以上旅游行政管理部门应当通过本部门或者上级旅游行政管理部门的政府网站向社会发布。

质量保证金存缴数额降低、旅行社业务经营许可证的颁发、变更和注销的，国务院旅游行政主管部门或者省级旅游行政管理部门应当在作出许可决定或者备案后20个工作日内向社会公告。

　　旅行社违法经营或者被吊销旅行社业务经营许可证的，由作出行政处罚决定的旅游行政管理部门，在处罚生效后 10 个工作日内向社会公告。

　　旅游者对旅行社的投诉信息，由处理投诉的旅游行政管理部门每季度向社会公告。

　　第四十九条　因下列情形之一，给旅游者的合法权益造成损害的，旅游者有权向县级以上旅游行政管理部门投诉：

　　（一）旅行社违反《条例》和本实施细则规定的；

　　（二）旅行社提供的服务，未达到旅游合同约定的服务标准或者档次的；

　　（三）旅行社破产或者其他原因造成旅游者预交旅游费用损失的。

　　划拨旅行社质量保证金的决定，应当由旅行社或者其分社所在地处理旅游者投诉的县级以上旅游行政管理部门作出。

　　第五十条　县级以上旅游行政管理部门，可以在其法定权限内，委托符合法定条件的同级旅游质监执法机构实施监督检查。

第六章　法律责任

　　第五十一条　违反本实施细则第十二条第三款、第二十三条、第二十六条的规定，擅自引进外商投资、设立服务网点未在规定期限内备案，或者旅行社及其分社、服务网点未悬挂旅行社业务经营许可证、备案登记证明的，由县级以上旅游行政管理部门责令改正，可以处 1 万元以下的罚款。

　　第五十二条　违反本实施细则第二十二条第三款、第二十八条的规定，服务网点超出设立社经营范围招徕旅游者、提供旅游咨询服务，或者旅行社的办事处、联络处、代表处等从事旅行社业务经营活动的，由县级以上旅游行政管理部门依照《条例》第四十六条的规定处罚。

　　第五十三条　违反本实施细则第三十二条的规定，旅行社为接待旅游者选择的交通、住宿、餐饮、景区等企业，不具有合法经营资格或者接待服务能力的，由县级以上旅游行政管理部门责令改正，没收违法所得，处违法所得 3 倍以下但最高不超过 3 万元的罚款，没有违法所得的，处 1 万元以下的罚款。

　　第五十四条　违反本实施细则第三十三条的规定，要求旅游者必须参加旅行社安排的购物活动、需要旅游者另行付费的旅游项目，或者对同一旅游团队的旅游者提出与其他旅游者不同合同事项的，由县级以上旅游行政管理部门责令改正，处 1 万元以下的罚款。

　　第五十五条　违反本实施细则第三十四条第二款的规定，旅行社未将旅游目的地接待旅行社的情况告知旅游者的，由县级以上旅游行政管理部门依照《条例》第五十五条的规定处罚。

　　第五十六条　违反本实施细则第三十五条第二款的规定，旅行社未经旅游者的同意，将旅游者转交给其他旅行社组织、接待的，由县级以上旅游行政管理部门依照《条例》第五十五条的规定处罚。

　　第五十七条　违反本实施细则第三十八条第二款的规定，旅行社及其导游人员和领队人员拒绝继续履行合同、提供服务，或者以拒绝继续履行合同、提供服务相威胁的，由县级以上旅游行政管理部门依照《条例》第五十九条的规定处罚。

　　第五十八条　违反本实施细则第四十四条的规定，未妥善保存各类旅游合同及相关文件、资料，保存期不够两年，或者泄露旅游者个人信息的，由县级以上旅游行政管理部门责令改正，没收违法所得，处违法所得 3 倍以下但最高不超过 3 万元的罚款；没有违法所得的，处 1 万元以下的罚款。

　　第五十九条　吊销旅行社业务经营许可证的行政处罚，由原许可的省级以上旅游行政管理部门作出。

　　对旅行社作出停业整顿行政处罚的，旅行社在停业整顿期间，不得招徕旅游者、签订旅游合同；停业整顿期间，不影响已签订的旅游合同的履行。

第七章　附　　则

　　第六十条　本实施细则由国务院旅游行政主管部门负责解释。

　　第六十一条　本实施细则自 2009 年 5 月 3 日起施行。2001 年 12 月 27 日国家旅游局公布的《旅行社管理条例实施细则》同时废止。

项目四

旅游景区管理基础

【引言】

  在 21 世纪初，中国各地旅游景区发展很不均衡，旅游景区集中在一些旅游经济发达的地区。10 年来，随着中国西部大开发、中部崛起、东北振兴等一系列国家战略的实施，随着各地经济社会的全面发展，特别是交通条件的全面提升，各地普遍加强了对景区的投入，旅游景区得到了全面发展，特别是中西部地区的奇特旅游资源优势逐渐得到发挥，许多资源借助加入世界遗产向世人揭开神秘面纱。旅游景区数量增长更快，据初步估算，全国旅游景区已经从 10 年前的 1 万多家增长到现在近 3 万家，这其中，中西部地区的景区数量超过 2 万家，成为中国旅游景区的主要富集地区，由此也带动了中国一批新兴的旅游目的地，促进了全国旅游业的规模化、均衡化发展。

  在规模化发展基础上，涌现了一批精品旅游景区。以世界遗产为例，1990 年以前世界遗产仅有 6 组，2001 年拥有 28 组，2012 年已经达到 43 组。以优势旅游资源为基础，在严格保护的基础上，通过不断提高规划建设和经营管理水平，中国旅游景区的精英群体不断扩大。目前，全国 4A 等级以上的高等级旅游景区从 10 年前的不足 200 家发展到今天的 2000 多家，整整增长了 10 倍，其中更是产生了 138 家 5A 级的顶级旅游景区。

  旅游景区品牌化带动了各地旅游目的地形象的提升，景区成为当地的一张亮丽名片，为地方发展引入投资、促进景区所在地经济社会全面发展发挥了独特作用。

【学习目标】

1. 认知旅游景区。
2. 了解旅游景区管理的基础知识。
3. 领会旅游景区的战略管理。
4. 领会旅游景区的管理创新。
5. 熟悉旅游景区的安全管理。

任务 1　认知旅游景区

一、旅游景区的概念

  旅游景区是一个国家和地区人文资源、自然景观的精华，是展示民族文化和民族历史的重要窗口。从旅游行业发展的角度来看，旅游景区是旅游活动的核心和空间载体，是旅游系统中最重要的组成部分。观赏旅游景区是人们旅行的主要动机。在一定意义上可以说，整个旅游业都是依附于旅游景区而存在的。因此，旅游景区管理在整个旅游业管理中占据着非常重要的地位，其成败得失从宏观方面而言，可能会直接影响到一个国家和地区整体旅游业的健康发展，从微观方面来看则会直接影响到相关旅游景区的经济效益和社会美誉度。

　　旅游景区是旅游业的重要组成部分，它由一系列相对独立的景点构成，是供人们从事经营活动，能满足旅游者观光、休闲、娱乐、科考、探险等多层次精神需求，具有明显的地域边界、相对独立的小尺度空间的旅游地。根据这个定义，一个经营性的旅游景区至少应包含以下五个因素条件：

　　1. 经营主体，即有统一的经营管理机构对景区进行管理；

　　2. 独立职能，即景区应是一个独立的职能单位，要有专门的人、财、物和场所；

　　3. 空间范围，即景区的空间地域范围应是明确固定的；

　　4. 旅游功能，即应满足游客的旅游消费需求；

　　5. 服务设施，旅游景区要有必要的服务设施，如交通设施、住宿设施、餐饮设施等，这样才能为旅游者提供相应的服务产品。

二、旅游景区的条件、类型和特征

(一) 旅游景区应当具备的条件

　　1. 具有统一的管理机构。即每个旅游景区有且仅有一个主管体制，对景区内的资源开发、经营服务进行统一的管理。它是旅游景区经营的主体，服务的提供者。它可能是政府机构，或是具有部分政府职能的事业单位，也可能是独立的法人企业。由于政府机构不能进行商业运行，所以，以政府机构为主体的旅游景区必须以一种变通的形式进行管理，而政府主要以宏观调控为主。

　　2. 空间或地域范围确定，有固定的经营服务场所。空间范围明确，有具体的地理位置和占地面积服务空间常表现为其门票及游客接待中心等范围。

　　3. 旅游景区应具有吸引游客的吸引物和资源基础，游客可以各种不同的形式进行旅游，如参观、游览、教育、求知等。

　　4. 旅游景区必须具有必要的旅游设施，提供相应的旅游服务。资源设施与服务构成旅游景区产品，也是景区旅游功能的载体。没有旅游设施与服务，旅游活动就不可能实现。

　　5. 旅游景区在旅游经营上应该是一个独立的单位，既包括空间场所的独立，也包括职能的独立。也就是说，旅游景区要有专门的人、财、物、场所等为景区经营服务。

(二) 旅游景区的类型

　　旅游景区类型多种多样，分类方法也很多，如按资源类型、经营类型、旅游功能等。但任何一种分类都不是很严格的，不具备实际运用价值。本项目中讨论的旅游景区可能会是不同级别的风景区、风景名胜区、森林公园、自然保护区、世界自然及文化遗产地等。

（三）旅游景区的特征

1. 综合性。多数旅游景区都是由不同要素构成的，这些要素在旅游行为发生前就已经到位。这些要素在不同类型的旅游景区，不同的文化、经济、环境背景下相互组合构成旅游景区。综合性还有一个重要含义，这就是构成旅游景区的每一个要素的质量都必须是一致的，任何一个要素质量的低劣，都会破坏游客的旅游质量，造成低质量的旅游活动。

2. 不可分割性。旅游活动发生的同时也发生了消费行为，这是旅游活动的特征之一。对于旅游景区而言亦是如此。旅游景区是旅游行为发生的场所，也是旅游消费行为发生的地方。也就是说游客必须亲身经历，才能形成真正意义上的旅游行为，这与其他许多商品和服务是不同的。

3. 多用途性。旅游景区的设施、设备在使用过程中，不仅为当地居民和工作人员所用，也供游客临时使用。旅游景区的多用途性意味着我们可以通过观察企业是专为游客服务，或专为当地居民服务或兼而有之来分类的服务企业。事实上，除了完全以旅游为目的所建设的风景区（如主题公园）可以被认为是纯粹为游客服务外，大多数旅游景区都是多用途性的，甚至在有些旅游景区，游客是最不起眼的景区使用者。如乡村旅游就是与自然保护、农业及林业共同发展的。

4. 地域性。地域性是指任何形式的旅游景区必然受到当地的自然、社会、文化、历史、环境的影响和制约。地域性表现在旅游景区的差异上，一种景观、一种戏曲、一种饮食、一种宗教、一个民族都体验了地域的差异，这种差异形成了不同地域特色。

5. 可创性。旅游景区的可创性是指旅游景区并不是一成不变的、呆板的，一些旅游景区是可以根据人们的意愿和自然的规律进行创造、制作而再生、再现的。可创性是旅游景区的重要特征。比如苏州园林，就是历代达官贵人、豪商富户和文人所建，是中国私家园林的典型代表，虽然这些私家园林规模较小，但园中奇石秀水、亭台楼阁、珍树奇花，无不典雅秀美，且能以小见大，仿效自然，显"移天缩地"之功。

三、旅游景区的构成要素

（一）旅游景区的要素分析

一个旅游景区的存在是有条件的，如一座古塔、一个纪念碑可能吸引人，但却不能视为旅游景区。显然，一个旅游景区是由许多要素构成的，这些要素被有机地组合在一起，才能形成旅游景区。

旅游景区的要素分为两类：一是资源要素；二是非资源要素。

（二）旅游景区的构成要素

1. 旅游景区构成的资源要素。旅游景区构成的资源要素是旅游景区的基础，包括旅游吸引物、旅游设施和旅游服务。

（1）旅游吸引物。旅游吸引物是指赋予旅游景区空间范围内，对游客产生吸引力的资源，包括自然型及人文型的。这些资源经过开发和经营可以转化为旅游产品，供旅游者消费。

（2）旅游设施。旅游设施是游客实现旅游活动的基本条件之一，同时也是旅游景区存在的基础设施之一。旅游设施的规模、质量及风格对旅游景区的经营产生影响。旅游设施是直接或间接向旅游者提供服务所凭借的物质条件。旅游设施一般分为接待设施和基础设施两大类。

1）旅游接待设施是旅游经营者用来直接服务于旅游者的凭借物，主要包括：住宿、餐饮、交通及游览设施。游览设施是由旅游景区规划、建设、供人们登临、游览、休憩的各种设施、设备，如凉亭、扶杆、栈道、指示牌等。

2）旅游基础设施是指旅游目的地城镇建设的公共设施，包括旅游目的地的道路系统，水、热、电、气供应系统，废水、废气、废物排污处理系统，邮电通信系统，环境卫生系统，安全保卫系统等。

（3）旅游服务。旅游景区服务是旅游景区能否使游客满意的最敏感要素。旅游景区只有为游客提供满足的服务才能提高景区的效益，建立景区的形象。良好的服务形象，同样也是旅游景区的吸引力之一。

旅游服务是旅游产品的核心。旅游服务主要包括导游服务、饭店服务、交通服务和商品服务。

2. 旅游景区构成的非资源要素。旅游景区的非资源要素是指那些存在于旅游景区当中，不一定是旅游景区存在所必需的课题要素，但这些要素却对旅游景区的旅游活动起着重要的作用，或产生积极影响，或产生消极影响。这些要素包括旅游者、当地居民和当地政府。

（1）旅游者。旅游者是旅游活动的主体，也是旅游景区的消费者。旅游景区经营效益能否实现，特别是其经济效益能否实现，根本上取决于旅游消费者的满意度和消费的规模结构与水平。因此，向旅游消费者提供满意的旅游景区产品和服务，是景区经营的主要目标。可以说对于旅游景区而言，旅游者的满意意味着旅游景区经营的成功。

（2）当地居民。当地居民包括生活在旅游景区内和附近的一些居民。在旅游景区中，他们起到了三个作用：一是这些当地居民的所负载的传统文化、民俗、民风本身就可能是景区旅游资源的一部分，吸引着游客。二是他们又是旅游景区的依附者，他们的生活水平的提高，常常依附于旅游景区的经营和发展，希望通过旅游景区的发展带动当地居民的致富。三是当地居民对旅游的认识和对游客的态度直接影响着旅游景区的经营，同时，他们有时也是旅游经营者，为旅游者提供服务。

（3）当地政府。旅游景区所在地政府通常被视为旅游景区所有者实质性代表，在国家政策框架内，行使对公共资源的管辖权与处置权，依法享有景区的利益要求。地方政府对旅游景区的利益要求，必须与国家和社会公众对旅游景区的总体利益目标相一致，希望通过旅游景区的开发和利用，带动当地国民经济与社会发展，实现当地经济、社会、环境的协调发展。为此，当地政府要制定旅游景区开发经营的各项政策，及时有效地协调各方面的利益关系，并且采取一系列的措施推动和促进旅游景区的经营发展。

四、旅游景区的发展简史

（一）世界旅游景区的发展历程

世界旅游景区的发展大致可以追溯到古希腊和罗马时代，然后经历了萌芽发展阶段、近代阶段、现代发展阶段。

1. 萌芽发展阶段。古希腊人和古罗马人喜欢外出旅行，主要目的是泡温泉、参加集会、竞技体育，或者去参观艺术品和建筑杰作的所在地。古希腊的"奥林匹亚庆典"是当时影响最大的庆典，后终演变成现代奥林匹克运动；公元前4世纪，罗马人就有了导游手册；埃及、希腊和罗马时代同时也是人造景观最早发展的一个时期，旅行家昂蒂帕克总结了当时的"世界七大奇迹"。

罗马帝国衰败后，中世纪进入宗教旅游的繁荣时代，朝觐圣地成为主要的目的地和景区。14世纪出现了为朝圣者提供帮助的信徒证明和旅游指南，据称，现代各国使用的护照是由此演变而来。基督教和伊斯兰教信徒是朝圣活动的主要群体，他们不仅去朝圣，也会进行社交活动、商贸往来和游山玩水。这种宗教旅游被看成是早期的大众旅游。

欧洲文艺复兴时期，人们对知识和自由的崇尚导致人们的旅游活动体现出两大特征：对健康的关注和强烈的求知欲。前者体现在温泉疗养胜地和海滨度假胜地的发展。比利时的斯帕（Spa）因建成一座富含铁质矿泉的度假地而成为欧洲闻名的疗养胜地，而布莱克本也是人们发现海水的疗养功能后成为英国广受欢迎的海滨度假胜地。大旅游时代（Grand tour）反映的是人们对知识的渴望，年轻人纷纷涌向巴黎、威尼斯和佛罗伦萨这样的文化中心。

2. 近代旅游阶段。19世纪的工业化极大改变了人们的生活方式。铁路系统的发展使得旅游不再只是上流社会的专利，大众旅游时代正式形成。1841年7月5日，托马斯·库克（Tomas Cook）利用包租火车的方式组织了570多人从莱斯特前往洛伯罗赫，这被公认为近代旅游和旅游业开端的标志。1851年英国在海德公园举办了一次大型的博览会，接待了来自世界各地630万人次的参观者，这在近代旅游景区发展史上具有重要意义。

与此同时，旅游的目的和旅游种类开始变得多样化。原有的温泉、海滨和文化遗迹作为旅游景区的地位更加巩固，博物馆、城市公园、美术馆、滑雪馆、水族馆等旅游景区也开始发展起来。1853年，英国在伦敦动物园内建造了世界第一座近代水族馆；1872年，美国建立了世界首个国家公园——黄石国家公园；1889年法国建成当时世界最高的埃菲尔铁塔；1894年，美国芝加哥建立了世界上第一座现代乐园——保罗·波恩顿水滑道公园；1925年，扎伊尔建立了世界上第一座真正意义上的野生动物园。

3. 现代发展阶段。第二次世界大战结束之后，世界各国经济普遍进入强劲复苏时期，以电气化为标志的第二次工业革命使得世界的距离更加缩短，长途旅游因而得到快速发展。在高科技的推动下，景区步入了综合发展的黄金时代。1955年7月，美国加州迪士尼正式建成开放，这标志着主题乐园的时代来临了。其他类型的景区也得到了充分的发展，且不断有新的旅游形式出现。如博彩、会展（MICE）、极限运动等。旅游者的休闲方式更加多元化和个性化，相对应，旅游景区提供的旅游产品和功能日益完善，服务更加迅捷周到，景区管理越来越规范化。

（二）中国景区的发展

1. 古代萌芽阶段。中国古代的旅游形式主要有以隋炀帝、清乾隆为代表的皇帝巡游，李白、杜甫为代表的士大夫漫游，以玄奘、鉴真为代表的宗教旅游，以丝绸之路和海上香料之路为代表的商务旅游，以徐霞客、沈括为代笔的科学考察旅游。古代的景区主要体现在园林方面，并对世界园林体系有着重大影响，有"世界园林之母"的美誉。

中国园林早期的形态为囿、苑、圃等形式。商代的囿是从天然地域中圈出一块土地，挖池筑台，放养禽兽，以供帝王狩猎取乐。秦始皇建上林苑，汉武帝后扩建，方圆达 300 里。魏晋南北朝，园林趋于寄情山水，回归自然，写意的山水园林形成初步的观念与手法。唐宋秉承魏晋之风，在形与意方面，更为后来的私家园林打下基础。明清之际，园林艺术日臻精湛，涌现一批造园专著，如《园冶》、《帝京物略》、《娄东园林志》等，以及像计成、张然这样的造园专家。

中国园林的造园理念，首先秉承的是"天人合一"的哲学观点，追求的是人与大自然的和谐相处。园林是古代士大夫思想精神的空间寄托，如清代钱泳所说，"造园如作诗文。"在造园准则方面，强调"有定法，无定式"；构景要素有叠山、理水、动植物、建筑等。

2. 近代的低迷阶段。通常人们把 1840 年以前的园林称为古典园林，中国园林从古代到近代的转折是以公园的出现为标志。1868 年，上海出现中国最早的公园——公花园（现为黄浦公园）。西方园林追求理性，强调按照纯粹的几何结构和数学关系发展，强调"完整、和谐、鲜明"原则。这种公园的出现使得中国旅游景区的类型日渐多元。但因为"列强"用坚船利炮打开国门，中国遭遇内忧外患，国力衰败，战火不断。景区的发展一直处于低迷状态，更有火烧圆明园这样的悲剧发生。

3. 现代旅游景区快速发展阶段。新中国成立后，景区的发展一度出现反复。新中国成立初期，为丰富人民的生活，政府在城市兴建了大量的休闲公园、疗养院，景区的发展全面复苏。之后"文化大革命"的十年，整个中国经济出现全面滑坡，景区的发展停滞甚至崩溃。

改革开放后，旅游业进入快速发展阶段。20 世纪 80 年代初，国家公布了首批 24 个历史文化名城和 44 个国家级风景名胜区，推动了中国景区的开发和建设。在市场经济的推动下，景区的经营管理与服务得到很大的提高。80 年代中期以后，涌现出一片人造景观和主题公园，如华侨城、苏州乐园。国家公园、森林公园、世界遗产、旅游度假区、自然保护区、地质公园、温泉、海滨、滑雪、滑水、高尔夫等多种类型的景区也得到迅猛发展，形成比较完善的景区体系。90 年代中期，国家又推动旅游示范区、生态旅游示范区的成立，强调可持续发展理念。2005 年，国家旅游局公布首批全国工农业旅游示范点。中国从政府主导战略正向旅游强国战略转型。

任务 2　　了解旅游景区管理的基础知识

一、旅游景区管理的内涵

（一）旅游景区管理的概念

旅游景区管理就是指管理者通过有效运用景区的人力、物力、财力、信息等资源，达到景区的工作目标的活动。

（二）旅游景区管理的主体和客体

旅游景区管理作为一个统一体由两个方面组成：管理的主体和管理的客体。管理的主体和客体形成一对矛盾，管理总是主体对客体的作用，客体又对主体产生反作用，因而促进管理的发展。

景区管理的客体就是景区实体，包括景区人、财、物、信息、形象、景区的市场和业务，以及与景区业务和效益相关的所有方面。简单来说，景区管理的客体就是景区管理的对象和内容。景区管理客体的核心是人，通过人这一生产力中最活跃、最积极的因素去对管理的对象和内容的其他方面进行管理。

旅游景区管理者的管理对象主要包括以下内容：

1. 人力：员工的能力、态度、情绪、士气、绩效评价等。
2. 物力：景区的设施设备、旅游资源、工具等。
3. 信息：市场信息、竞争情况、经营报表、管理报表等。
4. 形象：景区的视觉形象、产品定位等。

管理的主体是指景区管理机构的管理者，通常由四个部分组成：决策者、执行者、监督者、参谋者。在管理中，管理主体起着主导作用，它决定和支配着客体的运动。因此，管理主体的主观能动作用就显得特别重要。管理主体发挥积极作用的程度，依赖于主体本身的素质。

（三）景区管理的基本点

景区管理立足于两个基本点：一个基本点是科学的管理理论；另一个基本点是景区所面临的客观条件。每个景区所面临的内部和外部条件都不相同，景区管理正是针对不同的实际情况，采用不同的方法和技巧以实现景区的管理目标。脱离景区的实际情况，任何管理都不可能成功。

（四）景区的内外部条件

景区的内外部条件是指对景区管理有影响的各种因素。景区行业是一个受内外部条件影响较大的行业，各种内部和外部因素的变化都会对景区的发展产生影响。

景区的内外部条件有：

1. 外部因素。包括国家的综合形势、政策、社会环境、区域经济情况、城市情况、风俗民情、游客消费习惯、市场状况、景区当地政府对景区的政策、景区和当地政府各部门的关系、景区和客源单位的关系等。

2. 内部因素。包括体制、投资者、景区性质、景区经济实力、景区管理者素质、景区设施设备条件、景区员工素质、景区地理位置、景区的品牌、知名度和社会形象等。

（五）以市场为导向

景区以市场为导向进行产品的生产和销售，主要的依据就是游客的需求。景区管理要研究市场的现实状况和阶段状况，设计出市场需要的产品，作为景区的市场定位。

（六）景区管理的核心是管理者执行管理职能

在景区中一部分人发挥管理功能，一部分人发挥业务作业功能。景区的管理就是利用决策、组织、智慧、协调、控制等管理职能实现景区的目标。

（七）景区管理的目的是三效益有机结合

景区管理的目的是效益。景区的效益包括社会效益、经济效益和生态效益。

二、旅游景区管理的基本内容

（一）游客管理

游客是旅游活动的主题，是旅游景区的主角。从商业理论和实践上说，他们是上帝。旅游景区的大部分工作都是围绕着游客进行的，但游客同样需要管理。在旅游景区内游客也必须遵循一定的法规、原则、道德标准和行为准则。如何做好游客的管理和服务是旅游景区的核心工作之一。

1. 游客的基本特征。旅游者在其长期居住地与在旅游景区的行为方式、心理感受是有区别的，应该将旅途中的游客作为一类特殊人群对待，研究他们的行为特征。

（1）陌生、戒备。初到景区时，环境是陌生的，人是陌生的，游客最初表现的是戒备和不信任感，服务者应在最短的时间内取得游客的信任。

（2）兴奋。游客出去旅游是为了寻求快乐和新奇感。在最初到达景区时，感到新奇，十分兴奋。对景区情况不甚了解，其行为也不会是完全理性的，就需要管理者适时地引导。

（3）自豪感。旅游需求是在经济发展水平达到一定程度后才能产生。能够出游，说明其经济收入较高。可以说，旅游是人类的精神需求。在旅游景区，旅游者是服务的受体，容易产生自豪感，尤其当客源地与目的地经济发展水平差距很大时，游客的逆境承受能力较差。

2. 游客管理的基本内容。在游客管理中除了做好基本设施的建设外，主要包括：（1）正确引导游客的行为；（2）建立良好的与游客的沟通机制；（3）服务性管理与控制性管理相结合。

（二）当地居民管理

当地居民是旅游景区的当然主人。他们长年生活在景区附近，对当地状况也十分了解。当地居民对旅游业的态度，对游客的态度直接影响景区旅游业的发展。一般而言，居民的心理出于这样的状态，好奇—接受—反感。

另外，当地居民的文化传统也最容易与现代文化发生冲突。同时，他们还是景区受益群体之一。当地居民与旅游业之间的矛盾在世界著名旅游地——夏威夷已经表现得很突出，有的当地居民组织甚至公开反对游客的到来。

如何管理当地居民，对景区能否良性发展至关重要。对当地居民的管理主要集中在：（1）处理好游客与当地居民的关系；（2）处理好管理者与当地居民的关系；（3）处理好旅游利益分配关系。

（三）管理者的管理

管理者和员工素质的高低是旅游景区可持续发展的关键。由于景区管理人员大部分直接面对旅游者，他们的表现就代表了旅游目的地的服务质量和旅游企业形象，特别是员工，在建立与旅游者、当地居民及有关部门和单位之间良好人际关系方面具有不可替代的作用。

管理者管理的内容包括：（1）制定完善的员工管理制度；（2）旅游景区人力资源的配置、管理与培训；（3）建立旅游服务质量管理及监督体系。

（四）旅游景区环境管理

环境问题是全球所面临的最重要的问题之一，对于旅游景区而言，尤为如此。在旅游景区内，环境本身就是资源的一部分。今天的旅游业已完全大众化，旅游资源的利用强度不断增大，如何解决环境压力与经济利益这对矛盾是景区管理者面临的一大挑战。

景区环境管理的主要内容包括：（1）制定环境保护政策法规；（2）进行环境保护规划；（3）增大员工及当地居民环保意识教育力度；（4）处理好环境压力与社会经济发展之间的关系。

（五）经营管理

旅游景区经营活动是旅游景区活动的表现，也是其商业化的标志。旅游景区的经营模式复杂多样：有大型的国有企业进行的开发经营活动，也有民营企业的参与，还有当地居民从事的私有小型经营实体，如家庭旅馆、餐馆等。当地政府或其派出机构在经营管理中应扮演何种角色，如何平衡利益分配等是景区管理的主要任务。

（六）安全管理

从旅游运行的环节和旅游活动的特点来看，旅游安全贯穿于旅游活动的六大环节，可相应分为饮食安全、住宿安全、交通安全、游览安全、购物安全、娱乐安全等六大类。

旅游景区安全管理的内容包括：（1）建立旅游景区安全保障体系；（2）培训各类旅游安全员；（3）依法进行安全事故处理。

三、旅游景区管理的目标及机构设置

（一）旅游景区的管理目标

1. 保护旅游景区资源，培育资源生态环境。保护旅游区的各种资源，特别是保护景区旅游资源免受破坏与污染。培育旅游景区生态环境，优化游览环境，消除非常态环境要素，达到既维护资源品位，又为旅游者提供良好氛围的目的。

2. 为游客提供良好的服务。旅游景区管理的目标之一，就是为了使顾客满意地实现旅游活动。旅游者满意与否是旅游景区各项工作的中心和基础。为旅游者提供良好的服务，是让游客高兴而来、满意而归的重要一环。

通过开发与经营活动，取得一定的经济效益是现代旅游经济的必然要求，而其经济效益的一部分要用于环境和资源的维护，保证资源利用的持续性和永久性。

（二）旅游景区的管理机构设置

旅游景区管理机构按照高效、科学、合理、实用、精简的原则予以设置。常见的模式包括：

1. 垂直型管理模式（如图 4 - 1 所示）。

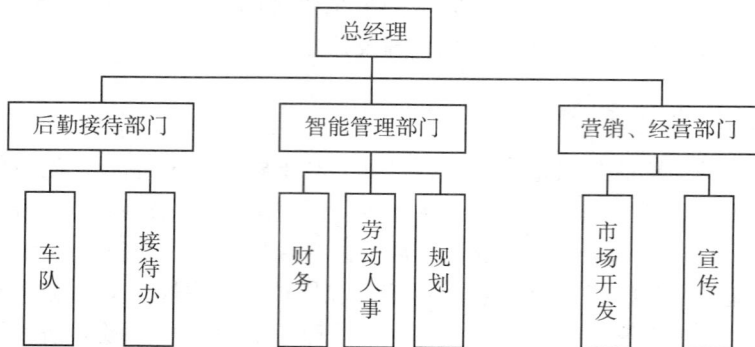

图 4 - 1　垂直型管理模式的内部机构设置

此模式的优缺点和适用条件为：

优点：权力集中，责任明确，决策迅速，方便建立。

缺点：权力过于集中，决策缺乏民主，企业规模变大时决策者压力过大。

适用条件：规模较小的旅游景区，一般在开办期以及个人业主制和小型合作制旅游区；对规模庞大的旅游区不合适。

2. 职能型管理模式（如图 4 - 2 所示）。

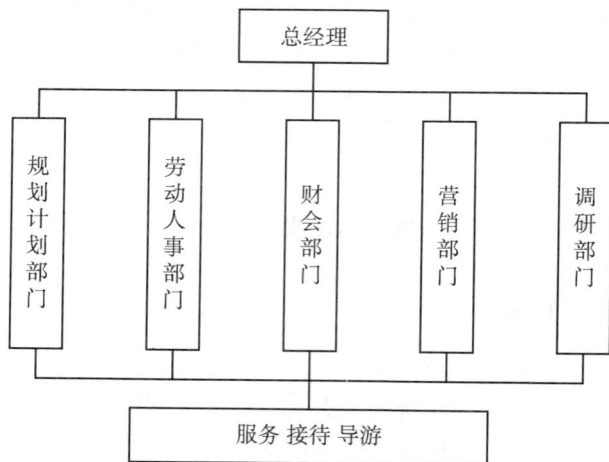

图 4 - 2　职能型管理模式的内部机构设置

此模式的优缺点和适用条件为：

优点：是一种按照旅游市场营销活动职能来组织管理的机构形式。根据管理业务划分不同的专业职能部门，各部门对总经理负责，对下级行使管理职能。部门之间责任明确，有利于提高效率。

缺点：容易产生多头领导，部门之间互相协调任务重，上下、左右容易脱节。

适用条件：适用于中等规模的旅游景区。

四、旅游景区管理的任务

旅游景区管理的任务，概括地说就是全面负责旅游景区的保护、规划、建设和管理，使之永续利用，开展旅游活动，促进地方经济持续发展。

（一）实施全方位保护和管理

旅游景区的健康发展是有利于社会的一项公益事业，具有环境、社会和经济等多重效益。旅游景区的各种自然和人文旅游资源组成各具特色的景观，是旅游景区的家底。对旅游景区风景旅游资源的保护是保护生物多样性的需要。发展旅游景区事业，一可把旅游资源保护好，二通过对旅游景区的审批和建立，逐步把地区经济带动起来。

鉴于旅游景区风景旅游资源的珍贵性、脆弱性和不可再生性，需要人们倍加珍惜和爱护。为此完全有必要将风景旅游资源的保护工作放在高于一切的首位加以考虑，时刻铭记，不可掉以轻心。严格保护各种风景旅游资源，使之得以完整保存，永传于世。

（二）编制发展规划与开发建设

规划是建设的先导，是为合理开发建设勾绘蓝图。旅游景区管理工作的一项重要任务，就是要在所属人民政府领导与主管部门的指导和支持下，组织有关科技力量，深入调查研究，认真编制发展总体规划和详细规划，并负责规划的具体实施和定期的修订工作。

发展是为了更好的生存，要发展就要建设。旅游景区管理机构要积极稳妥地做好开发建设工作。要使内部交通形成网络，开通国内国际程控电话，兴建水电和环保设施，建设接待服务设施和文化娱乐设施，不断开发建设特色新景点，丰富旅游内容，扩大环境容量，形成食、住、行、游、购、娱一条龙服务体系，以提高经济效益。

（三）发展旅游事业

进入新的世纪，中国已经进入全面建设小康社会新的发展历史时期。随着人们生活日渐富裕，物质文化需求日益增强，到祖国名山大川、名胜古迹观光游览，消闲度假，将是众多人们的必要选择。

旅游景区要充分利用自身的资源特色，积极开展健康、有益的游览和文化娱乐活动，按合理的环境容量和现有的物质、技术条件，安排好旅游。将环境优美、秩序良好的旅游景区建设成有益于人民群众身心健康、进行科普教育、普及历史文化知识、激发爱国主义热情、社会主义精神文明建设的游览胜地。

（四）发展地方经济

发展旅游景区事业是社会物质文明和精神文明建设的一个重要方面。保护和开发旅游景区不仅保护了国家的自然和文化遗产，改善了自然生态环境，满足了人们物质和文化生活提高的需要，而且促进了当地经济建设的发展，成为国民经济建设的组成部分，这在国际上已达成了共识。

旅游景区可以带动整个地区旅游业的发展。旅游业本身就是一个创收高、盈利快、创汇便利的综合性经济产业。在市场经济条件下，产生一种有形资产和无形资产的概念，旅游景区的名称就是一种无形资产。因为沾了旅游景区的名称，特别是国家级的旅游景区，各企业单位在对外宣传及招商引资时，就会有好的效果。审定批准建立国家各级风景旅游区，保护旅游资源，主要也是为当地经济发展创造条件。因此旅游景区要积极为地方经济腾飞"搭台"，开展旅游活动，向外界宣传当地自然和社会风貌，交流信息，扩大地方的知名度，在招商引资方面发挥媒介作用，在促进国家和地方经济建设全面发展方面充分发挥积极推动作用。另外，旅游景区的开放，大量游客进入，给周边乡村发展为旅游服务的副产品、工艺品、园艺和果品、土特产品等提供了大好机遇，为村民致富开辟了新门路，从而为促进地方经济全面发展注入了新的活力。

（五）正确处理诸边关系

旅游景区的环境、社会和经济等三高效益，备受人们关注；况且旅游景区工作又涉及许多方面，因此要大力宣传，让领导同志、各有关部门和广大群众，特别是周边村民和单位更多地了解旅游景区事业的性质和特点、地位和作用，争取广泛的理解、支持、参与和投入，发挥各方面的积极性，共同把旅游景区工作做好。同时旅游景区管理机构也应加强与各相关方面的协调，友好相处，相互帮助，谦虚谨慎，合作共事，共同建设好旅游景区。尤其是要处理好与地方政府的关系，争取依据国家法规和当地情况，通过地方人大或政府，建立健全地方法规，来加强旅游景区的保护，加强执法监督。

任务3 领会旅游景区的战略管理

一、旅游景区经营战略背景

随着中国旅游业的迅猛发展，大量投资者相继进入旅游景区开发和经营领域，旅游景区经营开始从单纯的资源管理阶段进入到以项目策划和服务质量管理阶段，并随着旅游市场竞争的加剧，旅游景区管理开始步入以战略管理为核心的新阶段。促成这种变化的背景主要有以下几个方面：

（一）旅游需求结构的重大变化

随着社会经济的发展，国内旅游市场需求发生了重大改变。人们不再满足于传统的观光旅游，度假旅游、探险旅游、休闲旅游等正在成为新兴的旅游形式。自中国实施黄金周休假制度以来，不仅极大地推动了国内旅游市场的发展，而且促使旅游市场走向成熟。调研表明，目前旅游市场正在呈现出以下变化：散客市场上升而团队市场减少；选择个性化定制的旅游产品而非标准化产品；不是购买整体产品而是购买零件自己组装；从跟随他人去名胜古迹到发现旅游胜地；从"走马观花"式的巡游到"下马赏花"式的游览；从"旁观"到"参与"，等等。这些变化意味着旅游景区管理必须紧紧抓住旅游市场发展趋势，谋划旅游景区未来的发展。

（二）　旅游市场竞争的日益加剧

　　旅游业是朝阳产业，各个国家和地区都非常关注旅游业的发展。中国旅游业发展迅速，成为国民经济中的重要产业之一。许多地方为推动经济发展，把旅游产业作为主导产业或重要产业加以优先发展；极大地促进了中国旅游资源的开发和旅游景区的建设。尤其是各种形式的主题公园在中国各地迅速发展，进一步加剧了旅游市场的竞争，旅游市场已经从卖方市场走向买方市场，市场导向已经成为旅游景区开发的根本要求。这就要求旅游景区开发和经营不仅要研究旅游需求，而且也要认真研究竞争对手，研究未来的供求形势，以确立恰当的竞争战略和策略，才能在激烈的竞争中立于不败之地。

（三）　国外旅游景区先进的管理理念的导入

　　西方发达国家在旅游景区管理方面已经取得诸多的宝贵经验，形成了先进的管理理念。尤其是像迪士尼乐园、环球嘉年华等旅游景区在经营方面成功的做法对中国旅游景区管理带来了诸多启示。这些成功的旅游景区管理都非常注重战略管理，以品牌战略、创新战略、投资战略、营销战略等多种经营战略为管理的核心，取得了成功。这些先进的管理理念已经被国内一些旅游景区管理者所接受，并在实践中得以应用，促进了战略管理在旅游景区管理中的传播和发展。

（四）　科学技术进步和资源环境问题突出

　　随着科学技术的不断进步，大量新技术不断地应用于旅游景区开发和经营中，使得旅游景区产品的生命周期缩短，要求旅游景区必须紧密跟踪技术的变化。同时由于资源与环境问题日益突出，社会、政府和公众对旅游景区的发展提出了更高的要求。这些都要求旅游景区必须树立战略管理的思想，从长计议，适应不断变化的外部环境。

二、旅游景区经营战略的概念和特点

　　"战略"一词原本是军事上的一个概念，其含义是"对战争全局的筹划和指导"。目前，战略一词已经广泛运用于政治、经济、社会、文化、教育等各个方面，其一般的含义是指带有全局性、长远性、根本性的重要谋划和方略。

　　把战略运用于旅游景区经营活动中，就形成了旅游景区战略。所谓旅游景区战略是旅游景区管理部门为谋求旅游景区长期生存与发展，在对外部环境和内部条件分析研究的基础上，以正确的指导思想，对旅游景区经营方向与目标、重大方针、策略和实施步骤所做的长远的、系统的和全局的谋划。

　　制定旅游景区战略主要是协调旅游景区与外部环境之间的关系问题。旅游景区是在一定的环境中生存和发展的，旅游景区要适应环境而不是环境要满足旅游景区发展，这是旅游景区与环境关系的基本点。旅游景区要适应不断变化的环境，就需要制定适合旅游景区的战略。因此，旅游景区战略不同于一般日常经营策略和措施，具有如下特征：

（一） 全局性

旅游景区战略是根据旅游景区总体的发展而制定的，通过对旅游景区各种经营资源的优化配置，发挥旅游景区资源的整体功能和总体优势，它规定了旅游景区的总体行动方针，追求旅游景区的总体效果。旅游景区管理的各个主要环节、各个专业职能的活动，要以战略为指导，服从于总体战略。

（二） 长远性

旅游景区战略是对旅游景区未来一定时期生存和发展的统筹谋划旅游景区的发展目标，具有长远性。

（三） 抗争性

军事战略表现为敌我双方的对抗性，旅游景区战略则表现为景区之间在旅游市场上的抗争。争取游客，争夺旅游市场，提高旅游市场占有率，因此，旅游景区战略是旅游景区在市场竞争中与竞争对手相抗衡的行动方略。通过经营战略的实施，扬长避短，取得竞争优势，来减轻其他旅游景区的冲击和压力，保证自己的生存和发展。

（四） 纲领性

旅游景区战略规定了旅游景区总体的长远的目标、发展方向、基本的行动方针、经营的重点等问题。这些原则性的规定，具有行动纲领的意义。这些战略目标、战略方针必须通过展开、分解和落实等过程，才能变为具体的行动计划。

（五） 相对稳定性

由于旅游景区战略规定了旅游景区的发展目标，具有长远性。只要战略实施的环境未发生重大的变化，即使有些变化，也是在预料之中的，那么，旅游景区战略中所确定的战略目标、战略方针、战略重点等应保持相对稳定。但在处理具体问题时，在不影响全局的情况下，也应该有一定的灵活性。

三、 旅游景区经营战略体系

旅游景区战略是一个有机整体，由以下两大部分构成：

（一） 总体战略

总体战略是指在对旅游景区内外环境进行深入分析调查研究的基础上，对旅游景区的市场需求、竞争状况、资源状况、自身实力、国家政策等主要因素进行综合分析后，由旅游景区所确定的指导旅游景区全局和长远发展的谋划和方略。

制定总体战略的目的可以从两个方面加以说明：从旅游景区外部来看，总体战略目的在于寻求旅游景区竞争优势，有效地满足目标市场需要，通过竞争和吸引游客，实现旅游景区的市场定位，使旅游景区的经营活动与旅游市场发展趋势相适应。从旅游景区内部来看，总体战略的目的是对那些影响旅游景区竞争成败的市场因素的变化做出正确的反应，需要协调和统筹安排旅游景区经营中各种业务活动，如规划开发、市场营销、人事管理等，总体战略要为这些经营活动的组织和实施提供直接的指导。

综合起来，总体战略侧重点在于以下五方面：一是如何完成旅游景区使命；二是发展的机会与威胁分析；三是发展的内在条件分析；四是发展的总体目标和要求；五是确定战略的战略重点、战略阶段和主要战略措施。

（二）职能战略

相对总体战略而言，职能战略也可称为分战略，是指按不同的专业职能对总体战略进行落实和具体化的战略。职能战略是为贯彻、实施和支持总体战略而在旅游景区特定的职能管理领域制定的战略，其重点是提高旅游景区人力、物力、财力等资源的利用效率，使旅游景区资源的利用效率最大化。在既定的战略条件下，旅游景区各层次职能部门根据其职能战略采取行动，集中各部门的潜能，支持和改进总体战略的实施，保证战略目标的实现。与总体战略相比较，职能战略更为详细、具体和具有可操作性。它是由一系列详细的方案和计划构成的，涉及旅游景区经营管理的所有领域，包括规划、营销、财务、人事等部门。职能战略实际上是旅游景区总体战略与实际达成预期战略目标之间的一座桥梁，如果能够充分地发挥各职能部门的作用，加强各职能部门的合作与协调，顺利地开展各项职能活动，特别是那些对战略实施至关重要的职能活动，就能有效地促进旅游景区总体战略实施成功。

职能战略一般可分为营销战略、人事战略、财务战略。职能战略的侧重点在于：一是如何贯彻旅游景区发展的总体目标；二是职能目标的论证及其细分化；三是确定职能战略的战略重点、战略阶段和主要战略措施；四是战略实施中的风险分析和应变能力分析。

总体战略和职能战略是一个统一的整体，其制定和实施过程是各级管理人员充分协商、密切配合的结果。任何一个战略层次的失误都会导致旅游景区战略无法达成预期目的。当旅游景区战略的各个部分与层次相互配合、密切协调时，就能最为有效地贯彻与实施旅游景区战略。

四、旅游景区战略管理的概念和特点

旅游景区战略管理有广义与狭义之分。广义的概念是指运用战略对旅游景区进行的管理，旅游景区的经营活动都要在战略的指导下进行，贯彻战略意图，实现战略目标。狭义的战略管理，是指对旅游景区经营战略的制定、实施和控制过程所进行的管理。本项目中的战略管理主要从狭义的角度介绍旅游景区战略管理的制定、实施和控制。

战略管理具有如下特点：

（一）全程性

全程性是指对战略的制定过程和实施过程自始至终进行管理。

（二）未来性

战略的制定是对旅游景区未来经营活动的统筹谋划，对未来实施战略的过程中可能出现的偏离战略目标的情况事先制定出各种对策，以防患于未然。

（三）管理环境的不确定性

战略的制定和实施所面临的不仅是旅游景区内部环境，更主要的是旅游景区外部环境。所以不可控制的因素较多，尤其是未来的环境不可控制的因素更多，所以增加了旅游景区战略管理的困难性和艰巨性。

（四）高层性

战略管理主要是由旅游景区高层管理者所负担的工作，制定战略和指挥战略的实施是高层管理者的主要任务。

五、旅游景区战略管理的原则

旅游景区进行战略管理，必须遵循科学的原则。成功的战略管理通常是在以下几条原则的指导下进行的：

（一）适应环境原则

旅游景区制定战略的目的就是适应环境变化的需要。成功的旅游景区战略管理必然重视旅游景区与其所处的外部环境的互动关系，其目的是使旅游景区能够适应、利用甚至影响环境的变化。旅游景区战略管理要求旅游景区必须随时监视和扫描内外部环境的变化，分析机遇与威胁的存在方式和影响程度。旅游景区高层管理者在制定和实施战略的过程中，要清楚地了解哪些内外部因素影响旅游景区，这些影响发生的方式、性质和程度，以便制定新的战略或及时对旅游景区现行战略进行调整。

（二）全过程管理原则

旅游景区战略管理是一个完整的过程，这个过程包括战略的制定、实施、控制、评价四个阶段。这四个阶段相互依存、不可分割。旅游景区战略管理要取得成功，必须将这个过程视为一个整体来加以管理，以充分提高这一过程的有效性和效率。

（三）整体最优原则

旅游景区的经营管理是将旅游景区视为一个系统，追求整体最优。因此，成功的旅游景区战略管理，是将旅游景区视为一个不可分割的整体来加以管理的，其目的是提高旅游景区的整体优化程度。

（四）全员参与原则

旅游景区战略管理不仅要求企业高层管理者的参与和支持，而且也需要中下层管理者和全体职工的参与和支持。尤其是企业战略选择确定以后，战略的实施就在相当大的程度上取决于中下层以及全体职工的理解和支持。

(五) 反馈修正原则

旅游景区战略管理的时间跨度较长,一般在3年以上,5~10年以内。旅游景区战略的实施通常包括一系列中短期行动计划,它们使战略在行动上具体化和可操作化。然而,旅游景区战略的实施不会是一帆风顺的。只有不断地跟踪反馈才能确保企业战略的适应性。从某种意义上说,对现行战略管理的评价和控制是新一轮战略管理的开始。

六、旅游景区战略管理的一般过程

根据现代战略管理理论,战略管理包括三个基本组成部分:战略分析、战略选择、战略实施与控制。也有一些学者提出将战略管理过程划分为战略规划、战略实施、战略控制三部分。结合旅游景区的特点,将战略管理过程概括为以下几个基本步骤:

(一) 战略环境分析

进行环境分析是制定和实施旅游景区战略的前提条件,是十分重要的一项基础性工作。旅游景区环境分析通常包括两个方面:一是对旅游景区内部的环境调查分析,了解旅游景区内部优势和劣势 (Strengths and Weakness);二是对外部环境的调查分析,了解外部环境机遇和威胁 (Opportunities and Threats)。这两方面加在一起称为SWOT分析。SWOT分析是西方广为应用的一种战略分析方法,通过SWOT分析,可以提供旅游景区决策和行动的必要信息,发现未来的机遇,避免威胁,从而使旅游景区确定自己的使命,进行战略选择以及如何实现它们的目标。

旅游景区的外部环境包括一般环境和经营环境。一般环境包括政治、经济、社会、技术、法律环境等因素,有时也称其为PEST (Political, Economic, Social, Technological) 分析。旅游景区经营环境是指对旅游景区经营有更直接影响和作用的环境变量,旅游景区管理行为通常会影响这些因素,它们是市场和消费者行为、行业竞争结构、竞争者、政府、供应商等。必须指出的是,外部环境存在于旅游景区运作之外,旅游景区通常无法改变或控制外部环境因素,只能去适应外部环境变化。尽管如此,旅游景区必须持续、系统地审视环境变化,预测它们对旅游景区的可能影响。

旅游景区的内部环境是指旅游景区自身资源条件,通常包括旅游景区的特色、规模、区位、人力资源状况、财务状况、管理水平,等等。作为战略规划过程的组成部分,旅游景区内部环境分析是对旅游景区本身的优势和劣势进行评价。从旅游景区内部条件来看,优势是旅游景区在旅游市场上赢得竞争优势的核心竞争能力,而劣势则会限制旅游景区使命和长期目标的实现。系统的内部分析是对旅游景区战略能力客观全面的审视,它能够辨识旅游景区的优势与不足,做到知己知彼。旅游景区以此为基础,制定其战略,突出竞争地位,实现预期目标。

(二) 明确旅游景区的远景、使命

战略形成过程也是旅游景区确定其远景、使命和宏观目标的过程。根据对旅游景区自身条件和环境长期变化趋势的分析,旅游景区要确定远景、使命和宏观目标,目的是明确旅游景区未来发展的方向。远景与使命也说明了旅游景区存在的原因,使其经营有别于其他类似的企业。远景和使命应回答以下问题:旅游景区存在的价值和理由是什么?谁是我们的顾客?旅游景区未来经营方向和将来怎样发展?等等。当环境条件变化时,旅游景区需要改变或重新确定其使命。因此一个旅游景区必须定期评估其使命,以确保其合理性。一个旅游景区的使命陈述通常是较宽泛的,区别于非常详细、具体的公司长期目标。一个典型的旅游景区使命应反映其经营哲学、旅游景区形象,表明旅游景区提供的主要产品和服务,它的目标市场等。

(三) 形成长期目标

旅游景区的使命必须转换为具体、详细的指标和目标。长期目标是指旅游景区选择与完成其使命的目标,目标必须明确"完成什么"和"何时完成"。目标通常需量化为更精确的指标。基本的指标要有利润、销售收入的增长,以及市场份额的扩大和风险的分散等内容。无论制定怎样的目标,它必须是可衡量、可达到的,与旅游景区使命相一致。确定长期目标同样受外部、内部环境分析结果的影响。

(四) 战略方案的拟订、评价与选择

在内外部环境分析、明确经营使命和目标之后,管理人员必须进行战略方案的拟订、评价与选择。这是经营战略的决策阶段。在明确战略思想和对环境进行调研有了分析结果之后,即需要拟订多种战略方案,对每一个方案进行评价,指出每个方案的优缺点,并做出选择,即确定最后的满意方案。这个战略方案包括战略目标、战略重点、战略方针、战略阶段和战略对策等。战略选择是旅游景区战略管理的核心。

(五) 战略实施

经营战略的实施是指贯彻和执行已经选定的战略所展开的活动。战略的制定是为了实施。战略实施的重点在于:行政组织机构的设计、有效的领导方式、企业文化、管理信息系统、资源分配、评估和控制等,从而确保旅游景区战略目标的实现。要保证战略的有效实施,首先要将旅游景区总体战略分解成各层次和各方面的具体战略,如组织战略、营销战略、财务战略、人才战略、协作战略等,而后通过发挥管理的各项职能,运用科学的方法、手段,利用合理的资源组合,分阶段、有步骤地来贯彻实施战略,使战略实施成为旅游景区实现战略目标的实实在在的活动过程。

(六) 年度目标和各职能战略

战略实施起始于制定年度目标,年度目标将长期目标转换为年度应实现的目标,同时确定各职能战略,使既定战略转换为职能部门在业务层次上的行动计划。

(七) 战略评估和控制

战略实施过程的最后一个步骤是跟踪战略的实施情况,随时监督、指导和评估组织实施战略的情况。如果战略实施过程中出现外部环境或内部条件的重大变化,管理者必须对战略目标或方案做出必要的修正与调整。

任务4　领会旅游景区的管理创新

一、旅游景区管理创新的含义和形式

创新是旅游景区管理的灵魂。随着旅游经济的发展，旅游景区之间的竞争越来越激烈，旅游景区管理水平也在不断提高，新的旅游景区经营理念和模式不断出现，这意味着现代旅游景区管理已经不再拘泥于传统的管理理论，而是坚持管理科学原理的同时，不断更新管理观念、鼓励采用富有创造性的管理方法手段，实行一种开创性管理，即创新管理或管理创新。

从一般意义上来讲，所谓管理创新，是指创造一种新的更有效的资源整合范式，这种范式既可以是新的有效整合资源以达到旅游景区组织目标和责任的全过程式管理，也可以是新的具体资源整合及目标制定等方面的细节管理。

在旅游景区管理中，管理创新至少应包括下列5种情况：

（一）提出一种新的旅游景区经营思路并加以有效实施

随着旅游景区经营环境的变化，旅游景区管理需要新的思路，思路是可行的，取得了良好的效果，这便是管理方面的一种创新。

（二）创设一个新的旅游景区组织机构并使之有效运转

组织机构是旅游景区管理活动及其他活动有序化的支撑体系。一个新的组织机构的诞生是一种创新，但如果不能有效运转则成为空想，不是实实在在的创新。

（三）提出一个新的旅游景区管理方式方法

一个新的管理方式方法能提高生产效率，或使人际关系协调，或能更好地激励员工，等等，这些都将有助于旅游景区资源的有效整合以达到旅游景区既定的目标和责任。

（四）设计一种新的旅游景区管理模式

所谓管理模式是指旅游景区综合性的管理方式，是指旅游景区总体资源有效配置实施的范式，这么一个范式如果对所有企业的综合管理而言是新的，则自然是一种创新。

（五）进行一项制度的创新

管理制度是旅游景区资源整合行为的规范，既是旅游景区组织行为的规范，也是员工行为的规范。制度的变革会给旅游景区行为带来变化，进而有助于资源的有效整合，使旅游景区管理更上一层楼。因此，制度创新也是管理创新之一。

二、旅游景区管理创新的基本途径

从中国旅游景区目前的管理制度变迁以及所遇到的市场深化状况来看，旅游景区管理至

少在下述几方面可进行管理的创新:

(一) 理念创新

理念创新是旅游景区管理创新的前提。随着中国改革开放的发展,各种新的管理理念不断出现,极大地开拓了人们的视野。中国旅游景区管理的改革比较晚,和饭店、旅行社等相比,在经营观念方面比较滞后。许多旅游景区已经习惯于计划经济体制,其运作模式及价值取向很不适应市场经济的要求,为此有必要在经营理念上来个大转变、大革新,树立适合社会主义市场经济和旅游景区组织特性的经营理念和运作模式。观念创新是一种难度较大的创新,因为中国旅游景区长期处于计划经济时代,其价值观及行为存在一种惯性。这种惯性根植于人们的头脑之中,常常会不自觉地在其行为中表现出来。因此,这种革新是对人们头脑中观念的革新,是价值观与行为取向的重新塑造。

(二) 管理制度创新

管理制度是组织运行赖以支撑的架构,科学的管理制度和机构设置是管理理论与规律的产物,也与企业实际管理的要求相关。随着中国经济改革和转型的深入以及地方发展旅游经济竞争的需要,中国旅游景区的产权制度改革必将进一步展开,旅游景区的企业化经营势在必行。目前,中国的旅游景区组织正在进行制度创新,在新的企业制度下,组织机构必须有相应的变革与创新,才能适应全新的委托代理关系、集权与分权要求、管理效率的提升,等等。目前,许多旅游景区正在探索新的管理制度和治理结构,出现了股份制、租赁制、经营权转让等多种形式。

(三) 运作管理创新

运作管理创新实际上是旅游景区企业流程的创新。正像许多企业正在致力于企业流程再造那样,对旅游景区组织原有生产经营管理的流程进行改革与创新可以提高资源配置效率,给旅游景区带来很大的经济效益。中国旅游景区企业现有的企业经营管理流程比较落后,管理效率不高,因此,从理论上说中国旅游景区更应该加大流程改革与创新,以便通过创新缩短差距,直接创新出现代科学技术和信息技术条件下的高效生产经营流程。

(四) 市场营销创新

市场营销是旅游景区管理的核心内容。旅游市场是一个高度竞争的市场,具有季节性突出、弹性较大等特点。因此,具有创新性的营销策略是旅游市场制胜的重中之重。营销创新主要表现为各种营销手段的创新,如产品创新、渠道创新和促销创新等。

三、旅游景区管理创新的基本原则

管理创新的原则是指产生管理创新的行为准则,是管理创新的基准和出发点。一般而言,旅游景区管理创新的原则主要有:

(一) 有效性原则

有效性原则具有双重含义:一方面是指管理创新必须具有效率,资源整合达不到提高旅游景区综合效益的目的，就称不上管理创新；另一方面是指管理创新不是停留在设想或空想的阶段，必须加以实践。

（二）开放性原则

管理创新不是一个封闭的管理过程，旅游景区组织要与外界进行互动，管理者要首先运用先进的科学管理理论和方法指导旅游景区的管理实践，并结合具体情况适时进行管理理论和方法的推广和创新，以促进旅游景区组织的振兴和发展。

（三）创造性原则

创造性体现在多个方面，可以是一种新的管理方式的创造性应用，可以提出一种新的管理思路或方法，也可以是创设一种新的组织机构或制度并使之有效运作等。管理创新的灵魂在于创造性，同时管理创新没有完全有章可循的模式可以参考，没有创造性，管理也就只能是一种重复性的工作，管理创新也就无从谈起。

（四）重点性原则

管理创新是一种系统性的活动，涉及旅游景区经营的全过程，如果一开始就全面铺开，期望立刻取得很多新成果，则会导致管理创新没有重点，造成精力分散，达不到预期效果。管理创新的广泛性，决定了只有抓重点进行创新活动才能取得事半功倍的效果。

（五）全员性原则

管理实践是管理创新的源泉，作为旅游景区管理主体的员工是创新管理的核心来源之一，因此，全员参与管理创新是十分必要的。而且，现代管理提倡"以人为本"，旅游景区创新活力的大小、经营成果的好坏，其重要一环就在于员工积极性和创造性的发挥。

（六）分析综合性原则

创新的过程是一个系统的分析综合、探索事物的运动规律性的过程。因此，必须在调查研究的基础上对创新的每一个机会和来源进行有目的的、系统的分析，从中发现事物之间的内在联系和相互关系。

（七）系统性原则

管理创新一方面是一个系统工程，对于外部环境多变、内部因素众多、相互关系复杂的管理进行创新，没有系统的观点，不采用系统思考的方法是绝对行不通的；另一方面，系统是指管理创新的原则自成一个系统，彼此之间相互依存。

（八）可行性原则

管理创新必须考虑到旅游景区自身的主客观条件的可行性。为完成某项创新，旅游景区必须使资源、人力、财力、信息等主客观条件能够保证创新的必要条件。

任务5　熟悉旅游景区的安全管理

一、旅游景区安全事故的概念

在理解旅游安全事故之前，我们首先分辨"安全事故"一词。

（一）安全

安全本身是抽象的，是一种心理需求。也就是说它只是人的一种心理感受。

（二）事故

事故可以这样理解："任何无先兆而发生的事件，多为不寻常之事，会引发意想不到的后果，一般事先都不知道其原因。"这就是说，事故是一种事件，会对当事人产生不同程度的损害，这种损害可以是物质上的，也可以是精神上的。事故还有一种属性，即它是可以被量化、计算的，人们可以非常精确地描述某一场事故所造成的危害和损失。

（三）安全和事故的关系

在两者关系中，事故因素是本质、是核心，它决定着安全的属性及程度；而安全是表现，它的程度的高低告诉我们事故发生的频率。人的安全体验建立在是否有事故发生的基础之上。对安全的管理实质上就是对事故的控制。另外，安全和事故还呈反比关系。事故发生频率高时，安全程度就低，反之亦然。本任务所讨论的旅游安全事故，其范畴主要限制在旅游景区内，即旅游者在旅游景区范围内所发生的安全事故。

二、旅游景区安全事故发生机理

旅游景区安全事故的发生具有多米诺骨牌效应，发生过程分六个相关的逻辑步骤：

1. 旅游行为的产生。当人们决定出游并付诸实施后才能被称为游客，且进入旅游过程中。

2. 客源地的社会环境。游客的生活环境会影响其做出相应的旅游决策，从而会尝试不同的旅游活动。不同的旅游活动可能会造成的旅游安全事故的方式，频率是不同的。

3. 景区社会及自然环境。旅游景区是旅行行为发生最多的地方，旅游景区会对游客的要求和偏好做出相应的反应，为他们提供需要的旅游项目。

4. 个人错误行为。任何旅游安全事故都必须有个人行为的参与，错误的行为方式就会导致事故的发生。

5. 发生事故。

6. 发生损害结果。由于这些步骤间的因果关系，便可能导致旅游事故的发生及发生损害结果。

当然，并不是所有的旅游安全事故都必然包括上述六个步骤。旅游安全事故的影响因素很多，如个人经历、个性、对陌生环境的适应能力、性别、种族及社会地位，等等。

三、旅游景区安全事故类型

旅游景区安全事故发生方式很多，造成的损害也不同，并且，发生地点多种多样，这使得归类旅游安全事故非常困难，归类的依据、角度也很多。

本任务从不同资源类型的景区来划分旅游安全事故。

（一）自然资源类旅游景区安全事故类型

自然资源类旅游景区一般包括如下资源类型：地文景观，如地质过程形迹、造型山体与石体、蚀余景观、洞穴、沙石地等；水域风光，如风景河段、湖泊与池沼、瀑布、冰雪地等；生物景观，如水文现象、天气气候、自然现象、自然事件、森林、草原等。在这类景区中，游客的旅行活动基本上是以自然景观为基础而开展的，如山地自行车、潜水、滑雪、登山等。其主要安全事故类型为机动机械活动类、自行车活动类、飞行活动类、跳跃活动类、撞击类、水域活动类。

在自然资源类的旅游景区，社会环境相对简单，人口构成单一。社会环境原因造成的如偷盗、抢劫等类型的旅游安全事故较少。有些景区，如保护区、国家公园等，远离城镇，甚至无长住居民。这样，在这类目的地，旅游安全事故的诱因主要集中为自然因素及旅游活动相关人群的行为上，如游客的旅行技能、道路安全状况、自然灾害、游客身体及心理素质等。而社会环境诱因则可以忽略不计。

（二）人文资源类旅游景区安全事故类型

人文资源型景区主要由下列资源类型构成：历史事件发生地、宗教与礼制活动场所、交通设施、体育健身运动场所、购物场所以及民间习俗和现代人文活动等。

人文资源类型的旅游景区多位于人口集中的城镇，而有些城镇本身就是旅游目的地，其城市功能的规划、建设都是围绕旅游业而进行的。旅游社会环境复杂是其最大的特点之一。

这类景区人口集中，构成复杂，游客与当地人交错，很难区分。旅游活动以观光、购物、饮食、娱乐等为主。各类活动比较多，人与物之间产生的伤害较少，而人为造成的安全事故则占主要比例。

因此，基于上述资源类型及旅游活动（项目）特征，不难看出在这类景区，旅游安全事故具有强烈的社会性，如偷盗、欺骗、食物中毒等。

（三）旅游景区安全事故分布特征

造成旅游安全事故的原因是多种多样的，形成事故的类型也是多种多样的，对旅游安全事故的分类方法也不尽相同，加之不同类型的景区中所发生的安全事故有时会出现重叠等，都使我们很难完全清晰地划出旅游安全事故的分界线。

但是每一类型景区的旅游安全事故范畴都有一个主导方向。旅游景区安全事故有如下分布特征：

1. 在人文资源类型为主要类型的景区，食物中毒、暴力、恐怖活动等是主要的安全事故类型，而其他类型则不占主要范畴；

2. 在自然资源类型景区，身体外伤、撞伤、自然灾害、野生动物攻击、游客健康突变等是主要的类型，而其他重叠类型则不属于主要范畴。

四、旅游景区安全管理

（一）景区安全管理机构的设置

旅游景区设立专业（专门）的安全管理机构，专门管理旅游景区日常安全工作及事故处理工作。

就大型旅游景区而言，在设立安全管理机构时，应考虑两个条件：一是与依托城镇相邻；二是远离依托城镇。

若景区处于第一种条件下，旅游景区在设立安全管理机构时，可与当地城镇相关机构（如110、120、消防、医院、海事和山地救援组织等）结合，更容易、快捷地建立起组织机构，同时，还有可能减少景区的投资。如果景区管委会与当地政府为同一机构，则会更容易将城镇相关机构功能扩大至景区。

若景区处在第二种条件下，景区就必须建立完整的、独立的安全管理机构。景区安全机构设置应就景区现实情况为基础，例如以自然资源为主的景区与以人文资源为主的景区在设置上的侧重点是不同的，前者应特别加强野外救援的配备，而后者则应加强消防及盗窃等巡逻。

（二）各部门的职能

1. 景区安全预警办公室。安全事故的发生多是无先兆的，事发突然。就援救而言，第一抢救时间越短，救援效果越好。设置预警办公室，时刻保持通信畅通，及时调遣相应的救援队伍。在旅游高峰期，如"十一"或"五一"黄金周期间，尤为重要。

2. 景区综合救援队。景区安全事故种类很多，不仅有需要用大型设备进行援救的事故，如火灾等，还包括了其他许多以各种技能、技巧进行援救的事故，如中毒、动物伤害、摔伤、突发性疾病等。景区综合救援队的任务就是满足不同事故的救援需求。因此，景区综合救援队人员配置应该多样化、多专业化、多技术化。

景区综合救援队的主要任务：（1）执行各类安全事故（除消防外）的救援任务；（2）承担对游客的安全教育；（3）承担景区内相关安全设施的维护、保养任务；（4）负责提出相关旅游安全设施的改进方案。

3. 景区消防大队。景区消防大队承担着景区设施、设备的灭火任务，同时还必须为自然资源火灾承担预警任务，以及预防火灾的宣传、巡察任务等。

4. 景区监察大队。旅游景区监察大队的主要任务是处理旅游过程中出现的日常普通的安全事故，如物品丢失、游客丢失、一般性疾病等。

5. 景区治安大队。景区治安大队承担着旅游景区日常治安任务，它相当于公安机关的派出机构。它所处理的安全事故如偷盗、打架、斗殴等事件。

（三）旅游景区安全标志设施

1. 旅游景区安全标志。在旅游景区内除了诸如医疗机构、消防设施等之外，还应有一些"安全标志"设施。安全标志是用于表达特定安全信息的标志，由图形符号、安全色、几何形状（框）或文字构成。国标 GB 2994—1996 将安全标志分为四大类型，即：

（1）禁止标志。用于禁止人们不安全行为的图形标志。包括禁止吸烟，禁止烟火，禁止带火种，禁止用水灭火，禁止放易燃物，禁止启动，禁止合闸，禁止转动，禁止触摸，禁止跨越，禁止攀登，禁止跳下，禁止入内，禁止停留，禁止通行，禁止靠近，禁止乘人，禁止堆放，禁止抛物等 23 种标志。基本图形为带斜杠的圆边框。

（2）警告标志。用于提醒人们注意周围环境，避免发生危险的图形标志。包括注意安全，当心火灾，当心爆炸，当心电缆，当心扎脚，当心落物，当心坠落，当心坑洞，当心塌方，当心车辆，当心滑跌等 28 种标志。基本图形为正三角形边框，边框内有不同内涵的象形图形。

（3）指令标志。用于强制人们必须做出某种动作或采用防范措施的图形标志。包括必须戴防护眼镜、必须戴安全帽、必须穿救生衣等 12 种标志类型。其基本图形为圆形边框。

（4）提示标志。是向人们提供某种信息，如标有安全设施或场所的图形标志。包括紧急出口、避险处、可动火区等 4 种类型。基本图形为正方形边框。

2. 旅游景区安全标志设立注意事项。

（1）由于风景区接待来自不同地区和国家的旅游者，所有标志一定要按照国际规范制作和悬挂，不但利于推广，还可以让所有游客都能看得到。

（2）GB2894—1996 要求部分标志要有文字辅助。在景区不但要有中文文字，还要有其他国家的文字（如英、日、法等）。因为图形标志有一定的隐含效果，单纯的图形符号是不能让游客获取正确完整的信息的，还必须配合文字。但文字也要符合国际规范。

（3）标志牌一定要置于明显位置和明亮环境中。不可有障碍影响视线，也不可放在移动物体上。

（4）标志牌的材质除满足坚固耐用、遇水不变形的特性外，还要因地制宜，与风景区的资源环境相协调。如山地景区内用石质材料、森林景区内用木质材料等。

（5）风景区的各种标志牌是景区的形象构成要素之一，必须制作精良。表面不得有任何瑕疵，如孔、洞、毛刺等。

（6）放置高度应与视线齐平。最大观察距离时的夹角不得超过 75°。

（7）为保证效果和防止出现纠纷，安全标志牌要至少每年全面检查一次，对不符合要求或破损的牌子应及时更换或维修。

五、旅游景区常见安全事故的处理

旅游安全管理对策是针对旅游安全管理现状提出的一些宏观对策，客观上只起到防患于未然的作用。但当旅游安全事故、旅游安全问题不幸发生时，应该根据旅游安全的表现形态及其基本规律，遵循一些基本的原则，妥善处理。

（一）旅游景区安全事故处理原则

1. "谁主管、谁负责"原则。旅游区、旅游企业实行安全工作总经理负责制，对安全工作和经营服务统筹安排，把安全管理工作的优劣与领导及职工的经济利益挂钩。违反安全法规造成旅游者伤亡事故的，由旅游行政管理部门会同有关部门分别给予直接责任单位警告、罚款、限期整改、停业整顿、吊销营业执照等处罚。

2. "三不放过"原则。事故原因不清不放过，事故责任者和群众没有受到教育不放过，没有整改措施不放过。

3. 教育与处罚相结合的原则。对事故情节轻微、损失与影响较小，或难以预料的突发事故和一般事故，可采取批评教育的方法，辅之以经济或行政处罚，起到教育和接受教训的目的。

4. 依法办事原则。旅游安全事故皆应以事实为根据，以国家相关安全法律为准绳处理。

（二）旅游景区常见安全事故的处理

1. 旅游景区盗窃事故处理。

（1）查明发现经过，了解情况，采取切实有效措施保护现场。

（2）向警方报案，划定勘查范围，确定勘查顺序。盗窃案现场勘查重点是：第一，现场进出口的勘查。因现场进出口是犯罪分子必经之地。第二，被盗财物场所勘查。被盗财物场所是犯罪分子活动中心部位，往往会留下犯罪痕迹。第三，现场周围的勘查。主要是为了发现犯罪分子去现场的路线和作案前后停留的场所有无痕迹与遗物及交通运输工具痕迹等。

（3）分析判断案情，确定嫌疑人。经过勘查分析，判断案情，如果不是外部来人作案，即可在划定范围内，通过调查访问，发现嫌疑人。

2. 旅游景区人身安全事故处理。用爆炸、暗杀、抢劫、绑架等暴力造成人身伤害的案件发生后，安全人员应急速赶赴现场，组织人员对伤员进行抢救护理；保护现场，注意收集整理遗留物和可疑物品，保管好受害者财物；组织力量协助警方破案。

处理过程中应注意：（1）案发后，应立即抓捕尚未逃走的犯罪分子。（2）行动迅速，不失时机，不给犯罪分子以喘息的机会。（3）对带有凶器或枪支、爆炸物品的逃犯进行通缉堵截时，要警惕罪犯拒捕。

3. 旅游景区火灾事故处理。

（1）组织灭火。具体包括：1）火灾发生所在部位（门）干部职工应立即向总机报警，讲清失火的准确部位及火势大小；随后总机应立即报告总经理或负责人，按命令呼叫消防队，发出报警信号，播放录音，指示防火楼梯方向并督促客人离开房间，告诫客人不要乘电梯。2）接到总机报警后，总经理等主要负责人应立即赶赴火灾现场，组织救火。3）应迅速查明起火的准确部位。4）指派医务人员和相关人员积极抢救伤病员。

（2）保护火灾现场。

1）应注意发现和保护起火点。

2）火灾扑灭后，立即划出警戒区域，设置警卫，在公安部门同意后再清理火灾现场。

3）勘查人员进入现场时，不要随便走动。

（3）调查火灾原因。发生火灾的原因很多，大体可分为：

1）人为思想麻痹，违反安全操作规程等造成起火。

2）自然现象造成的起火，如自燃、雷击等。

3）纵火。

4. 旅游景区食物中毒事故处理。

（1）搜集有关食品、餐具、用具及呕吐物。

（2）了解现场情况，访问事主或群众。

（3）发现和收集各种痕迹。如中毒者已被送往医院，要向医务人员了解中毒者的症状和抢救过程。

（4）抢救的同时，要取得医生配合，调查发生中毒的原因。

（5）食物中毒处理过程中，应成立临时指挥部，负责整个抢救工作。

5. 旅游景区游客伤亡事故处理。发生客人伤亡，应注意处理好三个环节：

（1）旅游者病危时：当发现客人突然得疾病，要立即报告并安排医务人员。

（2）旅游者死亡时。

1）对在华死亡的外国人应严格按照《中华人民共和国外交部关于外国人在华死亡后的处理程序》处理：①应确定是否死亡和死亡的原因。②通知外国使领馆及死者家属。③出具证明。正常死亡由县级或县以上医院出具"死亡证明书"，非正常死亡则由公安机关或司法机关法医出具"死亡鉴定书"。④清点和处理死者遗物。应请使领馆人员到场或请公证处人员到场。遗物须清点造册，列出清单，并由清点人签字。⑤处理尸体。

2）国内游客死亡处理：①在发生国内游客死亡时，应立即与当地政府取得联系，由事故发生地的人民政府牵头，协调有关部门以及事故责任方和其主管部门负责处理，必要时可成立事故处理领导小组。②查清死者身份，及时通报家属。③协助家属处理善后事宜，如死亡证明、尸体处理等。④应写出"死亡善后处理情况报告"，内容包括死亡原因、诊断结果、善后处理情况等。

（3）其他注意事项。包括在做好领队和死者亲属工作的基础上，请领队向全团宣布对死者的抢救过程；在处理死亡人员过程中，要随时注意死者亲属以及其他有关人员的思想情绪和反应并及时汇报，死者抢救、医疗、火化（尸体运送）、交通等费用，一律由死者亲属或旅行团队自理；死者善后事宜处理结束后，聘用或接待单位应写出《死亡善后处理情况报告》，送主管领导单位、公安局等，对在华死亡的外国人还应报送外办和外交部，报告内容包括死亡原因、抢救措施、诊断结果、善后处理情况及外方反应等。

【资料链接】

四川旅游市场开始复苏

"汶川地震百年不遇　四川旅游依然美丽——四川旅游北京宣传促销会"日前在京举行。四川省旅游局介绍了汶川地震对四川旅游业的影响以及四川旅游灾后恢复启动的情况。

一、大部分景区和旅游线路基本完好

"四川旅游产业的基本面没有受到破坏，"四川省人民政府副秘书长齐国生说。从区域上看，地震灾害的直接破坏是局部性的，省内大部分景区和旅游线路基本完好。世界遗产中，都江堰——青城山和大熊猫栖息地的核心景区局部受损。大多数海外游客参观较多的优质旅游景区安然无恙、风光依旧。全省旅游精品线路中，绝大多数旅游线路依然完好。非受灾地区旅游景区内的索道、酒店、交通、通信、供水、供电等旅游设施运营正常，通往周边城市的道路交通安全畅通，旅游线路完整，完全可以正常接待游客。

"四川地震灾区的面积不足全省总面积的20%，主要分布在西北地区。"四川省旅游局副局长吴勉说，"包括九寨沟—黄龙、峨眉山—乐山大佛在内的广大旅游资源和产品基本未受损。"

目前，四川省已全面启动恢复自贡、攀枝花、泸州、遂宁、内江、乐山、南充、宜宾、广安、达州、眉山、资阳、凉山13个市州旅游市场，部分恢复成都、德阳、绵阳、广元、雅安和甘孜6个市州的部分旅游市场。

据了解，四川峨眉山景区自6月15日重新开放旅游以来，游客从刚开放时的每天几十人恢复到现在的每天上千人。

二、震后隐患排除更加安全

成都市防震减灾局研究员洪时中在旅游促销会上介绍说："如果说汶川大地震之前，在龙门山地区埋藏着一颗巨大的定时炸弹的话，现在这颗定时炸弹已经引爆，隐患已经排除。"

地震学界普遍认为，对于龙门山地带而言，8级地震是几千年不遇的小概率事件，汶川地震发生后，要再积累起那么大的能量需要相当长的时间。从这个意义上来讲，汶川地震的发生，标志着原震区和周边地区更加安全而不是更加危险了。

四川盆地和龙门山地带是两个完全不同的地质单元。在地质构造上，四川盆地属于扬子板块，是一个相当稳定的板块，不具备发生大地震的地质构造条件。从公元前26年以来，四川盆地内部还从未发生6级以上的地震。今后，在四川盆地的内部也不会发生特别大的地震。

"我们的工作和生活已经恢复正常。从北京、上海来成都出差的同事，已经看不到废墟，这让他们很惊奇。"在川工作多年的IBM公司员工挪威人Stig·Amundsen先生说。

三、"绿色区域"开始迎客

四川省所有景区已被划分为"红色区域"和"绿色区域"。"红色区域"是禁止进入的危险地带，"绿色区域"是未受地震影响、游客可进入的安全地带。四川省旅游局已推出成都游、峨眉山乐山游、川东、川南、川西北等6条精品旅游线路。成都市政府发布了《成都旅游安全白皮书》，通报了成都市各区县安全旅游景（区）点，并推荐了10条安全旅游线路。

为了恢复四川区域旅游市场，树立市场信心、重建四川安全旅游形象，四川省旅游局已策划开展了"四川人游四川"系列活动，先后启动了成都乐山峨眉山精品旅游线路、川南旅游线路和川东北旅游线路。各地也对四川旅游重建予以前所未有的支持。北京市旅游局局长张慧光介绍，北京的旅行社前不久组织了赴川的"感恩之旅"考察，看到四川的优质旅游资源依然风光秀丽，到四川旅游依然安全。中国康辉旅游集团已经与成都市政府签署协议，承诺从今年7月至奥运会结束，组织1万名省外游客到成都旅游。首发团300多名游客已经抵蓉。"万人游成都"首发团成员分别来自广州、北京、上海、大连等全国20多个城市。港中旅将在全国66家分社推广"重建家园行动"，加大对四川旅游产品的宣传力度和广告投入，"组织更多的游客入川旅游就是对四川最大的支持"。

外国游客也陆续入川旅游。6月27日峨眉山景区迎来震后第一批外国游客。7月12日，震后首个韩国旅游考察团乘坐首尔直航成都的韩国包机抵达成都，70多名游客在四川进行了为期 6 天的实地考察。他们游览了九寨沟、乐山、峨眉山及成都宽窄巷子、熊猫基地等景区。

"地震之后，四川旅游业将特别强调旅游安全、旅游文明、旅游和谐，从而使灾后旅游业在一个更高的起点上重建。"齐国生代表四川省政府和人民欢迎大家入川观光旅游，通过促进旅游消费，拉动整个服务业的复苏。

四、各景区纷纷推出优惠政策

为了表达对全国人民无私援助四川的敬意，四川省部分 3 星级以上酒店和 3A 级以上景区推出了多项优惠政策，部分景区门票给予五折优惠。

港中旅成都分社透露，此时到四川旅游的报价同比低 30% 左右。去年到成都、峨眉山、乐山、蜀南竹海旅游，报价在 3200 元左右，今年报价约为 2300 元。

今年 7～12 月，国家有关部、委（局）和北京、上海等十大热点旅游城市将在成都共同举办"中国乡村旅游节"。中外青年摄影旅游节、中国道教文化节、中国（成都）国际美食旅游节等也将陆续展开。

资料来源：人民日报海外版. 2008 - 07 - 19，第 07 版.

【案例解析】

旅游景区是具有较高关联性和敏感性的企业，往往会面临各种突发的非预期事件。汶川大地震是百年不遇的灾难，连科学界都无法预测，更别说景区。完全是措手不及，因此危机爆发期应急管理和恢复期管理是四川各景区的重要工作。九寨沟及四川旅游管理部门在危机应急、信息披露、危机后的促销等方面采取了积极主动的态度，为灾后旅游市场的快速恢复奠定了基础。

📑 项目小结

本项目主要介绍了旅游景区的概念、条件及其特征，逐步阐述了旅游景区的发展简史；构建了旅游景区管理系统的框架；阐述了旅游景区战略管理的背景、概念和特点，论述了战略管理的一般过程；最后介绍了旅游景区安全管理的基本内容，说明了景区常见安全事故的处理方法和途径。

👥 项目实训

【实训目的】

将所学理论知识与实践相结合，了解一个景区的基本情况。

【实训内容】

参观、考察当地最有特色的一个旅游景区，总结其所属类型和基本特征，调查其经营管理状况与游客构成，编写一份针对性较强的介绍该景区的导游词。

【实训要求】

1. 实训学时：4 学时。
2. 以组为单位（3～4 人一组），实地调查，同时查阅相关资料。
3. 实训完成后写出实训报告。

模块二

实务模块

项目五

饭店业务部门管理

【引言】

仲量联行发布的"2011 年上半年北京房地产市场报告"显示，统计显示，2011 年上半年，由于饭店新增供应放缓，北京五星级饭店的房价和入住率均呈强有力的增长趋势，分别达到人民币 1139 元和 62%。在入住率自 2010 年以来不断攀升的情况下，饭店管理者对采取更为积极的价格策略信心满满，也同时带动了房价的提升。房价和入住率的捆绑性增长导致每间可出租房间收入（RevPAR）同比增长了 18.7%。为什么这么重视饭店客房的动态，原因是宾馆服务业收入的主要来源为客房收入，那么，除了客房收入外，饭店还有哪些重要的收入业务部门呢，本项目将会带给你答案。

【学习目标】

1. 熟悉饭店前厅业务。
2. 熟悉饭店客房业务。
3. 熟悉饭店餐饮业务。
4. 熟悉饭店康乐业务。

任务 1　熟悉饭店前厅业务

一、前厅部的地位与职能

（一）前厅部的地位和作用

1. 前厅部是饭店的形象。前厅部处于饭店接待工作的最前列，是饭店最先迎接客人和最后送别客人的地方，前厅服务是使客人对饭店产生第一印象和留下最后印象的重要环节。客人总是带着第一印象来评价饭店的服务质量，而最后印象则在客人的脑海里停留时间最长，留下的记忆也最为深刻。毋庸置疑，前厅部是赢得客人好感的重要阵地。作为饭店的门面，前厅部的环境气氛、服务质量水平在客人心目中代表着饭店的总体水平及形象，这不仅包括大堂的建筑设计、装饰、陈设布置，也包括前厅部员工的精神面貌、仪容仪表、服务态度、服务技巧、服务效率及组织纪律等。

2. 前厅部是饭店的销售窗口。前厅部通过和客人的直接或间接的接触，与饭店服务的主体——社会，建立起广泛的联系，从而了解到许多客源信息，为饭店制定销售政策和饭店其他部门的销售提供重要的依据和条件。前厅部的全体员工全力以赴，按饭店已定的价格政策，推销出更高档次和更多数量的客房，从而带动饭店其他产品的销售。

3. 前厅部是饭店的神经中枢。前厅部是饭店的神经中枢，负责联络和协调各部门的对客服务。前厅部为了有效地开展预订服务，更好地组织客源、做好接待工作，必须和旅行社、大使馆、领事馆、各种国际商业机构、国内客户单位、机场、车站、码头及旅游景点等单位保持联系，也必须同旅游团的领队、陪同等建立联系。同时，还必须联络与协调饭店的其他部门，共同对客人服务。所以，前厅部犹如饭店的神经中枢，对外起着"联络官"的作用，对内则发挥着业务调度的职能，在很大程度上控制与协调整个饭店的经营活动。

4. 前厅部是饭店的信息中心。前厅部是饭店经营活动的主要信息源，饭店绝大多数的业务信息都来自前厅，例如市场信息、营业情况、客户档案等。前厅部是饭店的信息集散中心，它所收集、加工和传递的信息是饭店管理者进行科学决策的依据。饭店管理工作的质量和效率，很大程度上取决于传递信息的数量、有效性、及时性和精确性。

5. 前厅部是与客人建立良好关系的重要部门。前厅部是饭店与客人的"中介桥梁"，也是与客人接触最多的部门，所以前厅部是饭店与客人建立良好关系的重要部门。根据希尔顿饭店手册，在与客人的关系中每一位员工都是"希尔顿"，在客人面前都是希尔顿大使。饭店服务质量从客人角度来分析，"客人满意程度"是重要的评价指标，而建立良好的客户关系正是提高客人满意程度的重要因素。

（二）前厅部的职能

1. 立足客房销售。客房产品的销售是前厅部的中心工作，其他一切工作都是围绕这个中心进行的。客房是饭店最主要的产品，是饭店经济收入的主要来源，客房产品具有所有权的相对性、地理位置的固定性、价值补偿的易逝性等特点，受时间、空间和数量的限制。因此，能否积极发挥销售作用，做好客房产品的销售，将会影响到整个饭店的盈利水平。

2. 掌握正确房态。客房状况的正确显示，是饭店服务质量与管理水平的体现，也是客房产品顺利销售的基础。前厅部的客房状况显示系统包括客房预订显示系统、客房现状显示系统。只有做好客房状况的实时显示，掌握正确的房态，才能更好地开展对客服务。

3. 协调对客服务。前厅部将通过销售所掌握的客源市场预测、客房预订与到客情况以及客人的需求及时通报给其他相关业务部门，使各部门能够相互配合协调，有计划地完成本部门应该承担的工作任务。前厅部通过对客售后服务及时地将客人的意见反馈给有关部门，以改善饭店的服务质量。

4. 提供各类服务。前厅部直接为客人提供各种服务，为住店客人办理住宿手续、接送行李、委托代办业务、记账结账等。饭店前、后台之间以及各部门与客人之间的联络、协调关系等也需要前厅部来牵头。

5. 提供客账管理。目前，国内大多数饭店为了方便客人、促进消费，已向客人提供统一结账服务。客人提供必要的信用证明或预付账款后，可在饭店各部门签单消费，客人的账单可在预订客房或办理入住登记手续时建立。前厅部的责任是区别每位客人的消费情况，建立正确的客账，以保证饭店的良好信誉及应有的经营收入。

6. 建立客史档案。由于前厅部为客人提供入住及离店服务，因而自然就成为饭店对客服务的调度中心及资料档案中心。大部分饭店为住店一次以上的散客建立了客史档案，记录了饭店接待客人的主要资料，这是饭店给客人提供个性化服务的依据，也是饭店寻找客源、研究市场营销的信息来源。

二、前厅部的组织结构

(一) 前厅部的组织结构设置

1. 大型饭店。在大型饭店中，前厅部内通常设有部门经理、主管、领班、普通员工4个层次，但不同的饭店其前厅部组织结构也会有所变化。

2. 中型饭店。中型饭店的前厅部一般是一个独立的部门，由总经理直接领导，由部门经理、领班、普通员工3个层次构成。

3. 小型饭店。小型饭店的前厅部通常由客房部下设的总服务台班组替代，一般只设领班（或主管）、普通员工2个层次。

(二) 前厅部各部门的职能

1. 预订处。预订处是专门负责饭店订房业务的部门，可以说是前厅部的"心脏"，其人员配备由预订主管、领班和订房员组成。其主要职能是：负责饭店的订房业务，接受客人的预订；负责与有关公司、旅行社等建立业务关系；与前台接待保持密切的联系，及时向前厅部经理及前台有关部门提供有关客房的预订资料和数据，向上级提供 VIP 信息；编制报表；参与制订全年客房预订计划。

2. 接待处。接待处又称开房处，通常配备有主管、领班和接待员。其主要职能包括：负责销售客房，接待住店客人，为客人办理入住登记手续，分配房间；掌握住店客人动态及信息资料，控制房间状态；编制客房营业日报等表格；协调对客服务工作。

3. 问询处。问询处通常配有主管、领班和问询员，其主要职能有：回答客人的问询，包括介绍店内服务及有关信息，市内观光、交通情况，社团活动等；接待来访客人；处理客人的邮件、留言等。

4. 收银处。收银处亦称结账处，一般由领班、收银员和外币兑换员组成。收银处通常隶属于饭店财务部管辖。但由于收银处位于总台，与总台接待处、问询处等岗位有着不可分割的联系，直接面对面地为客人提供服务，是总台的重要组成部分。因此，前厅部也应参与和协助对前厅收银目的管理和考核。收银处的主要职能为：负责处理客人账务，为客人办理离店结账手续，包括收回房间钥匙、核实客人信用卡、负责应收账款的转账等。

5. 礼宾部。礼宾服务人员一般由大厅服务主管（金钥匙）、领班、迎宾员、行李员等组成，其主要职能是：在门厅或机场、车站迎送客人；负责客人行李的运送、寄存及安全；寄存和出租雨伞；陪同散客进房并介绍服务，分送客用报纸、信件和留言；代客召唤出租车；协助管理和指挥门厅入口处的车辆停靠，确保畅通和安全；回答客人问询，为客人指引方向；传达有关通知单；负责客人其他的委托代办事项。

6. 电话总机。电话总机一般由总机主管、领班和话务员组成，其主要职能包括：接转电话，为客人提供请勿打扰电话服务；提供叫醒服务；回答电话问询；接受电话投诉；电话找人；电话留言；办理长途电话事项；传播或解除紧急通知或说明等。

7. 商务中心。商务中心通常由主管、领班和职员构成，其主要职能包括：负责为饭店客人提供商务、办公、差旅等方面的支持和服务，包括设备出租服务；传真接发服务；复印和打字服务；翻译和秘书服务；票务服务等。

8. 车队。大型饭店一般在其前厅部设立车队，接受前厅部的派遣，负责接送重要宾客或有预订的客人，或者是有特殊需求的客人。同时，为客人提供出租车服务。

9. 行政酒廊。为行政楼层客人提供前台的各项服务，包括接待、收银、问询、预订；为楼层客人提供早餐服务、全天酒水服务以及晚上的"欢乐时光"服务。

（三）前厅部各主要岗位的职责

1. 前厅部经理。直接管理所有前厅部员工并确保其正确履行职责；负责对大堂副理、总台、预订处、礼宾部、电话总机、商务中心、商场、医务室各区域和各项对客服务进行指挥协调。

2. 大堂副理。监督前厅部各岗位的服务工作，保持前厅的良好运作；处理客人投诉，解决客人提出的问题；与其他部门保持良好的沟通与协作；负责接待饭店贵宾。

3. 前台接待员。在宾客住店期间，代表饭店与宾客打交道；确认住店客人的预订种类和入住天数；帮助客人填写入住登记表，安排客房；尽可能落实客人的特殊要求；了解客人的付款方式，并跟踪监管客人的信用，把客人和客房的有关信息记入系统，并将其通知饭店相关人员。

4. 总机话务员。使用聆听技巧使来电者流畅地说出需求以便获得正确、完整的信息；接听电话并通过总机系统转接客房或店内的个人和部门。

5. 迎宾员。代表全饭店人员迎送前来或离开饭店的客人，并致以问候；维持饭店正门前的交通秩序。

6. 行李员。行李员是大堂服务的主体，其主要职责有：为客人提供迅速、准确的行李运送服务；负责留言、信件、快件的投递；提供呼唤找人服务。

7. 商务中心文员。为客人提供传真、复印、中英文打字、国际国内直拨电话、洽谈室服务、国际互联网接入、特快专递等商务服务。

三、客房预订服务管理

（一）预订的渠道与方式

宾客向饭店订房一般通过两大类渠道：一类为直接渠道；另一类为间接渠道。直接渠道，是指宾客不经过中介机构直接与饭店预订处联系，办理订房手续。间接渠道，是订房人由旅行社等中介机构代为办理订房手续，具体又可细分为：通过旅行社订房；通过连锁饭店或合作饭店预订网络订房；通过与饭店签订商务合同的单位订房；通过政府机构或事业单位订房；通过网络公司订房；通过航空公司订房。

客房预订方式有电话预订、传真预订、国际互联网预订房、信函订房、当面预订、合同订房、电报电传订房等。

(二) 预订的种类

1. 按预订提前期的长短来分类

按预订提前期的时间长短，可以把预订分为当日预订和提前预订。当日预订是指宾客预订与抵店发生在同一天的预订。提前预订是指预订提前期在一天以上的预订。

2. 按订房人数分类

根据订房人数的多少可以将订房分为团体预订和散客预订。按国际惯例，团体预订是指15人以上缴纳房费的团体成员的集体订房。散客订房是指个人、家庭及15人以下小型组织的订房。

3. 按饭店所承担的责任分类

按照饭店所应承担的责任不同，可以将预订分为临时类预订、确认类预订和保证类预订三种类型。

(1) 临时类预订。临时类预订指宾客的订房日期或时间与抵达日期或时间很接近，饭店一般没有足够的时间给宾客以书面确认或没有给予宾客确认。临时类预订宾客如在当天的"取消预订时限"（通常为18：00）还未到达饭店，该预订即被取消。

(2) 确认类预订。确认类预订指宾客的订房要求已被饭店接受，而且饭店以口头或书面形式给予确认，一般不要求宾客预付预订金，但规定宾客必须于预订入住日的规定时限到达，否则作为自动放弃预订。

(3) 保证类预订。宾客可以预付订金来保证自己的订房要求，或在旺季饭店为了避免因预订宾客擅自不来或临时取消订房而引起损失，要求宾客预付订金加以保证。这类预订称为保证类预订。保证类预订使饭店与未来的住客之间建立了更牢靠的关系，宾客可以通过使用信用卡、预付订金以及订立商业合同的方式来进行订房的担保。

(三) 预订的程序

1. 预订受理。

客房预订是一项细致的工作，预订员受理宾客的预订时要了解住宿宾客的姓名、性别及人数、所需客房的种类、数量与价格以及预期抵店日期、到达时间等基本信息。

2. 接受或婉拒预订。

如宾客的上述需求与饭店的接待能力相吻合，则接受预订，否则应婉拒。在婉拒宾客预订要求时，应主动提出可供宾客选择的建议。例如根据当时的实际情况建议宾客作些更改，或将宾客列入等候名单。

3. 预订确认。

预订员在了解宾客的预订要求后，应立即将宾客的预订要求与饭店未来时期的客房利用情况进行对照，决定是否可以接受宾客的预订。如果可以接受，需要对宾客的预订加以确认。确认方式有口头确认和书面确认两种。

4. 复核预订。

如果宾客的预订日期离抵店日期较远，在宾客抵店前预订员应通过书信或电话等方式与宾客进行再次复核，以免宾客由于多种原因取消或变更预订。

5. 预订的更改与取消。

虽然预订已被确认，但宾客在抵店前，还是可能对预订内容作出更改甚至取消。预订员必须填写预订变更单或预订取消单。将取消的订房资料归入取消类存档,将变更的订房资料与预订变更单汇总,按接受一个新的预订程序处理。

(四) 客房预订业务管理

1. 做好客房预订信息预报。客房预订信息及预报是订房的重要依据,掌握全面的预订与接待信息是准确订房的关键。这就要求预订员必须每天将客房预订情况及订房宾客的资料等提前一天或数天预报给接待处,并到接待处核对客房状况,了解宾客离店时间和各类宾客预订住宿天数,与预订控制表对照比较,防止客房预订和已住客房发生冲突;或由接待处将前一天的房间情况向预订处报告,使其了解和掌握可销售客房的情况。

2. 超额预订及控制。超额订房是指饭店在订房已满的情况下,再适当增加订房的数量,以弥补少数宾客临时取消预订而出现的客房闲置。超额订房是一种有风险的行为。做好超额订房的关键,在于掌握超额订房的数量和幅度。按国际饭店的管理经验,超额订房的百分数可以是5%~15%。但各饭店应根据自身的实际情况,合理掌握超额预订的比例。

四、接待服务管理

接待服务是客人整个在店周期的初始阶段,常常发生在客人进入饭店后的10分钟之内,对客人的影响很大,决定着客人是否对饭店形成肯定的印象。

(一) 接待业务程序控制

1. 识别预订。宾客抵店时,首先询问宾客有否预订。若宾客已订房,则核实其订房主要内容并办理手续。对于未经预订直接抵店的宾客,首先应该询问宾客的住宿要求,同时查看当天的客房预订状况及可售客房的情况,再根据宾客需要向其介绍客房情况及饭店的其他设施及服务项目。

2. 分房。分房也称排房,接待员根据宾客的实际需求,考虑到宾客的心理特点以及饭店可供出售的客房的实际情况(位置、风格特色、档次、价格、朝向等),尽可能将适合宾客需要的客房分配给宾客,正确灵活的分房方法和技巧,不仅能满足宾客的需要,而且能充分合理利用客房。通常情况下,分房服务要注意以下三个原则:

(1) 针对性原则。根据宾客的特点,进行有针对性的排房。如,贵宾一般要安排较好或者豪华的客房;同一团体的宾客要尽可能安排在同一层楼的同标准客房。

(2) 特殊性原则。即要根据宾客的生活习惯、宗教信仰以及习俗来排房。风俗习惯、宗教信仰不同的宾客的房间要尽可能分楼层安排,并注意楼层号、房间号与宗教禁忌的关系。

(3) 方便性原则。即根据饭店经营管理和服务的需求来安排客房。如长住客尽可能集中在一个楼层,且在较低楼层。

3. 定价。客房确定后,接待员就可在价格折扣的权限范围内,或根据饭店的信用政策条文给予客人定价。需要注意的是,接待员在报价时应注意将重点放在介绍饭店的产品上,而不是在价格上做文章。

4. 办理入住登记。对于散客,要请其填写有关内容并签名,形成入住登记记录。

对于预订的 VIP、常客，可根据客人的订房单及客史档案中的内容，提前填写登记表及房卡等；客人抵店只要核对证件，签名后即可入住。贵客还可以享受先进客房，在客房内签字登记的礼遇规格。

预订的团体会议客人，可以根据其具体接待要求，提前将登记表交给陪同或会务组的人员，以便客人抵店在大堂指定区域或在客房内填写。

5. 确定付款方式。客人常采用的付款方式有信用卡、现金及转账等。

对于采用信用卡结账的客人，接待员应首先确认；客人所持信用卡是否是饭店所接受的信用卡；信用卡是否完好无损，并在有效期内。对于转账方式付款的客人，一般都是在订房时就向饭店提出要求，并已获批准的。

6. 完成住宿登记手续。接待员制作房卡，并请客人在房卡上签名，提醒客人注意房卡上的客人须知内容，将制作好的房卡钥匙交给客人。安排行李员运送客人行李，并将客房楼层与电梯位置告诉客人，祝客人住店期间愉快。

（二）客房状况控制

饭店的客房随着客人的入住及离去而处于流动状态之中。前厅接待处只有掌握好全饭店即时即刻的客房状况，才能准确、高效地进行客房销售。

1. 检查核对。检查核对客房预订、预期离店客房、可出租房、次日必须首先保证的客房等情况。

2. 客房状况的转换。一般情况下，客人的入住与退房产生客房状况转换。客人因事需要提前或延迟退房，接待员应及时与预订处、收银处等取得联系，填写及传送有关通知单。

换房首先要弄清（或向客人解释）原因；再向客人介绍准备调换的客房情况，并确定换房的具体时间；填写《客房、房租变更通知单》，送往有关部门，经签字确认换房信息已经收到，更改客房状态，并将换房信息记录在客史档案上。

五、前厅日常服务管理

（一）问询服务

住店客人来自五湖四海，有很多情况需要了解、询问。饭店要使客人满意，使客人感到方便，应该能够随时提供问询、查询服务，真正成为客人的"家外之家"。问询服务包括查询服务、留言服务、客房钥匙分发与管理、处理客人邮件等服务。

（二）礼宾服务

为了体现饭店的档次和服务水准，许多高档饭店都设立礼宾部，下设迎宾员、行李员、委托代办等岗位。随着饭店的不断发展，礼宾部的服务范围更加广泛，而且更具个性化。在服务功能上，礼宾部主要向客人提供迎送宾客服务、行李服务、邮件服务、留言服务和委托代办服务等。礼宾部是饭店前厅服务的窗口，礼宾部的全体员工是最先迎接和最后送走客人，并向客人展示饭店形象的服务群体，他们的服务对客人的"第一印象"和"最后印象"起着重要的作用。

(三)"金钥匙"

金钥匙是一个国际性的饭店服务专业组织,全称"国际饭店金钥匙组织"(UICH)。金钥匙服务最早是1929年法国率先提出的,以"客人委托、饭店代办"式个性化服务为理念。"金钥匙"的本质内涵就是饭店的委托代办服务机构,现在演变为对具有国际金钥匙会员资格饭店的礼宾部职员的特殊称谓。"金钥匙"代表着全饭店的服务质量水准,甚至代表着饭店的整体形象。"金钥匙"也是现代饭店的个性化服务的标志,是饭店内外综合服务的总代理。金钥匙的服务理念就是"满意加惊喜",让客人从进入饭店到离开饭店,自始至终都感受到一种无微不至的关怀和照料。"金钥匙"已经成为饭店服务档次的体现,高档饭店都以拥有"金钥匙"为荣。金钥匙服务已成为世界知名的品牌,是饭店的文化、服务的艺术,代表了饭店服务的最高水平,体现了整体方向,可以说是服务王冠上最耀眼的一颗钻石。

(四)电话总机服务

电话总机是饭店内外信息沟通联络的通信枢纽。总机话务员以电话为媒介,直接为客人提供各种话务服务,其服务工作质量的好坏,直接影响到客人对饭店的印象,也直接影响到饭店的整体运作。

电话总机服务所提供的服务项目有:电话转接服务、长途电话服务、查询服务、叫醒服务等。

(五)商务中心服务

商务中心是商务客人常到之处,其服务是否周全、及时,直接影响到客人的商务活动和饭店(特别是商务型饭店)客人的光临。商务中心一般设在大堂附近,环境安静、舒适;优雅,专门为客人提供商务洽谈、打印文件、网络服务、收发电子邮件和传真、复印、翻译、会议室出租等服务。商务中心是现代饭店的标志之一,是商务客人的"办公室外的办公室"。

(六)客人投诉处理

投诉是指客人对饭店服务工作感到不满而提出意见。现代饭店都设有"大堂副理"来接受和处理客人的投诉。接受投诉时应关切地倾听,保持平静,不作辩解性的反应,不与客人争执,同时注意与客人交流感情。

处理投诉时,要认真记录客人的问题,在此基础上,作出即时判断,告诉客人可以采取的措施。注意尽量提供可选择且切实可行的方案,不作空洞保证。然后,及时将有关信息通报或转告有关部门、有关人员,督促其及时采取纠正措施,并掌握进展情况。处理后继续与客人保持联系,了解客人对投诉处理结果的反应。最后,做好相应的记录工作。

六、前厅销售管理

前厅部客房销售包括接受预订的预约阶段、出售的实施阶段和提供客房的具体服务阶段。由此表明,前厅的销售工作贯穿前厅部运行的全过程。

（一）客房预订是前厅销售工作的基础

客房预订是饭店产品销售的主要方法。凡预订客房的宾客除少数是慕名而来之外，大多是回头客，所以做好客房预订，对巩固和扩大客源十分重要。客人一经订房，前厅部必须讲究信用，将房间保留到客人的最晚到达时间；超时进店的客人也应尽量照顾好，对缴纳预付租金的房间必须保留到客人到店为止。

（二）加强促销，建立自己的客源渠道

加强对外联系，努力开辟市场，争取更多的回头客。加强业务联系，扩大饭店影响，吸引有名望、有身份的重要客人住店。同时注意与当地机构建立良好的业务联系，积极地进行"就地推销"。

（三）加强房态控制

有效的房态控制是前厅管理的一个重要环节，是做好饭店销售工作及提高服务水平的前提，随时掌握准确的客房状况，既可以做好预订客人的接待服务，又可以随时进行现房销售，提高客房开房率。

房态是随时变化的，客人入住、换房、退房、服务员清洁保养房间等都会使房态发生变化。因此房态控制最为关键的是信息沟通。

常用的加强房态信息沟通有效性的方法有前厅部每天三次定时与客房部送来的楼层报告表相核对，制作客房状况表、客房状况调整表、客房状况差异表等。

（四）提高前台销售管理的艺术与技巧

1. 把握客人特点，推荐其所需要的产品。一些接待员容易犯"营销近视症"，即只关注自身产品的优劣，一味夸奖饭店产品的高质量，却忽视了客人的需求，忽视了客人是否真正需要这样的产品。所以，销售必须有一个前提，即站在客人的立场，针对客人的需求，推荐适当的产品。例如，对于商务客人，应抓住其时间安排紧、讲究饭店提供服务的速度与效率、注重商务服务的特点，为其介绍商务套房或商务楼层的房间以及会客设施等；对于度假客人，则应该向其推荐景色宜人、宽敞别致的客房，设施齐全的健身、娱乐设施及饭店举办的休闲活动等。

2. 销售的是产品，而非价格。接待员应明白的是，饭店销售的是产品，而不是价格。所以，在客人要求降低价格时，接待员应将重点放在介绍产品上，让客人觉得物有所值，货真价实。一些接待员一开口就对客人描述房价的优惠，或者当客人要求房价打折时只将注意力放在让客人信服房价已经低到极限，极力在价格上做文章，结果使焦点集中在价格上，陷入被动的局面。

3. 巧妙的报价方法。虽然价格不是销售的重点，但价格毕竟是大多数客人非常关心的问题。接待员在报价时，应注意运用巧妙的方式。以下为比较有效的报价方式：

（1）冲击式报价法。冲击式报价法是首先报出价格，再介绍客房的设施设备及其他服务项目等。这种方法较适合于价位比较低廉的房间，对象是消费水平较低的客人。

（2）三明治报价法。三明治报价法是在介绍所提供的设施与服务项目中间报出房价，

能起到减弱房价冲击的作用。例如，"目前特别推出的商务单间客房，房价是688元，房间里配有互联网接口，且含有一份豪华早餐及一张商务俱乐部的入场券"。

（3）鱼尾式报价法。鱼尾式报价法是先介绍房间的优点及所提供的服务设施及项目，最后再报出价格。强调产品，减弱价格对客人的影响。这种方法比较适合于较高规格的客房，针对消费能力较高的客人。

（4）多提建议，供客人参考。应尽量引导客人做出决定，多让客人做选择题，而不是是非题。例如不要说"您是要一间标准间吗"，而应说"您是喜欢标准间，还是单人间或者是商务套房呢"。当客人犹豫不决时，应适当多提一些具有针对性的建议，供客人选择。对于一些较挑剔的客人，还应热情地带其参观客房，并提供多种宣传资料及信息，以帮助客人做出决定。

（5）语言艺术的应用。在销售客房时，语言艺术的应用是非常重要的。要求接待员语调婉转，坚持使用正面的说法，避免使用否定语。例如，"真不巧，只剩下最后一间客房了"或者"还有一间最便宜的房间，您要吗"之类的语句都是不适合的，而应该说"您真幸运，还有一间非常适合您的房间"或者"您的选择是非常明智的，祝您居住愉快"等。

七、前厅信息管理

信息服务也是前厅部的主要业务之一。信息的控制已经成为饭店管理制胜的关键。前厅是饭店的信息集散中心，充分收集、利用信息不仅可以为顾客提供服务制造亮点，同时也为饭店管理者制订工作计划提供依据。

（一）前厅信息的种类

前厅信息根据渠道来源分为外部信息和内部信息。

1. 外部信息。饭店外部信息主要包括饭店关注的市场信息和顾客关心的服务信息。前者为饭店发展与竞争提供数据参考，如公司用房信息、旅行社的合作计划、会议用房情况及同类饭店市场情况；后者涵盖的信息范围则较广，如购物信息、旅游信息、气候信息、时间信息及交通信息等，只要是顾客咨询的与饭店无直接关系的信息，都属于外部信息的范畴。因此，广博的知识面是前厅员工的基本素质要求。

2. 内部信息。在前厅信息中，更多的是饭店内部信息。它同样包括顾客与饭店两方面的信息。顾客原始信息的掌握，是为顾客提供服务的基础；潜在的顾客特征信息，是创造惊喜附加服务、争取回头客户的依据。饭店内部信息主要是指饭店的营业信息及部门间的信息往来。营业信息如各经营部门的营业时间、营业内容、主要促销活动、当日经营收入及突发事件处理等，而部门间的信息沟通包括前厅部内部、前厅部与饭店其他部门之间的信息沟通。

（二）前厅信息传递的手段

饭店信息传递、沟通手段很多，常见的方法有：

1. 表单与报告。这是前厅的信息传递与沟通的主要手段，一般按组织机构管理层次，定期逐级呈交。如《每日预订接受统计》、《客房销售报告》、《行李服务汇总表》等。

2. 口头或书面通知、通告与备忘录。这是饭店上下级、部门间传递信息的有效形式，例如各类工作指示、通知、请示、汇报、建议等。对于此类信息，必须注意互相记录对方的姓名或工号，尤其是口头通知，以落实责任人。

3. 交班日记与记事簿。交班日记与记事簿是各班组之间在对顾客服务中相互联系的纽带，主要用来记录本班组的当班情况以及工作中发生的问题，另外还包括对尚未完成需要下一班组继续的工作。

4. 会议。会议是一种弹性较大的传递形式，它既可以是管理人员召集的正式会议，也可以是各班组之间的简单工作交接。会议通常有书面记录，并应作为饭店的档案进行保管。

5. 计算机系统。在信息高速公路飞速发展的今天，计算机系统早已成为饭店信息传递、沟通、协调的重要手段。计算机系统在信息统计的精确性、处理的高效性、传递的即时性、范围的全球性方面有着无与伦比的优势，是任何一种手段都无法替代的。常见的前厅部计算机系统有客房预订系统、客房销售系统、查询系统、账务系统以及综合分析系统。

(三) 前厅部内部信息沟通

前厅部的业务分工较为繁杂，各工种、各班组、各环节之间及时准确的信息传递与沟通，对服务效率与服务水平的提高非常关键。包括以下形式：预订处与接待处的信息传递；预订处、接待处与大厅服务处的信息传递；接待处与结账处的信息传递。

(四) 前厅部与其他部门的信息传递与沟通

前厅部是饭店的综合服务部门，虽然没有自己的实务产品，但是作为饭店业务的核心及饭店的神经中枢，与饭店的其他部门有着千丝万缕的联系。它与饭店各部门都要进行不同的信息传递与沟通，包括客房部、营销部、餐饮部、财务部、总经理办公室、人力资源部、保安部、工程部等。

(五) 客史档案的建立与管理

客史档案是饭店对在店消费过的客人所做的，包含各种与经营或服务相关信息的历史记录。它记录了客人在饭店逗留期间内的主要情况及数据，形成一个具有大量信息的资料库。它的建立和充分利用，不仅有助于饭店为客人提供更具针对性的、细致入微的个性化服务，提高客人满意程度，而且还有助于饭店分析客源市场状况，客人消费项目及能力，以赢得回头客并扩大市场份额，提高饭店的销售能力。

1. 客史档案内容。

（1）常规档案。包括客人姓名、性别、年龄、出生日期、通信地址、电话号码、公司名称、职务头衔等。它的建立主要是为了帮助饭店了解目标市场客人的基本情况。

（2）预订档案。包括客人预订方式、预订的时间（季节、月份和日期）、预订的种类、预订单位、联系人等。它的建立有助于饭店选择销售渠道，并有针对性地做好促销工作。

（3）消费档案。包括客人所用客房、所付房价、餐费及其他项目上的消费，客人的信用程度、账号、喜欢选用的设施等。它的建立有助于了解客人的消费水平、支付能力以及信用情况、消费倾向等，以方便做好客人再次入住的准备工作，还有助于饭店及时调整经营方案。

（4）习俗嗜好档案。包括客人的生活习惯、宗教信仰、禁忌、住店期间的额外特殊要求等。建立习俗嗜好档案有助于为客人提供具有针对性的个性化服务。

（5）反馈信息档案。包括客人住店期间的意见、建议、表扬、投诉和处理结果等。建立该档案有助于发现工作中的问题，更好地推进宾客关系管理。

2. 客史档案的建立。客史档案的资料主要来源于客人的预订单、入住登记表、账单、客人意见书、投诉处理记录以及其他平时观察和收集的有关资料等。因此，客史档案的建立不仅依靠前厅服务员的努力，而且也有赖于饭店其他有关部门的支持和配合，互通信息，确保资料齐全、有效。

八、前厅客账管理

前厅客账管理是一项十分细致复杂的工作，时间性与业务性都很强。前厅客账管理工作的好坏，直接关系到饭店的经济效益和能否准确反映饭店经营业务活动的状况，也反映了饭店的服务水平和经营管理效率。位于前厅的收银处，每天负责核算和整理各业务部门收银员送来的客人消费账单，为离店客人办理结账收款事宜，编制各种会计报表。从业务性质而言，前厅收银处一般直接归属于饭店财务部，但由于它处在接待客人的第一线岗位，又需接受前厅部的指挥。

客人离店的工作流程可分为七个步骤，需由前厅收银、接待、预订等各工作单位相互配合、共同完成。具体流程如下：

根据客情表做好结账准备→向离店客人出示账卡→结账收款→向客人致谢道别→变更客房状况→汇总凭证以供夜审→客史归档。

【案例】

住在 705 房的韦恩先生是个性格古怪的美国老头，7 月 20 日晚他打电话到前台需要叫醒服务，告诉前台 7 月 21 日早晨 6 点叫醒他，他要到机场乘坐飞机返回美国。随即前台将他的需求转达给总机。结果到了 21 日 8 点半，韦恩怒气冲冲地来到前台，向大堂副理投诉，总机没有给他提供叫醒服务，导致他延误了航班。后经大堂副理查实：总机的叫醒设备没问题，而且在早晨 6 点的确为韦恩先生提供了叫醒服务，而且韦恩先生接通了电话的，只是电话里没出声而已。后经过分析：韦恩先生接了叫醒电话后又睡着了，导致他睡过延误了航班。

【讨论】

1. 对此类问题，饭店是否存在过失？

2. 如何更好地避免此类投诉？

分析：

叫醒客人是饭店一项服务项目，由于饭店服务人员的疏忽没有履行义务，这对于以服务为商品的饭店来说是有损饭店形象的一个大错误。但在此案例中饭店已对韦恩先生进行叫醒服务，但韦恩先生回答以后又马上睡着了，因此饭店没有任何不履行服务职责的行为。

处理：

这次投诉是由于客人答应服务人员的叫醒电话后又睡着引起的。所以服务人员叫醒客人时如果觉得客人回答不太可靠，应该过五分钟再叫一次，以确定客人是否起床，确定叫醒服务是否有效，要凭服务人员的经验和感觉。

任务 2 熟悉饭店客房业务

一、客房部的地位与职能

(一) 客房部在饭店中的地位

1. 客房是饭店的基本设施，是饭店存在的基础。向宾客提供食宿是饭店的基本功能，而客房是宾客旅游投宿的物质承担者，是住店宾客购买的最大、最主要的产品。所以，饭店的客房是饭店存在的基础，没有了客房，实际意义上的饭店就不复存在了。

2. 客房收入是饭店营业收入的主要来源。客房是饭店最主要的商品之一，客房部是饭店的主要创利部门，销售收入十分可观，一般要占饭店全部营业收入的40%~60%。

3. 客房部的服务质量是饭店服务质量的重要标志。宾客在饭店居留期间，客房是其停留时间最长的场所。因此，客房的清洁卫生程度、装饰布置是否美观宜人，设备与物品是否齐全，服务人员的态度是否热情、周到，服务项目是否周全丰富等，对宾客有着直接的影响，是宾客衡量"价"与"值"是否相符的主要依据。客房服务质量的高低，宾客感受最敏锐、印象最深刻。所以，客房服务质量是衡量整个饭店服务质量及维护饭店声誉的重要标志。

4. 客房部的管理直接影响全饭店的运行和管理。客房部负责饭店环境、设施的维护及保养，为饭店员工保管、修补、发放制服，为餐饮部提供各类布草等，是饭店降低物资消耗、节约成本的重要部门。此外，客房商品的生产成本在整个饭店成本中占据较大比重，例如能源（水、电）消耗及低值易耗品、各类物料用品等，日常消耗较大。客房部是否重视开源节流，是否加强成本管理，建立部门经济责任制及原始记录考核制度，对整个饭店是否能降低成本消耗，获得良好收益具有关键作用。

(二) 客房部的职能

1. 保证客房产品质量。客房是饭店出售的最重要的商品，必须环境高雅美观，设施设备完备舒适耐用，日用品方便安全，服务项目全面周到，客人财务和人身安全有保障，为客人提供清洁、美观、舒适、安全的暂住空间。

2. 创造整洁舒适的环境。客房部负责饭店所有客房及公共区域的清洁保养与环境管理工作，使整个饭店在任何时候都处于舒适宜人、幽雅常新的状态，为客人提供舒适、美观、清洁、优雅的住宿环境。

3. 为各部门提供洁净的棉织用品。客房部设有布草房和洗衣房，负责整个饭店各部门的布草和员工制服的洗涤、缝补熨烫、保管发放等，为饭店的对客服务提供保障。

4. 为宾客提供优质的服务。客房部一项重要的工作内容就是做好宾客的接待服务。从迎宾到送客的过程中，服务人员不仅要热情、礼貌而且还要想客人之所想，急客人之所急为客人提供优质服务。

(三) 客房部管理的特点

1. 业务复杂，需求较高。客房部的工作范围比较广，涉及内容复杂。首先，不仅要保持客房内部的清洁、卫生、安全，而且要对饭店整体的环境卫生、装饰绿化、布草制服的洗涤保管负责。其次，客房部业务不是孤立的，它深深影响着饭店其他部门的运转。因此客房部必须和其他部门做好沟通，以便给客人提供更好的服务。另外，客房每日接待的对象是来自世界各地、不同类型的客人，这些客人的生活习惯不同、文化背景不同、作息时间不同、个人嗜好也不相同。因此，对客房服务的个性化需求也是千差万别的，这就增加了客房服务的难度。

2. 工作繁杂，随机性强。客房服务所涉及的工作内容繁多，工作空间广泛，从最基本的客房整理、物品补充到送洗服务、叫醒服务、托婴服务、客用品租借服务等内容繁杂，随机性较强。这就需要服务员不仅要热情接待客人，更要善于揣摩客人心理提供个性化服务、适时服务。

3. 安全性与保密性。客房产品的销售虽然只销售客房的使用权而并非是客房的所有权，但是，饭店客房部应该保证客人的安全及其隐私。这就要求客房服务人员要以热情好客的态度、娴熟的服务技巧和干净舒适的客房来满足宾客的各种需求，而且还要重视宾客的一个最基本的需求——安全。这里的安全不仅仅指顾客的人身和财产安全，也包含顾客的隐私。

4. 难以控制性。客房部所管辖的人、财、物在饭店是居首位的，这就给经营管理带来一定的难度。首先大多数工作人员的工作环境具有相对的独立性，虽然有服务的程序和标准，但是服务的质量与工作人员本身的情绪和素质紧密相连，不利于管理人员的监督。这种情况下，为了保证服务质量，客房管理除了按照传统的管理模式外，还需有自己的管理特色；其次，客房用品皆为日常生活用品，非正常损耗不易控制，如果管理不善，极易流失，所以客房部不仅要加强对员工素质和自我管理的培训，也要加大饭店经营管理的执行力度，不断完善饭店监督机制。

二、客房的类型

客房是饭店中最主要的产品，饭店客房一般可分为单间客房和套房两种类型。

（一）单间客房

由一间客房所构成的"客房出租单元"，称为单间客房。根据客房内的配置情况，又可细分为下列几种：

1. 单人间。配备一张单人床。适用于从事商务旅行的单身宾客居住。

2. 大床间。配备一张双人床。这种客房较适合夫妇旅行者居住，也适合商务旅行者单人居住。

3. 双床间。配备两张单人床。这类客房在饭店中占极大比例，也称为饭店的"标准间"，较受团体、会议宾客的欢迎。也有在双床间内配置两张双人床，以显示较高的客房规格和独特的经营方式。

4. 三人间。配备三张单人床。一般在经济饭店里配备这样的房间，此类客房较适合经济层次的宾客享用。

（二）套房

由两间或两间以上的客房构成的"客房出租单元"，称为套房。根据其使用功能和室内装饰标准又可细分为下列几种：

1. 普通套房。普通套房一般为两套间：一间为卧室，配有一张大床，并与卫生间相连。另一间为起居室，设有盥洗室，内有坐便器与洗面盆。

2. 商务套房。此类套房是专为从事商务活动的宾客设计布置的。一间为起居与办公室，另一间为卧室。

3. 双层套房。也称立体套间，其布置为起居室在下，卧室在上，两者用室内楼梯连接。

4. 连接套房。也称组合套房，是一种根据经营需要专门设计的房间形式，两间相连的客房用隔音性能好、均安装门锁的两扇门连接，并都配有卫生间。需要时，既可以作为两间独立的单间客房出租，也可以作为套间出租，灵活性较大。

5. 豪华套房。豪华套房的特点在于重视客房装饰布置、房间氛围及用品配备，以呈现豪华气派。该套间可以为两套间布置，也可以为三套间布置。三套间中除起居室、卧室外，还有一间餐室或会议室兼书房，卧室中配备大号双人床。

6. 总统套房。又称特套房，一般由五间以上的房间组成，包括男主人房、女主人房、会议室、书房、餐室、起居室、随从房等。装饰布置极为讲究，造价昂贵，通常在豪华饭店才设置此类套房，用来提高饭店的档次及知名度。虽然总统套房的原本用意是接待国内外党政要人，但平时也对普通客人开放。

（三）特殊楼层（客房）

为了满足饭店宾客多元化的需求，许多饭店除配置基本客房以外，还配备各种特殊房间或楼层以满足不同宾客的要求，目前饭店中出现的特殊楼层（客房）有以下几种。

1. 行政楼层（客房）。行政楼层简称 EFL，又可称为商务楼层，最早出现在北京和广州的一些四五星级的豪华饭店中，其面向的客源市场是以一些大集团、大公司的高级商务宾客为主。

行政楼层的突出特点是：以最优良的商务设施和最优质的服务，为商务宾客高效率地投入紧张工作提供一切方便。一般而言，住行政楼层的商务宾客希望所住客房内的设施、物品等除满足住宿需要外，更能适合办公与洽谈；同时，这些宾客也很想避开那些观光旅游客，而拥有一个幽雅舒适的环境。

2. 全套房饭店（楼层）。全套房饭店（楼层）是以略高于一间客房的价格销售给宾客两间客房并为其提供有限服务的一种饭店（楼层）。

全套房饭店这一概念诞生于 20 世纪 80 年代。商务宾客是全套房饭店的主要客源市场。在全套房饭店形成之初，它既不向宾客提供传统的餐饮服务，也没有宽敞的公共活动空间及会议室，而是为宾客提供一套包括室厅及带有卫生间的单独卧室的客房，客厅里配有冰箱，小厨房里为宾客预备了微波炉、煮咖啡器。

3. 女士客房。女士客房与普通客房的区别在于，女士客房更加重视安全和健康，要求客房清洁、舒适、宽敞、明亮，色彩略显丰富，色调应柔和。

在推出女士客房服务时应注意以下几点：一是让女性宾客像所有宾客一样得到礼貌和尊敬，采取的服务及设施不能使她们感到仿佛是在接受一种特别的恩惠。二是应考虑到大多数女性商务旅游者不愿以弱者的姿态出现在公众面前。三是在房内设施用品的配置上一定要注意"男女有别"。

4. 无烟楼层（客房）。专供非吸烟宾客入住。这里所说的无烟楼层不仅是指房间里没有烟灰缸，楼层有明显的无烟标志，而且还包括进入该楼层的工作人员、服务人员和其他宾客均是非吸烟者。

此外，饭店客房按照其档次和规格还可分为：经济间、标准间、高级套房、豪华间、总统套房等。经济间一般为饭店内等级最低的房间，楼层低、设施比较简陋或者有其他缺点，如没有窗户、无地毯等。按位置、朝向划分，则可分为：外景房，窗户朝向大海、湖泊、公园或景区景点的客房；内景房，窗户朝向饭店内的房间；角房，位于走廊过道尽头的客房。角房因形状比较特殊，装饰无法循规蹈矩而比较不受喜欢。但因其打破了标准间的呆板，反而受到某些客人的青睐。

除此之外，还有朝街房、背街房、城景房、园景房、海景房、湖景房、山景房等分法。

三、客房部的组织结构

（一）客房部组织结构的设置

近年来，客房部的组织结构经历了一些变化。过去，国内饭店客房部通常采用的是设立楼层服务台的管理模式。随着隐蔽式服务理念的提出，饭店客房部从先前的楼层服务台服务模式向客房服务中心模式转换。但楼层服务台的撤销又使一些饭店感到不便，所以又出现了一些将楼层服务与客房服务中心组合在一起的混合服务模式。

（二）客房部各部门的职能

1. 客房服务中心。大型饭店通常都设有宾客服务中心。它既是客房部的信息中心，又是对客服务中心，负责统一调度对客服务工作，掌握和控制客房状况，同时还负责失物招领、发放客房用品、管理楼层钥匙以及与其他部门联络与协调等。

2. 客房楼面。客房楼面由各种类型的客房组成，是客人休息的场所。每一层楼都设有供服务员使用的工作间。楼面人员负责全部客房及楼层走廊的清洁卫生，客房内用品的替换，设备的简易维修和保养等，并为住客和来访客人提供必要的服务。

3. 公共区域。公共区域服务人员负责饭店各部门办公室、餐厅、公共洗手间、衣帽间、大堂、电梯厅、各通道、楼梯、花园和门窗等公共区域的清洁卫生工作。

4. 布草房。布草房负责饭店所有工作人员的制服以及餐厅和客房所有布草的收发、分类和保管，及时修补损坏的制服和布草，并储备足够的制服和布草以供周转。

5. 洗衣房。洗衣房负责收洗客衣、员工制服和对客服务的所有布草与布件。洗衣房的归属，在不同的饭店有不同的模式。大部分饭店的洗衣房都归客房部管理，但有的大型饭店将洗衣房设置为独立的部门，而且对外服务，小型饭店可不设洗衣房，将洗涤业务委托给外部的洗涤公司。

（三）客房部各主要岗位的职责

1. 客房部经理。

（1）根据饭店确定的经营方针和目标编制客房部预算，制订各项业务计划，并有效组织实施与监控，实现预期目标。

（2）研究并掌握市场的变化和发展情况，适时调整经营策略，努力创收，降低消耗，以最小的成本获取最大的经济效益。

（3）主持部门工作例会，听取汇报，督促工作进度，解决工作中的问题。

（4）负责客房部的安全管理工作，督促本部门各管区落实各项安全管理制度，切实做好安全防范工作。

（5）负责客房部的日常质量管理，检查督促各管区实行规范作业，每日巡视本部门各管区一次以上，抽查各类客房十间以上。

（6）负责本部门员工的服务宗旨教育和岗位业务培训，督促各管区有计划地抓好培训工作，提高全员业务素质。

（7）促进本部门与饭店其他部门的沟通和联系，相互协调，做好工作。

（8）建立良好的客户关系，广泛听取客人意见，处理投诉，不断改善服务质量。

（9）审阅各管区每天的业务报表，密切注意客情，掌握重要接待任务的情况，及时检查和督促各管区认真做好接待服务及迎送工作。

（10）负责客房设施、设备的使用管理、改造和更新工作，督促各下属部门做好日常的维护保养和清洁工作，定期进行考核检查。

（11）考核各管区主管、领班的工作业绩，激励员工，提高管理效能。

2. 客房楼面主管。

（1）了解当天住客情况，监督楼层工作人员与前台的联系和协调，确保房间正常、及时地出租。

（2）合理安排人力，组织和指挥员工严格按照工作规范和质量要求做好客人迎送和服务工作，以及客房和周围环境的清洁卫生工作。

（3）认真做好员工的服务宗旨教育和岗位业务培训，保证优质、规范的服务。

（4）坚持服务现场的督导和管理，每天巡视楼层，检查管区内30%的住客房，督导领班、服务员的工作情况，发现问题及时指导和纠正。

（5）计划、组织、控制每周的清洁卫生工作。

（6）负责处理客人的遗留物品、客人的特殊要求及投诉。

（7）主持领班例会和组织员工全会，并做好记录。

（8）负责管区的成本费用控制，督导库房保管员做好财产物料的管理工作，建立财产三级账，定期检查部门财产物料的领用、调拨、转移等情况，做到日清日盘、账物相符。

（9）教育和督导员工做好设施设备的维护保养和报修工作，定期安排设备维修、用品添置和更新改造。

（10）负责客房服务中心的日常管理工作，组织、指挥员工严格按照服务规范做好客房服务中心的各项工作，认真查阅每天的各种业务报表和工作记录。

（11）坚持现场督导和管理，保证客房服务中心的电话24小时有人接听，监控值台的服务质量，发现问题及时指导和纠正。

（12）做好与其他部门的沟通协调工作。

（13）负责落实部门安全管理制度，确保安全。

3. 公共区域主管。

（1）负责管理饭店公共区域的清洁及绿化工作，组织员工严格按照工作规范和质量标准做好工作。

（2）加强费用开支控制，负责管区内财产和物料用品的管理和领用，督导员工正确使用各种设备和节约物料用品，做好维护保养和保管工作，发现设备故障及时报修或提出更新意见。

（3）坚持服务现场的管理，负责班组考核、员工考勤和业务培训。

（4）促进与各部门的联系、协调工作。

4. 保洁员。

（1）服从领班的工作安排，按照工作规范和质量标准做好责任区内的清洁卫生工作，掌握花木的养护、培育和修剪技术。

（2）检查责任区内各种设备、设施和家具的完好情况，及时报告和报修。

（3）做好清洁机械和清洁用品的保养和保管工作。

（4）严格按照绿化工作规范和质量标准做好花木的布置、养护和清洁工作。

5. 客房中心文员。

（1）服从客房主管的工作安排。

（2）负责掌握房态，每天定时编发房态表，并通知客房楼层。

（3）负责接听客人电话和掌握客情信息，根据需要及时通知服务员和有关部门提供服务，并做好记录。

（4）做好信息收集和资料积累工作，准确回答客人问询工作。

（5）负责客房所有钥匙的管理和收发工作。

（6）负责捡拾物品和遗留物品的登记、存放和处理。

（7）负责整个饭店鲜花的预订和质量把关工作，主动做好对客服务。

（8）负责部门考勤和餐卡统计工作，领发员工工资、奖金、补贴。

（9）负责每日楼层服务人员的统筹安排及休班。

（10）负责对客药品的出售。

（11）负责对讲机、值台电话的管理。

（12）掌握 VIP 和行政楼层客人抵离情况，并按客房布置要求通知楼层做好各类礼品和物品的配备工作。

（13）做好工作室的日常清洁工作，保持干净整洁。

6. 楼层服务员岗位职责。

（1）早班楼层服务员：整理工作间、服务车；开楼层例会，记录所交代的事项；查客衣、统计房态；清洁客房卫生；记录棉织品使用情况；报告客房内维修项目；清洁、保养清洁工具、设备；做计划卫生；随时清除客房内地毯、墙纸的污迹；负责所管客房及客人的安全；N/B、S/O、DND 房记录；检查客房迷你酒吧酒水；清洁楼层公共区域卫生。

（2）中班楼层服务员：根据中班程序标准；做定期计划卫生；收楼层垃圾；维护楼层的清洁；清洁楼层公共区域的卫生；准时参加晚例会，领取物品，记录有关事项；开床服务；检查白班报修房间；VIP 房间按 VIP 标准开床；记录 DND 房间；做"走客房"；整理服务车，为早班做准备；维护楼层公共区域、角间及职工电梯厅的卫生；检查楼层安全；收取楼层的餐具，通知服务中心；为客人提供其他服务；检查客房内的迷你酒吧；负责报告楼层维修项目。

7. 客房清洁员。

（1）服从领班的工作安排。

（2）按照客房清洁流程和质量标准做好客房和责任区内的日常清洁及计划清洁工作。

（3）保持楼层责任区域内环境通道和工作间的干净整洁。

（4）负责退客房的检查和报账工作。

（5）协助领班做好 VIP 房和有特殊要求房的布置。

（6）协助洗衣房做好客衣的分送工作。

（7）按照规格要求布置客房，检查房内各类家具和设备的完好情况，及时报告和报修。

（8）负责及时上报、处理突发事故。

（9）做好当班工作记录和交接班工作。

四、客房对客服务管理

（一）楼层接待服务

客房的接待服务是饭店服务的主体。客人入住饭店后，绝大部分的接待服务工作是在楼层完成的。楼层接待服务，不仅要用整洁、舒适、安全和具有魅力的客房迎接客人，而且还要随时提供主动、热情、耐心和周到的服务，使客人"高兴而来，满意而归"。

楼层接待工作主要是由楼层台班服务员完成的，一般分为四个环节，即迎客准备工作、客人入住时的迎接工作、住客的服务工作、客人退房的服务工作。

（二）来访服务

来访服务直接影响客人（包括访客）对饭店服务水准的看法，而且客人会根据来访服务的好坏，决定是否成为饭店的"回头客"。客房服务员对此项服务必须热情有礼，并引起足够的重视。在接待访客时，既要热情，又要保持警觉，观察来访者去时随身携带的物品，发现可疑情况及时报告。

（三）洗衣服务

饭店一般都设有洗衣房，向客人提供洗衣服务。从洗涤方式上来讲，有三种类型，即干洗、水洗和烫洗。从洗涤速度上，可以分为"普通服务"和"快洗服务"两种，快洗需要加收加急费。洗衣服务是一项比较细致的工作，也是较易引起客人投诉的一项服务，有关员工必须认真对待，不能因缺乏常识或粗心大意而出现差错。

（四）客房小酒吧服务

为方便住客在客房饮用酒、饮料和食用小食品，较高档的饭店都在客房内设有小酒吧。小酒吧的管理一般由台班服务员负责。每天须定时清点、及时补充。检查时要认真仔细，以免出差错。检查后将客人的耗用量填在核查单上，并按规定的品种和数量补齐补足，用过的杯子及其他用品应撤换，放上新账单。已用收费单转交前厅收银处记账和收款。

（五）送餐服务

客房送餐服务，是按客人预订要求，将餐食送进房间的一种服务。如果客人需要在房内用餐，只需打电话到客房服务中心就可以了。如果宾客把早餐牌挂在房门外把手上，客房服务员应及时收取，并检查有否填写上房号、姓名、食品种类、日期等。将收集到的早餐牌，做好记录后，统一交到客房服务中心转送到"钟仔房"（客房餐饮服务部）。客人用餐完毕，客房服务员应主动地协助"钟仔房"做好客房用餐的善后工作。

（六）擦鞋服务

客房内通常备有擦鞋纸、擦鞋巾，以方便客人擦鞋。高档饭店还会各有擦鞋机。但真正的擦鞋服务是免费为客人人工擦鞋。在设此项服务的饭店，客房壁橱中放置了标有房间号码的鞋筐，并在服务指南中告知客人。

（七）借用物品服务

客房内配备的物资用品不可能满足客人的全部需要。尤其是女客，常会要求借用一些物品，如电吹风、电熨斗、熨衣架、婴儿摇床等。客房部应配备这类客人可能需要的物品，在服务指南中标明，以体现饭店的周到服务。有些饭店规定了客人免费使用借用物品的时间期限。

（八）托婴服务

就是为外出活动办事的住客提供短时间的照管婴幼儿童的有偿服务。饭店并不配备专职人员从事此项服务，而是向社会服务机构雇请临时保育员，或是由客房部有育儿经验的女服务员来承担。

托婴服务责任重大，绝不能掉以轻心。饭店会要求客人认真填写托婴服务表。服务员在饭店所规定的区域内，根据家长的要求照看小孩。

五、客房清洁卫生服务管理

客房是客人在饭店中逗留时间最长的地方，客人对客房更有"家"的感觉。因此，客房的卫生是否清洁，环境是否舒适是影响客人选择饭店的重要标准，也是客人衡量"价"与"值"是否相符的主要依据。根据饭店机构进行的市场研究表明，促使消费者选择饭店的诸要素中，清洁卫生居于第一位，其得分率高达63％。国际清洁卫生用品商联会（ISSA）以 SHAPE 一词概括了清洁的特性，即 Safety 安全、Health 健康、Appearance 赏心悦目、Protection 具有保护和环保功能、Economic 减少浪费，降低成本。因此，客房的清洁卫生工作是客房部最基本的工作内容之一，也是客房部服务管理的重要内容，应引起高度重视，并严格按照服务规程制定的标准、要求来进行管理和检查。

（一）客房清洁卫生

通常，客房清洁卫生工作主要包括两个方面：即客房日常清扫服务工作和客户的计划卫生。

1. 客房日常清扫服务工作。客房日常清扫，是按饭店服务规范要求进行的，每天必须按时完成必要的客房整理和清扫工作。从现代旅游饭店来看，尽管不同星级饭店的清扫规范有所不同，但都必须包含床铺整理、打扫除尘、擦洗卫生间、更换及补充用品、检查设备等内容。

客房服务员准确了解房态不仅可以给宾客提供适时的清扫服务，也可以提高客房出租的周转率。常见的房态有以下几种：

（1）住客房（OCC），客人正在住用的房间。

（2）走客房（C/O），客人已结账并已离开客房。

（3）空房（V），昨日暂时无人租用的客房。

（4）未清扫房（VD），该客房为未经过打扫的客房。

（5）外宿房（S/O），该客房已被租用，但住客昨夜未归。

（6）维修房（OOO），该客房因设施设备发生故障，暂不能租用。

（7）已清扫房（VC），亦称 OK 房，该客房清扫完毕，可以重新出租。

（8）请勿打扰房（DND），表示该客房的客人因睡眠或其他原因不愿服务人员打扰。

（9）贵宾房（VIP），该客房住客是饭店的重要客人。

（10）常住房（LSG），又称长包房。即长期由客人包租的房间。

（11）请即打扫房（MUR），该客房住客因会客或其他原因需要服务员立即打扫。

（12）轻便行李房（L/B），表示该客房的住客行李很少。

（13）无行李房（N/B），表示该房间的住客无行李。

（14）准备退房（E/D），表示该客房住客应在当天中午 12 点以前退房，但现在还未退房。

（15）加床（E），表示该客房有加床。

客房房态不同，清洁卫生的要求也各不相同。一般来说，走客房应该进行彻底的打扫，对于住客房应进行一般性的清洁，对于空房则应该进行简单清洁即可。

2. 客房的计划卫生。客房的计划卫生是指在日常做客房的清洁卫生的基础上，拟订一个周期性清洁计划，采取定期循环的方式，将客房中平时不易清扫或清扫不彻底的地方全部清扫一遍，以保证客房的清洁卫生质量，维持客房设施设备的良好状态。主要包括地面保养（地板打蜡、清洗地毯）、家具设备设施保养（木制家具打蜡、翻转床垫、冰箱除霜、擦拭铜器具以及顶灯、烟雾报警器、空调出风口、门窗玻璃擦拭等）、除尘消毒（清洗浴帘、窗帘、地漏喷药、墙壁清洁）等内容。各饭店客房维护保养的计划虽然不尽相同，但基本上可以分为定期和不定期两类，需要制订每月、每季、每年的周期计划。客房部要制订计划卫生表，安排服务人员实施，并由领班检查计划的落实情况。

（二）客房清洁卫生的控制

1. 制定清洁保养标准。客房清洁保养的标准主要有三个方面的内容：

（1）操作标准，用于对过程的控制，主要对进房次数、操作标准、布置规格、费用控制进行规定。

（2）时效标准，用于对进程的控制，如规定清扫一间客房的时间，每天应完成的工作量等。时效标准的设置便于检查、管理、督导、评价员工工作表现，同时有利于激发员工积极性和主动性。

（3）质量控制标准，用于对结果的控制，其总体要求是体现饭店客房的档次和服务规格，满足客人的要求。客房清洁保养质量标准通常包括三个方面：

1）视觉标准。即客人、员工和管理者凭借视觉、触觉或嗅觉等能够感受到的标准，但因个体感受不同，视觉标准只是表面形象。

2）生化标准。是由专业卫生防疫人员进行专业仪器采样与检测的标准，包含的内容有洗涤消毒标准、空气卫生质量标准。

3）微小气候质量标准，要求客房内的温度、湿度、采光照明及环境噪声允许值标准等，符合人体的最佳适宜度。

与视觉标准相比，客房清洁卫生质量更深层次的衡量标准是生化标准。

2. 建立完整严格的检查制度。

（1）服务员自查。要求服务员在客房整理结束并交上级检查之前，对客房设备的完好、环境的整洁、物品的布置作自我检查。其目的是加强员工的责任心，提高客房合格率，增进工作环境的协调。

（2）领班普查。领班一般对走客房、空房及贵宾房进行普查，对住客房实施抽查。领班查房的作用在于拾遗补漏、帮助指导、督促考察、调节控制。

（3）主管抽查。主管查房数通常是领班查房数的10%。主管抽查有助于管理工作的调整和改进，也是实施员工培训的重要依据。

（4）经理抽查。经理查房是了解工作现状、控制服务质量最可靠而有效的方法。同时，客房部经理通过查房还可以加强与基层员工的联系，更多地了解宾客的需求，这对改善管理体制和服务非常有利。

（三）公共区域的卫生管理

1. 公共区域的概念。在饭店内，凡是公众共同享有的活动区域都可以称为公共区域，即PA（Public Area）区。一般分为室内部分和室外部分，室外部分又叫外围区域，是指饭店外部属于饭店的公共区域，例如，公共停车场、广场、花园、外围垃圾场、草坪及绿化带等。室内部分又分为前台区域和后台区域两部分。前台区域是指供客人活动的范围，主要包括：大堂（大厅）公共区域客用洗手间、餐厅、多功能厅、会议室、宴会厅、游泳池等。后台区域指为饭店员工划分出来的活动和休息的场所，如员工通道、员工活动室及员工餐厅等。

2. 公共区域卫生管理范围。公共区域卫生的业务范围，是根据饭店的规模、档次和其他实际情况而定的。主要包括：

（1）负责大厅、饭店门前区域、花园、客用电梯及饭店周围的清洁卫生；

（2）负责餐厅、咖啡厅、宴会厅及舞厅等场所的清洁保养。

（3）负责饭店所有公共卫生间的清洁卫生。

（4）负责行政办公区域、员工通道、员工更衣室等员工使用区域的清洁卫生。

（5）负责饭店所有下水道、排水排污等管道系统和垃圾房的清疏整理。

（6）负责饭店卫生防疫工作，定期喷洒药物，杜绝"四害"。

（7）负责饭店的绿化布置和苗木的保养繁殖工作。

3. 公共区域的卫生管理。

（1）定岗划片，分工负责。公共区域卫生管辖范围广，工作繁杂琐碎，需要实行定岗划片、包干负责的方法，才能有利于管理和保证卫生质量。

（2）制定计划卫生制度。为了保证卫生质量的稳定性，控制成本和合理地调配人力和物力，必须对公共区域的某些大的清洁保养工作，采用计划卫生管理的方法，制定相应的计划卫生制度。

（3）实行走动管理。公共区域管理人员要实行走动管理，加强巡视，检查卫生质量，了解员工工作状态，及时发现问题并进行整改，做好检查记录。

（4）制定卫生操作程序，分级归口，责任到人。公共区域卫生管理范围广、内容多。为此，要进行分级归口，即将卫生管理工作的责任落实到具体工作人员，同时授予相应的管理权限，实行专人负责，定期检查，从而保证卫生质量。

（5）分门别类、制定检查标准。管好公共区域卫生的关键是有一套完整的卫生检查标准。在制定卫生检查标准时，既要有统一标准，又要有分项标准，以便实行工作标准化管理。卫生检查的方法是服务员自我检查，领班全面检查，主管每天抽查，部门经理重点抽查，同时开展卫生评比活动。

六、客房设备用品管理

客房设备用品管理就是对饭店客房商品经营活动所需的各种基本设备和用品的采购、储备、保养和使用所进行的一系列组织和管理工作，主要包括客房部设备管理、客房用品管理和布草管理三部分。

（一）客房部设备管理

客房部设备主要分为清洁设备和客房设备两大类。客房设备管理是建立在饭店工程部门统一管理的基础上的。客房部必须与工程设备部门协调配合，使客房内的各种设备始终处于齐全、完好的状态。客房设备管理主要包括客房设备的资产管理、客房设备的日常管理及客房设备的更新改造三个方面。

1. 客房设备的资产管理。客房设备的资产管理是指对客房设备这种资产进行严格管理。客房设备在性能上有各种不同的用途，饭店按一定的分类法，对它们进行分类编号，建立设备档案制度，建立设备档案、设备卡片，分别保存在客房部、设备部与财务部。

客房设备档案主要由客房装修资料、客房历史档案、工作计划表和电器设备档案组成。

2. 客房设备的日常管理。客房的设备是以租借形式供客人使用的。因此，在引领客人进房时，服务员必须按照服务规程向客人介绍客房设备的性能和使用方法，以降低客房设备损坏的可能性。客房服务员平时应按规程对客房设备进行日常的检查与维护保养；发生故障应及时与有关部门联系进行修理。另一方面，饭店应培养员工爱护设备的自觉性和责任心，加强对员工的技术培训，提高他们的操作技术水平，懂得客房设备的用途、性能、使用方法及保养方法。

3. 客房设备的更新改造。为了保证饭店设备的超前性或舒适性，保持并扩大对客源市场的影响力，饭店都要对客房进行计划中的更新，并对一些老化过时或存在安全隐患的设备用品实行强制性淘汰。它包括常规修整、部分更新和全面更新三种。

（1）常规修整：一般每年至少进行一次，包括地毯、饰物、墙面等的清洗；家具等的常规检查和保养等。

（2）部分更新：当客房使用达5年时，即应实行更新计划，包括更换地毯、墙纸、窗帘、床罩及电器设备等。

（3）全面更新：一般10年左右进行一次，它要求对客房各种陈设、布置、设备和格调等进行全面彻底的改变。

（二）　客房用品管理

客房用品是饭店配备在房间内，满足客人生活的需求，供客人免费使用的用品。客房用品上通常印有饭店的名称、店标及地址、电话等，也是饭店营销手段之一。客房用品包括客房供应品及客房备品：客房供应品是指供客人一次性消耗使用或用作馈赠客人而供应的用品，如肥皂、明信片、针线包等，因此也称为客房消耗品；客房备品是指可供多批客人使用、客人不能带走的客房用品，如布草、水杯、烟灰缸等。

1. 客房物品管理环节。客房物品管理分为确定物品消耗定额、物品的储备和领用、客房物品消耗量的统计与分析等几个环节。

（1）确定物品消耗定额。物品消耗定额是指对客房部各类物品消耗所确定的额定数量。客房供应品消耗定额是以人过夜数为单位，综合考虑服务标准、房间价格、客人使用情况、成本计划等因素来确定的。客房备品的消耗定额是根据不同客房备品的特点、性能、耐用性，确定这些物品在一定时间内的换新率，然后确定客房备品消耗定额。

（2）物品的储备和领用。客房部的物品储备量必须合理，既能保证供应，又不积压物品。一般来说，储备量可根据客房物品消耗定额、客房总数、客人过夜总数来确定。物品领用时，严格按物品消耗定额进行审批。客房部负责人对客房部物品仓库要经常检查，控制物品流转和使用情况。

（3）客房物品消耗量的统计与分析。为有效地控制客房物品的消耗量，客房部应建立制度，对客房物品的消耗量进行每日汇总、每月统计，定期分析，并将结果与各楼层班组或各客房服务员的工作实绩评估相结合，辅以奖惩措施。

2. 客用品日常三级控制法。

（1）楼层领班对服务员的控制。

A. 通过工作表控制服务员的消耗量。楼层领班通过服务员做房报告控制每个服务员领用的消耗品，分析和比较各服务员在每房、每客的客用品的平均耗用量。服务员按规定数量和品种为客房配备和添补用品，并在服务员工作表上做好登记。领班凭服务员工作表对服务员领用客用品情况进行核实，防止服务员偷懒或克扣客人用品据为己有。

B. 检查与督导。领班通过现场指挥和督导，减少客用品的浪费和损坏。督导服务员在引领客人进房时，必须按服务规程介绍房间设备用品的性能和使用方法，避免不必要的损坏。督导和检查服务员清扫房间的工作流程，杜绝员工的野蛮操作。例如，少数员工在清洁整理房间时图省事，将一些客人未使用过的消耗品当垃圾一扫而光，或者乱扯乱扔客房用品等，领班应及时对其加强爱护客用品的教育，尽量减少浪费和人为破坏。

（2）建立客用品的领班责任制。各种物资用品的使用主要是在楼层进行的，因此，使用的好坏和定额标准的掌握，其关键在领班。建立楼层客用品的领班责任制，是客房部对物资用品的第二级控制。

A. 楼层配备物资用品管理人员，做到专人负责。楼层可设一兼职的行政领班和一名业务领班。行政领班负责楼层物资用品的领发和保管，同时协助业务领班做好对服务员的清洁、接待工作的管理。小型饭店则不设行政领班，而由楼层领班兼管物资用品的保管和领发工作。

B. 建立楼层家产管理档案。平时如有家产增减，必须由楼层主管或经理批准，并由楼层主管在家产登记卡上进行更改，以加强领班的责任心。

C. 领班每天汇总本楼层消耗用品的数量，向客房部汇报。

D. 领班每周日应根据楼层的存量和一周的消耗量开出领料单，交客房中心库房。

E. 每月底配合客房中心库房的物品领发员盘点各类用品。

F. 随时锁好楼层小库房门，工作车按规定使用。

（3）客房部对客用品的控制。客房部对全饭店各楼层客房用品的控制，可以从两个方面着手：一是通过客房中心库房的管理员（物品领发员），负责整个客房部的客用品领发、保管、汇总和统计工作；二是楼层主管应建立相应的规范和采取措施，使客用品的消耗在满足业务经营活动需要的前提下，达到最低限度。这就是第三级控制。

A. 中心库房对客用品的控制。设立客房部中心库房的饭店，可由中心库房的物品领发员或客房服务中心对客房楼层的客用品耗费的总量进行控制。负责统计各楼层每日、每周和每月的客用品使用损耗量。结合客房出租率及上月情况，制作每月客用品消耗分析对照表。

B. 楼层主管对客用品的控制。楼层主管或客房部经理对客用品的控制主要是通过制定有关的管理制度和加强对员工的思想教育来实现的。

C. 防止客人的偷盗行为。这就要求饭店实行访客登记制度，尽可能少设置出口通道，对多次性消耗用品，如烟缸、茶杯、茶叶盒等，可标上饭店标志，管理好工作车，将衣架固定起来，等等。

（三）　布草管理

布草是饭店对客房和餐厅的部分纺织用品的通称。客房布草主要是指客房内床上和卫生间内的纺织用品，如床单、毛巾等。餐厅的布草则主要是指台布与口布。布草的内在质量和外观清洁程度，直接影响到饭店的服务质量和规格。

布草根据使用情况分为在用布草与备用布草两类。在用布草，即在饭店经营管理活动中正在使用的布草，它包括经营场所正在使用的、正在洗涤的及洗涤后备用的布草。备用布草，即为保证饭店经营管理活动正常进行而储备的布草，它主要是指保存在总库房内，以备补充的，尚未使用过的新布草。

布草的管理指核定布草用量、加强日常管理、定期盘点布草。

1. 核定布草的用量。布草的用量，是在保证经营需要的前提下，保持最低的消耗和库存周转量为原则来核定的。客房布草的用量通常用套为单位。按饭店制定的布置规格将所有客房都布置齐全的需要量为一套。一般的饭店都拥有 4 套以上的布草，其中 3 套为在用布草，它们在客房、洗衣房、中心布草、楼层布草房之间周转；其余的都存入新布草库房。餐厅的布草用量是由布草种类、餐厅上座率等决定的。

2. 加强日常管理。布草需要量大，清洁程度要求高，因而布草的日常管理尤为重要。客房部通常会建立起相关布草管理制度，设计工作程序，确定管理方法，对布草进行有效的日常管理。

（1）做好布草储存及保养工作。饭店的布草一般都是定点定量存放。如中心布草房存放的是备用布草，楼层布草房存放的是当天该楼层提供清洁服务所需布草。同时在用布草在楼层布草房、工作车上及中心布草房的存放数量、各种布草的摆放位置和格式等，都有一定的规定。

（2）建立布草收发制度。客房部、餐厅等部门要求领用布草，必须填写申领单。领用数量控制的原则是送洗多少脏布草换多少干净布草。如果申领者要求超额领用，应填写借物申请并经有关人员批准。如果中心布草房发放布草有短缺，则开出欠单，作为以后补领的依据。

在日常布草送洗和分发过程中，布草房都必须逐件清点检查，在保证进出的布草数量正确的同时，要把好质量关，在每天清点布草的过程中，凡是有污点或破损的布草都要及时送还重洗或做报废处理。洗衣房送来的布草，要分类堆放整齐，以方便发放和清点存货。

3. 定期盘点。客房部布草房要每月或每季度进行一次存货盘点。这个制度不仅是为了控制布草的数量，而且也是为了方便会计核算。在对布草盘点的基础上，进行统计分析能及时帮助客房部管理人员发现存在的问题，堵塞漏洞，改进管理工作。

七、客房安全管理

客房安全是指客人在客房范围内人身、财产、正当权益不受侵害，也不存在可能导致侵害的因素。

（一）客房内的安全

客房是客人暂居的主要场所和客人财物的存放处，所以房内的安全至关重要。客房内的安全要确保以下方面：一是门锁的安全；二是房内各种电器设备及用品、用具应保证安全；三是安全告示要完整、清晰；四是操作规范的实施要保证客房的安全；五是制定严格的客房钥匙控制系统。

（二）客房走道的安全

加强日常巡视和监控，以消除安全隐患。同时，客房走道的照明应正常，地毯须铺设平坦，以保证客人行走安全。

（三）火灾预防及控制

饭店火灾的发生率虽然不高，但一旦发生，后果极为严重，不仅直接威胁饭店内宾客与员工的生命安全，也会影响饭店的声誉。根据《世界饭店》杂志对近年来饭店火灾部位及原因进行统计分析的结果表明，火灾多发生在客房区域，占饭店火灾的68.8%。因此，客房部应制定一整套完整的火灾预防措施预处理程序，提高员工的防火意识，防止火灾的发生。

1. 火灾预防。客房部日常的防火工作很重要，作为客房部应该结合本部门特点制定出适合本部的火灾预防措施。一是客房内配置完整的防火设施设备，包括地毯、家具、床罩、墙面、窗帘、房门尽可能选择具有阻燃性能的材料制作；禁止客人携带易燃、易爆物品入客房；二是要培养员工的防火意识，定期检查房内电器是否处于正常使用范围，有否超负荷用电。并加强对宾客的防火宣传。

2. 火灾事故的处理。客房楼层发生火灾时，客房服务人员应充分表现平时良好的专业服务能力和紧急应变能力，沉着冷静地按平时防火训练的规定要求迅速行动，确保宾客的人身财产和饭店财产的安全，努力使损失减少到最低程度。

（1）发现火情时的处理。

A. 立即使用最近的报警装置，发出警报。

B. 及时发现火源，用电话通知总机，讲清着火地点和燃烧物质。

C. 使用附近合适的消防器材控制火势，并尽力将其扑灭。

D. 关闭所有电器开关。

E. 关闭通风、排风设备。

F. 如果火势已不能控制，则应立即离开火场。离开时应沿路关闭所有门窗。在安全区域内等候消防人员到场，并为他们提供必要的帮助。

（2）听到疏散信号时的处理。

疏散信号表明饭店某处已发生火灾，要求宾客和全体饭店员工立即通过紧急出口撤离到指定地点。该信号只能由在火场的消防部门指挥员发出。

A. 迅速打开紧急出口（安全门）、安全梯，有组织、有计划、有步骤地疏散客人。

B. 组织客人疏散时，一定不能乘电梯。

C. 帮助老弱病残、行动不便的客人离房，楼层主管要逐间查房，确认房内无人，并在房门上做好记号。

D. 各楼梯口、路口都要有人把守，以便为宾客引路。

E. 待人员撤离至指定的地点后，客房部员工应与前厅服务人员一起查点宾客。如有下落不明或还未撤离人员，应立即通知消防队员。

（四）盗窃预防及控制

偷盗现象在饭店里时有发生，尤其在管理不善的饭店更是如此。偷盗的发生或多或少地影响客人在饭店内的正常活动，直接或间接地影响饭店的声誉。客房部应采取有效措施，预防偷盗事件的发生。

1. 盗窃预防。为有效防止失窃事件的发生，应针对不同的失窃原因采取相应的预防措施。

（1）防止员工偷盗行为。客房部的员工平时接触饭店和宾客的财物，因此，客房部应从实际出发制定以下有效防范员工偷窃的措施：聘用员工时，严格进行人事审查；制定有效的员工识别方法，如通过工作牌制度识别员工；客房服务员、工程部维修工、餐饮部送餐服务员出入客房时应登记其出入时间、事由、房号及姓名；制定钥匙使用制度。客房服务员领用工作钥匙必须登记签名，使用完毕后将其交回办公室；积极开展反偷盗知识培训和对偷盗者的教育培训。

（2）防止客人偷盗行为。客房部制定科学、具体的"宾客须知"，明确告诉宾客应尽的义务和注意事项，也可以在饭店用品上印上或打上饭店的标志或特殊标志，使客人打消偷盗的念头；制作一些有饭店标志的精美的纪念品：如手工艺品等，给客人留作纪念；做好日常的检查工作，严格管理制度，杜绝不良客人的企图。

（3）防止外来人的偷盗行为。饭店周围可能会有一些不法分子在盯着客人伺机而动，因此要加强楼层进出口控制及其他场所的不定时巡查；加强安全措施，对于有价值的物品摆放在公共场所的，要注意保护；注意来往人员携带的物品，对于可疑人物尤其要高度重视。

2. 盗窃处理。虽然防盗工作一直在做，但仍无法完全杜绝盗窃事故的发生，因此，一旦发现此类事情，对于饭店而言，还是要正确处理好。

（1）接获客人投诉在房间内有财物损失，应立即通知相关部门。

（2）封锁现场，保留各项证物，帮助客人回忆物品丢失经过，分析是否属于失窃。

（3）将详细情形记录下来，征得客人同意会同警卫人员、客房部人员立即到客人房内寻找。

（4）如果丢失物品数额较大，应立即向总经理汇报，保护好现场，经总经理同意报案，由公安机关处理。

（五）意外事故处理

1. 治安事件。

（1）饭店员工发现案情立即向保卫部报告，说清发案时间、地点、报案人姓名等。

（2）保卫部值班人员接到报告后，应立即赶往现场，并立即向保卫部经理汇报。

（3）通知各出入口堵截可疑分子并密切监视案发现场和各出入口。

（4）如系正在实施现行违法犯罪活动应迅速组织优势力量，制伏违法人员。或将其诱出后带出现场再予处理，防止伤害无辜和缓解其情绪，再进行制伏。

（5）如有人质被绑架等情况应立即报告当地公安机关，控制事态发展，采取必要措施。

（6）保持现场、疏散现场人员、救护伤员。

（7）开始现场调查，对报案人、被害人、现场见证人、知情人等分别做详细调查，做好笔录，进一步扩大查证线索，获得罪证。

（8）做好善后工作。

2. 客人意外事故。

（1）通知客房部，会同客房部人员到房间查看顾客，同时应通知大堂助理，客房部主管与安全人员前来协助助理。

（2）依房客要求或依状况代请医生或送特约医院。

（3）遇有流血状况先行包扎止血，如果顾客情况危急，应立即通知医院派救护车前来。

（4）通知伤者亲友家属，保护现场并迅速处理，现场状况应向值班主管报道。

（5）将经过通知最高负责人。

（6）若顾客需要住院观察，应由主管委派人员准备鲜花、水果至医院探视顾客。

（7）当房客因病要求服务员买药时不可随意接受，并立即转报客房部处理。

（8）经医生治疗后的房客需向医生问明情况并定时入内探看并加以照顾。

（9）送医院后需留院诊治的房客如无亲友出面代为处理财务时，应会同大堂助理及主管双锁其门，并等待进一步指示。

（10）如经医师诊断为传染病患者，应依医师指示做房间消毒，并将备用品报请销毁。

【案例】

2009年2月26日上午9点左右，电梯厅站满了写字楼的客人，大家都在等电梯，大堂岗早班PA员在巡回保洁时发现电梯厅烟灰桶外表沾有痰迹，于是赶紧戴上黑胶手套在电梯出入口进行擦拭清洁，工作将近20分钟。使电梯厅更加拥挤，并使出入电梯的客人留下了不雅观的印象，对公司造成了不好的影响。

【讨论】

1. 试分析 PA 员的做法。

2. PA 员的做法是否合适，如不合适，该如何处理？

分析：

1. PA 员工一味按照日常的工作流程操作，对工作缺乏灵活性。

2. PA 员此时所做的清洁工作，将那些不雅的行为更加严重地暴露，且没有错开客梯使用的高峰期。将近 20 分钟的工作，导致电梯厅更加拥挤。

处理：

1. 多站在客人角度思考问题，不能一味为了完成工作任务。

2. 加强员工工作的灵活性，PA 员工在清洁的过程中可将烟灰桶拿到客人看不到的地方清理。

任务 3　熟悉饭店餐饮业务

一、饭店餐饮部的地位与职能

餐饮部是现代饭店的重要部门之一，它是饭店存在的基础，承担着宴会、酒会、冷餐会、茶话会、零点、包餐、酒吧等各项任务，是负责向客人提供餐饮产品和餐饮服务的职能部门，在饭店中占有很重要的地位。

（一）餐饮部的地位与作用

1. 餐饮部是饭店不可缺少的重要组成部分。旅游者最基本的要求可以概括为吃、住、行、游、购、娱六个方面，其中吃、住均须在饭店解决。没有一个与住店客人要求相适应的餐饮服务部门，势必会影响到饭店的生存。同时吃虽然是满足人类生理需求的必然行为，但饭店的经营者和服务人员不能把对餐饮的作用仅仅停留在这一认识上，要通过客人在餐厅的就餐行为，使客人既满足了生理上的需求，更能体会到一种美的享受，得到精神上的满足。从这点上说，餐饮部也是体现饭店经营特色的重要部门。

2. 餐饮部是饭店营业收入的主要来源之一。饭店的营业收入主要来自客房、餐饮、娱乐、购物四个方面。虽然每个饭店的餐饮收入在总收入当中所占的比例，会受到饭店内外部许多因素的影响，而各不相同。但一般来说，餐饮收入占总收入的 1/3 是可以做到的。而且，相对于受固定的客房数所决定的最高日客房收入来说，餐饮收入则更具波动性和伸缩性，它可以通过延长营业时间、增加座位周转率及增加外卖收入等途径来提高餐饮收入。

3. 餐饮部是饭店营销的重要组成部分。餐饮部相对于客房来说在饭店业竞争中更具有灵活性、多变性和出奇制胜的能力。因而，往往成为争夺客源的前沿阵地。而且餐饮服务具有面对面的特点，服务人员的一举一动都成为客人关注的焦点，客人对饭店服务质量的感受更直接、更深刻，就这点而言，餐饮服务的好坏又直接地影响到饭店服务的质量和饭店的声誉。

4. 餐饮部是饭店弘扬民族饮食文化的重要场所。一个国家和地区的餐饮习俗已成为一项受人欢迎的旅游资源，品尝当地的风味已成为人们必不可少的旅游项目；中国的烹饪艺术，源远流长，博大精深，在世界上享有盛誉。作为饭店的餐饮部，应当将我国的烹饪艺术介绍给来自世界各地的客人。同时，还可以通过精心设计的服务，体现出我们文明古国、礼仪之邦的风采。

（二）餐饮部的职能

1. 向宾客提供以菜肴等为主要代表的有形产品，是餐饮部最基本、最主要的功能，也是首要任务。

2. 向宾客提供满足需要的、恰到好处的服务。餐饮部生产、提供实物产品，但是这些实物产品最终的实现还取决于饭店餐饮服务人员向就餐者提供令人满意的服务。就餐者在购买餐饮产品的同时，更期望得到与有形产品同时销售的服务，并期望获得方便、周到、舒适、友好、愉快等精神方面的享受。这种服务和精神享受必须是恰如其分和恰到好处的，也才是有效的。恰到好处的服务应该是及时的，其次是具有针对性的，且必须洞察宾客心理而与之相吻合。

3. 增收节支、开源节流、搞好餐饮经营管理。增加餐饮收入与餐饮利润是饭店餐饮部的主要目标。现代饭店的餐饮收入虽占整个饭店营业收入的 1/2 多，但是餐饮成本所占的比重却相当高，在一家三星级饭店中，其餐饮原料成本占到 50% 左右，餐饮产品从原料到成品经历的环节较多，成本控制的难度较大，从而造成的浪费和损失较多。这需要餐饮部制定出严密、完整的操作程序和成本控制措施，并加以监督、执行。

4. 为饭店树立良好的形象。餐饮部与宾客接触面广、量大，且又是直接接触，面对面服务时间长，从而给宾客留下的印象最深，并直接影响宾客对整个饭店的评价。

（三）餐饮管理的特点

1. 餐饮产品构成复杂性。餐饮产品是由设施、设备、服务环境、服务用品、劳务服务、餐饮食品诸多因素组成的。做好餐饮产品的管理工作，就要抓好餐饮产品的生产环节，做好市场调查与餐饮产品的设计工作，抓好原材料的采购与质量把关，抓好菜肴的生产和员工的服务，以满足宾客需求。

2. 餐饮产品经营的灵活性。餐饮消费的客源广泛，需求各异，市场变化频繁，竞争激烈，因此，餐饮管理者必须运用灵活的管理方式，加强服务质量的管理，提高餐饮服务水平，采取灵活的经营方式提高竞争能力。在经营活动中，适时调整菜单内容，更新菜食品种，做好公关活动，采取多种经营手段，提高产品的竞争能力。

3. 餐饮产品管理的不易控制性。餐饮产品生产是手工生产，由于参与人员众多、人员素质参差不齐，生产过程复杂，使用原材料多种多样；同时，由于客人的需求不同，使得餐饮产品的服务质量难以控制，增加了餐饮产品的管理难度，这就要求我们加强员工服务意识与技术技能的培训，努力降低成本，提高经济效益。

二、饭店餐厅的构成

餐饮业中，餐厅形式很重要，它不仅体现了餐厅的规模、格调，而且还体现着餐厅的经营特色和服务特色。在中国，餐厅大致可分为中式餐厅和西式餐厅两大类，根据餐厅服务内容，又可进一步细分为宴会厅、快餐厅、零餐餐厅、自助餐厅等。

（一）中餐厅

中餐厅是一般饭店都有的餐厅类型，所提供的菜肴、点心都是中国式的，可以提供粤菜、淮扬菜、川菜、鲁菜等多种菜系，是经济小酌、家庭聚餐、交际应酬、朋友聚会、喜庆宴会的理想去处。

1. 散客餐厅。主要接待零散就餐的顾客，又叫零餐餐厅。这类顾客数量较多，就餐时间交错，随到随点，比较分散，服务量较大。散客餐厅的装潢都比较简洁明快，各种设备、器皿配置讲究实用，环境舒适，并具有时代的特点。在散客餐厅用餐，气氛比较轻松随便，更具有家庭式气氛，一般不会因环境压力而造成拘谨。接待散客餐厅顾客要有条不紊，忙而不乱，快捷熟练，服务上周到、热情。

2. 宴会餐厅。宴会餐厅主要为住店客人、本地社团、单位及个人的大型宴会服务。大型的可容纳数百上千名宾客，小型的则仅可能接待一桌或两桌宾客。饭店的多功能厅也常作为宴会厅使用。在这里可以举行大、中型宴会、酒会、茶话会、冷餐会；也可开国际会议、举办服装表演、商品展览、音乐舞会等。宴会餐厅较散客餐厅有更高更特殊的要求，表现在服务的规格、档次等方面。在就餐环境上，宴会要求突出热烈、隆重、豪华、气派的氛围。在食品上要求按既定的菜式、标准提供菜肴，对菜肴的外形、颜色、拼盘非常讲究，以此来突出整个宴会的喜庆气氛。在服务上更要求周到、上乘，对饭店餐厅的组织、反应、服务能力要有很高的要求。

3. 风味餐厅。这是饭店餐厅根据顾客的不同口味需求所设置的各类特色餐厅，可以满足顾客在某一方面特殊的饮食需求。风味餐厅有着多种多样的分类，根据地方菜系的不同可以分为川菜、湘菜、客家菜、鲁菜等，根据菜肴品种的不同可以分为蛇餐馆、海鲜餐厅、野味餐厅等，根据民族和宗教信仰的不同可以分为清真菜、朝鲜菜、维吾尔族菜等，根据烹饪方法的不同又可以分为扒房、烤肉馆等。

4. 自助餐厅。自助餐厅是当今较为流行的一种餐饮供应方式，其特点是选菜自由、经济实惠，不仅可以为散客提供服务，而且也受到群体用餐者的欢迎。自助餐厅事先将菜准备好，客人用餐非常方便快捷，用多用少随意而行。顾客既可以先购票、再到餐厅选用食品，也可以先食用菜点，而后再行结账。餐厅员工要做好自助餐厅的接引工作，当某一类菜点缺少时，要根据情况及时添上。

5. 快餐厅。以快速地满足客人的需求为其特色，要求做到三个方面：其一是保证食品质量，做到美味可口，菜肴新鲜。特别是烤、炸的食品如面包、三明治、薯条等，有效保存时间仅10分钟左右；其二是服务周到热情，方便快捷，不能让客人久候，否则就失去了快餐的特色，造成服务上的被动；其三是快餐厅员工不能因为快餐食品供应要求快、客人食用快、顾客流动快就降低服务质量，而要保持快速的反应能力，在短时间的服务中使客人对快餐厅留下良好的印象。

（二）西餐厅

西餐厅以供应正式的西餐为主，早餐就餐人数较少，以午餐、晚餐为主，也可以将西餐作为自助餐来服务顾客。西餐大体上分为西欧和东欧两大类，西欧以法国最为著名，此外还有英式、意式等等；东欧以捷克、俄罗斯为代表。

1. 扒房。这是饭店里最正规的高级西餐厅，也是反映饭店西餐水平的部门。其位置、设计、装饰、色彩、灯光、食品、服务等都很讲究。扒房主要供应牛扒、羊扒、猪扒、西餐大菜、特餐。同时还可举办西餐宴会等。

2. 咖啡厅。咖啡厅一般设在饭店一楼与大堂相连的地方，用餐率较高，既可以作为住店客人招待来访客人的地方，又是高档次饭店中顾客食用早餐的经常去处。根据不同的设计形式，有的叫咖啡间、咖啡廊等，供应以西餐为主，在中国也可加进一点中式小吃，如粉、面、粥等。咖啡厅所供应的一般是大众化的饮料点心，通常又被称为方便餐厅。客人即来即食，供应一定要快捷，使客人感到很方便。菜单除了有常年供应品种外，还要有每日的特餐。客人既可以在这里吃正式西餐，也可以只饮咖啡、吃冷饮。咖啡厅营业时间较长，一般从早晨6时到晚上深夜1时。

3. 酒吧。这是专供客人饮酒小憩的地方，装修、家具设施讲究，是反映饭店档次和服务水平的场所，通常设在大堂附近。酒吧柜里陈列的各种酒水一定要充足，名酒、美酒要摆得琳琅满目，显得豪华、丰富。调酒和服务都要非常讲究，充分显示饭店水平。

4. 茶室。又称茶座，是一种比较高雅的餐厅，一般设在正门大堂附近，也是反映饭店格调水准的餐厅。是供客人约会、休息和社交的场所。供应食品和咖啡厅略同，但不提供中式餐饮。营业时间比咖啡厅收市稍早一些。早餐可供应较高级的西式自助餐。早、晚安排钢琴或小乐队伴奏，制造一种高雅的气氛。

三、餐饮部的组织结构

（一）餐饮部组织机构的设置

餐饮部门组织机构的具体形式主要受饭店规模、接待能力、餐厅类型等因素的影响，大小不同，其组织结构也不尽相同，其常见的组织机构主要有以下三种：

1. 小型饭店的餐饮部门组织机构。饭店客房规模一般在300间以下为小型饭店。这种饭店餐厅数量少、类型单一。

2. 中型饭店的餐饮部门组织机构。饭店客房规模一般在300～600间为中型饭店。这种饭店餐厅类型比较齐全，厨房与餐厅配套，内部分工比较细致，餐饮管理组织机构相对复杂。

3. 大型饭店的餐饮部门组织机构。饭店客房规模一般在600间以上为大型饭店。这种饭店一般有5～8个餐厅，甚至十几个，中西餐、宴会、酒吧、客房送餐等各类餐厅齐全。

（二）餐饮部门各部门的职能

饭店餐饮部无论规模大小一般都由三大部分组成：食品原料采购供应、厨房加工烹调、餐厅服务。通常设有原料采供部；厨房；餐厅；酒吧；管事部等业务部门。

1. 原料采供部。原料采供部和仓库，负责食品原料物资的采购、验收、储藏、发放等工作。采供部工作的好坏对餐饮的质量、食品原料成本有直接的影响。一般饭店的原料采供由厨师长负责，大中型饭店则由财务部下设二级部门负责。

2. 厨房。厨房是餐饮部的生产部门，是烹制各种菜肴的场所。任务是按照菜单的要求，将食品原料加工成符合要求的菜肴和食品，保证各项接待任务和日常供餐任务的完成。饭店除主厨外，各个餐厅还有配套厨房。总业务由厨师长负责，下设各类主厨和领班。

3. 餐厅、酒吧。饭店各类餐厅、酒吧是餐饮部的前台服务部门。大中型饭店一般均设餐厅十多处，餐厅、酒吧，不论从服务形式还是从餐饮特色来分可谓形式多样、种类繁多。饭店规模越大、级别越高，越是如此。如正餐厅、宴会厅、风味餐厅、自助餐厅、咖啡厅、扒房、大堂酒吧、鸡尾酒廊等。各类餐厅根据其规模的大小，通常设经理、主管、领班三个层次的管理人员。

4. 管事部。有些饭店还专设管事部，主管餐厅布置、宴会布置、炊具、餐具的洗涤和清洁卫生工作。

（三）饭店餐饮部各岗位的职责

1. 餐饮部经理岗位职责。

（1）全面负责餐饮部的经营管理工作。

（2）制订餐饮部长、短期工作计划和经营预算并组织实施；全面督导餐饮各部位工作正常运转，确保为客人提供优质高效的餐饮服务。

（3）主持建立、完善各项规章制度、培训计划、工作程序与标准。

（4）配合销售部建立健全餐饮的营销网络，稳固和提高市场份额，增加各项营业收入；严格控制各部位的收支状况，并配合采购部加强采购和验货管理，有效地控制餐饮成本，提高毛利率。

（5）参加饭店及部门各种工作例会，做好上传下达工作，贯彻落实饭店的经营管理决策，调动员工积极性。

（6）督促行政总厨抓好餐饮产品的创新和促销工作，改进和提高餐饮服务质量，提升饭店餐饮的良好声誉。

（7）对餐饮部各级管理人员的日常工作进行督导、检查；定期对下属进行绩效评估，并按管理制度实施奖惩。

（8）协调本部门与其他部门的关系，团结协作，共同完成饭店的经营任务。

（9）督促餐饮部各部门落实本部门的员工培训工作，提高员工素质。

（10）抓好部门的食品卫生和环境卫生工作及能源消耗工作，对部门的各项安全管理工作进行督导及检查。

2. 行政总厨岗位职责。

（1）协助餐饮部经理处理本部门的工作，重点负责抓好厨师长的日常工作，做好厨房的管理。

（2）参与制订餐饮部各部门的经营管理工作计划和经营预算，并协助部门经理组织落实。

（3）根据服务标准和程序，检查各部门的工作情况；督导检查厨师长及厨房管理人员的各项工作，保证食品卫生安全。

（4）负责各类规格菜单的审核与制定，编制厨房培训计划并组织落实。

（5）协助有关部门负责食品采购、验收等工作，有效地控制餐饮成本，提高毛利率。

（6）加强厨房管理，调动厨师长积极性，组织厨师不断创新菜点，提高菜肴制作质量。遇大型宴会或重要客户，需要亲自上灶料理。

（7）开餐时需要到餐厅与客人直接沟通，了解客人对厨房出品反馈的信息。

（8）积极组织厨师开展业务技能培训，增强员工的业务素质。

（9）抓好厨房和餐厅的协调合作，全面提高餐饮整体服务质量。

（10）做好与其他部门的沟通与合作。

（11）加强对下属的督导检查和绩效评估，并提出奖罚意见。

3. 餐厅经理岗位职责。

（1）在餐饮部经理的领导下，负责餐厅的全面管理工作，每日工作结束后记录日志，及时反馈餐厅各类信息。

（2）负责落实餐厅的管理、服务、培训工作，合理安排员工并布置各项工作，保证为客人提供优质服务。

（3）负责督导和检查餐厅领班的日常管理工作，每日在开餐前召开班前会，布置当日工作安排，及时疏通，解决问题，定期对员工进行工作业绩评估，实施奖惩。

（4）负责督导和检查餐厅员工执行饭店规章制度的情况和服务质量，保证按照饭店制定的服务标准与程序为客人提供良好的服务。

（5）与厨师长合作，完成日常菜单的制作与改进，满足客人的就餐需求。

（6）加强餐厅节能降耗管理，控制成本开支。

（7）负责检查餐厅卫生工作，做好餐具、酒具、茶具的洗涤、消毒，确保食品卫生。

（8）带领餐厅领班和员工做好重大活动、重要团队、会议和散客的接待服务工作；建立良好的客户关系，处理好客人的投诉。

（9）加强员工业务技能培训和考核，提高员工业务素质。

（10）做好餐厅设备管理和安全管理。

4. 餐厅领班岗位职责。

（1）在餐厅经理的领导下，负责餐厅的日常经营管理和服务工作，完成部门下达的经营指标，为就餐客人提供优质的服务。

（2）实施本餐厅的各项工作计划。

（3）安排餐厅服务人员的工作任务和班次。

（4）协调、沟通餐厅及厨房之间的工作，及时征求和反馈客人意见，处理好客人投诉，监督餐厅员工按照各部门的工作流程进行工作，并不断改进服务质量，满足就餐客人的需求。

（5）组织员工做好餐厅的清洁卫生工作和安全保障工作。

（6）填写各种营业报表，实施餐厅的节能降耗和物耗控制工作。

（7）组织实施员工的业务技能培训和考核，提高员工业务素质。

（8）负责餐厅考勤，定期对服务人员的工作进行评估并提出奖惩意见。

（9）参加部门例会，做好上传下达工作，调动员工积极性，完成部门下达的各项任务。

5. 餐厅服务员岗位职责。

（1）在领班的带领下，按照饭店制订的餐厅工作标准和程序，为就餐客人提供高质量的餐饮服务。

（2）遵守饭店的规章制度，服从领班的管理，认真完成各项工作任务。

（3）积极参加饭店、部门组织的各项业务培训并通过考核，达到上岗标准。

（4）热心帮助客人解决就餐过程中的各类问题，将客人提出的意见和投诉及时反馈给领班，尽力解决，使客人满意。

（5）熟知餐厅服务知识，熟练掌握餐厅服务技能；熟悉菜点知识，准确掌握每日供应的菜点，密切配合传菜员、厨师的工作。

（6）增强促销意识，主动向就餐客人介绍、推销餐厅供应的菜点和酒水，增加餐厅经营收入。

（7）负责做好餐厅的清洁卫生工作，严格执行食品卫生标准和程序，保证客人食品卫生安全。

（8）负责做好餐厅安全工作，防止发生偷盗、火险或其他安全事故。

（9）树立节约意识，减少能源消耗和餐厅物品消耗，降低餐厅成本。

（10）负责餐后收尾整理和交接班工作，注意将餐厅废弃物进行分类处理和清运。

6. 宴会服务员岗位职责。

（1）根据当天的宴会预报单及每日领班布置的工作任务，做好宴会开餐前的各项准备工作。

（2）按宴会服务标准与程序，为客人提供优质的餐饮服务。

（3）根据宴会预订单内容和客人的特殊要求进行规程化、个性化的超值服务。

（4）为客人解决宴会过程中的各类问题，将客人的意见和投诉及时汇报给领班，并尽力帮助解决。

（5）做好宴会餐具、酒具、茶具的洗涤、消毒工作，确保就餐客人的食品卫生安全，负责所在区域的清洁卫生工作。

（6）遵守店规店纪，服从领班的管理，认真完成各项工作任务。

（7）积极参加饭店、部门组织的各种培训并通过考核，提高自身素质。

（8）负责宴会后收尾整理和交接班工作，注意将宴会废弃物进行分类处理和清运。

（9）做好宴会厅安全工作，防止发生各种安全事故。

7. 传菜员岗位职责。

（1）开餐前做好传菜准备工作，并协助值台服务员布置餐厅和餐桌，摆台及补充各种物品。

（2）将值台服务员开出的并经账台收款员盖章的饭菜订单传送到厨房内堂口。

（3）准确及时地将厨房烹制好的菜肴、食品传送给餐厅值台服务员。

（4）严格执行传送菜点服务规范，确保准确及时。

（5）严格把好饭菜食品质量关，不符合质量标准的菜点拒绝传送。

（6）负责传菜用具、物品及菜廊的清洁卫生工作。

（7）协助值台服务员做好客人就餐后的清洁整理工作。

（8）与值台服务员和厨房内堂保持联系，搞好餐厅与厨房的关系。

（9）积极参加各种业务培训，提高服务水平。

（10）完成上级交派的其他工作。

四、餐饮服务管理

餐厅是饭店向宾客提供餐饮产品及服务的场所，也是饭店餐饮经营活动的集中体现。服务管理是餐饮管理体系的重要组成部分，也是餐饮管理最重要的任务。因此，餐厅服务管理水平的高低，不仅决定了饭店对宾客在餐饮需求方面的满足程度和服务水平，而且直接反映了饭店餐饮管理的水平和效率。

（一）餐饮服务规程

1. 预订服务。餐厅预订服务程序如图5-1所示。

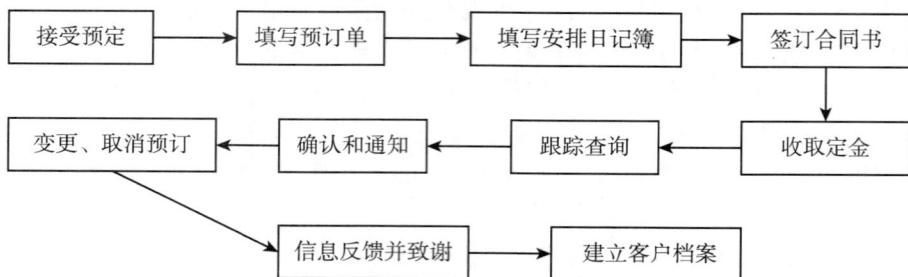

图5-1　餐厅预订服务流程

2. 中餐散客（零点）服务。中餐零点餐服务是指在中餐厅接待散客，为临时来用餐的宾客提供的服务。

（1）零点服务的特点。

A. 就餐时间的随意性。每家饭店零点餐厅的营业时间长，宾客到达时间交错，就餐时间不统一，有的宾客在未开始营业时就步入餐厅，有的则在营业将近结束时才姗姗而来，因此，服务人员应根据宾客到达时间及具体情况来安排餐桌、提供服务，在整个服务过程中，要自始至终精神饱满、热情而又耐心地接待每一位客人。

B. 就餐要求的多样性。宾客来自不同的国家、地区，有着不同的生活习惯和口味要求，也有着不同的就餐目的，服务员要善于观察宾客的举止、语言及时捕捉信息，机警灵活地掌握客人的心理需求。掌握适当的时机，主动地向客人推销餐饮产品，使客人在满意地品尝物有所值的美味佳肴的同时，得到热情周到的服务。

C. 就餐场所的选择性。宾客往往根据餐厅菜肴的品种特色、就餐环境、菜品的质量、价格、出菜的速度和服务态度等来选择就餐的场所。因此，中餐服务不仅要有优质的菜品，优美的环境，还必须具有优良的服务来取得宾客的信任，使客人高兴而来，满意而归，并争取更多的"回头客"。

D. 接待工作的复杂性。零点餐厅服务员一般要服务多个餐台，因此，要求服务人员有较全面的服务知识与技巧，在接待、点菜、上菜、撤换餐具、结账等环节中，要眼观六路，耳听八方，做到"接一、安二、招三、顾四"，即接待第一批客人，安排第二批客人，招呼第三批客人，同时也要照顾到第四批客人，做到迅速、快捷、及时地处理各种应急情况，忙而不乱地接待每一台、每一批就餐宾客。

E. 餐后付款。服务员要有强烈的推销意识，掌握适当的时机，向宾客推销各式菜点、酒水，使宾客在满意地品尝货真价实的美味佳肴和得到热情周到的服务的同时，十分乐意地掏钱付款。

（2）中餐零点餐服务标准与流程。中餐零点餐服务标准与流程如图5－2所示。

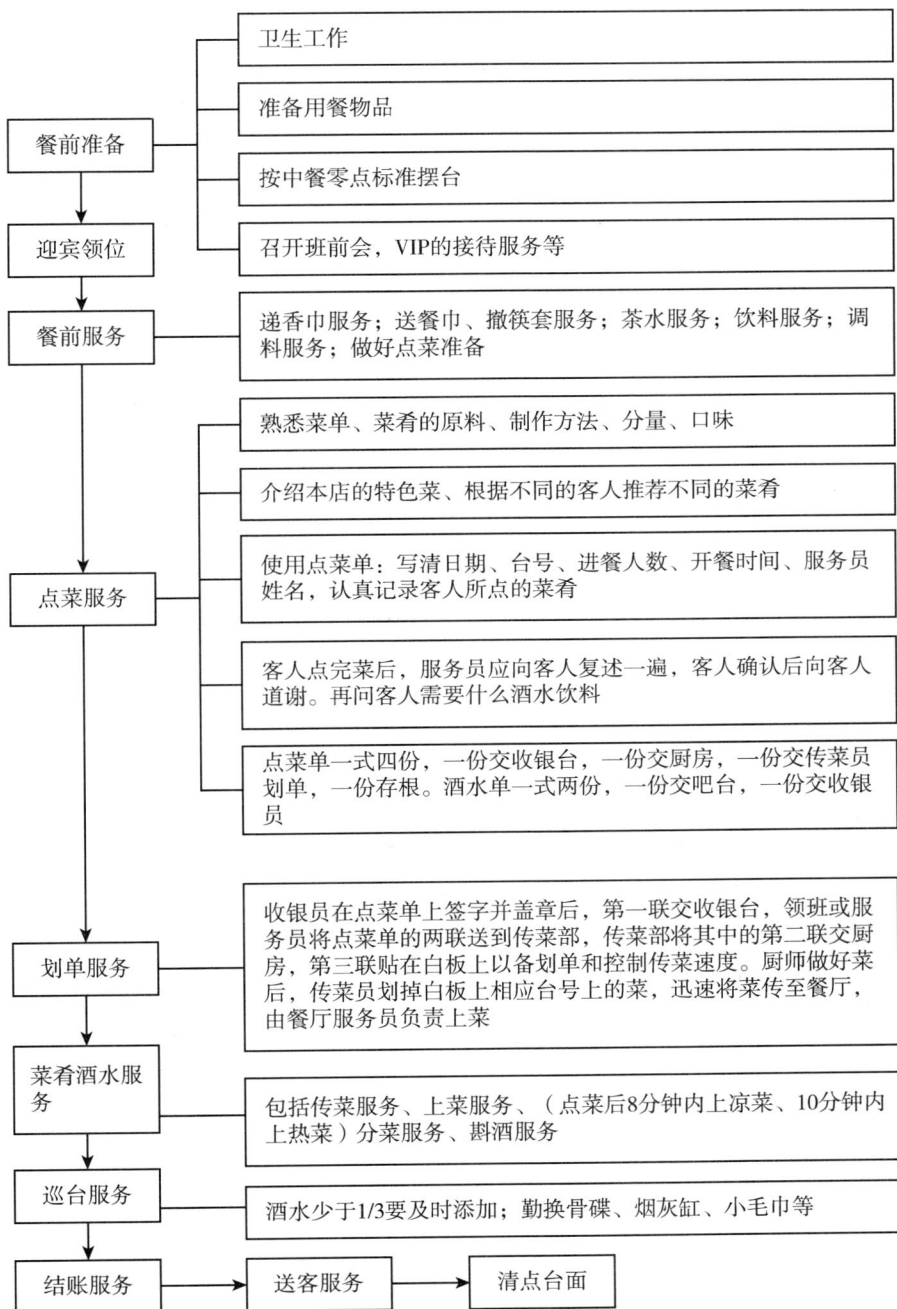

```
                  ┌─────────┐     ┌──────────────────────────────────┐
                  │         ├────▶│ 卫生工作                          │
                  │         │     └──────────────────────────────────┘
                  │         │     ┌──────────────────────────────────┐
                  │ 餐前准备 ├────▶│ 准备用餐物品                      │
                  │         │     └──────────────────────────────────┘
                  │         │     ┌──────────────────────────────────┐
                  │         ├────▶│ 按中餐零点标准摆台               │
                  └────┬────┘     └──────────────────────────────────┘
                       │          ┌──────────────────────────────────┐
                  ┌────┴────┐     │ 召开班前会，VIP的接待服务等       │
                  │ 迎宾领位 ├────▶└──────────────────────────────────┘
                  └────┬────┘
                  ┌────┴────┐     ┌──────────────────────────────────┐
                  │ 餐前服务 ├────▶│ 递香巾服务；送餐巾、撤筷套服务；茶水服务；饮料服务；调 │
                  └────┬────┘     │ 料服务；做好点菜准备              │
                                  └──────────────────────────────────┘
```

- 卫生工作
- 准备用餐物品
- 按中餐零点标准摆台

餐前准备

迎宾领位 — 召开班前会，VIP的接待服务等

餐前服务 — 递香巾服务；送餐巾、撤筷套服务；茶水服务；饮料服务；调料服务；做好点菜准备

点菜服务
- 熟悉菜单、菜肴的原料、制作方法、分量、口味
- 介绍本店的特色菜、根据不同的客人推荐不同的菜肴
- 使用点菜单：写清日期、台号、进餐人数、开餐时间、服务员姓名，认真记录客人所点的菜肴
- 客人点完菜后，服务员应向客人复述一遍，客人确认后向客人道谢。再问客人需要什么酒水饮料
- 点菜单一式四份，一份交收银台，一份交厨房，一份交传菜员划单，一份存根。酒水单一式两份，一份交吧台，一份交收银员

划单服务 — 收银员在点菜单上签字并盖章后，第一联交收银台，领班或服务员将点菜单的两联送到传菜部，传菜部将其中的第二联交厨房，第三联贴在白板上以备划单和控制传菜速度。厨师做好菜后，传菜员划掉白板上相应台号上的菜，迅速将菜传至餐厅，由餐厅服务员负责上菜

菜肴酒水服务 — 包括传菜服务、上菜服务、（点菜后8分钟内上凉菜、10分钟内上热菜）分菜服务、斟酒服务

巡台服务 — 酒水少于1/3要及时添加；勤换骨碟、烟灰缸、小毛巾等

结账服务 → 送客服务 → 清点台面

图 5－2 中餐零点餐服务流程

3. 团队用餐服务。团队用餐服务是指餐厅主要接待各类旅游和会议的团体客人用餐，餐厅的任务是每人每餐按用餐标准及要求供应他们的膳食和提供服务。目前，来中国的旅游者多数是通过旅行社等组织的包价旅游。他们的膳食、住宿、旅游及交通都是统一安排的。除此之外，还有各种学术讨论会、科技交流会、贸易洽谈会、订货会等会议，也采取团体包餐的方式就餐。目前不少饭店均设有容量较大的团体餐厅。

（1）团队用餐的形式及特点。

A. 事先预订。团队用餐须事先预订，使餐厅和厨房有准备时间，接受预订时，要问清就餐人数、时间、标准、付款方式、特殊要求及预订人的身份、姓名、单位、联系方式等，以利于安排餐位和制定菜单。服务过程中，要集中人力做好餐前准备工作，与厨房密切配合，科学合理地组织供餐服务工作，尽最大努力缩短宾客候餐时间，做到无论宾客什么时候来，都能得到迅速满意的服务。

B. 接待面广。一般旅游、会议团体少则十几个人，多则上百、上千个人。餐厅只能根据团队宾客的国籍、地区、职业年龄等特点来制订菜单，照顾到大多数客人的口味要求。对个别特殊的客人，如佛教、伊斯兰教或高血脂、糖尿病患者等作特殊情况处理。有时宾客在就餐时临时提出饮酒、加菜的要求，应从方便宾客出发给予满足，但要提醒客人另外付账收款。会议团体一般在饭店逗留时间较长，包餐的次数多，在服务操作中服务人员要多观察，主动征求客人的意见，配合厨房搞好餐饮质量。

C. 服务迅速。团队宾客在用餐时间上和其他宾客不同。他们的抵达、离开和外出活动时间往往不定，变化多端，经常不能准时在规定的时间内进餐。若是进入餐厅，为了赶时间，也要求上菜速度快。因此，在餐厅的组织上，需要十分细致地了解情况，及时和陪同人员取得联系，与厨房密切配合，科学地组织就餐服务，采取灵活的组织安排，使宾客无论什么时候来都能迅速地就餐，而且饭菜的温度、新鲜程度都要达到规定的标准，使宾客满意。

D. 形式统一。

① 用餐标准统一，消费水准通常低于宴会和散餐。

② 用餐时间统一，人数集中，服务要求迅速。

③ 菜式品种统一，但注意每天有新品种，不重复。

④ 服务方式统一，但也要体现团队的特点。

团队用餐虽然不是以品尝美味佳肴为主，菜肴也不像宴会那样精致，服务没那么讲究，礼节没有那么烦琐，又不像零点餐那样注重推销，但绝不能因就餐标准不高而忽视菜肴质量。

（2）团体用餐的服务规范与程序。团体用餐的服务规范与流程如表5-1所示。

表5-1　　　　　　　　　　团体用餐服务规范及流程

流　程	具　体　内　容
准　备	（1）了解包饭团体的人数、就餐标准、餐别、国籍、宗教信仰、生活特点、就餐时间、口味爱好、结账方式。 （2）根据菜单备好各类餐具和饮料。 （3）按人数铺设席位。 （4）按菜点道数放置公匙于骨碟内放在转盘上。

流　程	具 体 内 容
引　座	客人到时，领位员热情迎客，主动用敬语招呼："您好，欢迎光临！" 为客人拉椅让座，并接挂衣帽，"给我，我为您保管。" 送上茶水、毛巾，通知厨房准备出菜。 （5）客人就餐前为客人提供饮料服务：左手托盘，饮料置于托盘中，放在客人右侧，征询客人意见需要何种饮料。 （6）为客人斟饮料，站在客人右侧进行服务，注意不外溢。
上　菜	（1）上菜前可撤去花瓶和台号牌。 （2）按顺序上每一道菜均要报菜名。 （3）为客人派菜。 （4）吃完腥、辣、骨刺多的菜后要换骨碟，并上毛巾、洗手盅。 （5）菜上齐后要告诉客人："您的菜已全部上齐。" （6）客人就餐时，服务员应站立一旁，并做好餐间小服务。
餐　后	（1）客人就餐完毕，应询问还有什么需求："您还需要些什么吗？对我们的菜肴和服务还满意吗？" （2）客人离座后，为客人拉椅送衣帽等，"这是您的衣帽，我来帮您穿上。" （3）检查是否遗忘的物品，以便及时送还客人。 （4）向客人礼貌道别、致谢。 （5）请陪同人员在账单上签字，写明用餐人数和团体名称。 （6）按收台顺序清理台面恢复台位。 （7）领位员送客到餐厅门口，再次致谢道别。

4. 中餐宴会服务。

（1）宴会的分类。宴会也叫筵席、酒席，是为了表示欢迎、答谢、祝贺、喜庆等举行的一种隆重的、正式的餐饮活动。

宴会形式多样，按规格分，有国宴、家宴、便宴、冷餐会、招待会等；按习俗分，有婚宴、寿宴、接风宴、饯别宴等；按时间分，有午宴、晚宴、夜宴等。一般来说，晚上举行的宴会较之白天举行的更为隆重。

（2）宴会的组织实施。

① 宴会布置。中国的美食从来都讲究进餐环境的气氛和情调，因而在场景布置方面，应根据宴会的性质和规格的高低来进行，既要体现出既隆重、热烈、美观大方，又具有中国传统的民族特色。

宴会厅的照明、音响要有专人负责，宴会前必须认真检查一切照明设备及线路，保证不发生事故。宴会期间要有工程人员值班，一旦发生故障即刻组织抢修。

宴会厅的室温注意保持稳定，且与室外气温相适应。一般冬季保持在 18℃～20℃，夏季保持在 22℃～24℃。

② 明确分工。规模较大的宴会要明确总指挥人员，总指挥在准备阶段，要向服务员布置任务、讲意义、提要求，宣布人员分工和注意事项。在人员分工方面，要根据宴会要求，对迎宾、值台、传菜、供酒及衣帽间、贵宾室等岗位，都要有明确的分工、具体任务，将责任落实到人，做好人力物力的充分准备，要求所有服务人员思想重视、措施落实，保证宴会善始善终。

③ 宴会现场控制。

A. 控制宴会进程。要对宴会进行现场控制，必须熟知整个宴会的策划方案，掌握主人的讲话致辞、领导敬酒、席间表演等各个细节，以便及时安排递酒、上菜等时间。同时，要掌握不同菜点的制作时间，做好厨房的协调工作，保证按顺序上菜并控制好上菜的间隔时间，防止过快或过慢，影响宴会氛围。此外，还须注意主宾席与其他席面的进展情况，适当调控两者的速度，保证整个宴会的进程顺利进行。

B. 督导宴会服务。整个宴会过程中，现场指挥要加强巡视，及时根据宴会的进展和场上的变化，调度人员，协调好各方面的关系，并督导服务人员的行为，及时弥补服务中的不足，保证宴会服务达到规范的要求。

C. 处理突发事件。宴会进行中，经常会出现一些新的情况和问题，现场指挥必须当机立断，迅速处置，把顾客的要求在最短时间内解决，把不良影响缩小到最低限度。

④ 宴会的结束工作。

A. 结账工作。在宴会临近尾声时，宴会组织者应该让负责账务的服务员准备好宴会的账单。各种费用在结算之前都要认真核对，不能缺项，不能算错金额。结账时，现金现收，若是签单、刷卡或转账结算，应将账单交宾客或宴会经办人签字后，送收款处核实，及时送财务部入账结算。

B. 清理现场。各类开餐用具要按规定位置清洁复位，重新摆放整齐；开餐现场重新布置恢复原样，以备下次使用。清理工作做完后，领班要进行检查，待全部项目合格后方可离开或下班。

（3）中餐宴会的服务程序。宴会服务时应注意：操作时轻拿轻放；服务要有节奏感；在宾主席间讲话或演奏国歌的时候要停止手中的操作；岗位服务员要分工协作，配合默契。

5. 西餐服务程序。西餐服务包括早餐服务、正餐服务以及宴会服务。

高级西餐厅体现了西餐服务的最高水准，其午餐和晚餐服务讲究，注重情调，节奏缓慢且价格昂贵。西餐午餐、晚餐的用餐时间较长，服务技术要求高。一般要求服务员需经过严格培训之后才能上岗，除要掌握各种基本服务技能之外，还应熟悉菜肴与酒水知识及服务方式，娴熟地掌握客前烹制技能，能为宾客提供心理服务，并具有高超的服务技巧和熟练的外语会话能力。

宴会服务中应注意的事项为：主宾位置的安排，台布、餐巾、酒具的摆放要严格按照规范执行；服务操作要谨记左叉右刀，左菜右酒，左上右撤，先撤后上，先宾后主的规范；上每一道菜之前都要将用完的前一道菜的餐具撤下；上菜时先摆好与之配套的餐具，先斟酒后上菜；宴会厅全场的上菜、撤盘均以主桌为准；要保证吃一道收一道，吃到最后餐桌上无多余物品，先点心后水果与咖啡。这些服务程序直接反映了服务员的操作水平和餐厅的档次。

6. 餐饮台面、餐台的布置与安排。台面按饮食习惯可划分为中餐台面、西餐台面和中餐西吃台面三大类；按宾客的人数和就餐规格，可分为便餐台面和酒席宴会台面；按台面的用途可划分为食台和看台两种。

中餐台面常见的有方桌台面和圆桌台面。中餐台面的小件餐具一般由筷、汤匙、骨碟、搁碟、味碟、二汤碗和各种酒杯组成。

西餐台面分为便餐台面和酒席宴会台面两种。便餐台面又有小方桌台面、小圆桌台面等数种。酒席宴会台面常见的有直长台面、横长台面、"T"字形台面、"几"字形台面、"工"字形台面等。西餐台面的小件餐具一般由各种刀、餐叉、餐勺、菜盆和各种酒杯组成。

中餐西吃台面可用中餐的方台、圆台和西餐的各种台面，其小件餐具一般由中餐用的筷，西餐用的餐刀、餐叉、餐勺和其他小件餐具组成。

食台是给宾客就餐用的，各种小件餐具按就餐方便的要求摆设，在行业中称为摆台。

看台又称花台面，即用小件餐具、各种印花台布、各种花卉、各色水果造型，拼摆成各种图案，供宾客在就餐前观赏，上菜前即行撤去。

在进行摆台的时候要注意尊重各民族的风俗和饮食习惯；符合各民族的礼仪形式；小件餐具的摆设要配套、齐全，要相对集中，整齐一致；花台面的造型要逼真、美观、得体、实用；保持台面的清洁卫生等事项。

7. 各种餐台的排列方法。中餐普通酒席的一般排列方法为：两桌，可横或竖并列排列；三桌，可排成"品"字形，也可横或竖并行排列；四桌，可排列成菱形或四方形；桌数更多的，排列成方格形。

中餐宴会一般要在各种宴会厅举行，其餐台的安排要特别注意突出主台。主台要安排在正门的餐厅的上方，面向众席，背向厅壁，也可将主台摆在中间，将其他餐桌围在四周。

西餐一般使用小方台。西餐酒席宴会的餐台是用小方台拼接而成的，餐台的台形和大小可根据就餐人数、餐厅地形和宾客的要求安排。

鸡尾酒会一般不设置餐台，菜、酒都由服务员托送。因此，鸡尾酒会一般要设备餐室。如果没有备餐室，可在餐厅的一角摆一个长台做备餐用。为照顾年老体弱的宾客，也可在餐厅的周围摆小圆台和椅子，圆台上置烟灰缸、牙签筒等物品，供宾客休息时使用。

冷餐酒会有设座和不设座两种。不设座的冷餐酒会要在餐厅正面靠墙处摆一长条形的餐台。其大小要根据参加的人数和菜品的多少而定。如参加的人数多，可在餐厅四周靠墙处或中间部位摆餐台。设座的冷餐酒会餐台与西餐宴会排列相似。

8. 席位安排。席位安排是餐厅服务的一项重要的工作，席位的安排是否得当，不仅牵涉礼节，而且也关系到服务质量，安排各桌座次遵循的总体原则就是宾客的要求，其具体安排如下：

（1）中餐酒席席位安排。中餐酒席，方台面每桌安排八个席位，圆台面一般每桌安排10～12个席位。方台面是以方桌的上方即靠餐厅正面墙为上席，上方又以右边为主宾，左边为副主宾，主人则安排在方桌正上方的席位，其他宾客则依次按照从上到下、从右到左的顺序安排。圆台而并无统一安排方法，其特点是吸取了西餐厅酒席席位的安排规则，将主人安排在席桌上方的正中间，将主宾席位安排在主人的右边，将副主宾安排在副主人的右边，其他宾客则从右至左、从上至下依次排列，如主宾和副主宾都偕夫人出席。宾客是外宾有翻译陪同，翻译应安排在靠近主宾席的席位上，这样可便于宾主在宴会中交谈。

（2）西餐宴会席位安排。其原则大致和中餐相似，但须注意的原则是：以女主人为主；一般主人席位安排在席位上方和正中的位置，主宾席位安排在主人席位的右边，副主宾席位安排在主人的左边；女士优先，并以右座为尊；男女宾客须安排交叉座位，夫妻分座。

（二）餐饮服务质量的控制

1. 餐饮服务质量控制的基础。要进行有效的餐饮服务质量控制，应做好以下三个前期工作：

（1）建立合理的服务规程。服务规程是餐饮服务应达到的规格、程序和标准。为了提高和保证服务质量，应该把服务规程视作工作人员应当遵守的准则和内部服务工作的法规。

制定服务规程时，首先要确定服务的环节和顺序，再确定每个环节服务人员的动作、语言、姿态、质量和时间以及对用具、手续、意外处理和临时措施的要求。每套规程在开始和结尾处应有与相邻服务过程互相联系、相互衔接的规定。

在制定服务规程时，不要照搬其他饭店的服务规程，而应该在广泛吸取国内外先进管理经验、接待方式的基础上，紧密结合本饭店大多数顾客的饮食习惯和本地的风味特色，推出全新的服务规范和程序。

（2）了解、收集各种服务质量信息。餐饮管理人员应该知道服务的结果如何，即顾客是否感到满意，从而采取改进服务、提高质量的措施。应该根据餐饮服务的目标和服务规程，通过巡视、定量抽查、统计报表和听取顾客意见等方式来收集服务质量信息。

（3）认真抓好员工的培训工作。饭店之间质量竞争的实质是人才的竞争、员工素质的竞争，一个没有经过良好训练的服务员很难提供高质量的服务。因此，新员工在上岗前必须进行严格的基本功训练和业务知识培训，不允许未经职业技术培训、没有取得上岗资格的人员上岗操作。在职员工必须利用淡季和空闲时间进行培训，以提高业务技术、丰富业务知识。

2. 餐饮服务质量控制的方法。根据餐饮服务的三个阶段——准备阶段、执行阶段和结束阶段，餐饮服务质量的控制可按照时间顺序分为如下三个阶段。

（1）预先控制（准备阶段）。预先控制就是在开餐前做好一切相应的管理，防止在开餐过程中发生偏差。其主要内容有：

1）人力资源的预先控制：合理安排、灵活使用劳动力；确保员工仪表仪容符合规范要求。

2）物资资源的预先控制：各类用品品种齐全、数量充足。

3）卫生质量的预先控制：各部位的卫生如不能达标，必须返工。

4）事故的预先控制：客情通报应及时、迅速、完整；前后台联系应规范、畅通。

（2）现场控制（执行阶段）。就是现场监督正在进行的餐饮服务，使其规范化、程序化，并迅速妥善处理意外事件。餐饮部管理人员应将现场控制作为管理工作的重要内容。其主要内容有：

1）服务程序的控制：发现偏差，及时纠正。

2）上菜时机的控制：恰到好处，符合要求。

3）意外事件的控制：处理投诉，迅速及时；顾客醉酒，劝其离开；餐厅气氛，始终和谐。

4）人力的控制：划分区域，分工负责；客情需要，及时调整；高峰过后，适当休息。

（3）反馈控制（结束阶段）。就是通过内部系统和外部系统质量信息的反馈，找出服务工作在准备阶段和执行阶段的不足，采取措施，加强预先控制和现场控制，提高服务质量，使宾客更满意。

3. 餐饮服务质量的监督检查。通过完整的质量监督体系和有效的质量监督制度，对餐饮服务质量进行长期不懈的监督检查，是餐饮部优质服务的保证。

餐饮服务质量监督检查的主要项目是：礼节礼貌、仪表仪容、服务态度、清洁卫生、服务技能、服务效率和工作纪律。

五、菜单管理

菜单是饭店餐饮部出售的食品、饮料名称和价格等的一览表，是餐饮业务活动的总纲和起点。在餐饮销售中，菜单是展示餐厅产品特色、生产能力、产品等级、服务规格等信息的重要载体。顾客进入餐厅所获得的关于菜点的第一手材料便是菜单上面的信息，信息的准确、真实与否，直接影响菜点的推销。

（一）菜单的种类

1. 根据餐饮形式和内容分类。

（1）早餐菜单。早餐菜单分为中、西式两种，突出一个"快"字，供应品种简单，易于烹制。

（2）午、晚餐菜单。午、晚餐是一天中主要两餐，对菜点品种、餐厅服务都要求具有高质量，菜单品种齐全，富有特色。

（3）宴会菜单。宴会菜单是根据宾客的国籍、宗教信仰、生活习惯、口味特点、宴会标准和宴请单位或个人的要求制定的，讲究餐饮规格、传统名菜和特色。

（4）团体菜单。团体菜单是根据旅行社或会议主办单位规定的用餐标准来制定的，菜单内容应搭配合理、经济实惠。

（5）饭店客房送餐菜单。有些住饭店的宾客由于某种原因不能或不愿到餐厅就餐，而要求在客房中用餐。为满足宾客这方面的要求，饭店大都提供客房送餐服务，并制定了客房送餐菜单。客房送餐菜单可包罗万象，也可简单明了。各类菜的选料质量高、做工精细，价格略高于餐厅的菜价。

（6）夜宵点心单。指夜间提供各种点心、小吃及饮料的菜单。

（7）国际菜单。指异国风味餐饮菜单，要突出异国餐饮的风格特色。

（8）特种菜单。如儿童菜单、家庭菜单等，必须有确定的市场和针对性的餐饮内容。

2. 根据市场特点分类。

（1）固定菜单。固定菜单也称标准菜单、大菜单，是一种菜肴或内容标准化而不作经常性调整的菜单。与其他形式的菜单相比，固定菜单更利于食品的成本控制和采购，有利于员工劳力的标准化安排和设备用具的充分使用。但是，由于固定菜单菜式不变，难以提供多种风格的餐饮产品，易使厨房员工和服务员产生厌倦感。

（2）循环菜单。循环菜单是按一定天数周期循环使用的菜单，适宜旅游饭店团体餐厅、长住型饭店的餐厅及企事业单位食堂餐厅使用。餐饮企业按照既定的周期天数制定一套菜单，周期有多少天，这套菜单就应有多少份各不相同的菜单，每天使用一份。循环菜单周期的长短应根据市场特点决定。如果用餐宾客变换不多，那么循环菜单的周期应该长一些，一般 10~15 天为宜。旅游饭店餐厅周期可适当缩短，一般以 7 天为一循环周期。

3. 根据菜单价格形式分类。

（1）零点菜单。零点菜单是餐厅的基本菜单，所列的菜肴种类较多，客人选择余地较大，中式零点菜单一般分门别类，如冷盘、鸡、鸭、鱼、肉、蔬菜、汤、饭、面点等，并按菜点的大、中、小份定价。

（2）订菜菜单。订菜俗称套餐或公司菜。选配若干菜点组合成套餐销售，一般套菜中只能作有限的选择，整套菜价格也是固定的。

（3）混合式菜单，混合式菜单综合了零点菜单和订菜菜单的特点及长处。就西餐而言，有些菜单以订菜形式为主，同时欢迎宾客再随意点用其中任何主菜并以零点形式单独付款。也有的饭店使用的混合菜单则以零点形式为主，主菜都有两种价格，一种为零点价格，一种为订菜价格，吃订菜的宾客在选定主菜后可以在其他各类菜中选择价格控制在一定限额内的菜式作为辅菜。

（二）菜单的制作内容

菜单内容的编写涉及餐厅如何利用信息把所选订的菜点传递给客人，同时也影响到整个饭店各项工作的安排和经营。菜单作为计划书，它的内容和分类要方便厨房的生产安排和销售统计；作为推销工具，应该将信息正确而迅速地传递给顾客；同时又要通过菜单内容的编写、顺序的安排以及外观的艺术处理来影响顾客购买菜点。从整体上看，制作一份完整的菜单应包括以下内容：

1. 菜点的名称和价格。菜点的名称会直接影响顾客的选择，对于未品尝过的菜肴，顾客往往会凭菜名进行挑选，菜点名称起了引导客人消费的作用。消费者对餐厅满意的程度取决于菜名的实际内容，但也与由菜名引发的期望值有关。菜点名称和价格的编写要符合下述要求：

（1）菜点名称真实。菜点名称应能吸引顾客的注意，但必须真实，不能太离奇。不熟悉的、故弄玄虚的、离奇的名字，不容易被顾客所接受。一些餐厅为吸引顾客的注意，在菜名上挖空心思，让顾客如坠雾里，如有道菜名为"青龙过江"，其实就是青葱浮在汤上。当然有些经典传统菜肴的名称经过世代相传，反而成了菜肴的招牌，如杭式点心"猫耳朵"、粤菜中的"龙虎斗"、闽菜中的"佛跳墙"等。另外，一般宴会菜点的命名为了突出宴会主题，往往会给现有菜点另起一套名字。这种讨口彩的命名往往可以起到一定的促销作用。

（2）菜点质量真实。菜点的质量真实包括：原材料的质量和规格要与菜点的介绍相一致，如菜点名为炸牛里脊，餐厅就不能供应炸牛腿肉；产品的产地必须真实，如菜单上标明菜点的原料是日本雪花牛肉，则所用的原料就不能用国产的牛肉替代；菜点的份额必须准确，有的餐厅名为价格打折实为分量减少，实际上等于是变相的欺诈；菜点的新鲜程度也应真实，菜单上注明是新鲜蔬菜，就不能用罐头或速冻食品代替。

（3）菜点价格真实。菜单上的价格应该与实际供应的一样。如果餐厅加收服务费，则必须在菜单上注明，若有价格调整要立即改动或更换菜单。

2. 菜点的补充介绍。除菜名外，菜单应对菜肴进行相关补充介绍，这种介绍可以代替服务员的口头介绍，减少顾客选菜的时间。这些补充介绍应有：主要配料及一些独特的浇汁和调料；菜名的烹调和服务方法；菜点的烹调口味和等候时间；菜点的份额。

3. 告示性信息。除菜点、价格等核心内容外，菜单还应提供一些告示性信息，一般包括：餐厅的名字，通常安排在封面上；餐厅的特色风味；餐厅加收的费用，如果餐厅加收服务费，要在菜单的内页上注明。

（三）菜单制作创新方式

菜单是餐饮部提供的餐饮产品的目录，它是传播餐饮产品信息的载体。已经开发成功的菜点还要依赖于科学、美观、新颖的菜单制作，如何进行菜单制作上的创新，是饭店业餐饮部所面临的重要任务。有以下几种创新方式提供参考：

1. 菜单形式上的创新。传统菜单以长方形为主，或为单页式，或为双页式（对折式），或为多页式。根据人们的阅读习惯和餐饮的经验总结：单页菜单主菜应列在菜单的中间位置；双页菜单上主菜应放在右页的上半部；三页菜单中，主菜应安排在中页的中间；四页菜单里，主菜通常被置于第二页和第三页上。同时，饭店应根据菜单的使用场合，灵活设计菜单的外形。如上海某饭店在接待日本天皇时，将菜单设计成天皇所喜欢的扇子造型。此外，有的饭店则将菜单通过篆刻的方式保留到餐厅入口的墙壁上；有的饭店则在餐桌的底部设置了电脑屏幕，通过它传递菜单信息，这些菜单在外形上均进行了大胆的突破，给人耳目一新之感。

2. 信息表现上的创新。菜单多借助简单的文字排列向消费者传递基本信息。文字的信息功能固然突出，但若借助漫画、照片、符号甚至是气味等具体手段就更能强化文字功能。因此，有的饭店开始在菜名后附上本菜的造型；有的借助夸张的厨师造型作信息指引；有的则在菜单空隙见缝插针又恰到好处地设计一些漂亮的线条和背景；有的甚至在菜单上撒上有助于刺激饮食的淡淡的香味（气味的运用要谨慎，不能破坏美食的基本气味，也不能过于浓烈，以便影响人们对美食的正确判断）……这些鲜活的表现手法同样为普通的菜单增色不少。

3. 菜单内容上的创新。随着人们对饮食要求的日益提高，以介绍美食为己任的菜单在内容上也应走向丰富。为了满足现代人对时间的要求，菜单上开始出现了烹制菜肴所需的时间；有的饭店为了满足都市人的休闲需求，在一些特别的菜单（如台式菜单）上增加了一些短小的漫画和笑话。因此，饭店应考虑在不弱化菜单基本实用功能的前提下，适当延展菜单的内容。

4. 菜单效用上的创新。菜单效用上的创新与菜单内容上的创新紧密关联，除了赋予菜单基本菜点宣传功能外，还可强化菜单的纪念价值、文学价值、信息价值等。例如，婚宴菜单应能具备相当的纪念价值，成为日后"老两口"怀旧的重要源泉。又如，某饭店意大利餐厅的菜单附加了地图功能，在其封面画上了简易地图标明餐厅的位置及主要大街的名称；香港某饭店的菜单居然还有"现金"价值，凭菜单封底的优惠印可享受较大幅度的折扣。

5. 菜单材质上的创新。菜单基本上以各类铜版纸、胶版纸、牙粉纸为主要材质，总的来说，饭店应选用耐污、耐油、轻巧、美观的材质用作菜单材质。不过，饭店应避免使用塑料和绸绢作封面，这就像餐桌上应避免使用塑料花一样。因为塑料制品在现代人看来是极其低廉的东西，使用塑料菜单不免有贬损餐厅形象之嫌；绸绢之类固然高雅，但却因极易沾染污渍，也不宜用作菜单封面；其他材料，如漆纸、漆布，虽不易弄脏，但因油漆常发生龟裂、剥落而有碍观瞻，也不宜用作菜单封面。

六、厨房业务管理

厨房是饭店最重要的生产部门，厨房的业务管理就是对菜点品种的开发、菜点质量的形成及食品成本的相关要素进行计划、组织与控制的活动。

（一） 厨房的设计与布局

厨房的设计与布局，就是确定厨房总体及各部分的规模大小和相互关系，并具体安排厨房部门的位置及厨房设施和设备的分布。厨房的设计布局，必须有利于提高厨房的生产质量和劳动效率，具体必须达到以下要求：保证物流畅通，避免交叉碰撞；保证最短工作距离，避免劳动的无谓消耗；突出中心厨房，有效利用资源；符合安全卫生要求，创造良好的工作环境。

（二） 菜点质量控制

菜点质量是指菜点能满足宾客生理及心理需要的各种特性。宾客对菜点质量的评定，一般是根据以往的经历和经验，结合菜点质量的内在要素，通过嗅觉、视觉、听觉、味觉和触觉等感官鉴定得出的，因此，菜点质量的要素主要由以下八个方面组成：卫生、气味、色彩、形状、口味、质感、温度、器皿。除此之外，菜点的营养价值，菜点的名称，特殊菜点的光泽和声响等，均是应考虑的因素。

菜点质量的形成在于菜点设计、加工烹制和餐厅服务。菜点控制方法主要有：

1. 标准控制法。即通过制定标准菜谱来规范菜点的加工烹制过程，以保证菜点质量。

2. 岗位控制法。即明确岗位分工，强化岗位责任和合理配置人员以保证厨房生产正常运转并保证菜点质量。

3. 检查监督法。标准菜谱的制定，虽然为厨房的加工烹制提供依据，但能否充分发挥作用，还有赖于贯彻实施并加强各个环节的检查督促。

4. 情感控制法。厨房技术具有模糊性和经验性的特点，所以要保证菜点质量就必须注意有效控制厨师的情绪，充分发挥厨师的主动性和创造性。此外，宾客对菜点的评价也带有很大的主观性，宾客的情绪、饮食习惯、经验及对菜点的不同理解，都对之后的评价起着重要的作用。所以正确把握不同宾客的要求，积极引导宾客消费，加强调节宾客情绪的工作，都是菜点质量控制不可缺少的重要环节和有效方法。

（三） 菜点原料成本的控制

菜点原料成本是指生产加工菜点实际耗用的各种原料价值的总和，即原材料成本。依据不同的原料在菜点中的不同作用，大体可分为三类，即主料、辅料和调料。主料是制成某一菜点的重要原料，其特征或是数量多或是价值高，或是两者皆备。辅料是制成某一菜点的辅助材料，其特点刚好和主料相反。调料是烹制菜点的各种调味品，如油、盐、酱油、酒、葱、姜、蒜等。

（四） 餐饮原料采供管理

餐饮原料是餐饮机构向宾客提供餐饮食品的重要物质基础，也是餐饮管理中做好成本控制的重要对象。餐饮原料的采供管理就是通过对餐饮原料的采购、验收、发放、储存等环节进行有效的计划与控制，其目的是使厨房等加工部门保质保量及时提供原料，并使采购的价格和费用最为经济合理。

1. 食品原料采购管理。目前中国饭店中食品采购从组织形态角度而言，由饭店采购部和餐饮部分工负责。餐饮部负责鲜活物品的采购，采购部负责可储存物品的采购。食品原料的采购应该根据饭店的自身情况及饭店所在地原料市场的供应情况来决定。另外，采购工作的好坏，采购人员的诚实、踏实与否，直接影响到餐饮成本率，这同样是搞好餐饮成本控制的重要环节。合格的采购员是企业搞好采购工作的第二前提。有的管理学家甚至认为一个优秀而理想的采购员可以为餐饮企业节约5%的餐饮成本。

在具体采购过程中会经常碰到一些具体问题：

（1）适宜的采购时间。当库存的货物消耗到一定库存量的时候，必须立即订货，以保证在剩余的物品消耗完之前，又有新的物品补充，这时的库存量称为订货点。

（2）合理的采购数量。饭店对某些餐饮物品的全年需求为一个常数，考虑到饭店的库存量及贮存保管费用，饭店一般不会一次将某项物品全部采购回来，往往会分批、分次采购。一般采用经济批量订购法。

（3）有利的采购价格。

（4）动态性的最优质量。

（5）理想的交易对象，是指在众多的供应商中找信誉可靠，服务良好，价格合理且又在同一区域内的供应商。

（6）理想的交易地点，应尽可能选在与饭店处于同一区域进行交易。

2. 食品原料验收。一旦进货之后就不能把不合理的货物再卖出去，因此餐饮管理人员应首先建立一个合理、完整的验收体系，保证整个验收工作在机制、体系上完善。合理的验收体系是由称职的验收人员、实用的验收器材和设备、科学的验收程序和良好的验收习惯和经常的监督检查等组成的。验收程序的目的，是为了保证企业收到的货物是已订购的数量，已明确的质量和已报过的价格。

食品原料验收要根据验收的目的、验收的程序，主要围绕核对价格、盘点数量以及检查质量等三个环节展开。

3. 食品原料仓储管理。在任何餐饮企业里，食品原料的储存管理和发放控制，以及对储存原料价值的核算与控制，对餐饮产品的质量和企业食品成本控制有着举足轻重的影响。

餐饮物品经采购入店后，经过验收程序，将符合饭店采购质量要求的食品原料归入库存保管，从管理程序上讲，即进入餐饮食品原料的实物形式的管理。

餐饮物品储存管理的基本过程可分为三个阶段：入库管理阶段、储存保管阶段、离库处理阶段。入库管理阶段主要是餐饮物品的入库验收工作，由采购部门与库存部门联手进行，库存部门的主要工作是进行验收时的质量检查和对物品的分类签收工作。储存保管阶段是库存管理工作的核心环节，其基本要求是：合理存放，精心养护，认真检查，使物品在保管期内质量完好，数量准确；尽可能降低库存耗损开支和管理费用，更好地为生产和销售服务。离库处理阶段又叫"发货"、"发料"、"送料"，其管理的基本要求是：做好准备工作，严格离库审核手续，按库存物品周转规律准确无误地发送物品，并科学、合理地做好相应的原料成本登记工作。

七、餐饮卫生管理

餐饮卫生管理的主要目的是为大众提供合乎卫生标准，对人体安全的饮食。餐饮从业人员应学习并遵守国家颁布的食品卫生法，并严格注意食物餐具、环境和个人卫生。

（一） 食物的卫生要求

食物卫生管理的关键是食物的新鲜度和制作卫生。饭店餐饮部常对鲜肉、内脏、肉制品、鲜鱼、禽类、蛋类、粮食与豆类、蔬菜、水果九类原料进行新鲜度的检验，并对冻鱼、河蟹、梭子鱼、糕点、罐头食品、冷饮食品以及酒类都作相应的食物卫生规定。

（二） 设备、餐具的卫生管理

因设备、餐具消毒不严而污染食品导致的食物中毒事件每年都有发生，因设备、餐具不符合卫生要求而被罚款或勒令停业整顿的餐饮企业也屡见不鲜。须知设备、餐具表面无污垢只能视为清洁，只有当设备、餐具表面的细菌被清除到不引起食物中毒和传染疾病的程度时，才称得上卫生。因此，清洁仅仅意味着洗掉污垢，而卫生则是将细菌杀灭至饮食安全的程度。

从饮食卫生的角度，餐饮设备和餐具大致可分为六类，每一类都要达到饮食卫生方面的要求。

1. 加工食物原料用的设备、厨具的卫生管理。加工食品原料用的设备，炊具包括厨刀、案板、切菜机、绞肉机、拌面机，各种盆、盘、筐等，由于它们与生料直接接触，受微生物污染的可能性较高，因而对这些设备、厨具的洗涤、消毒显得十分重要。

2. 烹调设备和工具的卫生管理：包括灶具、烤箱、微波炉、油烟机、油炸锅以及油炸器具的清洗。

3. 冷藏设备的卫生管理。厨房冷藏箱和冷藏柜只能用于短期放置烹调原料，它们并不是万无一失的保险箱，某些微生物在低温环境下仍能生长繁殖，时间一长，同样会引起食物的腐败变质。因此，要搞好冰箱卫生，管理人员首先要熟悉各类食品的性质、储存所需要温度、贮存极限时间，要指派专门人员负责冷藏设备的清洁卫生工作，包括冰箱、冷冻柜等。

4. 清洁消毒设备的卫生管理。洗碗机、洗杯机、洗涤池皆属清洁消毒设备。这些设备在使用以后沾上污物和食物残渣，是微生物生长繁殖的最佳场所。只有首先做到洗涤机械和设备清洁卫生，才能确保被洗涤的食具的清洁卫生。

5. 储藏和输送设备的卫生管理。

6. 餐具的清洁与消毒。餐具是食物中毒与经口腔传染病原菌的媒体之一，供应清洁卫生的餐具是保证饮食卫生的必要条件。而提供清洁卫生的餐具则必须以建立完善的洗涤及保存系统为前提。

（三） 环境卫生管理

从饮食的角度，通常认为餐饮的环境由厨房，所有食品的加工、储藏、销售场所及洗涤间，员工更衣室和卫生间，垃圾房四部分组成。这些场所的卫生质量主要体现在以下几个方面：

（1） 墙壁、天花板、地面的卫生管理。

（2） 下水道及水管装置的卫生管理。

（3） 通风、照明设备的卫生管理。

（4） 洗手池设备的卫生管理。

（5） 更衣室和卫生间的卫生管理。

　　（6）垃圾处理设施的管理。

　　（7）杜绝病媒昆虫和动物。

　　（8）单独存放清洁卫生工具和用品。

（四）工作人员的卫生管理

　　良好的个人卫生，可以保证良好的健康及高效率的工作，而且可以防止疾病传播，避免食物被污染，防止食物中毒事件发生。从业人员的卫生管理包括健康管理、卫生习惯及卫生教育三大类。

　　1. 健康管理。餐饮从业人员的健康管理是餐饮卫生健全发展的基础。从业者必须应先经过卫生医疗机构检查合格后始得雇用，雇用后每年应主动积极进行健康检查，并取得健康证明。

　　2. 卫生习惯。首先工作人员要具有健康意识，懂得基本的健康知识，保持身体健康，精神饱满，睡眠充足，完成工作而不觉得过度劳累；要讲究个人清洁卫生，养成良好的卫生习惯；工作时穿戴清洁的工作衣帽；维护手部清洁。其次是工作卫生管理，防止工作时因疏忽而导致食物、用具遭受污染。工作人员不可在工作场所中吸烟、吃东西，非必要时不要互相交谈。拿取餐具、食物时不要用手直接接触餐具上那些宾客入口的部位，如果食物必须用手操作时要带塑料手套等等。

　　3. 卫生教育。其目的是使工作人员有正确的食品卫生知识，对象包括新进人员、在职人员，范围包括管理者及员工。其教育方法可以是：定期举办员工卫生知识讲座；举办卫生知识竞赛；分发卫生知识小册子；放映幻灯片或影片以及现场个别教育。

八、食品安全管理

（一）食物中毒的预防

　　食品安全管理最主要的是食物中毒的预防，食物中毒是摄食受到了病菌或有害物质污染的食品而引发的疾病，其中最常见的是细菌性食物中毒，约占70%以上。细菌性食物中毒的症状主要是呕吐、腹泻、腹病等，通常潜伏期较短，而且不会由患者直接传染，所以不是传染病。

　　餐饮业中引发食物中毒的因素主要如下：冷藏不当；调理后放置过久再食用；被患传染性疾病的人接触过；加热处理不当；已调理的食物再加热不当；保温储存不当；食用已污染的生食物；交叉污染；容器、器具清洗不洁；来源不安全的食物；食用剩余的食物，误食毒物；不良发酵；添加物的误用与不当使用。

　　针对上述有可能引发的中毒，可通过抑制微生物的生长繁殖，杀灭微生物或是破坏它生产的毒素等办法，将污染降到最低程度，从而有效预防食物中毒的发生。

（二）食物中毒的分类

　　1. 有毒植物食品中毒。包括大量食用含硝酸盐较多的蔬菜如芥菜、菠菜、白菜、甜菜叶、萝卜叶、韭菜等，含氰甙类食物中毒，如木薯、桃、杏、梅、李、枇杷、樱桃、杨梅等果实，发芽的马铃薯中毒，菜豆中毒，鲜黄花菜中毒，白果中毒，棉籽油中毒，未熟豆浆中毒。

2. 有毒动物食物中毒。包括河豚中毒，泥螺中毒，含高组胺鱼类中毒，鱼肝中毒，动物甲状腺中毒，动物肾上腺中毒，贝类麻痹中毒，有毒蜂蜜中毒。

3. 常见的化学性食物中毒。包括砷化合物中毒，铅化合物中毒，有机磷农药中毒，有机汞农药中毒，有机氯农药中毒，多环芳烃类化合物中毒等。

（三）食物中毒的预防

预防食物中毒的关键是要坚持以下三项原则：

1. 清洁。在开始烹饪之前要把手彻底清洗干净。餐具、砧板、抹布等厨房用品应该以水或消毒药水洗涤，砧板在洗干净后晒太阳也很有效。抹布必须经常用肥皂或清洁剂充分洗净后保持干燥，否则消毒过的餐具再用脏抹布来擦拭便会功亏一篑。

2. 迅速。食品买回来后，应尽快烹饪供食，尤其生食的食物的食品原料越快处理越好，做好的食物也要尽快吃掉，免得细菌在一段时间内繁殖到能引起食物中毒的程度。即使是烹饪好的食物时间长了也很容易繁殖细菌，所以每次做的够吃完就好，不要做得太多。

3. 加热与冷藏。细菌通常不耐热，加热到700℃以上，大部分细菌都会死掉，因此把食品加热以后再食用比较安全。同时细菌也比较耐冷，虽然冷却以后不会死掉，但是不容易繁殖；且温度非常低时根本不能繁殖。能够防止细菌繁殖的温度是在 −50℃以下。

（四）食物中毒的处理

食物中毒，以恶心、呕吐、腹痛、腹泻等急性肠胃炎症为主。服务人员如发现宾客同时出现上述症状，应立即报告本部门经理。部门经理在接到宾客可能食物中毒报告后，应立即通知医生前往诊断。

初步确定为食物中毒后，通知保安部经理、大堂副理和总经理。医务室应立即对中毒宾客紧急救护，并将中毒宾客送医院抢救治疗，餐厅要留存宾客所用食品、饮料备检，以确定中毒原因，并通知当地卫生防疫部门。餐厅要对可疑食品、饮料及有关餐具进行控制，已备查证和防止其他人中毒。由餐饮部负责，保安部协助，对中毒事件进行调查，查明中毒原因、人数、身份等，并在当地卫生防疫部门到达后，协助其进行调查。

对食物中毒的宾客，饭店应表示足够的关注和慰问，并采取各种积极有效的措施，把食物中毒事件的影响降到最低程度，至于饭店应承担的责任，应根据宾客食物中毒的原因加以决定。通常导致宾客中毒的原因有：

1. 餐厅的故意过失而造成宾客的食物中毒或食源性疾病。

2. 餐厅外部的原因而造成宾客的食物中毒或食源性疾病。

3. 由于宾客本身的原因。如由于自身身体状况，食用某些食物过敏或中毒，自己不注重饮食卫生而引起的疾病。

以上由于餐厅本身的原因或保管不善引起宾客的食物中毒，餐厅要承担全部或部分法律责任，但是由于宾客本身的原因引起的疾病，餐厅不承担责任。

【案例】

一天中午11点45分，写字楼王先生来到西餐厅用餐，当时离餐厅开餐时间还有15分钟，于是在询问客人是否吸烟后，咨客（指餐饮业的迎宾人员）将客人带至花园厅，并告诉客人12点准时开餐，王先生坐在花园厅喝过一杯水后，起身到了布菲（buffet，即自助餐台），这时写字楼另外两位客人也来到西餐厅，看了看布菲台后便说："你们这没什么东西吃，怎么回事啊？"咨客忙上前说："我们的主食还未上齐。""都11点50了，还不上齐，你们让客人吃什么啊？"客人明显的不满了。王先生也火上浇油："我没时间等你们上齐了，你们怎么能如此对待来吃饭的客人呢？"咨客忙解释：对不起，各位稍等一会儿，可以先拿点水果吃。客人更火了：我们来吃饭的，不是来吃水果的，花钱吃个饭还得等，太麻烦了！

【讨论】

1. 咨客的做法，哪些值得赞扬，哪些地方有待改进？

2. 面对像王先生这样的客人，我们作为餐厅的员工该如何应对？

分析：

1. 咨客能够准确地将餐厅信息告知客人，并在客人愤怒时能冷静地解答客人疑问，但咨客未能灵活地把握客人情绪，迅速安抚客人，只是一味地程式化去应对客人。

2. 对于用餐时间较短的客人，在告知客人菜品未上齐而客人坚持要求提前用餐，并不介意菜品未上齐的情况下，经与餐厅最高当值协商，允许客人提前用餐。

3. 对于因菜品未上齐而抱怨没东西吃的客人，我们可以对客人说：我帮您盛碗汤拿碟水果，您先吃，我过去帮您看看，菜品一上齐，我马上通知您。

4. 在服务急躁型的客人时，尽量少说："对不起，不好意思，请稍等"，多说一些："马上就好，谢谢您能理解"。对客人的语言艺术应适当灵活处理。

任务4 熟悉饭店康乐业务

一、康乐部的地位与职能

康乐，顾名思义是指健康娱乐，也就是指满足人们健康和娱乐需要的一系列活动。它包括康体活动、休闲活动、娱乐活动、文艺活动、声像、美容等。现代康乐是人类物质文明和精神文明高度发展的结果。在现代饭店中，康乐已成为增强竞争力，吸引客源的重要手段，同时也成为饭店经济收入的重要来源。在中国一些饭店，康乐部已成为与餐饮部、客房部并列创收的重要部门。

（一）饭店康乐部的作用

1. 康乐项目是饭店等级的重要标志。按照国际惯例及旅游饭店星级的划分与评定标准，康乐部是四星级、五星级旅游饭店必不可少的部门。在中国，根据《旅游饭店星级的划分与评定》规定，五星级饭店必须要有会议康乐项目设备，并提供相应服务；歌舞厅、健身中心、保健按摩室、桑拿浴室、游泳池、网球场、美容美发室及多功能娱乐厅等是五星级饭店选择项目中的特色类别。

2. 新颖的康乐项目是吸引客源的重要手段。饭店竞争的重要优势就是有自己的特色。以服务项目、设备功能以及价格、营销方式为特色吸引客源是必要的。但是实践证明，康乐项目对客源的吸引力越来越大，有些人甚至把康乐作为生活中不可缺少的内容。据不完全统计，旅游饭店所在地区有70%的青年人喜欢到这些饭店的对非住宿人员开放的康乐中心去娱乐。对于住宿的宾客来说，康乐对于他们也是必不可少的活动之一。饭店可通过增加独具特色的康乐项目来吸引宾客，在竞争中获胜。

3. 康乐服务是饭店增加经济收入的重要来源。目前，在中国的一些饭店里，康乐部的规模越来越大，并与客房部、餐饮部并列成为饭店最大的营收中心。完善的康乐项目设备、优雅的康乐气氛环境，吸引了大批旅游者和当地公众，以致不少旅游者常常通过选择某饭店的康乐项目和环境，或对某一康乐活动特别感兴趣而投宿，丰富的、具有吸引力的康乐项目能够使宾客延长停留时间，提高饭店的接待能力，增加饭店的经济收入。

4. 完善的康乐设施和服务是现代饭店发展的必然趋势。现代饭店，尤其是高星级饭店，参与社会竞争、吸引客源的一项硬指标就是具备完善的配套附属设施。康乐部作为饭店重要的配套附属部门，承担着接待宾客健身和娱乐等服务工作，通过与各部门相互协调，参与社会化竞争，为饭店争取最大化的经济和社会效益。

（二）饭店康乐部的职能

1. 满足客人体育锻炼的需求。随着社会的进步，人们对体育锻炼的要求也在不断提高。人们除了参加传统的体育锻炼活动外，还在不断寻求并积极参加更有情趣的能够融体育锻炼与娱乐为一体的活动。这就是人们钟情于康乐活动的原因。因此，满足人们在体育锻炼方面的需求就成了康乐部的任务之一。体育锻炼有一般运动与专项运动之分。一般运动指活动筋骨、做操、跑步等；专项运动如举重、骑自行车、打球、锻炼各种肌肉的运动等。因此，康乐部应开设相应的项目，以满足不同客人的不同需求。

2. 满足客人保健的需求。追求健康和美貌是人类的天性。人们追求健康的途径除了加强锻炼、增加营养、使用药物外，还往往愿意采用物理保健的方法。这种保健方法已经成为饭店康乐部必备的服务项目，而受到客人的欢迎。

3. 满足客人娱乐的需求。客人在饭店除了住宿和就餐的需求外，还希望得到娱乐享受，同时社会公众也有较强的娱乐需求。因此，康乐部的任务之一就是为客人提供丰富多彩的娱乐服务，以满足不同他们的需求，但一定要符合中国国情与法律的规定。

4. 满足客人卫生的需求。康乐场所应是一个高雅、洁净的场所。但因为客流量大，设备使用频繁，尤其是康乐的器械与设备经过不同客人的使用，清洁卫生工作十分重要。因此，时刻保持康乐场所的环境卫生和设备卫生，为客人提供一个优雅、舒适的康乐环境，满足他们的卫生需求，就成为康乐部的基本任务之一。康乐的器械、设施和场所的洁净高雅，不但会给客人带来愉快的心情，而且也会给客人带来宾至如归的感受。

5. 满足客人安全的需求。任何一项康乐活动都可能存在不安全因素，例如健身运动器械具有"冲撞性"，潜伏着一定的"危险"，打保龄球可能出现滑倒、摔伤或扭伤等危险。另外，随着设备的不断使用，设备损耗和老化就会加快，不安全因素增加，如不及时检修或更新，就可能给客人带来某种伤害。因此，康乐部的重要工作之一，就是把这种不安全因素降低到最低程度，尽最大努力为客人提供一个既安全又舒适的康乐休闲环境，满足客人的安全需求。

6. 满足客人对康乐技能技巧的需求。康乐部的康乐项目众多，一般都要求其使用者具有一定的技能技巧，特别是有些项目的设备具有很高的科技含量，使用时必须按照有关规定去操作，否则就可能损坏设备或发生其他事故。这就需要康乐部服务人员提供正确、耐心的指导性服务，以便一些不会使用的客人能正确使用。另外，一些运动项目的技巧性很强，也需要服务人员向不熟悉该项运动的客人提供技术上或规则上的指导服务，以满足他们在掌握运动技能技巧方面的需求。

（三）康乐服务的特点

康乐服务具有饭店服务特点的许多共性，如热情好客、文明礼貌、耐心周到等，但是康乐服务也有其自身的特殊性，具有区别于其他部门的鲜明特点。

1. 康乐服务的原则性与灵活性。康乐服务过程中经常会遇到一些特殊的服务案例，如在歌厅、舞厅遇到兴致较高、醉酒宾客的过分要求，在运动中遇到不按规则进行运动的宾客等。服务人员不能迁就违法违章的行为，但又不能生硬地进行阻止，这就需要对服务员进行应变能力、语言技巧、处理突发事件能力的培训，使其在服务工作中既坚持原则，又具有一定的灵活性。

2. 康乐服务的专业性。康乐部的大多数项目专业性强，技术含量较高，要求岗位人员熟悉掌握相关设施设备的性能、结构和特点。对有些岗位人员如游泳池救生员，健身教练，保龄球、网球、台球等服务员要掌握竞技娱乐规则、比赛方式等，甚至还要求其掌握娴熟的技艺。这样才能对器材、设施加以科学的维护与保养，为宾客提供专项咨询、安全保护、陪练陪打等服务。

3. 康乐服务的协作性。康乐服务在经营管理过程中还要与饮食部门紧密配合，才能确保服务的质量。舞厅、卡拉OK厅、多功能咖啡厅等更需要乐队、演员、艺术家、时装表演队等的协作，才能收到良好效果。

4. 康乐服务对象的随机性。康乐部服务的接待人数、销售水平随机性较大，它往往随宾客的兴趣、爱好、年龄、身体状况而变化。如健身、健美项目受中青年人欢迎，美容又以青年女性为多，电子游戏受青少年欢迎等。因此，康乐部应根据不同项目的不同参与者的各种特点，有针对性地区别对待。

二、康乐项目的类型与特点

根据康乐项目的不同性质和功能，康乐项目可分为娱乐项目、康体项目和保健项目等三种类型。

（一）娱乐项目的类型与特点

娱乐项目是人们以轻松愉快的方式，在一定的设施、环境中进行各种类型的既有利于身体健康，又放松精神、陶冶情操的活动项目。这种项目往往既可以提高智力、锻炼毅力、培养兴趣，又可以达到放松身心、恢复体力、振作精神的目的。

1. 娱乐项目的类型。娱乐项目包括的范围比较广，人们日常生活中歌舞类项目（歌舞厅、卡拉OK厅、酒吧）、游戏类项目（棋牌游戏、电子游戏）、表演类项目（乐器演奏、歌舞表演）、视听阅览类项目（闭路电视、背景音乐、书报阅览）都属于娱乐项目。

2. 娱乐项目的特征。

（1）环境和氛围是娱乐经营的基础。娱乐活动的场所应高雅、洁净且具有一定文化品位。娱乐场所吸引客人的主要因素是环境和氛围。高雅优美的环境和氛围，内容丰富、品位较高的娱乐项目不仅能够给客人带来愉快的心情，而且会给客人带来宾至如归的感受。客人的光顾就是为了享受其环境，所以营造娱乐氛围是至关重要的。

（2）自娱自乐是娱乐活动的主要形式。很多娱乐项目都要求客人主动参与、自我表现，以达到娱乐的目的。另外，现代人大多工作节奏快，生活压力大，很多客人希望在参与娱乐活动的过程中通过自助娱乐达到某种心理或生理上的放松和满足。寓享受于消闲娱乐之中，强调一种精神上的满足。

（二）康体项目的类型与特点

康体项目是人们借助一定的康体设施设备和环境，为人们锻炼身体、增强体质而设的健身项目。康体项目有别于专业体育项目，它不需要很强的专业性和技巧性，也没有很强的竞技性，人们参与康体项目，只为达到锻炼目的，并从中享受到一定乐趣。

1. 康体项目的种类。康体项目通常包括球类运动、健身运动和游泳运动等项目。其中球类运动包括台球、保龄球和网球等；健身运动包括心肺功能训练项目和力量训练项目等；游泳运动包括室内游泳项目和室外游泳项目。

2. 康体项目的特征。

（1）设备是基础。借助现代化的设施、设备，无论是健身器材还是其他的健身设备，都应该追求高质量、高规格，以确保满足顾客的需要，同时降低设备故障率，减少经营维修成本。

（2）活动项目配置合理。康体休闲项目在设计时有的以力量训练为主，有的以健美为主，有的以锻炼心肺功能为主，应该根据饭店实力和顾客需要提供相关的配置服务。

（3）提供运动技巧指导性服务。顾客在参与过程中是以不破坏身体承受能力为限，以增强体质为目的，而非强化训练参加竞赛，由于顾客的见识层次、技术层次存在差异，对健身的项目品种的熟悉程度因人而异，尤其一些较为先进的进口设备和运动方式等，都需要提供优质、正确的指导性服务，提高顾客的兴趣，增加需求。

（三）保健项目的类型与特点

保健项目是指利用一定的环境设施和服务，使人们能够积极主动、全身心投入，并得到身心放松和精神满足的活动项目。

1. 保健项目的种类。保健休闲类项目按其功能形式一般可分为桑拿浴活动、保健按摩类活动和美容美发活动等。

2. 保健项目的特点。

（1）专业人员是保健服务的基础。无论是按摩、搓背，还是美容美发都需要有受过专业训练并取得上岗资格证的人员来提供服务。专业人员水平的高低不仅关系到服务水平的好坏，而且直接影响到项目经营的效果。

（2）卫生是保健服务的保证。保健大多是直接接触顾客身体的服务项目，因此卫生条件至关重要。无论是服务设施还是客人用的物品都应经过严格的消毒，同时专业服务人员也要做好个人卫生。

（3）顾客安全是保健服务的出发点。无论是桑拿、按摩，还是美容美发都应该把顾客安全放在首位。在服务和经营过程中，如果因康乐设施故障或服务操作失误而对顾客造成伤害，饭店都负有不可推卸的责任。

三、康乐部的组织机构

（一）饭店康乐部组织机构的设置

康乐部的组织机构模式主要根据康乐部的规模及项目的多少来选择，一般情况下，规模越大、服务项目越多，组织机构模式就越复杂。

不同饭店康乐部门的类型、规模和组成各不相同，这不但是由于各康乐部门的市场定位、接待规模、经营方式有所不同，而且还由于经营管理者的经营理念和管理模式不同。尽管如此，各康乐部门组织机构的设置原则是基本一致的，即组织形式必须适合经营需要的原则。目前较有代表性的康乐部设置主要有三种形式。

1. 二级设立方式。所谓二级设立，就是将康乐部直接设在总经理级之下，与其他主要业务部门如前厅、客房、餐饮、营销等部门平行设置，成为一个二级部门。这种模式一般适用于集吃、住、购、娱于一体的，娱乐收入在饭店总收入中占重要地位的大中型高级饭店。

2. 三级设立方式。在娱乐项目较少、娱乐收入不是主要收入来源的饭店，娱乐项目管理机构的设立通常采用三级设立方式，即将康乐部设在某一个二级部门之下，成为一个三级部门，主要承担为住店宾客提供综合服务的任务。

3. 分类管理设立方式。这种结构形式根据康乐项目的种类来进行分类管理，比较常见的是中心俱乐部的组织结构形式。

（二）饭店康乐部各岗位的职责

1. 康乐部经理的岗位职责。

（1）对总经理负责，负责康乐部的各项经营行政管理，贯彻饭店各项规章制度和总经理的工作指令，保证各项任务的顺利完成。

（2）制订并且组织实施康乐部的一切业务经营计划。

（3）监督、推行本部门的各项正规化管理制度。

（4）负责考核下属各级管理人员的品行业绩，根据员工的表现状况实施激励措施与组织培训。

（5）根据工作需要，合理调配人才并有权调动本部门员工的工作。

（6）审核签发各个设施项目主管的物品采购、费用等单据，按部门预算控制成本开支。

（7）熟悉本饭店的目标市场，根据消费者需求，针对性地开发提供健身、娱乐的产品与服务。

（8）参加饭店部门经理协调工作会议，定期召开本部门的例会。

（9）检查所属部门的经营状况、信息反馈和一切安全、卫生与服务工作。

（10）保持与宾客良好的关系，建立健全客人档案，随时收集、征求客人意见，处理客人投诉，并分析康乐中心服务质量管理中带倾向性的问题，适时提出改正措施。

2. 康乐部主管的岗位职责

（1）对部门经理负责，负责所辖区域内的健身、娱乐、会议等活动项目的全面管理。

（2）负责对各业务班组成员的工作安排。

（3）了解掌握各活动场所的营业状况，根据客人情况及时调配人力。

（4）负责制订分部的业务计划与每周的工作小结，及时汇报。

（5）负责检查各分部场所的设备设施的维修保养状况。

（6）负责检查各班组的物料用品的领用与耗用情况。

（7）负责组织、策划大型活动，协调各班组的工作。

（8）检查各活动场所的清洁卫生工作，注意场所的整洁。

（9）负责监督控制营业班组的服务流程的动态，确保规范化和标准化。

3. 康乐部领班的岗位职责。

（1）掌握员工的出勤情况与平时的工作表现，定期向上级汇报工作。

（2）负责检查服务人员的仪表仪容，带领并督促员工做好各项工作。

（3）了解当日客人情况，必要时向员工详细布置当班工作任务。

（4）营业开始时，参加并督促每一流程的服务，与有关的班组、部门协调保证服务的连续性与有条不紊。

（5）接受宾客的投诉并向上级汇报。负责安排、确认预订，亲自为重要宾客服务。

（6）检查所有规章制度的执行情况，以身作则，为下属树立良好的形象。

（7）负责培训新员工与实习生。

4. 康乐部服务员的岗位职责。康乐项目众多，服务员岗位设置较复杂，各岗位的职责虽有不同，但其基本职责包括：

（1）熟悉所在项目产生历史背景、发展状况、活动规则规范、动作要领和设备的使用方法。

（2）准备齐全营业所需的相关用品并保证这些用品处于完好状态。

（3）做好卫生工作及设备检查、保养工作。

（4）主动了解宾客的情况，为宾客提供相关服务，介绍本项目的内容和特色，引导宾客消费。

（5）运动项目的宾客需要陪练时，经领班同意可以陪同宾客运动。

（6）准确填写有关单据和表格。

（7）如果发生意外事故，应首先采取相应措施，然后及时向上一级领导报告，紧急情况可以越级报告，以保证宾客安全。

（8）维护营业场所的公共秩序。

（9）当宾客离去时，要及时清理检查设备，发现问题及时向领班报告。

四、康乐项目设置管理

（一）饭店康乐项目设置的原则

1. 社会效益与经济效益相结合的原则。康乐项目的选择首先应遵循讲求社会效益的原则，坚持选择对人们的身心健康有益，符合社会主义精神文明要求，并且是国家和地方的法律法规及政策所鼓励，至少是允许设置的项目。康乐项目的市场定位正确与否，直接关系到饭店的经济效益。在确定康乐项目时要使各种项目与服务形成有机整体，充分发挥饭店的优势，有利于饭店整体效益的发挥。

2. 适应康乐消费者需求的原则。市场需求是康乐项目生存的前提，因此，康乐项目选项时应该深入研究康乐消费者的需求，最大限度地满足消费者的需求，从而提高消费者的人均消费水平。同时，饭店康乐项目在选项时绝不能完全忽视当地人的娱乐需求，应以尽量兼顾当地人需求为原则，使客源市场更为广阔和稳定。

3. 讲求特色的原则。特色就是与众不同，是娱乐项目对客源具有吸引力的根本所在。在选择娱乐项目时不仅必须避免雷同，而且应讲求特色，特色越明显，就越具有吸引力。可以与民族、地方特色结合起来形成全新的、独特的康乐方式，也可以从规模、档次上凸显康乐项目特色，还可以在服务方式上突出个性，在服务质量上提高水平来吸引宾客。

4. 先进性原则。康乐行业是最新科技、最新观念、最新生活方式得到综合反映的行业之一。先进性原则一方面指所选择的娱乐项目本身应是国际上最新潮的，另一方面指尽管所选项目本身并非最新出现，但所采用的设施和设备是最先进的。此外在康乐项目的设立、管理和服务方面还应当国际化、规范化，符合行业规范和国际惯例。

5. 合理配套的原则。根据饭店优势和了解到的市场占有率，将潜力最大的项目确定为主营项目，使之与竞争对手相比具有显著优势，是饭店的标志性经营项目。配套项目是主营项目的补充和完善，既要考虑到为宾客提供服务功能的完整性，又要考虑到与主营项目的一致性。

（二）饭店康乐项目设置的依据

1. 市场需求。消费者的需求会随着市场的发展、环境的变化、时间的推移而发生变化，因此康乐项目的设置必须满足市场的需求。在具体确定市场需求时，要认真分析每个服务项目的市场需求量，即服务项目利用率的高低，防止某个项目的规模和接待能力过大或不足。要分析客源的消费层次，注意工薪阶层与商务阶层的区别，商务宾客与纯旅游宾客的不同，根据不同宾客的不同需求设置相应的康乐设施。

2. 饭店规模。各种康乐项目、康乐设备对场地都有各自特殊的要求，因而在选项时应掌握这些要求以及现有场地的局限性，以便选择那些适合现有场地的项目。康乐项目的设置应该符合国家技术监督局的规定，不同星级的饭店要有与之相适应的康乐项目配套设施，饭店的接待能力也影响到康乐项目的设置规模。

3. 资金能力。投资行为不可避免地会受到财力的限制，若所选项目与投资者资金调动能力不相符合，就会产生建设途中不得不降低项目设备档次等问题，结果无法达到预期目标，或者由于资金短缺而使工期延长，这对需求变化极快的康乐业经营来说极为不利。康乐项目的设置应依据投资者资金的多少而定，投资者、设计者应心中有数，量力而行。

4. 社会环境。社会环境包括经济环境、人文环境和政治环境三方面。地区的经济发展水平决定了人们的消费能力，项目的设置应与当地的经济发展水平相适应，与人们的支付能力相适应；康乐需求与当地的民族性格、风俗习惯、传统观念、平均受教育程度等文化因素有着千丝万缕的联系，康乐项目的设置不仅要了解与此相关的康乐习惯，还要充分地预见这些文化因素未来的变化，才能确保所选择的项目成为最具投资价值的项目。康乐行业是一个极其敏感的行业，一方面需要当地政治稳定、治安状况良好的环境，另一方面还需要良好、宽松的政策环境。

5. 时尚潮流。康乐时尚具有从社会经济较发达地区向较落后地区流行的规律。因此对康乐时尚的研究仅仅针对当时当地是无法保证企业建成后在市场上占据有利地位的，必须拓宽思路，研究其他国家和地区的康乐潮流，特别是社会经济较发达的国家和地区，选择那些先进的、能够代表现代人康乐消费发展方向的康乐项目作为投资对象。

（三）饭店康乐服务项目的市场定位

饭店康乐服务市场定位指康乐项目根据目标市场的竞争状况、需求特性以及自身的资源条件和特点，建立和发展差异化的竞争优势，使本项目所提供的项目或服务在消费者心目中形成优于其他竞争者的独特形象。康乐市场竞争激烈，只有与众不同才能获得一定的市场份额。康乐项目的设置应在进行大量调查研究的基础上尽量突出自己的特色。

1. 项目特色应符合消费者需要。20世纪90年代后，全国各大城市都出现了各种类型的康乐休闲场所，极大地丰富了城市人的夜生活。然而在众多的康乐场所中，人们发现很少有能够让人静心思考、倾心交谈的地方，现有的康乐项目环境多过于嘈杂，而许多康乐消费者喜欢在安静的、具有文化气息的环境中与朋友聊天、休息。于是，近年来在城市的各个角落大量地出现了以品茶读书、听古典音乐为主要内容的茶室，并备受欢迎。

2. 产品特色应与竞争对手有明显区别。康乐产品是项目与服务的综合体，应在项目设备或在服务上创造出与其竞争对手明显不同的特点，并使这种特点满足目标市场消费者的需求，使得消费者对这种差异性能够很快地认知和理解。一般说来，可在增加经营项目、提高产品质量、突出价格优势等方面取得领先地位，建立特色。

3. 康乐项目所树立的特色应是竞争对手在短时间内难以模仿。很容易被效仿的所谓特色其实并不能称为特色。美国拉斯维加斯的 Mirrage 饭店，在当地各大饭店都有康乐表演、市场竞争激烈的情况下，花费巨资购进两只稀世珍宝——全白的老虎，高薪聘用驯兽专家每日定时进行驯兽表演，吸引了大批宾客。尽管门票售价高达100多美元，却场场爆满。由于白虎表演很难被其竞争对手所模仿，从而确立了该饭店在康乐表演市场上不败的地位。

4. 树立的特色应尽量具有直接经济价值。服务程序上的一些小变动虽然使宾客感到更方便，但无论是项目自身还是消费者都会认为这是工作的正常改善，并不应该因此而增收费用，这样的改良就不能成为市场定位的特色。如当整个康乐市场的保龄球馆都还采用手工记分方式时，某一康乐项目却投资改造，首创电脑记分，这一特色就会让许多消费者愿意支付更多的费用，从而使项目获得比手工记分球馆更多的利润。

5. 定位的特色应该具有可信度。有些综合性的康乐项目在宣传中标榜自己所提供的康乐服务能满足所有的康乐需求，这就有不实之嫌，让人产生不可信的感觉。

6. 树立特色应该有的放矢。项目特色或产品特色应能巩固项目目前在市场上已占有的地位，或能打击竞争者的弱点，或能填补市场空缺。

五、康乐服务质量管理

康乐服务是康乐企业在经营过程中向顾客提供的设施、设备和劳务活动的综合体现。康乐服务贯穿于康乐经营的全过程，服务质量是康乐经营的关键环节。康乐服务质量是由较多因素构成的综合概念。其中主要包括饭店（康乐企业）设施、设备的质量，劳务质量及企业整体质量。

（一）康乐服务质量的构成

1. 设施、设备质量。这里的设施，是指为满足康乐经营需要而建造的建筑物及相关的系统；设备，是指为康乐经营而购置的成套器材。

康乐设施设备质量，是指设施、设备能够满足顾客一定需要的自然属性和物理属性。具体而言，康乐设施、设备的质量包括如下要求：

设施、设备的功能齐全，便于操作，并且具有本企业特点。其中，有的是指单项设备的性能，有的则是靠群体优势，由不同功能的设备构成功能的齐全性。

设施、设备的可靠性，是指其在特定条件下和时间范围内，能够正常运行而不发生故障的可靠程度。

设施、设备的安全性，是指在使用中，其对外界环境的影响和对顾客人身安全的保证。设备应该装有防止发生事故的各种保护装置。如，自动报警、自动断电、自动停止等装置，能够最大限度地保护顾客的安全。

设施、设备的外观新颖美观。其中既包括饭店或康乐企业建筑设施在造型、款式、色彩等方面具有美学价值；康乐设施、设备在外观方面美观、新颖、高雅，符合时代潮流，也包括康乐设施、设备与经营环境协调一致的程度。

2. 劳务质量。劳务，是指以提供活劳动形式而非实物形式满足顾客某种需要的活动，即服务人员为顾客提供劳务时的行为表现。我们通常所说的服务质量大多专指这种劳务质量。这是狭义的服务质量。康乐部提供的劳务质量，主要包括服务员个人的形象及素养，即他们的仪容、仪表、谈吐和礼节礼貌；服务员的服务技能和服务态度，包括他们提供劳务的能力和热忱度。热忱度，是指服务过程中始终如一的热情、勤奋和微笑程度；服务员的服务效率和应变能力，包括服务员在单位时间内所能提供的劳务数量和这些劳务的效果，以及当服务对象、时间、场合等条件发生变化时所能表现出来的随机应变能力。

3. 企业整体质量。康乐企业的整体质量，是指康乐部所在饭店或康乐企业的综合质量水平。构成企业整体质量的因素很多。如，饭店的等级、规模、所处的环境、各部门之间协调配合的默契程度、康乐项目的数量、除康乐服务外所能提供的其他服务的数量和质量等。企业整体质量水平对康乐服务的质量能够产生较大影响，是评价康乐服务质量的较为重要因素。

（二）提高服务质量的方法和途径

这里所说的服务质量，是专指在经营中向顾客提供劳务的质量。劳务质量在康乐管理中占有非常重要的地位，是中、低层管理者的主要工作内容。因此，提高劳务质量具有很重要的意义。其方法和途径主要有以下四方面：

1. 建立规范化的服务程序。规范的服务程序，是指在本行业内约定俗成的基础上，在把方便最大限度地让给顾客的原则下，设计出最优的服务程序和作业方法。这些服务程序和作业方法还要具有可操作性，并相对固定下来形成制度。制定规范化的服务程序，首先要确定服务的环节和工作任务，其次要确定服务的先后次序。规范化的服务程序能使一些无固定形态的服务工作达到相对一致，便于管理人员和顾客对服务工作的检查、评定，有利于保持服务质量的稳定。

2. 制定量化的服务标准。为了使康乐服务质量具有可衡量性，要制定出符合实际的服务标准，且要将这些标准尽可能地量化。康乐服务往往是与康乐活动同时进行的，因此其质量标准应该规定出服务人员在每个环节的动作、形态、语言规范、时间限制等方面的内容。例如，要求服务员站姿端正，就不能只提一句口号；应该提出具体的站姿要求，要具体确定从头到脚每一部位肢体的姿势和位置。这样既便于培训和指导，又便于衡量和检查。

3. 建立严格的服务质量管理制度。服务质量是经营管理水平的集中体现，服务质量的好坏，对康乐经营会产生直接影响。为了保证服务的高质量，有必要建立服务质量管理制度，以便根据服务质量标准及时监督、检查、衡量、评估服务质量水平，并对不符合质量要求的服务行为提出改正要求，制定改进措施。

4. 开通顾客意见反馈渠道。顾客对服务质量的评价，是最客观、最权威的评定。顾客对服务所反馈的信息，是改进服务工作、提高服务质量的依据。顾客反馈的信息中有肯定的，也会有否定的和有抱怨情绪的。对于前者应当继续坚持，对于后者则应立即改进。

顾客反馈信息的渠道有以下几个方面：

（1）康乐服务员和管理者在服务过程中主动征求到的意见和感受到的情绪。

（2）在经营管理中被动接受顾客提出的意见和建议，包括口头的和书面的，也包括投诉。

（3）通过间接渠道。如通过顾客的同事、朋友转达；通过员工的亲属、朋友反馈；通过服务员的上级或其他部门反馈。

六、康乐项目服务的程序及标准管理

（一）饭店娱乐项目服务的程序及标准管理

饭店娱乐项目主要包括KTV包房、歌舞厅、棋牌室、茶室等，这些项目服务管理的共同特点是创造和保持优雅的环境，提供高质量的设施、设备，热情而主动、周到的服务。

1. 娱乐项目管理规范。

（1）娱乐场所的从业人员在营业时间内应统一着装并佩戴工作名牌。

（2）各种娱乐服务项目的收费标准必须明码标价。

（3）聘请文艺表演团体或个人从事营业性演出的，应当符合国家有关的管理规定。

（4）歌舞娱乐场所不得接纳未成年人，必须在明显位置设置"未成年人禁止入内"。

（5）娱乐场所的营业时间必须符合相关规定。特殊情况经文化行政主管部门同意可适当延长。

（6）娱乐场所设置的包间、包厢应该在房门上安装高度适宜、面积不小于0.2平方米、能够展示室内整体环境的透明窗口，不得设置内锁和套间，不得设置可调节灯光。

（7）娱乐场所的边界噪声必须符合国家规定的标准。

（8）任何人不得在娱乐场所从事黄、赌、毒及打架斗殴、酗酒闹事等活动。

（9）任何人不得非法携带管制刀具、枪支及易燃易爆有毒有害物品进入娱乐场所。

2. 饭店娱乐项目服务的程序及标准列举——KTV 包房。KTV 是卡拉 OK 和 MTV 的结合。台湾 KTV 创始人刘英先生对 KTV 的定义是：KTV 是提供器材、设备、空间，供客人练歌的场所。从视听娱乐发展序列看，KTV 是卡拉 OK 的再一代延伸，因此也有"卡拉 OK 包房"之称，并被誉为第五代视听娱乐活动项目。KTV 服务是集餐饮、娱乐、消遣于一体的多功能综合性服务。

当消费者进入 KTV 消费时，必然会带动厨房、吧台等的消费。同时，服务人员的无形服务，若使消费者感到精神的享受，无形中也对整个饭店形象起到了更好的宣传作用。

KTV 服务的程序及标准是：

（1）咨客迎宾。所有的顾客都应是"朋友"，争取他们的光顾，并使他们感觉到真正受到尊重和欢迎。客人最先接触到的是 KTV 的咨客或迎宾员。

1）迎宾原则。

A. 始终面带微笑。

B. 使用恰当的礼貌用语打招呼，用"晚上好"、"欢迎光顾"等礼貌语言迎接客人。

C. 接过客人的外衣，为客人服务。

2）迎宾。有些 KTV 为客人提供预订服务，在这种情况下，服务员应了解客人是否有预订。有预订客人的接待。如有预订，应查阅预订单或预订记录，将客人引到其所订的 KTV 包房。如果预订的包房因客观原因不能提供，应首先向客人道歉，并说明情况。取得客人的谅解后，为客人更换包房。无预订客人的接待。如果客人没有预订，应根据客人人数的多少、客人喜好、年龄及身份等向客人介绍 KTV 包房类型，向客人建议或推荐 KTV 包房。对于熟悉的常客要询问喜欢哪位 DJ 负责的 KTV 包房。

3）引领。当选定 KTV 包房后，就该带领客人进入。此时领位员要持房卡到收银处登记，并通知 DJ 服务人员迅速上岗。

（2）开房。

1）引客进入。

A. 当领位员登记后，领班或部长随领位员引领客人到达所需开的 KTV 包房。

B. 领位员退出包房并通知 DJ。

2）安排客人就座。

A. KTV 内主要是沙发，应将客人安排在面向 KTV 屏幕的位置。

B. 请客人中女士或最年长的女士先就座。

C. 安排客人就座时，最关键的是安排好座次的位置，即合理安排相邻的客人。

3）协助开机。

A. 领班或部长帮助客人开电视、调节音响或通知音控室服务人员开机。

B. 服务人员迅速提供免费供应的水果、小吃或茶水（一般含在最低消费里）。

C. 询问客人是否需要专门服务员，如需要则迅速安排。

（3）呈递酒水单。客人坐稳后，服务人员应迅速把酒水单递给客人。酒水单一般是放在茶几上的，服务员应主动、机灵地将酒水单从客人的左边递给客人。递上酒水单后，应在点菜单上记录客人进入 KTV 包房的时间、年月日、星期，并写清楚 KTV 包房的名称及客人人数，然后及时向客人介绍酒水，并推荐或建议点酒水。

服务员应对酒水单上客人有可能问及到的问题有所准备。对每一种酒的特点要能予以准确的答复和描述：哪些是季节性的、哪些是特制的，每种饮品要准备的时间及其装饰等。酒水单上的小食品、果盘、饮品客人可能不够了解，服务人员应将涉及的有关内容向客人解释。酒水单是 KTV 的服务指南，服务员必须准确了解酒水单中每一个词语的含义，才能形象而准确无误地向客人解释。

（4）DJ 服务。

1）DJ 人员接到通知后，迅速到 DJ 房领话筒、遥控器，登记后进入 KTV 包房。

2）向客人介绍歌单内容，推荐最新流行的歌曲。

3）向客人介绍点歌器、遥控器的使用方法。

4）为客人点歌，活跃 KTV 包房气氛。

5）如客人需要，则提供伴歌服务。

（5）桌面服务。一般桌面服务由 KTV 包房服务员来完成，当包房不设服务员时，由 DJ 来完成服务。DJ 除为客人点歌外，还要能为 KTV 包房客人的桌面进行服务。

1）为客人提供酒水时，应向客人明确说明哪些是赠送或哪部分是配送的。

2）在 KTV 的服务过程中为客人斟倒酒水时，一定要明确客人的意思。如是要求"续水"，就不是点新酒水。

3）清理桌面，将客人用完的盘、碟、杯等随时撤走。

4）给客人点烟，更换烟灰缸。一般情况下，烟灰缸内有两个烟头就应给予更换。

5）协助客人做好生日等场合的桌面服务。

6）酒水的斟倒服务。

（6）结账。当客人需要结账时，DJ 将房卡带出送给领班或部长，并汇报需要打折的情况或找有权限打折的主任或经理签字。领班或部长带着开房卡到收银处核账，将客人消费清单用电脑打出。部长将清单送给客人核实、签字。客人将钱款、账单交给部长后回到收银处结算。收银处收取账款，如需找零的，则给予找零，打印单据后交部长送给客人。客人最后在账单上签字认可。

（7）送客出门。服务人员应对即将离店的客人说一声"再见，欢迎您下次光临"，道别客人同问候到 KTV 消费的客人同等重要。

领班帮助客人取来衣物，可以有机会知道客人对服务是否满意以及是否发生了误会。假如有令客人不满之处，应向客人解释并表示竭诚改善，这样能自然地建立与客人之间的感情。领班或部长、DJ 送客至门口，领位员看见客人出来时应主动迎上去问好，并领客人出门或帮客人按电梯下楼。

（8）扫尾工作。

1）服务员要对包间场地进行清理，对音响设备和点歌系统进行检查，以准备迎接下一批客人。

2）若全天营业结束时，音响师要关闭所有设备，整理好唱片，调试好点歌系统，切断电源。以免在再次营业前出现故障而导致营业受阻。

3）各服务员统计所售出的酒水饮料、小食品和用品；收银员清点所收钱款，交归财务部门；清点存货，填写营业记录，对当天出现的问题向经理汇报；进行交接工作。

4）清扫场地，清洗用具。

（二） 饭店康体项目服务的程序及标准管理

1. 康体项目管理要求。

（1）建立、健全安全管理制度，依法配备安全保护设施及人员，确保使用者安全。

（2）建立、健全服务规范，提供与康体设施功能、特点相适应的服务，完善服务条件。

（3）对于专业性强、技术要求高的康乐项目，应当符合国家规定的安全技术服务要求。必须在服务过程中多提示，提醒宾客注意安全，努力防止意外事故的发生。

（4）应当向宾客公示服务内容和开发时间。

（5）体育设施的设计应当符合实用、科学、美观的要求，并采取无障碍措施，方便残疾人使用。

（6）经营管理必须符合国家和地方的相关政策法规。如《体育建筑设计规范》、《公共文化体育设施条例》等。

2. 饭店康体项目服务的程序及标准管理列举——健身房。饭店健身房一般分为器械健身房和无器械健身房两类。器械健身房是饭店中为客人提供各种先进器械和设备，进行肌肉训练和力量训练的场所，是现代饭店健身房中最常见的形式。一般饭店中的健身设备有：跑步机、自行车练习器、健骑机、综合性力量训练设备等。无器械健身房又叫体操房，是供客人进行徒手健美体操的场所。健身活动的目的，一是减肥，二是通过锻炼使身体更健美。

（1）健身房服务程序。

1）准备工作。

A. 按照规定穿好工作服、佩戴好胸牌，仪表仪容要整洁、大方、得体。

B. 提前 5 分钟到岗向领班报到，开班前会议，领受任务。

C. 打开健身房的灯，使室内采光均匀。打开空调，使室温保持在 18℃~22℃，相对湿度保持在 50%~60%。打开通风装置，换气量不低于每 40 平方米 3 人/时。

D. 营业前做好健身房、休息室、更衣室、淋浴室以及卫生间的清洁工作，不留死角。

E. 准备好营业用的各种表格、票据等。

F. 做好设备设施的消毒保养工作，检查设备的运行情况，保证设备安全正常的运转。

G. 准备好为客人服务的各种用品，如纯净水、纸杯、毛巾等。

2）接待工作。

A. 服务员见到客人要主动问好，请客人办理手续接受服务。

B. 客人健身前，服务员要根据客人要求介绍健身项目，并明示《健身房须知》所载内容，提醒客人做好准备工作，向不熟悉健身运动的客人介绍各种器械的功能及使用方法，并做好示范。若客人要消费的项目已有预订或者被其他客人占用，服务员应懂得引导客人进行其他健身项目。

C. 客人健身时，教练员根据客人要求为客人设计训练方案，经客人认可后辅导练习，并填写"健身卡"，根据训练效果再制订或修改健身计划。

D. 教练员根据《健身房管理制度》的要求提供现场安全保护。服务员提供相应服务，如计时、搭脉、调整器械、纠正动作等，注意客人的身体状况，必要时提醒客人暂时停止训练，发现紧急情况应采取应急措施。

E. 若客人借用或租用本部物品，服务员应礼貌示意："此物品完好，请您用毕归还。"

F. 随时注意负责的服务场所的卫生状况，保持干净整洁的环境。

3）结束工作。

A. 客人结束健身运动后，服务员应协助客人办理结账手续，向客人致谢并欢迎再次光临。

B. 营业结束后，服务人员关闭所有的设备，对服务场所进行打扫、清理，及时修理或者更换损坏的设备，核对当日营业单据，填写报表，切断所有电器的电源，准备下班。

（2）健身房环境质量管理。健身房门口客人须知、营业时间、价目表等标志牌要设置齐全，设计要美观、大方、中英文对照、文字清楚，摆放位置得当。室内健身器材应布局合理，摆放整齐。录像机、电视机、钟表要设置合理，便于客人观看使用。健身房内照明要充足。适当位置要有足够数量的常绿植物调节小气候。整个环境质量应达到美观、整洁、舒适，布局合理，空气清新。

（3）健身房服务人员管理。健身房服务人员要具有较好的专业外语对话能力，要求仪容整洁，精神饱满，身体健康，待客热情、大方、有礼，能熟练地掌握并正确地使用和讲解健身器材的使用方法，善于引导客人参加健身运动。

当客人要健身，并要求辅导时，健身房服务人员应主动示范。带客人做健身操，要求口令清晰、姿势正确、动作一丝不苟，并根据客人体质状况，因材施教，做有针对性的指导。

健身房服务人员要坚守岗位，严格执行健身房规定，注意客人健身动态，随时给予正确的指导，指导客人安全运动，礼貌劝止一切违反规则的行为。

健身房服务人负责健身房及更衣室、淋浴室的清洁卫生工作。搞好环境卫生和设备卫生，保持环境的整洁和空气的清新，以达到质量标准，给健身者以良好的环境感受。

负责维护健身设备的正常运行，如发现问题，应及时上报。每天按规定准备好营业用品，需要补充的用品，应及时报告领班申领。

（三）饭店保健项目服务的程序及标准管理

饭店的保健项目主要有美容美发、桑拿浴、按摩等服务。

1. 保健类项目服务要求。

（1）保健项目的规模可根据饭店的客房接待能力即床位数来确定。一般按照床位数的3%～6%计算桑拿浴室的接待能力，按照1.5%设置美发椅，按照0.75%设置美容椅。

（2）保健设施的档次应与所在饭店的档次相适应，除了拥有现代化的装修环境之外，还应当有技术高超的服务员和现代化的保健设备。

（3）桑拿浴室的内部总体设计必须遵循"美观实用"的原则，各功能区域的设计与布局必须保证活动流程完整、顺畅，职工通道与宾客通道分开，机械房与休息场所分开并保持一定距离。

（4）美容厅一般要求空间较高，气流通畅，光线充足，环境安静、格调高雅，必须具备现代化的美容设备。

（5）美发厅要求宽敞、明亮、空气清新，装饰别具一格，拥有最现代化的理发设备。

2. 饭店保健项目服务的程序及标准管理列举——桑拿浴室。桑拿浴是在特制的小木板房中通过特殊设备将室温迅速升至45℃以上，以便使沐浴者身体受热充分排汗，这种沐浴方式是使沐浴者体内垃圾充分排出体外而保持健康。

桑拿浴的洗浴方式有干蒸和湿蒸之分。干蒸称为芬兰浴，其整个沐浴过程是将室内温度升高到45℃~75℃，不加任何水分，使沐浴者犹如置身于骄阳之下或沙漠中一样，体内的水分被大量地蒸发，以达到排泄的目的。湿蒸又称土耳其浴，是在温度很高的室内不断地增加湿度，使沐浴者仿佛置身于热带雨林中，这种闷热的环境会使沐浴者大汗淋漓，从而达到排泄体内垃圾的目的。

桑拿浴的主要作用：一是减肥，如果每天去一次桑拿浴，通过蒸汽热使人大量出汗，对减肥有显著效果；二是消除疲劳，桑拿浴以后，加速人体的血液循环，促进了新陈代谢，使人迅速恢复体力；三是可以防治风湿病和皮肤病。

（1）桑拿浴的服务程序。

1）营业前的准备工作。

A. 前台服务员整理手牌和更衣柜钥匙，补充客用毛巾，将已经消毒的拖鞋摆放整齐。

B. 浴室服务员做好桑拿浴房、淋浴间、休息区、更衣室、卫生间等清洁消毒工作，打开桑拿设备，调整好温度和沙漏控时器，并将木桶内的水盛满，及时补充浴液、浴服、洗浴用品。

C. 休息厅服务员做好休息厅及包间的清洁、整理工作，补充酒水和小食品。

2）营业中的接待工作。

A. 前台服务员要服装穿着整齐，姿态端正，礼貌接待每一位客人。

B. 主动询问客人的要求，向客人说明洗浴的费用标准。

C. 为客人递送毛巾、手牌、更衣柜钥匙，并请客人更换拖鞋。提醒客人如有贵重物品，应存放在前台。对不熟悉环境的客人给予必要的介绍，引导客人进入浴室。

D. 浴室内的服务员主动与客人打招呼。为客人打开更衣柜，协助客人挂好衣物，提醒客人锁好更衣柜，引导客人入浴。

E. 客人在桑拿过程中，服务员应随时观察，根据客人的需求调节桑拿房内的温度。客人在洗浴中如需搓澡等其他服务，需记录服务项目及手牌号，并请客人签字，将记录单及时传到前台。

F. 客人浴毕要帮其擦净身体，送上浴服，请客人进入休息大厅或包间休息。

G. 休息厅服务员引导客人就座，并为客人盖上毛巾，递上棉签、纸巾，帮助客人调好电视节目。询问客人是否需要酒水或小食品。主动介绍其他配套服务，为其安排技师，记录好手牌号，并请客人签字，将记录单及时传到前台。

H. 客人准备离开时，浴室服务员帮助客人打开更衣柜，协助客人换好服装后，提醒客人带好随身物品，引领客人到前台结账。

I. 前台服务员根据手牌取出客人的鞋，交给客人，并迅速、准确地计算客人的消费金额，请客人核对、结账。

J. 向客人道别致谢，欢迎下次光临。

K. 客人离开后，浴室服务员应该迅速地更换浴巾、清洁茶几、清洗烟灰缸，做好环境卫生及用品清理工作。

3）营业结束后的整理工作。

A. 浴室服务员关闭所有设备的电源，全面清洁、整理浴室、更衣柜，对桑拿房进行消毒，清点房间用品，填写报表及交接班记录。

B. 休息厅服务员关闭电视、音响等设备及电源，整理休息椅，清扫地面，清点房间用品、小食品、饮料，填写报表及交接班记录。

C. 前台服务员整理手牌、更衣柜钥匙、拖鞋，清扫前厅地面，整理沙发、茶几，核对营业单据，填写报表，连同现金收入一起上交财务部门。

D. 服务员最后要切断所有电源、水源，关好门窗。

（2）桑拿浴室环境质量管理

桑拿浴室门口营业时间、客人须知、价目表等标志标牌要齐全、完好，设计美观大方，安装位置合理，中英文对照，字迹清楚。室内分隔式小桑拿浴室，室温保持在30℃左右，各室内通风良好，空气清新，环境整洁，保证客人有舒适感和安全感。

（3）桑拿浴服务人员管理。桑拿浴服务人员要具备简单的外语对话能力，对客热情、礼貌、周到、责任心强、服从工作安排，与按摩师通力合作做好桑拿室的各项工作。

客人到达时桑拿浴服务人员要主动问好，热情迎接客人，询问有无预订。准确记录客人姓名、房号、到达时间和提供更衣柜号码、钥匙、分配浴室。主动及时提供毛巾、服务用品。客人进入桑拿浴室准备开始桑拿前，服务员要调好温度和沙漏控时器。客人在桑拿浴期间，为防止意外，桑拿浴服务人员要每10分钟巡视一遍，注意客人情况，若有呼唤，及时提供客人要求的各项服务。

桑拿浴服务人员要坚守岗位，保证客人安全，勤巡查，发现问题及时报告。

桑拿浴服务人员要做好清洁卫生工作，保证各桑拿浴室的天花板和墙面无灰尘、水渍、印痕，无掉皮、脱皮现象。地面干燥，无灰尘、垃圾和卫生死角，整洁干净。所有金属件表面光洁明亮，镜面无水迹。所有木板洁净、光滑，无灰尘、污迹和碳化物，使客人有舒适感。

客人离开时，桑拿浴服务人员应礼貌送客，要提醒客人不要忘了东西，对客人要说"谢谢光临，欢迎以后再来"，并送客到门口。拾到任何遗留的物品，要立即上交领班或主管。

桑拿浴的服务人员负责检查桑拿浴室设备的运转情况，如水位、温度需随时调节、补充，抽风机和灯光等设备需随时检查，有情况向领班上报维修项目。

七、康乐部设备管理

饭店康乐部的经营依托于设备和员工劳动二者的结合。康乐设备指属于康乐部固定资产的机器和用具，它是康乐企业提供康乐服务、进行经营活动的生产资料，是饭店康乐部员工从事接待服务活动，为客人提供有形和无形产品的物质载体。康乐设备管理是指为使康乐物资设备正常运转和发挥效用而进行的选择、购置、安装、维修保养和更新改造等一系列的管理工作。饭店康乐部产品的数量、质量、成本等很大程度上受康乐设备状况的影响。没有相关的设备，康乐活动就无法开展。因此，管理好康乐设备意义重大。

（一）饭店康乐设施设备

饭店康乐设施设备主要包括：

1. 设施。主要包括建筑、装潢和家具。如康乐场馆的外墙、屋顶、水池、道路、室内装饰装潢（天花板、地毯、墙布、瓷砖、地砖、花岗岩、大理石、门窗、隔断、窗帘轨）、室内家具等。

2. 设备。

（1）饭店的一些基础设备：如机械、电气设备及系统（如输配电系统、上下水系统、空调系统、冷冻系统、通风系统、电子计算机系统、消防系统、音像系统、电话、传真通信系统、电梯、自动扶梯及升降机、各类清扫清洗设备等）。

（2）健身康体设备：健身器材如跑步机、划船器、综合多功能力量练习器等。

（3）休闲康体设备：按摩浴池循环系统、加热及制冷系统、激光电影投播系统等。

（4）娱乐设备：卡拉 OK、舞厅音响、音像、灯光系统、自动洗牌机等。

（5）美容美发设备：电剪、高频率仪、综合美容机等。

（二）饭店康乐设施设备管理的任务

饭店康乐设施设备管理的主要任务就是要保证为康乐部提供与饭店等级相适应的最优秀的设备，使康乐部建立在最佳的经营物质基础上。

1. 选购设备时遵循技术先进、经济合理的原则。在选择饭店康乐部设备时，要和整个饭店的等级配套，要求布局合理、配置得当、格调别致。

2. 保证各种设备始终处于最佳的技术状态。保证在用设备运行良好，在修备件维修到位。由于接待任务、季节变化或其他原因，造成设备停止使用时，要保证有替代品，保证设备的主机与辅机及附件、工具完整齐全。

3. 做好现有设备的更新改造，实现增收节支。康乐部应同工程部、财务部等部门协同合作，积极筹措资金，疏通设备供应渠道，及时做好设备的更新改造，以不断适应康乐设备求新、求异、求变的基本特点。

4. 保证引进设备的正常运转，尽快掌握引进设备的维修技术，及时解决备用配件的供应。目前国内大多数饭店康乐部的康乐设施设备大多数来自进口，在进口时要选择那些在国内设有代理机构，负责售后技术安装及调试、技术传授，保证零配件长期供应，在一定时期内保养生产的厂家。

（三）饭店康乐设施设备管理的要点

1. 建立和健全设备管理制度。包括设备的选择评价管理制度、维护保养制度、合理使用制度、维修管理制度、设备事故分析管理制度、设备点检管理制度、设备档案管理制度等。

2. 掌握设备管理的方法。

（1）认真做好设备的分类编号、登记和保管工作。总原则是饭店所有设备都由工程部统一归口管理，不同用途、性质的设备则由分管部门及班组专职管理。如健身设备由健身房负责管理等。

（2）合理使用康乐设施设备。为保证设施设备处于良好状态，各专职人员应合理使用，保养设备，及时排除故障，努力掌握运行规律。其核心就是管好、用好、修好。管好：操作人员对自己使用的设备及附件要保管好，未经有关专业负责人批准，不能乱动设备的位置；非本设备操作人员不准擅自使用；不得擅离岗位；如发生事故，应保持现场，并如实报告事故经过。用好：严格遵守设备操作规程，不超负荷使用，不带病运转。修好：保证设备定期修理。

（3）会使用、保养、检查康乐设施设备，并会排除故障。熟悉设备结构，掌握操作规程，正确合理使用设备，熟悉加工工艺；保持设备内外清洁，掌握一级保养内容和要求；设备开动前后，会检查各操作机构、安全限位是否灵敏可靠，会检查运行声音有无异常，并能发现故障隐患；会通过设备的声响、温度、运行情况等现象，及时发现设备的异常状态，并能判定其原因，根据自己掌握的技能，采取适当的措施排除故障，自己不能解决的，要迅速通知检修人员，并协同排除故障。

项目小结

本项目从基本情况与日常服务内容两个角度分别介绍了饭店的业务部门前厅部、客房部、餐饮部、康乐部门的管理，使学生能够全面地认知饭店业务部门。

项目实训

【实训目的】

通过实际操作和实习，使理论与实践相结合，了解饭店的前厅、客房、餐饮、康乐等一线部门的组织结构、基本工作任务、运作流程和管理程序。

【实训内容】

1. 在校内接待中心专业实践。

2. 高星级饭店实训基地经营服务场景实践。

【实训要求】

1. 实训学时：11 学时。

2. 实训完成后，根据实训情况写出实训报告。

3. 实际掌握饭店各业务部门的管理工作技能和方法。

项目六

旅行社业务管理

【引言】

为进一步扩大江西旅游产品在台湾的影响，提升庐山旅游知名度，拓展台湾客源市场，江西省旅游局邀请了台湾旅游业界西南旅行社、祥瑞旅行社、永利旅行社、欢喜旅行社等50多家旅行商、旅游媒体记者到江西考察、踩线，2012 年 8 月 11 日，台湾50 多家旅行商、旅游媒体记者对庐山景区进行了为期一天的考察交流。

此次台湾旅行商、媒体记者考察活动是省旅游局着力打造、推广赣北黄金旅游线路的一个重要举措，也是庐山拓展台湾及境外客源市场的一次有效实地推介。庐山旅游局积极部署、精心安排，受到考察团的一致好评，表示要将庐山景区作为重点景区在台湾进行包装、推广。考察团一行对庐山花径、锦绣谷、仙人洞、美庐别墅、含鄱口、五教祈福园等景区进行了考察，对夏日的庐山美景、庐山完善的旅游基础设施和独特的人文旅游资源赞叹不已。

在江西省委、省政府的重视和大力推动下，赣台旅游合作蓬勃发展，成果显著。继中国东方航空公司加密南昌至台北航线后，中华航空公司也开通了南昌至台北、台中航班，使赣台航班每周加密至 7 班次，市场反响热烈，庐山在台湾的客源市场份额逐年递增，江西（庐山）旅游合作发展前景广阔，潜力巨大。

【学习目标】

1. 理解旅行社产品设计与开发。
2. 领会旅行社采购业务。
3. 了解旅行社产品营销。
4. 熟悉旅行社计调业务。
5. 了解旅行社接待管理。

任务 1 理解旅行社产品设计与开发

产品是旅行社经营的基础，市场则决定着旅行社生存和发展的空间。旅行社为了满足目标市场的需求，必须研究市场和产品。

一、旅行社产品的概念和特征

（一）旅行社产品的概念

产品是旅行社的经营对象，是旅行社一切经营的出发点。

旅行社的产品：就是旅行社为满足旅游者旅游过程中的需要而向旅游者提供的各种有偿服务，包括旅游线路、旅游节目和单项服务。旅行社产品是一种以无形服务为主体内容的特殊产品，是由食、住、行、游、购、娱各种要素构成的"组合产品"。其形态是多种多样的，其中以旅游线路的设计最为复杂。

（二）旅行社产品特征

1. 无形性。旅游产品属于服务性产品，具有无形性的特点。旅游者在购买时无法真实地感受到它的存在，因此人们常说"购买假日犹如购买梦幻"。旅行社出售产品犹如出售"诺言"。旅游者对旅游产品的购买是出于对旅行社的高度信任。

2. 不可分离性。有形产品的生产过程和消费过程在时空上相互分离，而旅游产品的生产过程，即旅游服务的提供过程，是以旅游者来到旅游目的地消费为前提的。因此旅游产品的生产过程也就是消费的过程，即具有生产与消费的同一性特点。

3. 不可储藏性。不可储藏性是服务性产品区别于有形产品的又一重要特征。服务是一种行为，是不可储藏的。这就要求旅行社要科学地预测旅游需求，解决好供求平衡的矛盾。

4. 不可转移性。不可转移性主要表现在旅游服务所凭借的吸引物和旅游设施无法从旅游目的地运输到客源所在地供游客消费，且只能以文化旅游产品的信息传递引起购买者的流动来实现。

5. 综合性。由于旅游者需求的多样化和旅游活动内容的丰富性，在现实中旅游产品往往表现出高度的综合性。旅游产品综合性的特点决定了旅游产品生产的脆弱性。

基本构成要素的综合性：食、住、行、游、购、娱。

非构成要素的综合性：所含的旅游服务并非由同一旅游企业提供，而是出自众家之手。

6. 可模仿性。旅游产品的可模仿性是指食、住、行、游、购、娱等构成要素几乎对所有旅行社都不具有垄断性。如某一旅游景点，不会因其接待了某家旅行社的客人而拒绝其他旅行社客人的参观游览。如特色旅游产品"今日看大学，明日上大学"推出后，立即引起了社会各界的广泛好评，然而该活动在推出不久即被多家旅行社所模仿。

旅游产品的可模仿性特点使得旅游产品无专利、无产权、无商标，一旦新的旅游产品推出并取得良好的经济效益时，竞争对手就会竞相仿效。因此绝大多数旅行社缺乏产品创新的内在驱动力。

【资料链接】

1997 年 1 月，中国国际旅行社总社新开发的"海底婚礼"旅游项目在国家工商局注册了专有产品商标，这是承认旅游产品知识产权的开先河之举，也是保护旅游产品开发者正当权益的有益尝试。

二、旅行社产品形态

(一) 旅游动机分类法

观光旅游：是中国旅行社的主打产品。

度假旅游：是近年来颇受旅游者青睐的一种旅行社产品。度假旅游与观光旅游的区别：首先，度假旅游者不像观光旅游者那样到处旅游，往往选定一个度假地。其次，度假者多采用散客旅行的方式，而观光旅游多以团队的形式旅游。最后，度假旅游者的消费水平比较高，对旅游度假区的设施要求也比较高。

1. 公务商务旅游：是指以经商为目的，将商业经营与旅行游览结合起来的一种旅游活动。商务旅游是一种旅游频率高、经济效益好的旅行社产品。商务旅游的特点：重游频率高；受自然因素影响较小；预订时间短；旅游消费高；对旅游需求高。

2. 会议旅游：是指旅行社在会议期间或会议结束后组织会议参加者到旅游景点或风景名胜区参观游览。特点：效益较好；客源集中；文化层次高，有利于组织接待。

3. 奖励旅游：是企业对员工或销售代理一种奖赏旅游。属于"公费旅游"。近年来发展很快。特点：旅游需求高；效益好；客源较集中。

4. 探亲旅游：是旅行社组织旅游者到达旅游目的地走访亲友的一种旅游活动。特点：客源稳定但旅游消费较小。

5. 专业旅游：以专业考察和学术交流为旅游活动的主要目的。如文化科学、考察旅游、生态旅游、治疗康复旅游、教育专业旅游等。

(二) 产品内容分类法

1. 包价旅游产品。团体包价旅游的服务项目通常包括：依照规定等级提供饭店客房；一日三餐和饮料；固定的市内浏览用车；翻译导游服务；交通集散地接送服务；每人20公斤的行李服务；游览场所门票；文娱活动入场券。

旅游者参加团体包价旅游的好处：安全方便、经济实惠。缺点：缺乏个性。

旅行社经营团体包价旅游产品的优点：操作方便；经营成本低；经营收入高。缺点：直观价格高；变化多。

散客包价旅游（指10人以下的包价旅游）。散客包价旅游的不足之处：价格较高；成本较高。

半包价旅游：指在全包价旅游的基础上，扣除中、晚餐费用的一种包价形式。

小包价旅游：又称选择性旅游，是一种选择性很强的旅游产品。具有经济实惠和灵活方便的特点。

包括非选择部分和选择部分。非选择部分：包括接送、住房和早餐，旅游费用由旅游者在旅游前预付。可选择部分：包括导游、午餐、晚餐、风味餐、节目欣赏和参观游览等。

零包价旅游：零包价旅游是一种独特的产品形态，游客在旅游目的地的活动是完全自由的，形同散客。零包价旅游的特点：旅游者可以享受团体机票的优惠价格；可由旅行社统一代办旅游签证手续。

2. 单项服务产品。单项服务是旅行社根据旅游者具体要求而提供的各种有偿服务，旅游者需求的多样性决定了旅行社单项服务内容的广泛性。常规性的服务项目主要包括：导游服务；交通集散地接送服务；代办交通票据和文娱票据；代订饭店客房；代客联系参观游览项目；代办签证；代办旅游保险。

旅游单项服务的对象主要是零散的旅游者。单项服务又称委托代办业务，旅游者可采取当地委托、联程委托和国际委托等不同的方式交旅行社办理。

1987 年还出现了全国第一家专门经营单项服务的旅行社——广东粤星国际旅游公司。散客旅游已成为世界旅游的发展趋势。

（三）产品档次分类法

可分为：高档（豪华）旅游、中档（标准）旅游和低档（经济）旅游。

三、影响旅行社产品开发的因素

（一）外部因素

所谓外部因素，是指旅行社自身无法控制而又必须受其约束的因素，主要有资源禀赋、设施配置、旅游需求等。

1. 资源禀赋，是指一个国家或地区拥有旅游资源的状况。与旅行社产品开发相关的资源因素主要包括自然资源、人文资源、社会资源、人口资源和资本资源等。

2. 设施配置，是指与旅游者生活密切相关的服务设置和服务网络的配置状况，主要包括住宿、交通、餐饮、景区建设、购物和娱乐等方面。它们是旅游者实现旅游目的的中间媒介，而且本身也会增添旅游乐趣，构成旅游活动的重要组成部分。一个国家或地区无论旅游资源多么丰富，如果不具备起码的基础设施和旅游服务设施，也很难形成吸引旅游者的产品。

3. 旅游需求，是指具有一定支付能力和闲暇时间的消费者，在一定时间内，愿意以一定价格购买的旅游产品的数量。旅游需求不仅与人们的消费水平有直接关系，并且也反映出旅游者的旅游兴趣。因此，从某种意义上讲，旅游需求决定着旅行社产品的开发方向。

（二）内部因素

内部因素是指旅行社自身可以控制的因素，即旅行社的综合竞争能力。可以控制并非是绝对的，有些内部因素必须具备相应的外部条件才能称其为内部因素，但它又不完全与外部因素相同。对于这些因素，我们暂时把它们归于内部可控制因素之列。内部因素包括旅行社的发展战略、市场定位、人力资源状况、财力状况、市场拓展能力、协作网络的广度与稳定程度、接待能力、知名度和美誉度等。

1. 发展战略。旅行社的发展战略牵涉到旅行社的前途和命运，决定了产品的开发方向。

2. 市场定位。市场定位决定着旅行社产品开发的具体内容、档次和规模，准确、良好的市场定位有助于开发出畅销的旅游产品，定位不当会给旅游产品造成严重影响。

3. 人力资源状况。旅行社人力资源状况决定了其开发旅游产品的种类、数量、广度和深度，也是产品开发从规划逐步走向实施的决定力量。

4. 财力状况。旅行社的财力状况决定了产品开发的深度和数量，反映了承担产品开发风险的能力。

5. 市场拓展能力。市场拓展能力决定了产品的市场销售情况。销售渠道的畅通与否，对旅行社实现产品到商品的转变具有重要意义。

6. 同行业的竞争与模仿。随着科技的进步和普及，网络信息迅速传递，产品开发完成的时限正在缩短，很可能许多旅行社同时得到同样好的新产品构思，而最终胜利者往往属于行动迅速的企业。对市场反应灵敏的旅行社必须尽量压缩产品开发的时间，其方法可以采用提早或及时进行产品概念的可行性分析、计算机辅助设计、市场与技术联合开发以及先进的市场营销计划等。主要原因是竞争对手对其进行模仿，而使预期的市场潜力深受影响，造成"一家栽树，万家乘凉"的局面。运用专利等法律保护以及采用周密的营销策略，可以避免采用这种方法的产品开发风险。因此，旅行社在实行产品开发活动时，尽量做到发展有规划，市场有目的，使产品不断更新换代，形成产品开发的良性循环，尽可能降低或避开产品开发的风险，提高成功率，使企业持续发展。

四、旅行社产品设计与开发的原则

旅行社产品的形态多种多样，尽管这些产品在服务形态方面存在差异，但不同形态的产品在其设计过程中，只依赖经验是远远不够的，需要依靠多种先进的方法和手段，不断收集各种最新的旅游资料，通过不同形式的考察，充分了解沿途游览区域的住宿、交通、餐饮、购物、娱乐等设施及有关服务的特点和优势等。旅游产品设计开发应遵循以下原则：

（一）市场导向原则

市场导向是旅行社开发产品时必须遵循的原则。旅游者的文化背景和生活环境各不相同，在价值观念、思维方式、审美情趣和行为准则等方面存在很大差异，从而有着不用的消费偏好和对旅游产品的价值判断。一家旅行社的产品不可能满足所有旅游者的需要，因此更需要通过市场细分来选择目标市场，再根据目标市场的需求开发产品。旅游者的需求是千变万化的，旅行社应时刻注意市场发展趋势和动向，紧跟时代潮流。

（二）经济原则

所谓经济原则，是指以同等数量或相对低的消耗取得相对高的效益。旅行社作为企业，追求最大利润是其宗旨。这就要求旅行社在开发设计产品过程中，加强成本控制，降低各种消耗，特别要注意努力降低采购成本，在购买吃、住、行等单项旅游产品时，充分发挥协作网络的作用，争取享受到最优惠的采购价格。这样既可以降低产品的直观价格，便于产品销售，又能保证旅行社的最大利润。

（三）创新原则

旅游者的观念和追求多种多样，只有不断地推陈出新，才能满足旅游者新的欲望。旅行社要善于捕捉稍纵即逝的机遇和灵感，不断开发富有时代气息的新产品，做到"人无我与，人有我新，人新我特，人特我变"，力争在激烈的竞争中立于不败之地。此外，由于旅行社产品具有公共性，易被模仿，在开发创新产品时要注意打时间差。

（四）布局合理性原则

旅行社产品的典型市场形象就是旅游路线，在设计旅游线路时，应慎重选择构成旅游线路的各个旅游点，并对之进行科学的空间优化组合。尽量避免重复经过同一景点，因为根据满足效应递减规律，重复会影响旅游者的满足程度；科学安排旅游景点间的距离，避免因间距太大引起旅游者旅途疲劳或大量的时间和金钱耗费在旅途中。简言之，布局合理性原则要求旅游景点的空间组合尽量不重复、间距小、顺序科学、特色配置灵活。

（五）多样化原则

多样化原则要求旅行社在设计产品时从多个角度，时时处处丰富产品的类型层次。旅行社产品一般应突出某个主题，并且要对不同性质的旅游团确定不用的主题。同时旅行社还应围绕主题安排丰富多彩的旅游项目，让旅游者体验到各种不用的经历，从不同的侧面了解旅游目的地的文化和生活，满足具有不同旅游偏好的细分客源市场需求。在同一旅行社产品的生产过程中，力求形成一个高潮，强化旅游者兴奋点的产生，以达到宣传促销、吸引旅游者的目的。旅游活动内容切忌重复，尤其在历史文化旅游产品的整合上，更应慎重，在展现文化内涵的基础上力求多样化。

五、旅行社产品设计过程

旅游产品不同于一般商品，一般商品的生产要素是进行商品生产必须具备的条件，旅游产品的生产要素即旅游从业人员凭借物质和非物质的劳动产品及自然物向旅游者提供服务。因此，旅游产品的开发不同于一般商品。旅游产品开发主要包括两个方面：

第一，旅游地开发。旅游地是随着旅游业兴起而出现的新概念，目前还没有公认的定义，一般说旅游地是旅游规划管理的基本单位，是景物比较集中、环境优美的区域空间，是以旅游为主要功能的地域综合体。旅游地是旅游产品的地域载体，旅游地的开发属于区域综合开发的范畴，它包括旅游资源开发、旅游服务设施开发、旅游基础设施开发等，这些开发不仅要内部比例结构相协调，而且要与区域发展的战略相一致，使之成为旅游者的驻足地和集散地。

第二，旅游路线开发。旅游路线在经济学上一般是指旅游产品，是向旅游者出售产品的具体形式。旅游路线开发就是指将单项的旅游产品通过旅游服务有机地结合起来，形成综合性的旅游产品向旅游者出售。值得注意的是，旅游路线开发并非新的有形物质的创造，而是将已有的各种旅游资源、已经建成的旅游设施以及各种旅游者需求的服务联系起来，形成不同于以往的各种组合形式。

（一）旅游线路设计原则

1. 旅游线路应包括的内容。由于研究角度不同，不同角度对旅游线路的理解不同，而我们所提到的旅游线路主要是从旅行社的角度出发去理解，它是旅行社产品的核心组成部分。

旅游线路设计应该包括的内容：

（1）旅游线路时间：总的旅游时间以及整个旅游过程中的时间安排。

（2）目的地（旅游资源的类型、级别等）：主要游览的景区、景点的特色，旅游目的地决定了旅游活动的主要内容。

（3）交通：旅游交通方式和工具。

（4）食宿：旅游住宿的酒店或宾馆的等级，客房的标准，餐饮的种类和标准。

（5）活动安排：旅游线路设计核心所在和重点内容，旅游活动的安排直接影响到旅游线路对旅游者的吸引力。

（6）服务：接待和导游服务。

（7）价格：一般来讲是一个比较笼统的价格。

【资料链接】

庐山一日游

一、庐山旅游行程

九江接团游、芦林湖、芦林大桥、庐山博物馆（芦林一号——毛泽东旧居）、庐山会议旧址（外观）、庐山大厦、原蒋介石私人图书馆、御碑亭、石松、仙人洞、观妙亭、谈判台、锦绣谷、险峰、天桥、如琴湖、老别墅（30元/人自理）、含鄱口、观五老峰、看庐山最高峰大汉阳峰、乘缆车望瀑布的源头【大口瀑布】（50元/人自理）、大口瀑布门票（25元/人自理）、庐山红展览馆。

二、庐山旅游景点介绍

庐山，又称匡山或匡庐，隶属于江西省九江市。位于九江市南36公里处，北靠长江，南傍鄱阳湖。南北长约25公里，东西宽约20公里。大部分山峰在海拔1000米以上，主峰汉阳峰海拔1474米，云中山城牯岭镇海拔约1167米。庐山雄奇秀拔，云雾缭绕，山中多飞泉瀑布和奇洞怪石，名胜古迹遍布，夏天气候凉爽宜人，是中国著名的旅游风景区和避暑疗养胜地，于1996年被列入"世界自然与文化遗产名录"。古人云"匡庐奇秀甲天下"，自司马迁将庐山载入《史记》后，历代诗人墨客相继慕名而来，陶渊明、谢灵运、李白等1500余位诗人相继登山，留下了许多珍贵的名篇佳作。苏轼所写的"横看成岭侧成峰，远近高低各不同。不识庐山真面目，只缘身在此山中"形象描绘了庐山的景色，成为千百年来脍炙人口的名篇。

三、报价：220元/人

费用包括：

① 往返上下山空调旅游车，景区部分景点用车

② 景区第一大门票180元/人，全程优秀导游服务

③ 旅行社责任险，乘车险

④ 综合服务费

全程购物点1个：庐山茶叶店（每店30分钟左右），不强制消费

费用不含：

① 行程当日午餐

② 景区内缆车

③ 大口瀑布门票

2. 旅游线路设计的制约因素。

（1）资源赋予。资源赋予是指一个国家或地区拥有旅游资源的状况。主要包括：自然资源、人文资源、社会资源。

（2）设施配置。设施配置是指旅游者旅游生活密切相关的服务设施和服务网络的配置状况，主要包括住宿、交通、餐饮和娱乐等方面，它们是旅游者实现旅游目的的中间媒介，而且本身也会增添旅游乐趣，构成旅游者旅游生活的重要组成部分。

（3）旅游需求。旅游需求是指消费者在一定时期内以一定价格愿意购买的旅游产品的数量。旅游需求不仅与人们的消费水平有直接的关系，而且也反映出旅游者的旅游兴趣。从某种意义上讲，旅游需求决定着旅行社产品开发的方向。相近旅游需求与相异旅游需求。

（4）旅行社实力。旅行社自身的实力也是制约旅游产品开发的重要因素。中国旅行社多数是小规模、低层次、单体作坊式的经营状况。旅游新产品开发所需的人才优势、资金优势及相当的营销投入则是众多的中小型旅行社所无法提供的。

3. 旅游线路设计的原则。

（1）市场导向原则：即知己知彼原则。

知己——了解旅游资源普查和资源开发计划。

首先要了解我国有哪些重点旅游城市、旅游路线和风景名胜区。

知彼——确定目标市场，有针对性，也就是市场原则。

旅游者出游的决定因素包括：

收入决定论。人均 GNP300 美元以上，近地旅游；1000 美元以上，近国旅游；3000 美元以上，远国旅游。

出行距离论。以定居地为中心确定出行半径，获得在同一支付水准下的最大效益。比如日本人，以日本为中心画一个圆，可去韩国、中国大陆、中国香港、美国夏威夷等地，在比较价格、考虑兴趣后作出决定。

需求差异、偏好论。不同的顾客群有不同的需求，我们提供的东西，必须是他们感兴趣的东西。

根据这三论，设计出有针对性的产品。

对日本人，应抓住文化同缘、幅员广阔的特色，提供大漠风光、民族风情、书法学习等旅游项目；利用同中国近、交通便利的有利条件，多开展区域旅游。

对欧美人，由于文化距离相距较远，对中国了解也不是很够，应适当增加一些参与性的活动，让他们了解中国的民俗和各种在他们看来很独特的生活习惯。

对于马来西亚人，抓住他们祖辈多是海南、客家人和福建闽南人的血脉联系，推出福州、厦门、海南岛游，吸引他们的后代到那里去参观。

市场竞争的日趋激烈，要求旅行社的经营者们尽快地建立起科学正确的经营思想，以更好地适应变化了的新环境。而市场导向观念，是所有观念之灵魂、精髓。市场导向观念要求以消费者为中心，以市场需求为出发点来组织生产，消费者需要什么，企业就生产什么。

第一，根据市场需求变化的状况开发产品。

第二，根据旅游者或中间商的要求开发产品。旅行社根据旅游者和客源产生地中间商的要求，设计出符合市场需求的旅游产品，开拓市场。

第三，创造性地引导旅游消费。旅行社审时度势，创造性地引导旅游消费。

（2）主题鲜明原则。从特色看，世界上只有一个西安兵马俑，这就是独具特色的旅游主题；列入我国重点旅游线路的拉萨——日喀则线的特殊吸引力来源于西藏高原特有的地貌景观和古老的文化、宗教的综合体。非洲、拉美国家开辟的通往历史上贩卖黑人之路、韩国对第三国游客推出的三·八线板门店惊险旅游项目都是独有的。

从突出主题看，线路的安排要反映同一主题，把每一种特色都下工夫精心挖掘、安排，比如，北国风光，就安排滑雪、滑冰、看冰雕、洗温泉浴形成对比反差等，把文章做足，会给游客留下深刻印象。如"草原风光游"、"中国名酒考察旅游"等，都有自己鲜明的主题。

上海某旅行社推出的"上海家庭博物馆一日游"可谓有特色。

（3）旅游进入原则。交通的衡量标准是进得去，出得来，散得开，不至于造成卡脖子的状况，还要有基本的安全保障。交通的进一步要求是：迅速、舒适、方便、安全。在交通具体安排上，长途一般应坐飞机；交通工具的选择应与旅程的主题相结合；同时要保证交通安排的衔接，减少候车（机、船）的时间。住宿和餐饮要满足顾客基本要求，最起码解决无处过夜的问题。

在设计线路时，就要把虽具很大潜力、但目前不具备要求的景点、景区排除在常规线路之外。否则，因交通原因，不仅途中颠簸，而且游速行缓，游览密度不够，深度不足，不能充分实现时间价值。旅行社推出旅游线路，不但要考虑沿途景点，以达到使游客满意的程度最优化，而且更应考虑旅客的生命与财产安全。

例如，1997年1月，A市一个旅行社组织旅行游览。旅游车行驶在高山冰冻湖面上，车未开多远，忽然冰层破裂，致使车未能及时刹住，沉入湖底，游客中2人死亡，14人受伤，造成一起重大责任事故。

（4）布局合理原则。避免重复，如三峡游就最好不要安排往返都坐船。

点间距离适中，距离太远会造成大量时间和资金的耗费；过近易造成旅游者疲劳。

择点适量，过多容易使旅游者紧张疲劳，更不利于旅游者深入细致地了解旅游目的地。安排过少，旅游者又会感到质价不符。

节奏适当，旅游顺序应由一般的逐步过渡到吸引力较大的景点。可以使旅游者越走越精彩。

特色各异：一般来说，不应将性质相同，景色相近的旅游点安排在一打旅游线路中，否则会影响旅游线路的吸引力。如因克林顿访华而推出的北京——西安——桂林——香港——上海"总统之旅"，由于荟萃了各特色旅游城市，从而成为国际黄金旅游线路。

内容丰富多彩，应尽量安排丰富多彩的旅游项目，让旅游者通过各种活动，从不同的侧面了解目的地，满足旅游者休息、娱乐和求知的欲望。如西安推出的"观看唐乐舞"、"民俗歌舞"，淡化了"白天看庙，晚上睡觉"的弊端。

旅行社在进行产品设计时，应将旅游线路上的景点科学地组合，尽量避免重复经过同一旅游景点，各景点之间的距离应适中，以免在旅途中耗费大量的时间和人力物力。一般来说，城市间交通耗费的时间不能超过全部旅程时间的1/3。此外，在同一线路的旅游活动中，力求形成一个高潮，加深旅游者的印象。

（二）旅行社产品设计过程

1. 中国旅行社的产品设计过程。

（1）设计方法。一种是所谓的"跟风"，即不设计自己的产品，只作为大旅行社的跟随者，通过大旅行社的广告等途径得知一条成熟线路后，与目的地的地接社取得联系，达成合作意向，即招徕客源，组团旅游。这是一种省时、省力、节省成本的做法。

另一种方法是设计与生产自己的产品，这是许多旅行社所不愿采用的方法。它需要旅行社有关人员多次对选定的旅游目的地进行考察，与当地供应商谈判与协商，或选取合格的地接社，还要在本地对新产品进行宣传与推销。产品成本高，风险大，并且随时都有可能被仿冒。

（2）设计过程。

1）选择旅游目的地要考虑的问题：旅游目的地的可进入性与容量，本产品能否实现，游客的可接受性，市场状况。

2）选择地接社：在中国旅行社的产品设计与生产过程中，地接社扮演了一个极为重要的角色。当一个旅行社确定了理想的旅游目的地后，组团社的一项重要工作就是寻找目的地的地接社。有了合适的地接社，可以使旅行社免去与目的地旅行社的价格谈判，节省了人力与物力，通常地接社在这些方面都比组团社具有明显的优势。组团社要对地接社进行审慎的筛选，然后签订相关接团协议。其中要特别关注地接社的信誉和承诺。

3）确定价格：旅游产品的价格确定，是以生产旅游产品或提供服务的社会必要劳动时间为依据的，但由于旅游市场供求关系的变化较大，影响旅游市场供求关系的因素甚多，因而旅游产品的定价一般要考虑到旅游产品成本、旅行社发展战略、旅行社营销目标、旅游产品特点、旅游消费者的需求等因素。

4）产品促销：对于真正进行产品开发的旅行社来说，需要采取各种营销手段促使旅游者接受新产品，充分引起旅游者的兴趣，突出旅游产品的吸引力。旅行社主要运用报纸广告、人员推销（主要针对企业）和公共关系等营销方式。鉴于旅行社之间的竞争很大程度是价格竞争，所以旅行社对营销方式的选择十分注重成本和短期收益的对比分析。报纸相对于广播、宣传单而言又是最直接、覆盖面广而且最有效的大众传播方式。大多数的旅行社没有足够的实力在电视上做广告。

2. 中国旅行社应当从西方旅行社借鉴的经验。

（1）注重市场调研。与西方旅行社对比，中国旅行社在产品设计与生产过程中市场调研是薄弱环节，市场调研的目的是了解消费者的需求，保证设计出的产品能被旅游者认可，具有长久的生命力。注重市场调查和旅游者需求趋势预测，树立消费者至上的营销观念，是第一要务。

（2）注重产品种类与深度的开发。中国绝大多数旅行社实力和规模较小，产品种类单一，价格竞争激烈。应该根据旅行社的经营实力选择观光旅游、度假旅游、专项旅游不同的产品类型开发生产；或者选择某一种产品类型深度开发，提供富有特色的服务，形成自己的品牌优势，增大旅行社产品的差异性与科技含量，使竞争者难以仿冒。

【资料链接】

旅游线路产品设计与调整

某香港旅行社推出的香港至华东旅游线，这条线路的优点是直航飞机往返香港，方便。但存在的问题是：一是时间问题。香港/上海飞机是晚上才抵达，而杭州/香港飞机是上午起飞，实际上第 1 天和第 5 天不能用于观光游览，时间浪费在机场候机上；而由上海/无锡/苏州/杭州不仅交通方式单一，增加了火车上的时间，而且每地游览都很匆忙。二是价格问题，港沪及杭港航飞机价格昂贵，占去了总团费的相当大比重，导致直观价格太贵。由于行程安排不合理，行程价格又过高，游客反映平平。后经调整，对产品进行了重新设计。

调整后的线路与原先的行程相比，有如下优点：

（1）延长了游览时间：第 1 天下午约 1：00 左右抵达杭州，第 6 天下午 18：30 才离开广州，调整后的线路观光游览时间增加约 1 天多。

（2）降低了费用：香港—广州—杭州及上海—广州，香港的交通费只有香港—上海及杭州—香港交通费的 60% 以上。

（3）增添了内容：后者增加广州点，丰富了行程内容。

经过这样改编后，后者的行程与价格更易被旅游者所接受。

六、旅行社产品管理

企业的产品能否控制市场份额，取决于哪些因素？

产品方面：质量（同类型产品）、价格、特色（差别化）。

市场营销方面：促销方式和力度、销售渠道。

顾客的忠实度：偏好、品牌化。

（一）旅行社产品生命周期

同其他产品一样，旅游产品也有其发生、发展、衰退和消亡的过程。一个旅游产品从它进入市场开始到最后撤出市场的全过程，就是旅游产品的生命周期。它一般包括投放期、成长期、成熟期、衰退期四个生命周期阶段。研究旅游产品的生命周期，有利于旅游经营者针对不同的市场生命周期阶段采取不同的策略，有利于采取措施延缓衰退期的到来、延长生命周期，也有利于针对市场需求及时更新产品，生产适销对路的产品。旅游产品生命周期各个阶段通常是以销售额和所获利润的变化来衡量的。

1. 投放期。这一时期旅游企业将组合的新产品投入到旅游市场进行试销，并根据市场反映，确定新产品。只能是试探性购买，因此销售量较小。而同期企业投入的开发费用和广告宣传费用较大，因此企业的利润极小，甚至是零或亏损。此时，市场上的竞争者还不多，甚至没有竞争对手。

2. 成长期。成长期的旅游产品已为广大用户所熟知，因此已经有所需求，并且购买，甚至重复购买，旅游市场需求量迅速增加。这一阶段的旅游产品已经历了试验阶段而基本成型，并且由于前一阶段的宣传促销而在市场上有一定的知名度。此时，由于广告费用相对减少以及销量的增加，因而成本费降低，旅游企业开始赢利。市场上也出现了模仿者，从而产生了竞争。

3. 成熟期。这一时期旅游产品的销售量最大，旅游市场处于饱和相对稳定阶段。旅游产品的销售量虽然有所增加，但速度缓慢，甚至增长率趋于零。此时，由于旅游产品利润较高，因而吸引了大批的企业参与竞争，使竞争更加激烈，促进了旅游产品质量的提高。同时，旅游企业极力降低成本，增强竞争力。企业利润也增长到最高点，并有逐渐下降的趋势。

4. 衰退期。这一时期旅游产品已经陈旧，新的旅游产品已经进入市场替代老产品。旅游者对老产品的兴趣日趋逐渐降低，因而需求降低，产品的销售量下降，并逐渐被市场所淘汰。由于需求减少，因而价格开始下跌，使得利润迅速减少，甚至亏损，许多企业被迫退出竞争。

（二）影响旅游产品生命周期的因素

1. 服务与设施因素。服务质量的高低和设施的完备情况将影响旅游产品的生命周期。服务质量越差，设备设施越陈旧，给旅游者留下的印象就越差，因而重复购买的可能性就小。因此，旅游产品的生命周期越短。

2. 环境因素。环境污染也会影响到旅游产品的销售。因为旅游活动是旅游者求新、求异的一种审美活动，旅游者希望进入视野的每一件事物都符合他的审美期望。因此，脏、乱、差的旅游环境将影响旅游者的旅游需求，进而影响旅游产品的生命周期。

3. 自然因素。自然灾害的发生大多会造成旅游资源的破坏，从而使旅游产品打破原有的生命周期规律而提早进入衰退期。例如，如果旅游资源国发生大的自然灾害，其旅游资源必然会减少，从而影响旅游产品的生命周期。

4. 政治、军事因素。旅游目的国的政治、军事因素也会影响旅游产品的生命周期。例如两伊战争的爆发，大大影响了两个国家旅游业的发展，同时严重影响了旅游产品的生命周期，使旅游产品提早退出市场。

此外，旅游产品的生命周期还将受到诸多社会因素的影响，如旅游目的地居民的文化素质、治安状况等。

（三）旅游产品生命周期各阶段的市场经营策略

针对旅游产品生命周期不同阶段的不同特点，在制定市场经营策略时，应根据不同阶段的特点采取不同的市场经营策略。

1. 投放期。由于这一时期旅游产品刚刚投入市场，面临的主要问题是打开市场局面，因此应该采取的策略是开发产品，并通过各种渠道推销产品，扩大市场。

2. 成长期。这一时期是旅游产品逐渐打开销路的阶段。市场经营策略的重点应放在增加市场开发深度上，组合多品种、多规格的旅游产品，要注意提高产品的质量，而且应力求在市场竞争中战胜对手。

3. 成熟期。由于这一时期旅游产品逐渐达到饱和阶段，销量增加缓慢，因此，这一时期市场经营策略的重点是保护已有的市场，开辟新市场，提高产品质量，降低成本；同时要组合设计新产品，改进老产品。

4. 衰退期。衰退期的旅游产品销量逐渐减小，利润低微。因此这一时期的市场经营战略是提高劳动生产率，降低成本；同时针对市场的新需求，实现旅游产品的升级换代。

（四）旅行社产品管理策略

1. 旅行社产品差别化。

（1）旅行社产品差别化的含义与作用。产品差别化是由于顾客或用户对企业产品的质量或品牌信誉的忠诚程度不同而形成的产品之间的差别。

旅行社产品差别化是指旅行社在其提供给顾客的产品上，通过各种方法造成足以引发顾客偏好的特殊性，使顾客能够把它同其他旅行社提供的同类产品有效地区别开来，从而达到旅行社在市场竞争中占据有利地位的目的。

（2）实现旅行社产品差别化的策略。

1）产品主体差异化。产品主体差异化是企业最常使用的差异化的策略，也往往是最有效的一种策略。根据营销学的观点，产品的整体概念包括核心产品、有形产品与附加产品三个层次。

一般而言，同类竞争性产品的核心部分是基本一致的，也正是这种一致性使这些产品相互之间形成了一定的替代性。然而，它们的有形产品和附加产品部分却给企业提供了一个很大的产品差异化的空间。旅行社的核心产品是愉悦，无论是传统的观光旅游产品还是日益兴盛的休闲旅游产品，顾客购买的核心产品都是愉悦，观光旅游产品与休闲旅游产品只是产品的系列不同而已，在产品的核心价值上并没有区别。但是，旅行社的有形产品与附加产品部分可以实行差异化，旅行社可以为各自的产品赋予不同的品牌，设计不同内容与特色，还可以通过提供不同的服务让顾客对产品产生差异性的感觉。如香港中旅推出的"风情广西"、"醇醉贵州"旅游专线产品，在消费者心中形成了很好的反响。

2）品牌差异化。品牌差异化也可以被看成是产品主体差异化的一个部分，但是由于近年来企业普遍对品牌策略给予了更高程度的重视，所以在这里笔者把它作为一种独立的差异化策略来谈。

品牌差异化不仅仅是旅行社给自己的产品设计一个不同的品牌名称，而且更要强调这个品牌名称必须能够让顾客对企业或企业的产品产生有效的联想，因此，旅行社必须通过各种促销活动宣传产品品牌，丰富产品品牌的内涵，提高产品品牌的定位，树立良好的产品品牌形象，不断提高产品品牌的知名度和美誉度。如深圳国旅新景界在以"新景界"为品牌的前提下，对每一种主题产品确定不同的子品牌：如针对单身老年人的"夕阳红中山鹊桥会"、针对单身青年人的"深圳情旅，阳朔有约"、针对女性消费者的"红常青丽人行"等产品品牌，每一种产品品牌让消费者都能明确该产品的核心价值与市场指向，因而也取得了广泛的市场认同与显著的市场业绩。

3）价格差异化。价格差异化是一种较普遍、易操作的差异化手段。价格差异化是旅行社通过为自己的产品制定不同的价格，来提示顾客本企业产品差异的存在。如针对中国旅行社长期存在的"零负团费"恶性价格战，旅游团变成了"采购团"，导"游"变成了导"购"的状况，上海春秋推出的"贵族之旅"纯玩团，倡导"游程无购物，购物随客意"的经营理念，把旅游过程中强制购物的时间还给客人，保证充足的游览时间，保护游客利益，以达到旅游过程中愉悦的目的。"贵族之旅"纯玩团的价格明显高于常规的旅游团，而这种价格上的差异明确地向顾客传递了产品差异的信息，迎合了高端消费者，从而迅速占领了高端市场。

4）促销差异化。促销差异化是指旅行社通过利用独特的促销手段，包括广告、销售促进、人员推销和公共关系等，建立顾客对产品差异化的认知。

中国一些旅行社的促销方式比较单一，差异化不明显。旅行社应合理利用广告、人员推销、营业推广与公共关系等促销方式，实现各种促销方式的有效组合。在具体运用各种促销方式时则应根据旅行社产品的特点与市场竞争地位而实施差异化的促销方式。例如，旅行社广告应通过反复强调旅行社名称与品牌名称来加深顾客的印象，以提高旅行社和品牌的知名度为主要目的，而中国旅行社的广告侧重于菜单提醒式的线路及其价格，导致广告的效用十分有限。人员推销是目前中国旅行社运用最多的一种方式，往往是为了获得一个旅游团队，有少则三五人，多则十几人的业务员到一些企业事业单位揽客，而这些业务员之间的博弈则直接导致价格战。其实，人员推销应着重于宣传本社的美誉度及具体线路的品质，而不是在价格上进行恶性竞争。营业推广与公共关系对于中国旅行社来说运用得相对较少，作为具有一定实力的旅行社来说，这两种促销方式非常重要，同时也是提升自身行业地位的重要方式。

5）服务差异化。作为产品的附加部分，人们普遍对服务这个能为产品提供附加值的要素产生了高度的重视。

旅游产品服务质量的高低在很大程度上决定了顾客的消费感受与价值认同。在旅游服务过程中，众口难调是普遍存在的问题，要解决这个问题，就必须实行差异化的服务策略。要实行服务的差异化，一方面需要进行认真的顾客细分，根据不同的顾客群体提供差异性的服务。另一方面，不同的产品档次其服务的要求也必须明显区分。

2. 旅行社产品创新。由于旅游线路所依赖的旅游吸引物和各种旅游服务设施在一定时期内是相对稳定的，而旅游需求是求新、求变的，这就要求旅行社在旅游线路的开发经营上，必须具有创新意识。创新是旅行是的生命力之所在。

旅游线路的创新就是以旅游市场需求的新趋势为导向，经过科学、细致的分析和巧妙的构思，设计开发全新旅游线路或对现行的旅游线路进行更新改造，使其能更好地满足旅游者的需要。创新策略有：

（1）思维创新。一直以来，旅行社都认为靠赚取差价盈利，严格意义上跟代理企业收取佣金的本质是一致的。而事实上，旅行社定位不是销售商而是生产者，不应以赚取价格差为目的，而应该赚体验产品的钱，即为消费者设计并提供消费者所需要的体验，根据消费者体验的价值进行收费。

（2）经营理念创新。中国大部分旅行社传统的经营理念是消费者要去哪里就带你去哪里，认为"消费者就是上帝"。旅行社的作用是引路人和服务者，一味地迁就旅游者。显然这是一种被动的产品经营理念。本项目提倡主动的经营理念，因为客人也是普通人，也会因缺乏理性、不够专业而带有情感倾向。所以，旅行社应该发挥自己的专业性，根据客人的需求设计符合他们需要的产品，而不再是那种没有性别、年龄、学历和专业界限的全能性产品了。比如近几年发展的以拍摄婚纱照，以交友为目的的旅游方式。

（3）市场定位创新。过去传统的旅游产品是，做一揽子生意，顾客上门，不管自己是否专业，都来者不拒，这种对自己产品的目标市场定位不准，使旅行社很难保证自己的产品做到优质化、精品化、品牌化，也容易导致游客不满和抱怨。人们的需求是多样化的，旅行社的产品无法满足所有人的需要。因此，旅行社应根据自身的优势条件，从事开发某一种或几种类型的产品，针对那些力所能及的、适合本企业产品特点的目标市场开展经营。集合自己的优势，在某一个细分市场领域中成为专家和权威，充分满足这一部分顾客的需求，在取得此领域的优势和经验后，再向其他细分市场进军，如上海春秋"贵族之旅"定位于高端旅游客源市场，专业打造高品质旅游产品。该品牌旗下的"纯玩团"产品已成为引领高端旅游市场的主力军。市场定位准确会让自己的产品在目标市场成为佼佼者，使旅行社做大做强。

（4）产品内容设计的创新。传统的旅游产品是将吃、住、行、游、购、娱等几个单项产品进行有机结合，满足游客对六大项的要求，但是现在人们更加看重的是在旅游活动中的体验。这种体验必须借助旅游者来完成。因此我们不能再简单地将旅游活动设计成景区加酒店的结合，而是要把一些活动融入进去，根据不同的体验付费，从而使旅行社的产品获得持久的生命力。这种旅行社产品的核心是一种体验，是旅游者自身借助旅游资源和设施，同导游、同游者、目的地居民以及邂逅者来完成的一次与众不同的个体体验。

（5）宣传方式的创新。我们已经习惯了在网络和报刊中刊登广告，用精美图片来宣传一些旅游资源，吸引眼球，却忽略了用游客可以参与、可以体验的项目，把宣传重点放在游客最终获得的价值上，弱化旅游的功效，强化游客在旅行社所搭建的平台上所获得的其他经历，把体验的价值作为宣传重点。

产品的创新是旅行社持续发展的前提，而长期的实践和探索才是创新的源泉，因此，旅行社产品的创新需要更多关注于此的人们不断进行探讨和研究，从而形成一套长期完善的创新体制。旅游者的需求，采取各种方法，按照所选核心景点的氛围，设计不同的场景和活动来最大化旅游者的体验效果，使旅游者获得一次永久难忘的体验。这样旅游者才会心甘情愿地为这种难忘和与众不同的体验付费，从而使旅行社的产品获得持久的生命力。这种旅行社产品的核心是一种体验，是旅游者自身借助旅游资源和设施，同导游、同游者、目的地居民以及邂逅者来完成的一次与众不同的个体体验。

【资料链接】

旅行社产品的现状

1. 产品的单一性。在旅行社经营实践中，旅游线路一直是旅行社产品永恒的主题。旅游线路自身特有的公共性和综合性特征，使得市场上的旅行社产品千篇一律，团体旅游，包价旅游，观光旅游等，基本上是用同一个旅游产品在市场上竞争，结果是价格战打得头破血流，损失惨重，而游客也并未因此受益，带来的是接踵而来的投诉与抱怨。

2. 创新换汤不换药。与之相应，几乎所有旅行社的产品创新与开发都集中在旅游线路上，创新方法也是在旅游线路的组合方面进行一些调整。虽然有一定的新意，但是，这种"以线路为本"的创新并没有跳出"点线式"旅游的范畴，只是一种水平层次上的量变，从严格意义上讲，这只能叫做"改良"，而不能称为创新。时代变迁让人的价值观念发生了很大的变化，旅游者希望通过参加具有鲜明特色的旅游活动来体现自己的个性。而目前我国旅行社在产品开发中，跟风盛行，盲目模仿，导致我国旅行社的旅游产品中，有特色的产品少，大多表现为无差别。这样不仅降低了旅游者出游的积极性，也对旅行社的经营带来了严重制约性。

3. 开发组织随意性。新产品开发是一项系统工程，要精心组织、严格控制，才能提高成功率。我国目前旅行社在开发设计新产品时，表现得很随意，既没有专业的部门来负责，也缺少专业的研发人员。在开发过程中，各部门之间不能通力合作，这样很难高效开发，导致开发成本上升，延误开发时机。

4. 品牌意识淡漠，品牌是企业竞争的王牌。对于生产者来说，品牌有助于他们区分不同产品，也有助于培育回头客并在此基础上形成顾客的忠诚。对于购买者来说，品牌可以帮助他们识别、选择和评价不同生产者生产的产品。目前整个旅行社行业品牌企业所占的比例很小，品牌产品也为数不多，不利于增强旅行社的市场竞争实力。

旅行社利润率的下降，外资挺进步伐的加快，迫使国内旅行社必须进行产品创新。

资料来源：旅行社产品的创新．旅行社杂志：http：//www. lxsnews. com/2011/1107/883. html.

任务 2　领会旅行社采购业务

一、旅行社旅游服务采购的内涵与任务

（一）旅行社旅游服务采购的内涵

是指旅行社为组合旅游产品而以一定的价格向其他旅游企业及与旅游业相关的其他行业和部门购买相关服务项目的行为。

（二）旅行社旅游服务采购的任务

1. 保证需求原则。旅行社能否满足顾客的需求，在很大程度上取决于能否采购到所需要的服务。

旅行社采购工作的任务是保证提供旅游者所需的各种旅游服务，这是旅行社业务经营中的一个非常重要的方面。

2. 降低成本原则。旅行社降低成本的主要目标应放在决定直接成本高低的关键因素——采购价格方面。降低采购价格对增加旅行社的营业额和利润具有越来越重要的意义。因此，如何尽可能保持产品成本的稳定也是采购工作的一项任务。

二、旅行社协作网络的建立

（一）建立广泛的采购协作网络的重要意义

1. 旅行社产品具有高度的综合性。
2. 旅行社工作具有强烈的季节性特点。
3. 可使旅行社降低成本，增强竞争力。
4. 能保证旅游者需求，使旅行社交易安全。

（二）旅行社如何建立和维持广泛的协作网络

1. 要善于运用经济规律，与协作企业建立起互利的协作关系。

2. 要善于开展公关工作，促使企业领导之间及有关购销人员之间建立起良好的人际关系。

三、旅行社采购协作网络

1. 交通服务。

（1）航空交通服务采购。航空交通服务采购是指旅行社根据旅游团队的旅游计划或散客旅游消费者的委托，为旅游消费者和旅游团队的领队及全程陪同代购旅游途中所需的飞机票。

航空交通服务采购分为两种形式，即定期航班飞机票的采购和旅游包机的预订。

（2）铁路交通服务采购。旅行社采购铁路交通服务的主要内容是各种火车票。

1）火车票的种类：火车票分为客票和附加票两个类型，对旅行社来说，相关的客票中的软卧、软座、硬卧、硬座。

2）火车票的采购业务：旅行社火车票的采购业务主要是火车票的预订与购买、退票。

（3）公路交通服务采购。在中国沿海经济发达地区，旅行社采购公路交通服务主要是用于市内游览和近距离旅游目的地之间的旅行。而在内陆航空交通服务和铁路交通服务欠发达的地区，公路交通服务则是主要的旅游交通方式。

旅行社采购人员在每次接到旅游者或旅游团队用车计划之后，应根据旅游者的人数及收费标准向提供公路交通服务的汽车公司提出用车要求，并通报旅游者或旅游团队的旅游活动日程，以便使汽车公司在车型、驾驶员配备等方面做好准备。

（4）水上交通服务。旅行社采购人员在采购水运交通服务时，应根据旅游者或旅游团队的旅行计划和要求，向轮船公司等水运交通部门预订船票，并将填写好的船票订票单在规定日期内送交船票预订处。

2. 旅游住宿服务。旅游住宿服务的费用在旅行社产品总费用中位居第二，住宿服务是旅行社采购中又一重要内容。住宿服务的采购业务主要包括选择住宿服务设施、选择预订渠道、确定客房租住价格和办理住宿服务预订手续四项内容。

（1）住宿服务设施的选择。选择住宿服务设施是保证住宿服务质量的重要手段之一。旅行社采购人员应该从以下几个方面考察住宿服务设施。

1）饭店位置：饭店所处的位置有这样两方面的意义：所处地段不同，饭店的价格往往大不一样，不同类型旅游者对于饭店的位置有着不同的要求和偏好。

2）市场定位：在卖方市场下，许多饭店都有自己的经营定位。必须考虑将要采购的饭店所接待的对象主要是哪类旅游消费者。

3）饭店设备：如饭店是否配备会议室、商务中心、多功能厅、宴会厅、健身设施等。

4）服务水平：采购饭店的服务水平和整个产品也非常密切。

5）泊车场地：对于团队旅游来说，饭店是否拥有一定面积的泊车场地。

（2）饭店预订渠道的选择。旅行社主要通过组团旅行社、饭店预订中心、饭店销售代表和地方接待社四个渠道预订饭店。

（3）客房价格的确定。饭店客房的价格主要包括下面几种：门市价格、团体价格、协商价格、净价格。

（4）饭店客房预定程序。

1）提出住房申请：申请时，采购人员应提供下列信息：

A. 旅行社名称、客房数量和类型、入住时间、离店退房时间、结算方式；

B. 旅游者国籍（海外旅游者）或居住地（国内旅游者）、旅游者姓名或旅游团队代号、旅游者性别、夫妇人数、随行儿童人数及年龄；

C. 旅游消费者的特殊要求，如楼层、客房朝向等。

2）缴纳预订金：每个饭店都有关于预订金缴纳的时间、缴纳预订金的比例、取消预定的退款比例等事项的规定。

3）办理入住手续：旅游团（者）在预定时间抵达饭店后，凭团号、确认函等办理入住手续。

3. 餐饮服务。国内旅行社在采购餐饮服务时，一般采用定点的办法。所谓定点是指旅行社经过对采购的餐馆、酒店进行综合考察筛选后，和被选择的餐馆、酒店进行谈判，就旅行社的送客人数、各类旅游者、旅游团队的就餐标准、付款方式等达成协议。

4. 游览与参观。旅游和参观是旅游者目的地进行的最基本和最重要的旅游活动。

5. 购物和娱乐服务。在购物和娱乐的采购中，旅行社采购人员一定要树立正确的观念，全面认识购物、娱乐和旅游产品之间的关系。

6. 地接服务。地接服务采购是指组团旅行社向旅游目的地旅行社采购接待服务的一种业务，在行业内通常称为选择地接社，诚信、较强的接待能力、收费合理是选择地接社的首选条件。

7. 旅游保险。根据《旅行社条例》及相关法律，旅行社应该为旅游者提供规定的保险服务。由计调部门负责采购保险服务。为旅游者购买旅行社责任险。

旅游保险的主要险种主要包括：旅行社责任保险、旅游意外保险、航空旅客意外伤害保险、中国境外旅行救援意外伤害保险等。

任务 3   了解旅行社产品营销

一、现代营销理论

1. 4P 营销策略组合。20 世纪 60 年代，是市场营销学的兴旺发达时期，突出标志是市场态势和企业经营观念的变化，即市场态势完成了卖方市场向买方市场的转变，企业经营观念实现了由传统经营观念向新型经营观念的转变。与此相适应，营销手段也多种多样，且十分复杂。1960年，美国市场营销专家麦卡锡（E. J. Macarthy）教授在人们营销实践的基础上，提出了著名的 4P 营销策略组合理论，即产品（Product）、定价（Price）、地点（Place）、促销（Promotion）。"4P"是营销策略组合通俗经典的简称，奠定了营销策略组合在市场营销理论中的重要地位，它为企业实现营销目标提供了最优手段，即最佳综合性营销活动，也称整体市场营销。

2. 4C 营销策略组合。20 世纪 90 年代初，世界进入了一个全新的电子商务时代，消费个性化和感性化更加突出，企业为了了解消费者的需求和欲望，迫切需要与消费者进行双向信息沟通。1990 年美国市场学家罗伯特·劳特伯恩教授提出了 4C 理论，即 Customer（顾客）、Cost（成本）、Convenience（便利）和 Communication（沟通）。该理论针对产品策略，提出应更关注顾客的需求与欲望；针对价格策略，提出应重点考虑顾客为得到某项商品或服务所愿意付出的代价；并强调促销过程应用是一个与顾客保持双向沟通的过程。4C 理论的思想基础是以消费者为中心，强调企业的营销活动应围绕消费者的所求、所欲、所能来进行，这与以企业为中心的 4P 理论有着实质上的不同。

3. 4R 营销策略组合。20 世纪的 90 年代末，信息技术和知识经济迅猛发展，消费者的生活节奏越来越快，市场竞争空前的激烈，消费者对产品的忠诚度和信任度在不断下降。人们开始认识到建立企业与顾客之间的战略协作关系十分重要。于是，整合传播营销理论的创始人美国学者唐·舒尔茨在 4C 营销理论的基础上提出的新营销理论舒尔茨提出了 4R 营销新理论，即关联（Relativity）、反应（Reaction）、关系（Relation）和回报（Retribution）。

4R 理论以关系营销为核心，重在建立顾客忠诚。它阐述了四个全新的营销策略组合要素。4R 理论强调企业与顾客在市场变化的动态中应建立长久互动的关系，以防止顾客流失，赢得长期而稳定的市场；其次，面对迅速变化的顾客需求，企业应学会倾听顾客的意见，及时寻找、发现和挖掘顾客的渴望与不满及其可能发生的演变，同时建立快速反应机制以对市场变化快速作出反应；企业与顾客之间应建立长期而稳定的朋友关系，从实现销售转变为实现对顾客的责任与承诺，以维持顾客再次购买和顾客忠诚；企业应追求市场回报，并将市场回报当做企业进一步发展和保持与市场建立关系的动力与源泉。

二、旅行社促销的概念和类型

（一）旅行社促销的概念

促销是促进销售的简称。

旅行社促销就是旅行社用特定的方式传递旅游产品信息，从而对旅游中间商和旅游者的购买行为产生影响，促使他们了解、信赖并购买旅行社产品，达到扩大销售目的的一系列活动。旅行社促销的根本目的在于激发潜在旅游者的购买欲望，最终导致购买行为的发生。

旅行社促销的实质：买卖双方的信息沟通。

（二）旅行社促销的类型

1. 旅游目的地促销。旅游目的地促销侧重于向目标市场或有关公众传递特定旅游目的地的宣传信息，所以又称为目的地形象宣传。

2. 旅游产品促销。重点在于向目标市场或有关公众传递某种旅游产品的宣传信息。

3. 目的地旅行社促销。目的地旅行社促销属于旅行社的企业名号促销，这类促销是旅行社侧重于目标市场、客户或有关公众传递本企业形象的宣传信息。

三、旅行社促销的作用

（一）传递信息，提供情报

在产品正式进入市场之前，旅行社必须把相关产品信息、情报传递给目标市场的消费者和中间商，对消费者来说，信息情报是想引起他们的注意，对中间商来说，则是为他们采购合适的产品提供机会和条件，调动他们的积极性，这是销售成功的前提条件，因为产品生产周期的每一个阶段，旅行社的战略重点及产品特色都会随着市场的变化需求来调整营销策略，这些变化应及时地传递到目标市场。

（二） 增加需求，说服购买

有效的促销活动可以诱导和激发需求，在一定条件下还可以创造需求，从而使市场需求朝着有利旅行社产品的方向发展。

（三） 突出特点，树立形象

市场上同类产品增多，竞争激烈，同类产品相差甚微，而这种差别消费者不易发现，因此，旅行社就要采取行动，宣传自己产品的不同之处，使消费者对企业本身及产品有深刻印象，充分认识到本产品给消费者带来的利益。

（四） 造成"偏爱"稳定销售

维持和扩大企业的市场份额，许多情况下，旅行社的销售额可能上下波动，这将不利于企业的市场地位，这时旅行社可有针对性地开展促销活动，使更多消费者了解熟悉和信任本企业产品，从而稳定进而扩大旅行社的市场份额，巩固市场地位。

四、旅行社促销方式的选择

（一） 广告促销

广告是指由明确的广告主，以付费的形式通过媒体作公开宣传，达到影响消费者行为，促进销售相关产品的非人员促销方式。图 6 - 1 展示的是旅游市场广告管理过程，表 6 - 1 是主要广告媒体的特征。

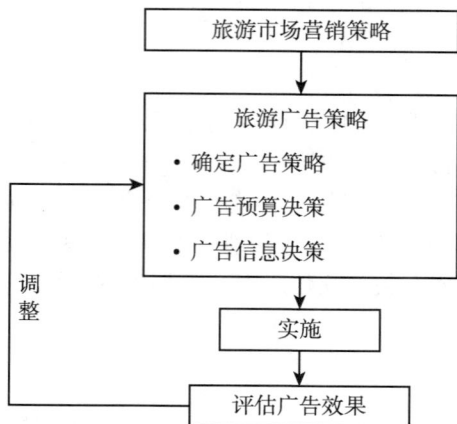

图 6 - 1　旅游市场广告管理内容

表 6 - 1　　　　　　　　　　　　　主要广告媒体的特征

媒体类别	优　点	缺　点
电视	1. 传播性能多样 2. 传播范围广泛 3. 及时，灵活	1. 费用高 2. 印象逝去快 3. 缺乏选择性
报纸	1. 覆盖面广 2. 时效性强 3. 灵活性强	1. 内容繁杂，阅读仓促 2. 缺少形象表达手段
杂志	1. 对象明确，选择性强 2. 阅读和保存时间长 3. 印制效果良好	1. 缺乏灵活性 2. 时效性差 3. 传播范围有限
广播	1. 传播速度快 2. 传播空间广泛 3. 传播方式灵活	1. 不能持久保存 2. 选择性差 3. 易产生听觉错误
旅游网站	1. 传播快、覆盖面广 2. 形式灵活生动 3. 可多次重复感受	针对群体还不够广泛

（二）直接促销

1. 人员推销。人员促销是指企业派出推销人员直接与顾客接触、洽谈、宣传商品，以达到促进销售目的的活动过程。它既是一种渠道方式，也是一种促销方式。

（1）人员促销具有很大的灵活性。在推销过程中，买卖双方当面洽谈，易于形成一种直接而友好的相互关系。通过交谈和观察，推销员可以掌握顾客的购买动机，有针对性地从某个侧面介绍商品特点和功能，抓住有利时机促成交易；可以根据顾客的态度和特点，有针对性地采取必要的协调行动，满足顾客需要；还可以及时发现问题，进行解释，解除顾客疑虑，使之产生信任感。

（2）人员促销具有选择性和针对性。在每次推销之前，可以选好具有较大购买可能的顾客进行推销，并有针对性地对未来顾客作一番研究，拟订具体的推销方案、策略、技巧等，以提高推销成功率，这是广告所不及的，广告促销往往包括许多非可能顾客在内。

（3）人员促销具有完整性。推销人员的工作从寻找顾客开始，到接触、洽谈，最后达成交易，除此以外，推销员还可以担负其他营销任务，如安装、维修，了解顾客使用后的反映等，而广告则不具有这种完整性。

（4）人员促销具有公共关系的作用。一个有经验的推销员为了达到促进销售的目的，可以使买卖双方从单纯的买卖关系发展到建立深厚的友谊，彼此信任，彼此谅解，这种感情增进有助于推销工作的开展，实际上起到了公共关系的作用。

2. 电话促销。电话促销是现代商务活动的有效工具和有效手段之一。电话促销的具体作用体现在：一是最经济的主动联系业务的方法；二是在最短的时间内可以拜访更多的客户；三是密切与客户关系的最有效工具；四是可以突破空间的局限，广泛推广业务。采用电话与客户沟通，每 5 分钟沟通 1 位客户，1 小时即可联系 12 位客户，效率是上门拜访客户的 2 倍以上。每天打 3 个小时的电话，就可与近 50 位客户进行比较有效的沟通。电话可以突破空间的局限，通过电话你可与本地的、外地的、外国的，更多的客户进行沟通，成本极低、效率极高。

3. 直接邮寄促销。通过邮政线路把产品的宣传册子、公司新闻、明信片中推销信息直接寄给顾客和潜在顾客的一种推销方式。仅次于人员推销和电话推销。它可把大量的广告宣传品直接邮寄给顾客和潜在顾客。

【案例】

小旅行社的营销之道

1982 年，陈安华在上海长寿路创办了普陀旅行社。社址设在弄堂里的一个过街楼下，面积 13.8 平方米。当时上海已有十几家旅行社，均设在繁华的外滩、南京路、西藏路、延安路、淮海路、四川路上，镀金的招牌和耀眼的霓虹灯十分引人注目。陈安华明白他的旅行社地理条件不足，而且做不起广告。于是他就想到用发"求爱信"的方式获得客源，信中开诚布公地表明：敝社开张不久，希望各方大力支持。一并附上的是旅游路线、服务项目及收费标准。陈安华从此开始"求爱信"的批量生产。此后的 8 年他发出了一百万封"求爱信"，春夏秋冬每季一封。无论对方有意无意，陈安华一往情深，从不间断，他的"求爱信"遍及全国各地，如今普陀旅行社生意越做越旺，社址也迁到了长寿路的街面房子，年营业额突破百万。

【解析】

上海普陀旅行社选择了"求爱信"的方式，而不是在大众传媒上做广告的方式来宣传自己的企业，自然有广告费用方面的原因，但他们的那份挚诚、那份执著、那份体贴入微，也自有其独到的魅力。

4. 文化广场促销。

案例："广之旅东峻旅游文化广场" 1998 年 6 月成立，这是全国第一家旅游文化广场，是旅行社人士的一次大胆尝试。"广之旅"在短短的几个月内，已成功举办了"潮汕旅游宣传周"、"西藏丝路传奇"、"韩国旅游宣传周"、"新加坡旅游宣传周"等活动。每次活动期间，广场以图片展览及户外大屏幕播放风光片的形式，向观众介绍当地的风光、民俗、古迹等，并设线路咨询、有奖问答、现场报名等。同时在各大报纸上刊出大幅广告及专版文章。电台、电视台的旅游专栏也播出当地风光节目，而关于旅游周的新闻报道更是见诸广州各大小传媒。

效果："韩国旅游宣传周"开幕后的 20 多天里，就有 500 多人到"广之旅"报名，仅 8 月底出发的"韩国首游团"就有 300 多名团员。几乎垄断广州的韩国游市场，其中"广之旅"东峻营业处报名的就达 70 多人。

5. 旅游大篷车促销。大篷车原是古老的吉卜赛民族居住和生活的重要工具，大篷车从形式到内涵都有着无穷的想象空间，容易让人们喜爱和接受。把旅游营销方式与吉卜赛民族大篷车边走边唱的文化理念相结合，以一路走、一路歌的独特方式向沿途的旅游市场推介广西丰富的旅游产品，这就是旅游大篷车原创者的理念。根据这一理念，所谓旅游大篷车促销，就是指目的地区域的管理或社团机构组织一定数量的人员，以交通工具为载体，按照一定的宣传策划目的，到目标市场巡游并开展宣传、营销等内容的活动，如广场宣传、表演、旅游说明会、座谈会、洽谈会等。

大篷车促销是最适合旅游行业特点的一种营销。这是因为旅游产品是整体产品，是由旅游目的地的旅游区（点）、旅行社、旅游饭店、旅游娱乐、旅游交通连同旅游服务等共同组成的，包括吃、住、行、游、购、娱等需求的综合性产品。

【资料链接】

贵州："大篷车"促销冬季旅游

2010 年 11 月 8 日，"2010 贵州旅游冬季联合大促销暨旅游大篷车出发仪式"在贵阳启动，贵州将密集开展为期近一个月的冬季旅游市场促销推广活动。

据贵州省旅游局局长傅迎春介绍，旅游"大篷车"促销团由贵州省旅行社、景区联盟和贵阳市旅游协会旅行社分会、多彩贵州演出团及部分媒体组成，将赴成都、重庆、昆明、长沙四个重点客源城市开展冬季旅游促销活动，并举办"2010 五省区旅行社行业协会联谊嘉年华"，活动将持续至 11 月 30 日。

从 11 月起，贵州密集开展形式多样的冬季旅游市场促销活动：在央视多个频道播出为期半年的"多彩贵州·醉美之旅"精品旅游形象宣传；与上海春秋国旅共同策划"慰博假期多彩贵州行"体验团，推出贵州专项产品线路；与广之旅合作，在亚运会运动村和媒体村旅游门面店重点宣传贵州旅游形象；与南方卫视联合推出"贵州冬季旅游亮点"评选活动等。

与此同时，贵州各地在今冬明春还精心策划了十余项节庆活动，如"2010 中国·温泉季"旅游活动，"2010 中国·雷山苗年暨西江鼓藏节"、"首届长征旅游文化节"等。

资料来源：新华网．http://news.xinhuanet.com/travel/2010－11/08/c_12750665.html.

6. 会展促销。所谓会展，即会议展览的简称，是一种促进营销的活动。会展的形式可以是展示会、交易会、展览会或商业市场，其主要目的在于宣传竞争和互补卖方的有关信息并展示其产品和服务。旅行社租用聚集在某幢建筑物中或有限场地上分配划界的区域或摊位。观众包括经选择的部分顾客、可能的买主、决策影响者和中间商。

（三）间接促销（公共关系促销）

1. 公共关系促销的概念。公共关系促销是指通过信息沟通，发展旅行社与社会、公众、游客之间的良好关系，建立、维护或改变旅行社和产品的形象，营造有利旅行社的经营环境和经营态势的一系列措施和行为。

2. 公共关系促销的方法。常见的方法：新闻、演讲、出版物、展览会、赞助公益事业、提供各种服务（旅游咨询服务等）等。

（四）特殊手段促销（销售促进）

1. 销售促进的概念。销售促进是短期的促销方法，通过制定降价、考察旅行等各种鼓励购买的优惠条件，刺激游客或中间商的促销活动。

2. 销售促进的方法。

针对旅游者的方法：折价券、价格折扣、抽奖、不满意退款、附赠品。

针对中间商的方法：价格折扣、联合促销、赠品、旅游展销会、推销竞赛、免费提供宣传品、考察旅行。

优点：促销刺激性强、激发需求快；

不足：有效期短、易引起竞争，长期运用不利于产品形象。

五、旅行社销售渠道管理

（一）旅游产品的销售渠道的概念

旅游产品的销售渠道是指旅游产品的生产者将产品提供给最终消费者的途径，所以又叫销售分配系统。

旅行社产品销售渠道分为直接销售渠道和间接销售渠道。中国旅行社以间接销售渠道为主，目前中国在国际入境旅游业务中广泛采用的是间接销售渠道，其原因主要有：

（1）任何企业都不可能在所有市场设立销售机构；

（2）并非所有国家和地区都允许外国旅行社进入；

（3）这是中国旅游业的发展现状所决定的；中国旅游业起步晚，旅行社对主要客源地情况缺乏足够的了解，在此情况下采用直接销售渠道，成本高，效果差。

（4）这是由旅游中间商所具有的优势和旅游者需求心理所决定的。一方面我们直接到客源市场上进行招徕，就会使自己和原来通过国外中间商引进客源的外国旅行商处于竞争的地位，这就必然会引起他们的反感并可能采取报复措施，而最简单的报复就是不再对你输送客源，转而同你的国内的竞争对手、即中国的其他旅行社做生意。另一方面，我们到国外去经营旅行社，要熟悉当地的经营环境，学会在那里做生意，特别是要建立招徕客源的渠道，这并不是一朝一夕能做到的。

（二）旅行社销售渠道策略

1. 广泛性销售渠道策略。

（1）含义：广泛性销售渠道策略是指广泛委托各地旅行社销售产品、招揽客源的一种渠道策略。

（2）优点：采用间接销售方式，选择较多的批发商和零售商推销产品，方便旅游者购买。由于销售渠道广泛，便于旅行社联系广大旅游者和潜在旅游者。同时也有利于旅行社发现理想的中间商。

（3）缺点：成本高，产品过于分散，没有较强的接待能力和产品供应能力是难以满足市场需求的。客户的流动性大，难以建立起一个比较固定的销售网。

2. 选择性销售渠道策略。

（1）含义：是指旅行社中在一定市场中选择少数几个中间商的渠道策略。

（2）优点：有目的地集中少数有销售能力的中间商进行产品推销，可以降低成本。这是一种最理想的销售策略。

（3）缺点：如果中间商选择不当，则有可能影响相关市场的产品销售。

3. 专一性销售渠道策略。

（1）含义：是指在一定时期、一定地区内只选择一家中间商的渠道策略。

（2）优点：在于可以提高中间商的积极性和推销率，更好地为旅游者服务。同时还可以降低成本。彼此间的利害关系比较一致，可以建立起比较紧密的合作关系。如共同投资双方都有利的促销活动等。

（3）缺点：在于如果专营中间商经营失误或中间商选择不当，就可能失去该地一部分或全部市场。这种策略比较适用于开辟新市场之初或推销某些客源层不广泛的特殊旅游产品。

现在，中国旅行社普遍采用了广泛性销售渠道策略。

（三）旅游中间商的选择与管理

1. 旅游中间商的选择。旅行社对中间商的考察应从以下几个方面进行：

（1）经济效益。旅行社应选择长期成本最低、利润最大的销售网和中间商。旅行社应根据自己的经营实力，在利润大小和风险高低之间进行平衡与选择。

（2）市场一致性。中间商的目标群体必须与旅行社的目标市场相吻合，而且在地理位置上应接近旅行社客源较为集中的地区。

（3）商誉与能力。中间商应当有良好的信誉和较高的声誉，并具有较强的推销能力和偿付能力。

例如，桂林某大型国际旅行社 1996 年因美国客户宣布破产，一下损失了 200 多万元，弄得自己几乎垮台，至今仍难恢复元气。

（4）依赖性。旅行社对合作的中间商业务依赖性不能太强，否则会受制于中间商，在合作过程中一直处于被动。

（5）规模与数量。中间商的数量与规模取决于旅行社自身的规模。

（6）合作意向。所有的合作必须在双方同意的基础上，否则再好的前景都免谈。

2. 旅游中间商的管理。建立中间商档案，经常及时沟通信息，同时有针对性地对中间商实行优惠与奖励，根据内外条件的变化，适时调整中间商。

【案例】

在组团社与接团社之间

例1：陕西 A 旅行社在 2009 年 8 月中旬向成都 B 旅行社发了一个 22 人的团队，旅游路线由成都 B 旅行社在合同中明确规定为：成都市区景点（包括杜甫草堂、武侯祠）、都江堰、青城山，加上路上时间共 4 天，住三星级标准间，空调车接送，包餐。但在后来的旅游活动中，住宿以及交通工具皆未按合同规定安排，游客极为不满。在游程中领队几次打电话与 A 旅行社联系。A 旅行社同成都 B 旅行社交涉未果。后来，A 旅行社扣除其 20% 的金额，并相应给游客一定的赔偿，维护了旅行社的形象。

例2：2009 年 10 月 3 日至 8 日由陕西 G 旅行社组团的 22 人前往四川九寨沟、黄龙六日游。四川 J 旅行社做地接工作，但当 10 月 4 日早 7：05 到成都火车站时，J 旅行社无人接团。全陪打电话给地接社，15 分钟后，来了两位工作人员，但没有车，于是决定打的送客人先去饭店吃早餐，费用由地接社出。由于人多，下车后，两位工作人员挨个付车费，所以没有给前面走的车付车费，导致司机与客人争吵，全陪出面调解，并付了车费，但司机仍出言不逊，客人十分生气，气氛紧张，工作人员再次上前调解。至于漏接原因，地接社称组团社传真有误，而组团社则认为地接社对传真理解有误。

【解析】

1. 组团社与接团社之间的权利与义务由合同规定。这个合同保证了基本接待质量和接团社的收益权。作为组团社，在将旅游产品销售出去的时候，也对游客有了种承诺，而其中的许多承诺是靠接团社来兑现的，且这种兑现是靠双方的合同来保证的。在例1中，用合同规定了景点、住宿的等级和汽车的类型，由此构成了保证质量的基本标准。在例2中，因为具有合同意义的传真有了问题，争执也就无法避免了。

2. 组团社与接团社之间也是一个特殊的营销关系和质量监督机制。在这个质量监督机制中，游客的反映是一方面，领队（全陪）的全程监督是另一方面。在例1中，领队对接待质量和游客反映了如指掌，"几次打电话"与旅行社联系，并为事后弥补进行赔偿提供了依据和尺度。

3. 接团社应特别注重履行协议，并特别注意接待质量。作为旅行社，与全国各地（尤其是旅游热点城市和旅游中心城市）的旅行社建立良好的营销关系和业务往来，是扩大自己营销网络的有效措施。可以说接待质量就是最好的广告。应该制定严格的接待服务质量标准，保持合理的利润水平并信守承诺。否则，接一个团断一个业务联系，最终会砸了自己的饭碗。

4. 组团社应慎重选择接团社。因为接团社的接待失误同时也是砸组团社的饭碗。作为组团社，应在长期的业务中逐渐了解各地旅行社的管理水平、接待能力和人员素质情况，为自己寻找好的合作伙伴。如果出现本例中的情况，若属个别工作人员的偶发事件，可采用实例中的办法扣除部分款给游客一定的赔偿，并进行诚恳的道歉；若属管理不善或习惯性问题，当然应该更换新的接团社。

5. 组团社与接团社之间的文件往来应规范、无歧义。显然，往来文件具有合同的意义，如有不严密之处则会很麻烦。例2中，接团社称"组团社传真有误"，组团社则认为接团社"对传真理解有误"，出问题就不奇怪了。如果用词严谨一点，多一次确认，多一次询问，会不会好一些呢？

【知识链接】

所谓中间商是指从事转售旅游企业产品，具有法人资格的经济组织或个人，如旅游经纪人、旅游服务商、旅游批发商、旅游经销商、旅游零售商、旅游代理商、旅游销售队伍、旅游销售代表等。

任务4　熟悉旅行社计调业务

一、计调业务的定义和核心

计调，（英文名称 OPERATOR，简称 OP）就是计划与调度的结合称谓，是旅行社内部专职为旅行团，散客的运行走向安排接待计划，统计与之相关的信息，并承担与接待相关的旅游服务采购和有关业务调度工作的一种职位类别。

（一）　计调业务的定义

旅行社计调是计划、调度、安排的意思。担任计划调度作业的人员，在岗位识别上被称为计调员、线控、团控等，业内简而通称"计调"。主要任务是旅游服务采购和按接待计划落实团队在食、宿、行、游、购、娱等方面的具体事宜，以确保行程、日程正常进行。旅行社的计调业务有广义与狭义之分。

广义的旅行社计调业务是对外代表旅行社同旅游服务供应商建立广泛的协作网络，签订采购协议，保证提供旅行社购买的各种服务，并协同处理有关计划变更和突发事件；对内做好联络和统计工作，为旅行社业务决策和计划管理提供信息服务。

狭义的计调业务主要是指旅行社为落实旅游计划所进行的旅游服务采购、导游人员的委派、旅游接待计划的制订，以及为旅行社业务决策提供信息服务等工作的总称。

（二）　计调业务的核心

对计调业务而言，成本领先与质量控制是计调岗位的两大核心。

1. 成本领先。计调掌握着旅行社的成本；要与接待旅游团队的酒店、餐馆、旅游车队及合作的地接社等洽谈接待费用。所以，一个好的计调人员必须要做到成本控制与团队运作效果相兼顾，也就是说，必须在保证团队有良好的运作效果的前提下，在不同行程中编制出一条能把成本控制得最低的线路出来。在旅游旺季，计调要凭自己的能力争取到十分紧张的客房、餐位等，这对旅行社来说，相当重要！

2. 质量控制。即在细心周到地安排团队行程计划书外，计调还要对所接待旅游团队的整个行程进行监控。因为导游在外带团，与旅行社唯一的联系途径就是计调，而旅行社也恰恰是通过计调对旅游团队的活动情况进行跟踪、了解，对导游的服务进行监管，包括对游客在旅游过程中的突发事件代表旅行社进行灵活地应变。所以说，计调是一次旅行的幕后操纵者。

在质量控制上，中小旅行社十分需要水平高的计调人员进行总控。整合旅游资源、包装旅游产品、进行市场定位等都需要计调来完成。计调是市场的敏锐器，要求懂游客心理，具有分销意识及产品的开发能力等。

在具体操团过程中，一名称职的计调要业务熟练，对团队旅行目的地的情况、接待单位的实力、票务运作等都要胸有成竹。

二、计调业务的内容和作用

（一）　计调业务的内容

1. 收集信息。收集信息是计调业务工作第一步，是计调人员开展工作的前提。计调工作的综合性决定了计调人员在了解旅游者的需求及变化规律的前提下，要搜集并掌握旅游服务供应商的产品质量情况，各项旅游服务的价格及变化情况，了解合作伙伴的愿望和期求，从大量的相关信息中去发现、找到对旅行社发展有利的信息，并对这些信息加以搜集、整理、加工、分析、归类、保存，以备开展业务的需要。

2. 编制计划。计调人员在收到旅游团队的要求后，应立即根据客人的要求，结合本社的实际情况、交通情况、旅游目的地的接待条件等，科学地编制旅游接待计划，为旅游接待工作提供依据。

3. 对外采购。计调人员采购相关的旅游服务项目是其重要的工作内容。在对外采购中，计调人员应根据旅游市场的淡旺季节、旅行社需求的紧急程度等因素采取不同的策略。但不论采取什么策略，计调人员都要以旅行社经济利润和社会效用最大化为原则。

4. 安排落实。安排落实接待计划是计调人员的核心工作。旅游团队能够得到合同中约定的各项服务，在很大程度上取决于计调人员对接待计划的安排落实，计调人员只有将团队形成涉及的项目都认真落实到位，才能有效地保证团队的接待质量。

5. 质量跟踪。计调人员负有质量跟踪的责任。质量跟踪主要是对旅游团队运行质量、导游服务质量、接待社服务质量、各旅游服务项目质量进行评估和考核。发现质量问题，应立即指出并责令纠正或采取措施予以补救。

（二）计调业务的作用

1. 计划工作。计调部门是完成旅行社接待任务的计划部门。当客源招徕后，计调部门就是旅游团队接待工作的第一站。计调人员根据组团社或接待社发来的要约，收集旅游团队的各种资料，进行分析，并按照本社在一定时期内的客源数量，将所需人、财、物以及如何接待等情况，编制出科学的接待计划，然后下发接待部门做好接待工作。

2. 联络工作。计调部门是当地各旅游企业的联络站。当组团社发来要约后，计调部门就要预定当地的食宿交通等，以及将本来松散的旅游企业和其他部分统一协调起来，围绕旅游团队运转，从而形成综合接待能力。同时，计调部门又是旅游团队整个行程中的联络站。它要保证旅游团队在行程中各站之间的衔接，避免延误和脱节的发生，从这个意义上讲，计调部门又是旅游线路上的枢纽。

3. 参谋工作。计调部门是旅行社决策层做好计划管理的参谋部门。旅行社决策层要编制计划，就要全面而科学的掌握统计资料，而这些资料大部分来自计调部门。计调部门不仅有旅行社接待旅游者的全部资料，而且有与其他旅游企业的交往资料。这些资料的分析和统计的结果，就是旅行社决策层进行计划管理的依据。

4. 结算工作。旅行社和饭店、餐厅、交通部门等接待单位的经济结算是通过接待计划和合同来完成的，而这些接待计划往往会因为导游或其他人为的疏忽而产生差错，或由于交通、气候等因素的影响而发生变化，这就给财务结算带来了麻烦。在这样的情况下，计调部门的旅游团队原始资料就成了团队财务结算的凭证。

三、计调业务的工作流程

（一）报价

根据对方询价编排线路，以《报价单》提供相应价格信息（报价）。

（二）计划登录

接到组团社书面预报计划，将团号、人数、国籍、抵/离机（车）、时间等相关信息登录在当月团队动态表中。如遇对方口头预报，必须请求对方以书面方式补发计划，或在我方确认书上加盖对方业务专用章并由经手人签名，回传作为确认件。

（三）编制团队动态表

编制接待计划，将人数、陪同数、抵/离航班（车）、时间、住宿酒店、餐厅、参观景点、地接旅行社、接团时间及地点、其他特殊要求等逐一登记在《团队动态表》中。

（四）计划发送

向各有关单位发送计划书，逐一落实。

1. 用房：根据团队人数、要求，以传真方式向协议饭店或指定饭店发送《订房计划书》并要求对方书面确认。如遇人数变更，及时做出《更改件》，以传真方式向协议饭店或指定饭店发送，并要求对方书面确认；如遇饭店无法接待，应及时通知组团社，经同意后调整至同级饭店。

2. 用车：根据人数、要求安排用车，以传真方式向协议车队发送《订车计划书》并要求对方书面确认。如遇变更，及时做出《更改件》，以传真方式向协议车队发送，并要求对方书面确认。

3. 用餐：根据团队人数、要求，以传真或电话通知向协议餐厅发送《订餐计划书》。如遇变更，及时做出《更改件》，以传真方式向协议餐厅发送，并要求对方书面确认。

4. 地接社：以传真方式向协议地接社发送《团队接待通知书》并要求对方书面确认。如遇变更，及时做出《更改件》，以传真方式向协议地接社发送，并要求对方书面确认。

5. 返程交通：仔细落实并核对计划，向票务人员下达《订票通知单》，注明团号、人数、航班（车次）、用票时间、票别、票量，并由经手人签字。如遇变更，及时通知票务人员。

（五）计划确认

逐一落实完毕后（或同时），编制接待《确认书》，加盖确认章，以传真方式发送至组团社并确认组团社收到。

（六）编制概算

编制团队《概算单》。注明现付费用、用途。送财务部经理审核，填写《借款单》，与《概算单》一并交部门经理审核签字，报总经理签字后，凭《概算单》、《接待计划》、《借款单》向财务部领取借款。

（七）下达计划

编制《接待计划》及附件。由计调人员签字并加盖团队计划专用章。通知导游人员领取计划及附件。附件包括：名单表、向协议单位提供的加盖作业章的公司结算单、导游人员填写的《陪同报告书》、游客（全陪）填写的《质量反馈单》、需要现付的现金等，票款当面点清并由导游人员签收。

（八）　编制结算

填制公司《团队结算单》，经审核后加盖公司财务专用章。于团队抵达前将结算单传真至组团社，催收。

（九）　报账

团队行程结束，通知导游员凭《接待计划》、《陪同报告书》、《质量反馈单》、原始票据等及时向部门计调人员报账。计调人员详细审核导游填写的《陪同报告书》，以此为据填制该《团费用小结单》及《决算单》，交部门经理审核签字后，交财务部并由财务部经理审核签字，总经理签字，向财务部报账。

四、计调业务的管理

（一）　正确处理保证供应与降低成本的关系

当旅游服务供不应求时，旅行社采购工作应该以保证供应为主要的采购策略。

当旅游服务出现供过于求时，旅行社就致力于获得最便宜的价格，通过降低成本来增加自己的竞争能力和获得更多的利润。即在供应充足时，应该以降低成本作为主要采购策略。

（二）　正确处理集中采购与分散采购的关系

1. 集中采购策略。旅行社应该集中自己的购买力以增强自己在采购方面的还价能力。

集中购买力有两个方面的含义：一是把本旅行社各部门和全体销售人员接到的全部订单集中起来，通过一个渠道对外采购；二是把集中起来的订单尽可能集中地投向供应商进行采购。

在供不应求的紧张情况下，分散采购可能更易于获得旅游者所需的服务。

2. 分散采购策略。在供过于求十分严重的情况下，分散采购往往能够获得到便宜的价格。

（三）　加强采购合同的管理

合同是指当事人之间为了实现一定的经济目的而明确相互权利义务关系的协议。

旅游采购的特点，使得旅行社与协作部门之间的经济合同显得更为必要，以预防各种纠纷的发生。

采购合同的基本内容有以下五个方面：

1. 合同标的，旅游合同的标的就是旅行社购买和旅游服务供应企业出售的旅游服务。如客房、餐饮、汽车运输等服务。

2. 数量和质量。

3. 价格和付款办法，合同中应规定拟采购的服务的价格。在国际旅游业中还要规定交易所用的货币以及汇率变动时价格的变动办法。还要规定优惠折扣条件、结算方式及付款时间等。

4. 合同期限，一般是一年签一个合同，也有的每年按淡旺季签两个合同。

5. 违约责任，违约双方要承担支付违约金和赔偿金的义务。

任务5　了解旅行社接待管理

旅行社的接待过程是旅行社的直接生产过程，是旅行社经营管理水平的直接反映，同时也是旅行社实现价值转移和创造价值的重要途径。其接待水平直接反映了旅行社的管理水平。

一、团体旅游接待服务

（一）团体旅游业务的类型与特点

1. 团体旅游的类型。

（1）入境团体旅游。入境团体旅游，是指由旅游目的地国家的旅行社到其他国家或地区招徕旅游者，或者委托境外的旅行社等机构进行招徕，并将他们组织成10人以上（含10人）的团体，前来旅游目的地国家的旅游活动。入境旅游团体由境外启程，在旅游目的地国家的口岸入境，并在境内进行一段时间的游览参观活动，最后从入境的口岸或另外的开放口岸出境返回原出发地。

（2）出境团体旅游。出境团体旅游，是指旅游客源国或地区的旅行社招徕本国公民并将他们组织成10人以上（含10人）的旅游团队，前往其他国家或地区进行的旅游活动。出境旅游团体由本国或本地区启程，在旅游目的地国家的口岸入境，并在境内进行一段时间的游览参观活动，最后从入境的口岸或另外的开放口岸出境返回本国或本地区。

（3）国内团体旅游。国内团体旅游，是指一个国家的旅行社招徕本国公民，并将他们组织成10人以上（含10人）的旅游团队，前往国内的某个或某些旅游目的地进行的旅游活动。国内团体旅游包括旅游团队前往附近的旅游目的地进行的短途旅游和前往其他省（直辖市、自治区）旅游目的地进行的省际旅游。

2. 团体旅游的特点。

（1）入境团体旅游的特点。

1）停留时间长。入境旅游团队的第一个特点是在旅游目的地停留的时间比较长。以中国的旅游市场为例，除了少数港澳同胞来内地旅游的团队外，多数入境旅游团队在中国大陆上旅游时，通常在几个甚至十几个城市或旅游景点所在地停留。因此，入境旅游团队的停留时间少则一周，多则十几天，少数入境旅游团队曾经创下在华旅游时间长达40多天的记录。由于在旅游目的地停留的时间长，所以入境旅游团队在旅游期间的消费一般较多，能够给旅游目的地带来比较多的经济收益。因此，旅行社在接待入境旅游团队时，应针对这个特点，为入境旅游团队安排和落实其在各地的生活服务和接待服务，使旅游者慕名而来，满意而归。

2）外籍人员多。入境旅游团队多以外国旅游者为主体，其使用语言、宗教信仰、生活习惯、文化传统、价值观念、审美情趣等均与旅游目的地国家有较大差异。即使在由海外侨民或本国血统的外籍人所组成的旅游团队中，多数旅游者由于长期居住在旅游客源国，其生活习惯、使用语言、价值观念等方面也发生了重大变化。例如，许多来华旅游的海外华人已经基本上不会讲汉语，或根本听不懂汉语普通话了。因此，旅行社在接待入境旅游团队时，必须充分尊重他们，为其配备熟悉其风俗习惯、文化传统并能够熟练地使用外语进行导游的人员担任入境旅游团队的全程陪同或地方陪同。

3）预订期长。入境团体旅游的预订期一般比较长，从旅游中间商开始向旅游目的地的接待旅行社提出接团要求起，到旅游团队实际抵达旅游目的地时止，旅行社同旅游中间商之间需要进行多次的通讯联系，不断地对旅游团队的活动日程、人员构成、旅游者的特殊要求等事项进行反复磋商和调整。另外，旅游中间商还要为旅游团队办理前往旅游目的地的交通票预订、申请和领取护照和签证等手续，组织散在各地的旅游者在实现规定的时间到指定地点集合，组成旅游团队并搭乘预订的交通工具前往旅游目的地。因此，相对于国内团体旅游，入境团体旅游的预订时间一般比较长，有利于接团旅行社在旅游团队抵达前充分做好各种接待准备，落实各项旅游服务安排。

4）落实环节多。在各种团体旅游接待工作中，入境旅游团体接待业务要求接团旅行社负责落实的环节最多。入境旅游团在旅游目的地停留的时间和地点比较多，其旅游活动往往涉及旅游目的地的各种有关的旅游服务供应部门和企业。为了安排好入境旅游团的生活和参观游览，接待旅行社必须认真研究旅游接待计划，制定出缜密的活动日程，并逐项落实整个旅行过程中的每一个环节，避免在接待中出现重大人为事故。

5）活动日程变化多。入境团体旅游的活动日程变化比较多，如出发时间的变化、旅游团人数的变化、乘坐交通工具的变化等。因此，接团旅行社在接待过程中应密切注意旅游团活动日程可能出现的变化，及时采取调整措施，保证旅游活动的顺利进行。

（2）出境团体旅游的特点。

1）活动日程稳定。出境旅游团的活动日程一般比较稳定，除非发生极其特殊的情况，否则它的活动日程很少发生变化。无论是组织出境旅游团的旅行社还是负责在旅游目的地接待的旅行社，都必须严格按照事先同旅游者达成的旅游协议，安排旅游团在境外及境内的各项活动。组织出境旅游的旅行社应委派具有丰富接待经验的导游员担任出境旅游团的领队，负责在整个旅行途中关照旅游者的生活。

2）消费水平高。出境旅游团的消费水平比较高，他们一般要求在旅游期间乘坐飞机或豪华客车，下榻在档次比较高的饭店，并往往要求在就餐环境比较好的餐厅用餐。此外，出境旅游团的购物欲望比较强烈，采购量和采购商品的价值均较大。据一些担任过出境旅游团领队的导游员和旅行社经理们的反映，我国出境旅游团在旅游目的地的购物消费甚至超过来自某些发达国家的旅游者，深受当地商店的欢迎。因此，旅行社的领队在陪同出境旅游团在境外旅游期间，应在当地接待旅行社导游人员的配合下，组织好旅游者的购物活动，满足他们的需要。

3）文化差异比较大。出境旅游团队的成员中，有许多人从未到过旅游目的地国家或地区，缺乏对那里的历史、文化、风俗习惯等的了解，与当地居民之间存在着文化上的较大差异。特别是像中国这样的自身文化传统悠久，出境旅游发展时间较短的国家，旅游者除了在文化上与旅游目的地国家有较大的差别外，在语言方面也存在着一定的差异。目前，我国参加出境旅游的旅游者，除个别人外，外语水平一般比较低，许多人干脆根本不懂外语。到达境外后，同当地人交流成为一个严重的问题。有些旅游者由于既不会讲当地语言也不懂英语，结果闹出不少的误会和笑话，甚至发生上当受骗的事情。因此，旅行社应选派熟悉旅游目的地国家或地区的风俗习惯、历史沿革，精通旅游目的地语言或英语的导游员担任出境旅游团的领队，在境外充当翻译，以帮助旅游者克服文化和语言方面的障碍。

（3）国内团体旅游的特点。

1）准备时间短。国内旅游团的预订期一般比较短，而且由于不需要办理护照、签证等手续，所以国内旅游团的成团时间较短。有些时候，从旅游者提出旅游咨询到旅游团成团出发，只需要一周的时间，使得旅游客源地的组团旅行社来不及用书面形式及时通知旅游目的地接待旅行社，只好先用电话通知，然后在补发书面旅游计划。旅行社在接待国内旅游团时常会感觉准备时间不像接待入境旅游团或出境旅游团那样充裕。针对这个特点，旅行社应一方面在平时加强对接待人员的培训，使他们熟悉国内团体旅游接待的特点和要求，以便能够在接到旅游接待计划后能够在较短时间内制定出当地的活动日程，做好各项接待准备。另一方面，旅行社应根据当地旅游资源和本旅行社接待人员的特点，设计出针对不同国内旅游团的接待规范和标准活动日程，使接待人员能够按照接待规范和标准活动日程进行接待准备，提高接待准备工作的效率。

2）日程变化小。国内旅游者一般对于前往的旅游目的地具有一定程度的了解，并能够在报名参加旅游团时对旅游活动日程做出比较理智的选择，因此他们很少在旅游过程中提出改变活动日程的要求。另外，国内旅游者往往把旅行社是否严格按照事先达成的旅游协议所规定的活动日程安排在旅游目的地及旅行途中的交通看成旅行社是否遵守协议，保证服务质量的重要标志。所以，他们对于旅行社更改活动日程的反感较之入境旅游团和出境旅游团更加强烈。旅行社在接待国内旅游团时，必须注意到国内团体旅游接待业务的这一特点，尽量避免修改活动日程。

3）消费水平差别大。参加国内旅游团的旅游者生活水平参差不齐，既有收入丰厚的个体或乡镇企业家、外企高级管理人员和工程人员、某些经济效益好的企业员工，也有中等收入水平的工薪阶层人士，还有在校的青年学生。不同生活水平的旅游者在旅游消费水平方面的差异很大。例如，有些消费水平高的旅游者可能要求在档次较高的星级饭店下榻和就餐，乘坐豪华客车、增加购物时间，而另一些消费水平较低的旅游者则可能对住宿、餐饮、交通工具等要求不高，希望增加参观游览时间，减少购物时间。旅行社在接待不同的国内旅游团时，应根据他们的消费水平和消费特点，在征得旅游团全体成员或绝大多数成员同意的前提下，对活动日程做适当的修改，以满足不同旅游者的需要。

4）讲解难度小。国内旅游团在游览各地旅游景点时，一般对这些景点事先有所了解。另外，除了少数年龄较大的旅游者外，多数国内旅游者具有一定的文化水平，能够听懂导游员的普通话讲解，对于导游员在讲解过程中所使用的历史典故、成语、谚语、歇后语等比较熟悉，容易产生共鸣。因此，导游员在导游讲解中可以充分运用各种方法，生动地向旅游者介绍景点的情况，而不必向接待入境旅游团那样，因担心文化上的差异和语言方面的困难而不得不放弃一些精彩的历史典故介绍，也不必担心因旅游者无法理解导游讲解中所使用的各种成语、谚语、歇后语等而影响导游讲解的效果。

（二）团体旅游业务接待流程

1. 准备接待阶段的管理。

（1）委派适当的接待人员。接待部门在接到本旅行社销售部门或客源地组团旅行社发来的旅游计划后，应根据计划中对旅游团情况的介绍和所提出的要求，认真挑选最适合担任该旅游团接待工作的导游员。为了能够做到这一点，接待部门负责人应在平时对该部门导游员的性格、能力、知识水平、身体条件、家庭情况、思想状况等进行全面了解，做到心中有数。当接待任务下来时，接待部门经理便能够根据旅游团的特点，比较顺利地选择适当的导游员承担接待任务。例如，在接待专业旅游团时，接待部经理应选择在该专业领域具有一定知识的导游员担任接待人员，以便在接待过程中他能够以其较为丰富的专业知识使旅游者感到熟悉和亲切，增加相互之间的共同语言，有利于导游员更好地为旅游者提供接待服务。又如，在接待主要由中年妇女组成的旅游团时，接待部经理则应为她们挑选一位年龄相仿，对商店购物比较在行的女导游员。这位导游员比较理解旅游者的心理，能够提供具有针对性的服务，使旅游者感到满意。

（2）检查接待工作的准备情况。接待部门经理应在准备接待阶段注意检查承担接待任务的导游员准备工作的进展情况和活动日程的具体内容。对于进展较慢的导游员，应加以督促；对于活动日程中的某些不适当安排，应提出改进意见；对于重点旅游团的接待计划和活动日程，应予以特别关照；对于经验较少的新导游员，则应给予具体的指导。总之，接待部经理应通过对接待工作的准备情况进行检查，及时发现和堵塞漏洞，防患于未然。

2. 实际接待阶段的管理。

（1）建立请示汇报制度。旅游团队接待工作是一项既有很强的独立性又需要由旅行社加以严格控制的业务工作。一方面，担任旅游团接待工作的接待人员特别是导游人员应具有较强的组织能力、独立工作能力和应变能力，以保证旅游活动顺利进行。那种动辄就请示汇报，不肯动脑筋或不能动脑筋，主动想办法解决问题，遇到困难绕着走的人不能够胜任独立接待旅游团的重任。另一方面，凡事不请示，不汇报，特别是遇到旅游接待计划须发生重大变化的情况也不请示，擅作主张，甚至出了事故隐匿不报的做法也是极端错误的。为了加强对旅游团接待过程的管理，旅行社应根据本旅行社和本地区的具体情况，制定出适当的请示汇报制度。这种制度既要允许接待人员在一定范围内和一定程度上拥有随机处置的权力，以保证接待工作的高效率，又要求接待人员在遇到旅游活动过程中的一些重大变化或发生事故时及时请示旅行社相关管理部门，以取得必要的指导和帮助。只有建立和坚持这种适当的请示汇报制度，才能保证旅游团的接待顺利进行。

（2）抽查与监督接待现场。除了建立适当的请示汇报制度以保证接待人员能够将接地过程中发生的重大情况及时准确地传达到旅行社接待部门，使接待部经理和旅行社总经理等有关的管理人员能够随时掌握各旅游团接待工作的进展情况外，旅行社还应建立旅游团接待现场抽查和监督的制度，由接待部经理或总经理等人在事先未打招呼的情况下，亲自到旅游景点、旅游团下榻的饭店/旅馆、就餐的餐馆等旅游团活动的场所，直接考察导游人员的接待工作情况并向旅游者了解对接待工作及各项相关安排的意见，以获取有关接待方面的各种信息。旅行社接待管理人员通过现场抽查和监督，可以迅速、直接地了解接待服务质量和旅游者的评价，为旅行社改进服务质量提供有用的信息。

3. 总结阶段的管理。

（1）建立接待总结制度。为了达到提高旅游团接待工作效率和服务质量的目的，旅行社应建立总结制度，要求每一名接待人员在接待工作完成后对接待过程中发生的各种问题和事故、处理的方法及其结果、旅游者的反映等进行认真总结，必要时应写出书面总结报告，交给接待部经理。接待部经理应认真仔细地阅读这些总结报告，将其中的成功经验加以宣传，使其他接待人员能够学习借鉴，并将接待中出现的失误加以总结，并提醒其他人员在今后的接待工作中尽量避免犯同样的错误。通过总结，达到教育员工，提高接待水平的目的。

此外，接待部经理还可以采用其他方式对旅游团接待过程进行总结。例如，旅行社接待部经理可以采用听取接待人员当面汇报、要求接待人员就接待过程中发生的重大事故写出书面总结报告、抽查接待人员填写的《陪同日志》、《全陪日志》、《领队日志》等接待记录等方式。通过这些总结方式，旅行社接待管理人员能够更好地了解旅游者接待情况和相关服务部门协作情况，及时发现问题，采取补救措施。

总之，旅行社接待管理人员通过总结旅游团接待情况，不断积累经验，以便进一步改进产品、提高导游人员业务水平和完善协作网络。

（2）处理旅游者的表扬和投诉。处理旅游者对导游员接待工作的表扬和投诉是总结阶段中旅行社接待管理的另一项重要内容。一方面，旅行社通过对优秀工作人员及其事迹的宣扬，可以在接待人员中树立良好的榜样，激励旅行社接待人员不断提高自身素质。另一方面，接待管理人员通过对旅游者提出针对导游员接待工作投诉的处理，既教育了受批评的导游员本人，也对其他接待人员进行了鞭策，使大家在今后的接待工作中不再犯类似的错误。

二、散客旅游接待服务

（一）散客旅游业务的类型

1. 单项委托服务业务。

（1）受理散客旅游者来本地旅游的委托业务。旅游者在外地委托当地的旅行社办理前来本地旅游的业务，并要求本地的旅行社提供该旅游者在本地旅游活动的接待或其他旅游服务。旅行社散客业务人员应在接到外地旅行社的委托通知后，立即按照通知的要求办理旅游者所委托的有关服务项目。如果旅游者要求旅行社提供导游接待服务，旅行社应及时委派本部门的导游员或通知接待部委派导游员前往旅游者抵达的地点接站并提供相应的导游讲解服务和其他服务。如果旅行社认为无法提供旅游者所委托的服务项目，应在接到外地旅行社委托后24小时内发出不能接受委托的通知。

（2）办理散客旅游者赴外地旅游的委托业务。旅行社的散客业务人员在接到旅游者提出的委托申请后，必须耐心询问旅游者的旅游要求，认真检查旅游者的身份证件。如果旅游者委托他人代办委托手续，受托人必须在办理委托时出示委托人的委托信函及受托人的身份证件。旅行社散客业务人员在为旅游者办理赴外地旅游委托手续时，应根据旅游者的具体要求，逐项填写《委托代办支付券》。填好后，散客业务人员将《委托代办支付券》的第一联和第二联交给旅游者，将第三联和第四联留下。

　　旅游者在旅行社办理旅游委托后又要求取消或变更旅游委托时，应至少在出发前一天到旅行社办理取消或变更手续，交纳加急长途通信费并承担可能由此造成的损失。对于取消旅游委托的旅游者，旅行社经办人员应收回《委托代办支付券》，并将其存档。

　　（3）受理散客旅游者在本地的单项旅游委托业务。散客旅游者在到达本地前并未办理任何旅游委托手续，只是当他到了本地后，由于某种需要到旅行社申请办理在本地的单项旅游委托手续。旅行社散客业务人员在接待这些旅游者时，应首先问清旅游者的委托要求，并讲明旅行社所能提供的各项旅游服务项目及其收费。然后，根据旅游者的申请，向其提供相应的服务。如果旅游者委托旅行社提供导游服务，旅行社应在旅游者办妥委托手续并交纳费用后，及时通知接待部门委派导游员或派遣本部门的导游员为旅游者服务。

　　2. 旅游咨询业务。

　　（1）电话咨询服务。电话咨询服务是指旅行社散客业务人员通过电话回答旅游者关于旅行社产品及其他旅游服务方面的问题，并向其提供购买本旅行社有关产品的建议。散客业务人员在提供电话咨询服务时应做到以下两点：

　　1）尊重顾客。旅行社的散客业务人员在接到旅游者打来的咨询电话时，应该表现出对顾客的尊重，要认真倾听他们提出的问题，并耐心地寓意恰当的回答。回答时声调要友好和气，语音应礼貌规范。

　　2）积极主动。散客业务人员在提供电话咨询服务时应积极主动，反应迅速。在圆满地回答顾客问题的同时应主动向旅游者提出各种合理的建议，抓住时机向他们大力推出本旅行社的各种产品。

　　（2）信函咨询服务。信函咨询服务是指旅行社散客业务人员以书信形式答复旅游者提出关于旅游方面和旅行社产品方面的各种问题，并提供各种旅游建议的服务方式。目前，旅行社散客部的信函咨询服务主要利用传真设备进行。信函咨询的书面答复应做到语言明确、简练规范、字迹清楚。

　　（3）人员咨询服务。人员咨询服务是指旅行社散客业务人员接待前来旅行社门市柜台进行咨询的旅游者，回答他们提出的有关旅游方面的问题，向他们介绍旅行社散客旅游产品，提供旅游建议。在提供人员咨询服务过程中，散客业务人员应做到以下两点。

　　1）热情友好。在咨询过程中，散客业务人员应热情友好，面带微笑，主动进行自我介绍，仔细认真地倾听旅游者的询问，并耐心地进行回答。与此同时，还应该有条不紊地将旅游者的问题和要求记录下来。此外，还应向旅游者提供有关的产品宣传资料，让旅游者带回去阅读，以便加深旅游者对本旅行社及其产品的印象，为旅行社争取客源。

　　2）礼貌待客。旅行社散客业务人员必须坚持礼貌待客，给旅游者一种宾至如归的感觉。礼貌待客显示了旅行社人员的良好素质和对顾客的尊重，会给旅游者留下一个良好的第一印象。

　　3. 选择性旅游。

　　（1）选择性旅游的内容。选择性旅游是指由旅行社为散客旅游者所组织的短期旅游活动，如小包价旅游的可选择部分、散客的市内游览、晚间文娱活动、风味品尝、到近郊及邻近城市旅游景点的"一日游"、"半日游"、"多日游"等项目。根据国际旅游市场的发展趋势和我国实行双休日制度后出现的周末远足、旅游的热潮，不少旅行社已将目光转移到散客旅游这一大有潜力的新市场，纷纷推出各种各样的散客旅游产品，以增加旅行社的经济效益和社会效益，扩大知名度。我国有些地区甚至出现了专营散客旅游产品的旅行社。

（2）选择性旅游的销售。

1）建立销售代理网络。建立销售网络是旅行社销售选择性旅游产品的另一种途径。旅行社应与国内其他地方的旅行社建立相互代理关系，代销对方的选择性旅游产品。此外，旅行社还应设法与海外经营出境散客旅游业务的旅行社建立代理关系，为本旅行社代销选择性旅游产品。

2）设计选择性旅游产品。旅行社应针对散客旅游者的特点设计和编制出各种适合散客旅游者需要的选择性旅游产品。这些产品中包括"半日游"、"一日游"、"数日游"等包价产品；游览某一景点、品尝地方风味、观赏文娱节目等单项服务产品；"购物游"等组合旅游产品。选择性旅游产品的价格应为"拼装式"，即每一个产品的构成部分均有各自的价格，包括产品的成本和旅行社的利润。旅行社将这些产品目录，放在门市柜台或赠送给代销单位，供旅游者选择。

（3）选择性旅游的接待。

1）及时采购。由于选择性旅游产品的预订期极短，所以旅行社的采购工作应及时、迅速。旅行社应建立和健全包括饭店、餐馆、景点、文娱场所、交通部门等企业和单位的采购网络，确保旅游者预订的服务项目能够得以实现。此外，旅行社还应经常了解这些企业和单位的价格、优惠条件、预订政策、退订手续等情况及其变化，以便在保障旅游者的服务供应前提下，尽量降低产品价格，扩大采购选择余地，增加旅行社的经济效益。

2）搞好接待。选择性旅游团队多由来自不同地方的散客旅游者临时组成，一般不设领队或全程陪同。因此，与团体包价旅游团队的接待相比，选择性旅游团队的接待工作的难度较大，需要配备经验比较丰富，独立工作能力较强的导游人员。在接待过程中，导游人员应组织安排好各项活动，随时注意旅游者的反应和要求，在不违反对旅游者承诺和不增加旅行社经济负担的前提下，对旅游活动内容作适当的调整。

（二）散客接待业务的特点

1. 批量小、批次多。散客旅游多为旅游者本人单独外出或与其家属、亲友结伴而行。因此，同团体旅游相比，散客旅游具有批量小的特点。虽然散客旅游的批量比较小，但是随着中国旅游市场的不断发展和旅游者的逐步成熟，采用散客旅游方式的旅游者日趋增加。此外，许多旅行社将散客旅游业务作为一项颇具潜力的新兴业务而大力推广，这些都促进了我国散客旅游的快速发展。由于散客市场规模呈现出日益扩张的趋势，加之其本身具有批量小的特点，这使得散客旅游形式必然也表现出批次多的特征。

2. 预定周期较短。散客旅游者作出出游决定的过程比较短暂，相应地使散客旅游形成了预定周期较短的特点。散客旅游者往往要求旅行社能够在较短的时间内，为其安排好旅游线路、预定好各项旅游产品，并办妥各种旅行手续，这些都要求旅行社能够做到快速反应、高效办理。

3. 要求多、变化快。散客旅游者当中有大量的商务、公务出行旅游者，他们的旅行费用多由所在的单位全部或部分承担。这部分散客旅游者在旅游过程中有很多交际应酬和商务、公务活动，因此，他们的旅游消费水平比较高而且对旅游服务的要求也较多。散客旅游者在出行前通常缺少周密的安排，因此在旅行过程中他们经常提出各种新的要求，临时变更旅行计划和原定的活动安排，甚至在旅行前突然由于某种原因而临时决定取消旅行计划。

三、旅行社接待服务管理

（一）导游服务的含义

导游，从词义上分析，由"导"与"游"两个字组成。"导"含有向导、引导、开导、教导、领导、启发等意义，还有开通、引流的含义。"游"含有游玩、游赏、游历、游学的意义，也含有交流、交往和交际的含义。因此，导游服务是导游人员代表委派他的旅行社，以提高游历质量为宗旨，以指导参观游览、沟通思想情感为方式，按照组团合同或约定的内容和标准向旅游团（者）提供的旅游接待服务。

对这个概念的理解应注意以下四点：

第一，导游服务的主体是导游人员，没有导游人员参与的服务不能称为"导游服务"。旅游图文声像制品，包括导游图、交通图、旅游指南、景点介绍画册等，只能作为旅游地信息的传播载体，不能作为导游服务的主体。

第二，导游服务是旅行社委派导游人员提供的一项旅游接待业务，未获旅行社委派的陪同参观、游览的服务（如所谓"陪游"、"伴游"等），不属于导游服务。

第三，导游服务的宗旨是提高旅游者的"游历质量"，即提高游客对其旅游经历的满意度，其中包含了主、客观两方面的因素，因此，导游服务应包括功能服务与心理服务：向游客介绍名胜古迹、告知餐厅位置、办理入住手续等程序式服务属于功能服务，而对游客所显示的态度与表露的情感则属于心理服务。在导游服务的过程中，功能服务与心理服务是同时进行、同等重要的。

第四，导游服务必须按照组团合同或事前约定的内容和国家颁布的质量标准实施。导游人员不得擅自增加自费项目或减少甚至取消约定的旅游项目，而应该努力维护旅游者的合法权益。导游服务范围是指导游人员向旅游者提供服务的领域。导游服务的涉及面十分广泛，可以说，贯穿于旅游活动的始终及各个方面。

（二）导游服务的特点

导游服务是一种高智力、高技能的服务工作，贯穿于旅游活动的全过程，因而是旅游服务中最具代表性的服务。导游服务有着与其他服务不同的特点。

1. 复杂多变。导游服务涉及食、住、行、游、购、娱各个方面，不仅繁杂，且变化很大，其复杂性主要表现在以下几个方面：

（1）服务对象复杂。导游服务的对象是游客，他们来自五湖四海，各种国籍、民族、肤色的人都有，职业、性别、年龄、宗教信仰和受教育程度的情况也各异，至于性格、习惯、爱好等更是千差万别。导游人员面对的就是这么一个复杂的群体，而且由于接待的每一批游客都互不相同，因此又是个不断变化着的复杂群体。

（2）游客需求多种多样。导游人员除按接待计划安排和落实游客旅游过程中的行、游、住、食、购、娱基本活动外，还有责任满足或帮助满足游客随时提出的各种个别要求，以及解决或处理旅游中随时出现的问题和情况，由于对象不同、时间场合不同、客观条件不同，同样的要求或问题也会出现不同的情况，需要导游人员审时度势、准确判断并妥善处理。

（3）接触人员多，人际关系复杂。导游人员除天天接触游客之外，在安排和组织游客活动时还要同饭店、餐馆、景点、交通等部门和单位的人员接洽，而且也要处理与全陪或地陪及领队的关系。

（4）要面对各种各样的物质诱惑和精神污染。导游人员的工作流动性大，活动范围广，可周游全国乃至世界，在此过程中可扩大阅历、增长知识。如在同国外游客的正常交往中，常常会受到一些不健康的思想意识和生活作风的影响，有时还会面临着金钱、色情、名利、地位的诱惑。处在这种氛围中的导游人员需要有较高的思想政治水平、坚强的意志和高度的政治警惕性，能始终保持清醒的头脑，自觉抵制精神污染。

2. 独立性强。导游人员在接受了旅行社委派的任务后，带团外出旅游时往往要独当一面。导游人员要独立地宣传、执行国家政策，要独立地根据旅游接待计划组织活动、带旅游团参观游览，尤其是出现问题时，导游人员还须独立地、合情合理地进行处理。

导游人员的导游讲解也具有相对的独立性。导游人员要根据不同游客的文化层次和审美情趣进行有针对性的导游讲解，以满足他们的精神享受需求。这是导游人员的主要任务，每位导游人员都应独立完成，其他人无法替代。

3. 脑体高度结合。导游服务是一项脑力劳动和体力劳动高度结合的工作。导游人员接待的游客中，各种社会背景化水平的都有，因此导游人员需要很广的知识面，古今中外、天文地理、政治、经济、社会、文化、医疗、生活、宗教、民俗等均需涉猎。导游人员在进行景观讲解、解答游客的问题时，需要运用所掌握的知识和智慧来应对，这是一种艰苦而复杂的脑力劳动。另外，导游人员经常要跋山涉水、远距离行路，还要不晕车（机、船）和适应各地的水土与饮食。除了在旅行游览过程中进行介绍、讲解之外，还要随时随地应游客的要求，帮助解决问题，事无巨细，也无分内分外之分。尤其是旅游旺季时，导游人员往往连轴转，整日、整月陪同游客，无论严寒酷暑，长期在外作业，体力消耗大，又常常无法正常休息。

导游服务的这一特点要求导游人员具有广博的知识和健康的体魄，以便能随时随地向游客提供所需要的服务。

4. 关联度高。导游服务质量的高低除了取决于导游人员的水平和能力之外，还需要得到旅游接待服务中其他相关部门和单位的配合与支持，如旅行社计调部门，住宿单位，交通部门，游览、娱乐单位等。它们提供的服务对游客的旅游活动来说不仅是必不可少的，而且是环环相扣的，任何一个环节的服务出现偏差都会对旅游活动产生影响，都会使导游服务黯然失色，也会对游客产生心理压力。导游人员若对上述环环相扣的服务因安排不当、考虑不周而出现差错，也会影响整个旅游活动的顺利进行。如误机事故的出现，使游客被迫延长在一地的停留时间，同时势必缩短甚至取消下一地的游程，使两地已安排妥当的住宿交通、游览项目等发生变更，不仅会引起游客的不满，而且会给旅行社带来重大的经济损失。由此可见导游服务中任何一个环节出现问题总是会牵涉其他方面，都会对全局产生影响。

（三）导游服务的原则

1. "热情接待"原则。既然导游服务的宗旨是提高旅游者的"游历质量"，那么就必须把满足旅游者需求作为导游服务的出发点。导游人员必须以爱心对待游客，有责任为旅游者创造一种使他们感到轻松愉快的"接待气氛"，最终满足游客的根本需求。概言之，满足游客需求的根本途径在于提供热情的接待。

2. "为大家服务"原则。导游人员必须为全体旅游者服务，因为所有的旅游者在支付了同等的旅游费用后都应享受同等的服务待遇。若导游不按这一原则办事，而是偏爱旅游团的一部分人，却拒绝为另一部分人服务，必然使受冷落的那部分游客心理失去平衡，游览参观或体验异地风情的情绪受到影响。这既造成了旅游团内部关系紧张，失去轻松愉快的"接待气氛"也将使导游人员的工作遇到障碍和困难，因而是绝对不允许的。

"为大家服务"原则的基本要求是：导游人员必须对旅游团的每一个成员保持等距离，一视同仁，对每个旅游者都同样热情、友好、礼貌，提供同样的服务。导游人员坚持"为大家服务"原则，在处理问题时公平、公正，就可赢得大家的尊重与信赖，从而避免许多不必要的麻烦。

3. "维护旅游者合法权益"原则。维护旅游者合法权益是一些国际性旅游组织所倡导的，也是世界上许多国家的旅游法规所规定的内容。中国颁布的《中华人民共和国消费者权益保护法》和国家旅游局发布的《旅行社管理条例实施细则》，都对消费者和旅游者应享受的权益作了明确规定。概括起来，旅游者的合法权益主要有：旅游自由权、旅游服务自主选择权、旅游获知权、旅游公平交易权、依约享受旅游服务权、人身和财务安全权、医疗求助权、求偿权和寻求法律救援权等。

4. "合理而可能"原则。这是导游人员处理旅游者提出的各种要求和问题时应注意的原则。旅游者在旅游过程中往往有求全心理，经常提出一些要求，但只要他们提出的要求是合理的、又有可能办到的，即使有困难，也应该尽量予以满足。当旅游者提出过高的要求时，导游员必须仔细认真地倾听，冷静分析旅游者的意见是否合理、有无实现的可能，绝不能置之不理，对其合理的成分要给予肯定，并想方设法去办。对不合理或无法实现的要求要给予耐心细致、合情合理的解释，使旅游者心悦诚服。导游人员若能做到这一点，其工作必然会得到旅游者的高度评价。

(四) 导游员的管理

1. 导游培训。提高导游人员的素质，对导游人员进行各方面的培训，包括：职业道德培训、服务意识培训、服务技能培训、语言能力培训、专业知识培训、应变能力培训等。同时还要在导游人员中开展导游业务的定期交流，提高导游人员的接待能力。

2. 导游激励。

(1) 加强对导游员的考核。导游人员考核的内容主要有：全年工作量，业务能力，旅游者投诉与表扬情况，学习与进修情况等。

(2) 实行合同管理，强化导游员责任感。对导游员实行合同管理是促使导游员依法为旅游者提供导游服务的保证，是提高服务质量的重要措施，可以促进导游员增强责任感，自觉为旅游者服务。

(3) 建立健全导游员技术等级评定制度。导游员技术等级评定制度适用于全国专职和兼职导游员，这有利于调动导游员的工作积极性，同时也有利于我国导游服务质量的提高和导游员队伍的建设。

（4）完善对兼职导游员的管理。对兼职导游员的管理是一个长期的过程，而不是简单地做一个记录，临时聘用的。在管理中要注意以下几个方面：

1）建立档案。导游管理部门应将所有的兼职导游员的个人资料归档，以便全面了解导游人员对工作的胜任情况。

2）订立合同。对兼职导游人员实行合同管理，是促使导游员增强工作责任感、提高服务质量的重要措施。

3）质量保证金制度。在旅行社与导游员签订合同时，要求导游员交纳一定的质量保证金，以约束导游员的行为。

4）导游例会。导游例会是定期对导游员召开的会议，以使导游员增强组织观念、沟通信息、增进了解、增加凝聚力。

5）组织培训。兼职导游员也要和专职导游员一样定期接受培训，以提高导游人员的素质和接待的质量。

6）导游员的等级评定。旅行社的导游管理部门要对兼职导游员进行考核评定，优胜劣汰，以确保导游队伍的质量。

【案例】

特殊情况的应对

2009 年 8 月中旬，由 25 个成年人和两个 9 岁小孩组成的旅游团，由某旅行社负责接待。某旅行社接到团队后，派李小姐为导游，游览关山草原。然而，老天不作美，下起大雨，使其主要交通线路泥泞不堪，并存在危险，无法进入。在这种情况下，李小姐征求游客意见是否可换一处景点，游客意见分歧并表现出不满情绪。但考虑到安全因素，经过李小姐的耐心解释，最终一致同意不去关山草原，而改换另一处景点。改线路后，前往第二处景点的途中，又遇到类似情况，有些路段有塌方现象，于是去第二个景点的希望成为泡影。旅客很生气，李小姐向大家解释这是天气缘故，谁都不愿意出现这种情况。经过努力，形成两种意见：一种表示同意改线；另一种坚决不同意。不同意的游客认为旅行社随意改线，没有满足他们游关山草原的愿望，并且还浪费了他们的时间，要求李小姐拿出令他们满意的方案，李小姐只好同旅行社联系，汇报了发生的情况。

处理方法：旅行社表示同意改线的游客将在下次旅游中得到最大优惠，在原计划线中免费加一处游览点以作补偿。

结果：同意改线的游客表示满意，不同意改线的游客勉强同意，该团顺利完成旅游活动。

【解析】

1. 导游李小姐的耐心，理解和真诚值得称赞，敬业精神也堪称可嘉。面对大雨和无法进入的景区，强行进入肯定是下策，因为那太危险；改线当然就有大量的思想工作要做，这个时候，多一分耐心，多一分对游客的理解，多一分真诚的流露，对维护旅游团的团结和企业的形象都是十分有益的。

2. 第二个景点的不可进入应当可以避免。作为导游，应该深知改线不易，而当时情况已明，第二个景点能否到达和进入是可以预测的，在现代通信条件下也是可以证实的。所以未经证实就匆忙改线，当第二个景点的旅游再次化为泡影时，难堪的局面当然是可想而知的。

3. 从第一次改线到第二次再改线，导游都应当回答一个问题：改了是不是相当？或者改了是不是更好？如果不改线又怎么样？也就是说：导游传达给游客的信息应该是此次旅游"因祸得福"，或者旅途颠簸得到了某种补偿，至少是游客没有直接损失；而不是或者不完全是无可奈何，只得如此，自认倒霉。

4. 此旅游线路应属短线，短线应在发团前就对可能出现的情况有所预见或有所查证。尽管是天公不作美，尽管是"谁都不愿意出现这种情况"，但这种情况一般是在团队出发时就发生了，只是旅行社和导游没有预测到而已。因为路途只有数小时，数小时内情况突然变化且不可预测的几率一般不大。如果在发团前及时解决这一问题相信就主动得多了。

四、旅游接待中的常见事故及处理

在旅游服务中，任何问题、事故一旦发生都是不愉快的，甚至是不幸的。出现问题、发生事故会给游客带来烦恼和痛苦，甚至是灾难，这不仅给导游人员的工作增添了许多麻烦和困难，而且直接影响国家或地区旅游业的声誉。杜绝责任事故，不出或少出问题，处理好非责任事故是保证并提高旅游服务质量的基本条件。

导游人员在带团过程中，要尽力做好服务工作，与各方密切合作，时刻警惕，采取各种必要措施，预防问题和事故的发生。

（一）旅游活动计划和日程变更的处理

1. 旅游团（者）要求变更计划行程。旅游过程中，旅游团（者）提出变更路线或日程的要求时，导游人员原则上应按合同执行，若有特殊情况应上报组团社，根据组团社的指示做好工作。

2. 客观原因需要变更计划和日程。旅游过程中，因客观原因、不可预料的因素（如天气、自然灾害、交通问题等）需要变更旅游团的旅游计划、路线和活动日程时，一般会出现三种情况：缩短或取消在一地的游览时间；延长在一地的游览时间；在一地的游览时间不变，但被迫取消某一活动，由另一活动代替。

（1）导游人员这时可采取的一般应变措施。

1）制订应变计划并报告旅行社。导游人员要认真分析形势，对问题的性质、严重性和后果作出正确判断；分析旅游者因情况变化可能出现的心理状态和情绪；迅速就以上情况制订出应变计划并报告旅行社。

2）做好旅游者的工作。地陪、全陪应先就有关问题进行协商取得一致意见，然后找准时机向领队及团中有影响的旅游者实事求是地说明困难，诚恳地道歉，以求得谅解，并将应变计划安排向他们解释清楚，争取他们的认可和支持，最后分头做旅游者的工作。

3）适当地给予物质补偿。必要时经领导同意可采取加菜、加酒、赠送小纪念品等物质补偿的方法，或请旅行社领导出面向旅游者表示歉意。

（2）导游人员可采取的具体措施。

1）延长在一地的游览时间。旅游团提前抵达或推迟离开都会延长在一地的游览时间，地陪应采取的相应措施有：

A. 与旅行社有关部门联系，重新落实该团用餐、用房、用车的安排。

B. 调整活动日程，酌情增加游览景点；适当延长在主要景点的游览时间；晚上安排文体活动，努力使活动内容充实。

2）缩短在一地的游览时间。旅游团提前离开或推迟抵达，都会缩短在一地的游览时间，地陪应积极做好如下工作：

A. 尽量抓紧时间，将计划内的参观游览安排完成；若确有困难，应有应变计划；突出本地最有代表性、最具有特色的旅游景点，以求旅游者对本地的旅游景观有基本了解。

B. 如系提前离开，要及时通知下一站（也可提醒旅行社有关部门与下一站联系）。

C. 向旅行社领导及有关部门报告，与饭店、车队联系，及时办理退餐、退房、退车等事宜。

3）被迫改变部分旅游计划。

A. 减少（超过半天）或取消一地的游览时间，全陪应报告组团社，由组团社作出决定并通知有关地方接待旅行社。

B. 被迫取消某一活动，由另一活动替代，导游人员要以精彩的介绍、新奇的内容和最佳的安排激起旅游者的游兴，使新的安排得以实现。

（二）漏接、空接、错接的处理和预防

1. 漏接的原因、处理及预防。漏接是指旅游团（者）抵达一站后，无导游人员迎接的现象。

漏接的原因是多方面的，并不都是导游人员的责任。对旅游者来说，无论是哪方面的原因造成的漏接都是不应该的，因此旅游者见到导游人员后都会抱怨、发火甚至投诉，这都是正常的。这时，导游人员应设身处地为旅游者着想，尽快消除旅游者的不满情绪，做好工作，挽回影响。

（1）由于导游人员主观原因造成漏接。由导游人员自身的原因造成漏接的情况主要有：导游人员未按预定的时间抵达接站地点；导游人员工作疏忽，将接站地点搞错；由于某种原因，班次变更旅游团提前到达，接待社有关部门在接到上一站旅行社通知后，已在接待计划（或电话记录、传真）上注明，但导游人员没有认真阅读，仍按原计划去接团；新旧时刻表交替，导游人员没有查对新时刻表，仍按旧时刻表时间去接团等。对此，导游人员应实事求是地向旅游者说明情况，诚恳地赔礼道歉，用自己的实际行动，如提供更加热情周到的服务来取得旅游者的谅解。另外，还可采取弥补措施，高质量地完成计划内的全部活动内容。

（2）客观原因造成的漏接。由于交通部门的原因，原定班次或车次变更，旅游团提前到达，但因接待社有关部门没有接到上一站旅行社的通知，或接到上一站通知但没有及时通知该团导游人员。对此，导游人员不要认为与己无关而草率行事，应该立即与旅行社有关部门联系以查明原因。向旅游者进行耐心细致的解释，以防引起误解。此外，尽量采取弥补措施，努力完成接待计划，使旅游者的损失减少到最低程度。必要时，请旅行社领导出面赔礼道歉或酌情给旅游者一定的物质补偿。

（3）漏接的预防。

1）认真阅读计划。导游人员接到任务后，应了解旅游团抵达的日期、时间、接站地点（具体是哪个机场、车站、码头）并亲自核对清楚。

2）核实交通工具到达的准确时间。旅游团抵达的当天，导游人员应与旅行社有关部门

联系，弄清班次或车次是否有变更，并及时与机场（车站、码头）联系，核实抵达的确切时间。

3）提前抵达接站地点。导游人员应与司机商定好出发时间，保证按规定提前半小时到达接站地点。

2. 空接的原因及处理。空接是指由于某种原因旅游团推迟抵达某站，导游人员仍按原计划预定的班次或车次接站而没有接到旅游团。

由于天气原因或某种故障，旅游团仍滞留在上一站或途中，上一站旅行社并不知道这种临时变化，而全陪或领队又无法及时通知地方接待社；班次变更后，旅游团推迟到达；接待旅行社有关部门由于没有接到上一站旅行社的通知，或接到了上一站的通知而有关人员忘记通知该团导游人员等原因都会造成空接问题的出现。对此，导游人员应立即与本社有关部门联系，查明原因。如推迟时间不长，可留在接站地点继续等候，迎接旅游团的到来；如推迟时间较长，导游人员要按本社有关部门的安排，重新落实接团事宜。

3. 错接的预防及处理。错接是指导游人员未认真核实，接了不应由他接的旅游团（者）。错接属于责任事故。

（1）错接的预防。

1）导游人员应提前到达接站地点迎接旅游团。

2）接团时认真核实。导游人员要认真逐一核实旅游客源地派出方旅行社的名称、旅游目的地组团旅行社的名称、旅游团的代号、人数、领队姓名（无领队的团要核实旅游者的姓名）、下榻饭店等。

3）提高警惕，严防社会其他人员非法接走旅游团。

（2）错接的处理。若错接发生在同一家旅行社接待的两个旅游团时，导游人员应立即向领导汇报。经领导同意，地陪可不再交换旅游团，全陪应交换旅游团并向旅游者道歉。

若错接的是另外一家旅行社的旅游团时，导游人员应立即向旅行社领导汇报，设法尽快交换旅游团，并向旅游者实事求是地说明情况并诚恳地道歉。

（三）误机（车、船）事故的处理和预防

误机（车、船）事故是指由于某些原因或旅行社有关人员工作的失误，旅游团（者）没有按原定航班（车次、船次）离开本站而导致暂时滞留。

误机（车、船）是重大事故，不仅给旅行社带来巨大的经济损失，还会使旅游者蒙受经济或其他方面的损失，严重影响旅行社的声誉。导游人员要高度认识误机（车、船）的严重后果，杜绝此类事故的发生。

1. 误机（车、船）事故的原因。

（1）非责任事故。由于旅游者方面原因或由于途中遇到交通事故、严重堵车、汽车发生故障等突发情况造成迟误。

（2）责任事故。由于导游人员或旅行社其他人员工作上的差错造成迟误，如导游人员安排日程不当或过紧，没有按规定提前到达机场（车站、码头）；导游人员没有认真核实交通票据；班次已变更但旅行社有关人员没有及时通知导游人员等。

2. 误机（车、船）事故的处理。

（1）导游人员应立即向旅行社领导及有关部门报告并请求协助。

（2）地陪和旅行社尽快与机场（车站、码头）联系，争取让游客乘最近班次的交通工具离开本站，或采取包机（车厢、船）或改乘其他交通工具前往下一站。

（3）稳定旅游团（者）的情绪，安排好在当地滞留期间的食宿、游览等事宜。

（4）及时通知下一站，对日程作相应的调整。

（5）向旅游团（者）赔礼道歉。

（6）写出事故报告，查清事故的原因和责任，责任者应承担经济损失并受政纪处分。

3. 误机（车、船）事故的预防。地陪、全陪要提前做好旅游团离站交通票据的落实工作，并核对日期、班次、时间、目的地等。如交通票据没落实，带团期间要随时与旅行社有关部门联系，了解班次有无变化。

临行前，不安排旅游团到范围广、地域复杂的景点参观游览；不安排旅游团到热闹的地方购物或自由活动。安排充裕的时间去机场（车站、码头），保证旅游团按以下规定时间到达离站地点：

乘国内航班：提前 1 个半小时到达机场；

乘火车：提前 1 小时到达车站；

乘国际航班出境或去沿海城市的航班：提前 2 小时到达机场。

（四）旅游者丢失证件、钱物、行李的预防与处理

1. 丢失证件、钱物、行李的预防。旅游期间，旅游者丢失证件、钱物、行李的现象时有发生，不仅给旅游者造成诸多不便和一定的经济损失，也给导游人员的工作带来不少麻烦和困难。导游人员应经常关注旅游者这些方面的安全，采取各种措施预防此类问题的发生。

（1）多做提醒工作。参观游览时，导游人员要提醒旅游者带好随身物品和提包；在热闹、拥挤的场所和购物时，导游人员要提醒旅游者保管好自己的钱包、提包和贵重物品；离饭店时，导游人员要提醒旅游者带好随身行李物品，检查是否带齐了旅行证件。

（2）导游人员在工作中需要旅游者的证件时，要经由领队收取，用毕立即如数归还，不要代为保管；还要提醒旅游者保管好自己的证件。

（3）切实做好每次行李的清点、交接工作。

（4）每次旅游者下车后，导游人员都要提醒司机清车、关窗并锁好车门。

2. 丢失证件的处理。当旅游者丢失证件时，导游人员应先请旅游者冷静地回忆，详细了解丢失情况，尽量协助寻找。如确已丢失，应马上报告组团社或接待社，根据组团社或接待社的安排，协助旅游者向有关部门报失，补办必要的手续。所需费用由旅游者自理。

（1）丢失外国护照和签证。

1）由旅行社出具证明。

2）请失主准备照片。

3）失主本人持证明去当地公安局（外国人出入境管理处）报失，由公安局出具证明。

4）持公安局的证明去所在国驻华使、领馆申请补办新护照。

5）领到新护照后，再去公安局办理签证手续。

（2）补办团队签证。须有签证副本和团队成员护照，并重新打印全体成员名单，填写有关申请表（可由一名旅游者填写，其他成员附名单），然后到公安局（外国人出入境管理处）进行补办。

（3）丢失中国护照和签证。

1）华侨丢失护照和签证。

A. 失主准备照片。

B. 当地接待旅行社开具证明。

C. 失主持遗失证明到省、市、自治区公安局（厅）或授权的公安机关报失并申请办理新护照。

D. 持新护照去其侨居国驻华使、领馆办理入境签证手续。

2）中国公民出境旅游时丢失护照、签证。

A. 请当地陪同协助在接待社开具遗失证明，再持遗失证明到当地警察机构报案，取得警察机构开具的报案证明。

B. 持当地警察机构的报案证明和遗失者照片及有关护照资料到我驻该国使、领馆办理新护照。

C. 新护照领到后，携带必备的材料和证明到所在国移民局办理新签证。

（4）丢失港澳同胞回乡证（港澳居民来往内地通行证）（注：为加快口岸验放速度、方便港澳居民来往内地，公安部决定将《港澳同胞回乡证》改为具备机读码的卡式《港澳居民来往内地通行证》（以下简称《通行证》），该《通行证》1999 年 1 月 15 日正式启用）。

失主持当地接待旅行社的证明向遗失地的市、县公安部门报失，经查实后由公安机关的出入境管理部门签发一次性有效的《中华人民共和国出境通行证》。

（5）丢失台湾同胞旅行证明。失主向遗失地的中国旅行社或户口管理部门或侨办报失，核实后发给一次性有效的入出境通行证。

（6）丢失中华人民共和国居民身份证。由当地旅行社核实后开具证明，失主持证明到当地公安局报失，经核实后开具身份证明，机场安检人员核准放行。

3. 丢失钱物的处理。旅游者丢失财物，导游人员要详细了解失物的形状、特征、价值，分析物品丢失的可能时间和地点并积极帮助寻找。若丢失的是进关时登记并须复带出境的或保险的贵重物品，接待旅行社要出具证明，失主持证明到当地公安局开具遗失证明，以备出海关时查验或向保险公司索赔。

证件、财物特别是贵重物品被盗是治安事故，导游人员须立即向公安部门和保险公司报案，协助有关人员查清线索，力争破案，找回被窃证件、物品，挽回不良影响。若找不回被盗物品，导游人员要协助失主持旅行社的证明到当地公安局开具失窃证明书，以便出关时查验或向保险公司索赔，同时要提供热情周到的服务，安慰失主，缓解他的不快情绪。

4. 行李遗失的处理。

（1）来华途中丢失行李。海外旅游者的行李在来华途中丢失，不是导游人员的责任，但应帮助旅游者追回行李。

1）带失主到机场失物登记处办理行李丢失和认领手续。失主须出示机票及行李牌，详细说明始发站、转运站，说清楚行李件数及丢失行李的大小、形状、颜色、标记、特征等，并一一填入失物登记表；将失主下榻饭店的名称、房间号和电话号码（如果已经知道的话）告诉登记处并记下登记处的电话和联系人，记下有关航空公司办事处的地址、电话，以便联系。

2）旅游者在当地游览期间，导游人员要不时打电话询问寻找行李的情况，一时找不回行李，要协助失主购置必要的生活用品。

　　3）离开本地前行李还没有找到，导游人员应帮助失主将接待旅行社的名称、全程旅游线路以及各地可能下榻的饭店名称转告有关航空公司，以便行李找到后及时运往最相宜地点交还失主。

　　4）如行李确系丢失，失主可向有关航空公司索赔。

　　（2）在中国境内丢失行李。旅游者在中国境内旅游期间丢失行李，一般是交通部门或行李员的责任，但导游人员应高度重视，负责查找。

　　冷静分析情况，找出差错的环节，如果旅游者在出站前领取行李时，找不到托运的行李，则有可能上一站行李交接或行李托运过程中出现了差错，此时导游人员可采取以下措施：

　　1）带失主到失物登记处办理行李丢失和认领手续。由失主出示机票和行李牌，填写丢失行李登记表。

　　2）立即向旅行社领导汇报，请其安排有关部门和人员与机场、上一站旅行社、民航等单位联系，积极寻找。

　　（3）如果抵达饭店后，发现旅游者没有拿到行李则问题可能出在饭店内或本地交接或运送行李过程中，此时，地陪应采取如下措施：

　　1）和全陪、领队一起先在本团成员所住房间寻找，查看是否是饭店行李员送错了房间，还是本团客人误拿了行李。

　　2）如找不到，就应与饭店行李科迅速取得联系，请其设法查寻。

　　3）如饭店行李科工作人员仍找不到，应向旅行社汇报。

　　（4）主动做好失主的工作。对丢失行李事故向失主表示歉意，并帮助其解决因行李丢失而带来的生活方面的困难。

　　（5）经常与有关方面联系，询问查找进展情况。

　　（6）将找回的行李及时归还。如果确定行李已经遗失，则应由旅行社领导出面向失主说明情况并表示歉意。

　　（7）帮助失主根据惯例向有关部门索赔。

　　（8）事后写出书面报告。报告中要写清行李丢失的经过、原因、查找过程及失主和其他团员的反映等情况。

（五）旅游者走失的处理和预防

　　在参观游览或自由活动时，时常有旅游者走失的情况。一般说来，造成旅游者走失的原因有三种：一是导游人员没有向旅游者讲清停车位置或景点的游览路线；二是旅游者对某种现象和事物产生兴趣，或在某处摄影滞留时间较长而脱离团队自己走失；三是在自由活动、外出购物时旅游者没有记清地址和路线而走失。无论哪种情况，都会使旅游者极度焦虑，感到恐慌，严重时会影响整个旅游计划的完成，甚至会危及旅游者的生命财产安全。一旦有旅游者走失，导游人员应立即采取有效措施。

　　1. 旅游者走失的处理。

　　（1）游览活动中旅游者走失。

　　1）了解情况，迅速寻找。导游人员应立即向其他旅游者、景点工作人员了解情况并迅速寻找。地陪、全陪和领队要密切配合，一般情况下是全陪、领队分头去找，地陪带领其他旅游者继续游览。

2）向有关部门报告。在经过认真寻找仍然找不到走失者后，应立即向游览地的派出所和管理部门求助，特别是在面积大、范围广、进出口多的游览点，因寻找工作难度较大，争取当地有关部门的帮助尤其必要。

3）与饭店联系。在寻找过程中，导游人员可与饭店前台、楼层服务台联系，请他们注意该旅游者是否已经回到饭店。

4）向旅行社报告。如采取了以上措施仍找不到走失的旅游者，地陪应向旅行社及时报告并请求帮助，必要时请示领导，向公安部门报案。

5）做好善后工作。找到走失的旅游者后，导游人员要做好善后工作，分析走失的原因。如属导游人员的责任，导游人员应向旅游者赔礼道歉；如果责任在走失者，导游人员也不应指责或训斥对方，而应对其进行安慰，讲清利害关系，提醒以后注意。

6）写出事故报告。若发生严重的走失事故，导游人员要写出书面报告，详细记述旅游者走失经过、寻找经过、走失原因、善后处理情况及旅游者的反映等。

（2）自由活动时旅游者走失。

1）立即报告旅行社。旅游者若在自己外出时走失，导游人员得知后应立即报告旅行社，请求指示和协助，通过有关部门通报管区的公安局、派出所和交通、公安部门，提供走失者可辨认的特征，请求沿途寻找。

2）做好善后工作。走失者回饭店，导游人员应表示高兴；问清情况，必要时提出善意的批评，提醒走失者引以为戒，避免走失事故再次出现。

3）旅游者走失后出现其他情况，应视具体情况作为治安事故或其他事故处理。

2. 旅游者走失的预防。旅游者走失虽然不一定是导游人员的责任，但与导游人员责任心不强、工作不细致有很大的关系。为防止此类事故发生，导游人员应：

（1）做好提醒工作。提醒旅游者记住接待社的名称，旅行车的车号和标志，下榻饭店的名称、电话号码，带上饭店的店徽等。团体游览时，地陪要提醒旅游者不要走散；自由活动时，提醒旅游者不要走得太远；不要回饭店太晚；不要去热闹、拥挤、秩序乱的地方。

（2）做好各项安排的预报。在出发前或旅游车离开饭店后，地陪要向旅游者报告一天的行程，上、下午游览点和吃中、晚餐餐厅的名称和地址。到游览点后，在景点示意图前，地陪要向旅游者介绍游览线路，告知旅游车的停车地点，强调集合时间和地点，再次提醒旅游车的特征和车号。

（3）时刻和旅游者在一起，经常清点人。

（4）地陪、全陪和领队应密切配合，全陪和领队要主动负责做好旅游团的断后工作。

（5）导游人员要以高超的导游技巧和丰富的讲解内容吸引旅游者。

（六）旅游者患病、死亡问题的处理

1. 旅游者患病的预防和处理。由于旅途劳累、气候变化、水土不服、起居习惯改变等原因，旅游者尤其是年老、体弱的旅游者常会感到身体不适甚至患病；在旅途中，旅游者突然患病、患重病、病危的事也会时有发生。导游人员应尽力避免人为原因致使旅游者生病。如遇旅游者患病、突患重病的情况，导游人员要沉着冷静地及时处理，努力使旅游活动继续进行。

（1）旅游者患病的预防。接待前，导游人员应认真分析、研究旅游团人员情况，根据旅游团成员的年龄、身体状况周密安排游览活动。

制订计划、安排活动日程要留有余地，做到劳逸结合。同日参观的游览项目不能太多；体力消耗大的项目不要集中安排；晚间活动安排时间不宜过长。

提醒旅游者注意饮食卫生，如不要买小贩的食品、不喝生水和不洁的水等。

做好天气预报工作。提醒旅游者及时增减衣服、带雨具等；气候干燥的季节，提醒旅游者多喝水、多吃水果等。

（2）旅游者患一般疾病的处理。

1）劝其及早就医并多休息。旅游者患一般疾病时，导游人员要劝其尽早去医院看病，并留在饭店内休息。如有需要，应陪同患者前往医院就医。

2）关心旅游者的病情。如果旅游者留在饭店休息，导游人员要前去询问身体状况并安排好用餐，必要时通知餐厅为其提供送餐服务。

3）向旅游者讲清看病费用自理。

4）严禁导游人员擅自给患者用药。

（3）旅游者突患重病的处理。在旅行途中旅游者突然患病，导游人员应采取措施就地抢救，请求机组人员、列车员或船员在飞机、火车、轮船上寻找医生并通知下一站急救中心和旅行社准备抢救。若乘旅游车前往景点途中旅游者患重病，必须立即将其送往就近的医院，或拦车将其送往医院，必要时暂时中止旅行，让旅行车先开到医院；还应及早通知旅行社，请求指示和派人协助。在饭店有旅游者患重病，先由饭店医务人员抢救，然后送医院。

旅游者病危时，导游人员应立即协同领队和亲友送病人去急救中心或医院抢救，或请医生前来抢救。患者如系国际急救组织的投保者，导游人员还应提醒领队及时与该组织的代理机构联系。

在抢救过程中，导游人员应要求领队或患者亲友在场，并详细记录患者患病前后的症状及治疗情况。导游人员还应随时向当地接待社反映情况。

若患者病危其亲属不在身边时，导游人员应提醒领队及时通知患者亲属。如患者亲属系外籍人士，导游人员应提醒领队通知所在国使、领馆；患者家属来到后，导游人员应协助其解决生活方面的问题；若找不到亲属，一切按使、领馆的书面意见处理。

导游人员这时应安排好旅游团其他旅游者的活动，全陪应继续随团旅游。患者转危为安但仍需住院治疗，不能随团离境时，旅行社领导和导游人员（主要是地陪）要不时去医院探望，帮助患者办理分离签证、延期签证以及出院、回国手续及交通票证等善后事宜。

患者住院及医疗费用自理，患者离团住院时未享受的综合服务费由旅行社之间结算，按规定退还本人；患者亲属在华期间的一切费用自理。

2. 旅游者因病死亡的处理。出现旅游者死亡的情况时，导游人员应立即向当地接待社报告，按当地接待社领导的指示做好善后工作。同时，导游人员应稳定其他旅游者的情绪，并继续做好旅游团的接待工作。

如死者的亲属不在身边，导游人员必须立即通知其亲属；如死者的亲属系外籍人士，应提醒领队或经由外事部门及早通知死者所属国驻华使、领馆。

由参加抢救的医师向死者的亲属、领队及死者的好友详细报告抢救经过，并写出抢救经过报告、死亡诊断证明书，由主治医师签字后盖章并复印，分别交给死者的亲属、领队和旅行社。

对死者一般不做尸体解剖，如要求解剖尸体，应由死者的亲属或领队提出书面申请，经医院同意后方可进行。

死者的遗物由其亲属或领队、死者生前好友代表、全陪、接待社代表共同清点，列出清单，一式两份，上述人员签字后分别保存。遗物由死者的亲属或领队带回（或交使、领馆）。

如需要，请领队向全团宣布对死者的抢救经过。

遗体的处理，一般应以在当地火化为宜。遗体火化前，应由死者的亲属或领队（或代表）写出火化申请书，交我方保留。

死者的亲属要求将遗体运送回国，除需办理上述手续外，还应由医院对尸体进行防腐处理，由殡仪馆成殓，并发给装殓证明书（灵柩要用铁皮密封，外廓要包装结实）。

如旅游者死亡地点不是出境口岸，应由地方检疫机关发给死亡地点至出境口岸的检疫证明《外国人运带灵柩（骨灰）许可证》，然后由出境口岸检疫机关发给中华人民共和国××检疫站《尸体/灵柩/进/出境许可证》，再由死者所持护照国驻华使、领馆办理一张遗体灵柩经由国家的通行护照，此证随灵柩一起同行。

【案例】

旅游热点的安全

2010 年 8 月，一旅游团在杭州某家旅行社导游小姐带领下，去钱塘江观潮时，时值 8 月中旬，钱塘江涨潮，景色极为壮观，吸引了大量的游客，江堤上人满为患。导游小姐告诉自己所带旅游团的游客，观潮时应遵守规章制度、纪律及应注意的事项。一游客违反规章制度，不遵守纪律，忽视应注意的事项，被众多的游客挤得从江堤上摔下去，经救助人员援救，把游客从江里救出，但游客已摔成重伤，生命垂危，后送往医院及时治疗，游客获救，但成了残废。该游客在医院的治疗费，由旅行社先支付了。游客认为该旅行社应支付他的医疗费，并且还向该旅行社索赔，该游客认为：他造成残废，该旅行社有不可推卸的责任。

【解析】

1. 旅游热点往往是有着悠久历史并极具特色的古迹、游览区，或在地理位置、科技文化、商业贸易方面具有很强的吸引力，并具有较强的综合接待能力，交通便利，在国内外旅游者中享有很高的知名度，因而旅游者蜂拥而至，人满为患，大大超过了其旅游容量，使旅游地经济、环境、社会效益受到影响。

2. 旅游线路将热点、温点、冷点相互搭配，有机结合，就能有意识地对旅游客流进行引导，控制热点的人数，增加温点、冷点的客源，提高整体效益。

3. 本例中这一事故虽然直接责任在游客的身上，导游也在事发前做了大量工作，但旅行社还应妥善处理好游客救治工作，并承担一定的医疗费用，为企业的长远发展树立良好的市场形象。

（七）旅游者越轨言行的处理

越轨行为一般是指旅游者侵犯一个主权国家的法律和世界公认的国际准则的行为。外国旅游者在中国境内必须遵守中国的法律，若犯法，必将受到中国法律的制裁。

旅游者的越轨言行系个人问题，但处理不当却会产生不良后果。因此，处理这类问题要慎重，事前要认真调查核实，分清越轨行为和非越轨行为的界限，分清有意和无意的界限，分清无故和有因的界限，分清言论和行为的界限。只有正确地区别上述界限，才能正确处理此类问题，才能团结朋友、增进友谊，维护国家的主权和尊严。

导游人员应积极向旅游者介绍中国的有关法律及注意事项，多做提醒工作，以免个别旅游者无意中做出越轨、犯法行为；发现可疑现象，导游人员要有针对性地给予必要的提醒和警告，迫使预谋越轨者知难而退；对顽固不化者，其越轨言行一经发现应立即汇报，协助有关部门进行调查，分清性质。处理这类问题要严肃认真，要实事求是，合情、合理、合法。

1. 对攻击和诬蔑言论的处理。由于社会制度的不同、政治观点的差异，海外旅游者可能对中国的方针政策及国情有误解、不理解，在一些问题上存在分歧。因此，导游人员要积极地宣传中国，认真回答旅游者的问题，友好地介绍我国的国情，阐明我方对某些问题的立场、观点，求同存异。

但是，若有人站在敌对立场上进行攻击和诬蔑，导游人员要严正驳斥，驳斥要理直气壮、观点鲜明、立场坚定，必要时报告有关部门，查明后严肃处理。

2. 对违法行为的处理。社会制度和传统习惯的差异导致各个国家的法律不完全一样。对因缺乏了解中国的法律和传统习惯而做出违法行为的旅游者，导游人员要讲清道理，指出错误责任，并报告有关部门，根据其情节适当处理；对明知故犯者，导游人员要提出警告，并配合有关部门严肃处理，情节严重者应绳之以法。

旅游者中若有人窃取我国机密和经济情报，走私，吸毒，偷盗文物，倒卖金银，套购外汇，贩卖黄色书刊及录音、录像带，嫖娼，卖淫等犯罪活动，一旦发现这类违法行为，导游人员应立即汇报，并配合司法部门查明罪责，严正处理。

3. 对散发宗教宣传品行为的处理。旅游者若在中国散发宗教宣传品，导游人员一定要予以劝阻，并向其宣传中国的宗教政策，指出不经中国宗教团体邀请和允许，不得在中国布道、主持宗教活动和在非完备活动场合散发宗教宣传品。处理这类事件要注意政策界限和方式方法，但对不听劝告并有明显破坏活动者，应迅速报告，由司法、公安有关部门处理。

4. 对违规行为的处理。

（1）对异性越轨行为的处理。当发生外国旅游者对中国异性行为不轨时，导游人员应阻止，并告知中国人的道德观念和异性间的行为准则；对不听劝告者应严正指出问题的严重性，必要时采取断然措施。

（2）对酗酒闹事者的处理。旅游者酗酒，导游人员应先规劝并严肃指明可能造成的严重后果，尽力阻止。不听劝告、扰乱社会秩序、侵犯他人、造成物质损失的肇事者必须承担一切后果，甚至法律责任。

（八）旅游安全事故的处理与预防

国家旅游局在《旅游安全管理暂行办法实施细则》中规定：凡涉及旅游者人身、财产安全的事故均为旅游安全事故。旅行社接待过程中可能发生的旅游安全事故，主要包括交通事故、治安事故、火灾、食物中毒等。

1. 交通事故。交通事故在旅游活动中时有发生，不是导游人员所能预料、控制的。遇有交通事故发生，只要导游人员没负重伤，神志还清楚就应立即采取措施，冷静、果断地处理，并做好善后工作。由于交通事故类型不同，处理方法也很难统一，但一般情况下，导游人员应采取如下措施：

（1）立即组织抢救。发生交通事故出现伤亡时，导游人员应立即组织现场人员迅速抢救受伤的游客，特别是抢救重伤员。如不能就地抢救，应立即将伤员送往距出事地点最近的医院抢救。

（2）保护现场，立即报案。事故发生后，不要在忙乱中破坏现场，应指定专人保护现场，并尽快通知交通、公安部门（交通事故报警台电话是122），请求派人来现场调查处理。

（3）迅速向旅行社汇报。将受伤者送往医院后，导游人员应迅速向接待社领导报告交通事故的发生及旅游者伤亡的情况，听取领导对下一步工作的指示。

（4）做好全团旅游者的安抚工作。交通事故发生后，导游人员应做好团内其他旅游者的安抚工作，继续组织安排好参观游览活动。事故原因查清后，要向全团旅游者说明情况。

（5）写出书面报告。交通事故处理结束后。导游人员要写出事故报告。内容包括：事故的原因和经过；抢救经过、治疗情况；事故责任及对责任者的处理；旅游者的情绪及对处理的反应等。报告力求详细、准确、清楚（最好和领队联署报告）。

导游人员在接待工作中应该具有安全意识，协助司机做好安全行车工作。

接待旅游者前，提醒司机检查车辆，发现事故隐患及时提出更换车辆的建议。

导游人员在安排活动日程的时间上要留有余地，不催促司机为抢时间赶日程而违章、超速行驶。遇有天气不好（如下雨、下雪、下雾）、交通拥挤、路况不好等情况，要主动提醒司机注意安全，谨慎驾驶。导游人员应阻止非本车司机开车，还要提醒司机不要饮酒。如遇司机酒后开车，导游人员要立即阻止，并向旅行社领导汇报，请求改派其他车辆或调换司机。

2. 治安事故。在旅游活动过程中，遇到坏人行凶、诈骗、偷窃、抢劫，导致旅游者身心及财物受到不同程度的损害，统称治安事故。

导游人员在陪同旅游团（者）参观游览过程中遇到此类治安事故，必须挺身而出保护旅游者，绝不能置身事外，更不得临阵脱逃。

发生治安事故，导游人员应做好如下工作：

（1）保护旅游者的人身、财产安全。若歹徒向旅游者行凶、抢劫财物，在场的导游人员应毫不犹豫地挺身而出，勇敢地保护旅游者。立即将旅游者转移到安全地点，力争与在场群众、当地公安人员缉拿罪犯，追回钱物；如有旅游者受伤，应立即组织抢救。

（2）立即报警。治安事故发生，导游人员应立即向当地公安部门报案并积极协助破案。报案时要实事求是地介绍事故发生的时间、地点、案情和经过，提供作案者的特征，受害者的姓名、性别、国籍、伤势及损失物品的名称、数量、型号、特征等。

（3）及时向领导报告。导游人员要及时向旅行社领导报告治安事故发生的情况并请求指示，情况严重时请领导前来指挥、处理。

（4）安定旅游者的情绪。治安事故发生后，导游人员应采取必要措施安定旅游者的情绪，努力使旅游活动顺利地进行下去。

（5）写出书面报告。导游人员应写出详细、准确的书面报告，报告除上述内容外，还应写明案件的性质、采取的应急措施、侦破情况、受害者和旅游团其他成员的情绪及有何反应、要求等。

（6）协助领导做好善后工作。导游人员应在领导指挥下，准备好必要的证明、资料，处理好善后事宜。导游人员在接待工作中要时刻提高警惕，采取有效的措施防止治安事故的发生。

1）提醒旅游者不要将房号随便告诉陌生人；不要让陌生人或自称饭店的维修人员随便进入房间；出入房间锁好门，尤其是夜间不可贸然开门，以防止意外；不要与私人兑换外币等。

2）进住饭店后，导游人员应建议旅游者将贵重财物存入饭店保险柜，不要随身携带或放在房间内。

3）离开游览车时，导游人员要提醒旅游者不要将证件或贵重物品遗留在车内。旅游者下车后，导游人员要提醒司机锁好车门、关好车窗。

4）在旅游活动中，导游人员要始终和旅游者在一起，注意观察周围的环境，经常清点人数。

5）汽车行驶途中，不得停车让无关人员上车；若有不明身份者拦车，导游人员提醒司机不要停车。

3. 火灾事故。在旅游活动中，为了防止火灾事故的发生，导游人员应提醒旅游者不携带易燃、易爆物品，不乱扔烟头和火种。向旅游者讲明交通运输部门的有关规定，不得将不准作为行李运输的物品夹带在行李中。

为了保证旅游者在火灾发生时能够尽快疏散，导游人员应做到：

（1）熟悉饭店楼层的太平门、安全出口、安全楼梯的位置及安全转移的路线，并向旅游者介绍。

（2）另外，导游人员应牢记火警电话（119），掌握领队和旅游者所住房间的号码。

万一发生了火灾，导游人员应做到：

1）立即报警；

2）迅速通知领队及全团旅游者；

3）配合工作人员，听从统一指挥，迅速通过安全出口疏散旅游者；

4）引导大家自救。如果情况紧急，千万不要搭乘电梯或随意跳楼，导游人员要镇定地判断火情，引导大家自救：

A. 若身上着火，可就地打滚，或用厚重衣物压灭火苗。

B. 必须穿过浓烟时，用浸湿的衣物披裹身体，捂着口鼻，贴近地面顺墙爬行。

C. 大火封门无法逃出时，可用浸湿的衣物、被褥堵塞门缝或泼水降温，等待救援。

D. 摇动色彩鲜艳的衣物呼唤救援人员。

E. 协助处理善后事宜。旅游者得救后，导游人员应立即组织抢救受伤者；若有重伤者应迅速送医院，有人死亡，按有关规定处理；采取各种措施安定旅游者的情绪，解决因火灾造成的生活方面的困难，设法使旅游活动继续进行；协助领队处理好善后事宜；写出翔实的书面报告。

4. 食物中毒。旅游者因食用变质或不干净的食物常会发生食物中毒。其特点是：潜伏期短，发病快，且常常集体发病，若抢救不及时会有生命危险。

发现旅游者食物中毒，导游人员应：设法催吐，让食物中毒多喝水以加速排泄，缓解毒性；立即将患者送医院抢救，请医生开具诊断证明；迅速报告旅行社并追究供餐单位的责任。

为防止食物中毒事故的发生，导游人员应做到：

（1）严格执行在旅游定点餐厅就餐的规定；

（2）提醒旅游者不要在小摊上购买食物；

（3）用餐时，若发现食物、饮料不卫生，或有异味变质的情况，导游人员应立即要求更换，并要求餐厅负责人出面道歉，必要时向旅行社领导汇报。

项目小结

本项目详细介绍了旅行社业务的管理，分别为旅行社产品设计与开发，旅行社采购业务，旅行社产品营销，旅行社计调业务及旅行社接待管理，通过这五个方面的阐述，让学生全面了解旅行社业务的构成及业务的开展。

项目实训

【实训目的】

1. 熟悉旅行社地接计调内容。

2. 掌握旅行社地接计调程序。

【实训内容】

与实训旅行社合作，分次由学生实际进行地接计调操作。

【实训要求】

1. 实训学时：11 学时。

2. 在实训教师带领与指导下，列出具体的实训步骤，认真完成分配的计调任务，真实记录实训中所遇到的各种问题以及解决问题的方法与过程。

项目七

旅游景区经营管理

【引言】

旅游景区是旅游产品的核心部分，是旅游业发展的基础之一。旅游业的发展从某种意义上说就是进行旅游景区的开发和建设。我国旅游业的发展速度非常迅猛，旅游景区大型化、商业化以及体制多样化的趋势越来越明显。为适应市场需求，现代的旅游景区已经逐步走向集团化经营。旅游景区是一个综合性的经营管理系统，但从目前的情况来看，我们旅游景区多数重视的是对旅游资源的开发利用，而对景区的经营却关注不多，经营水平相对滞后，很难满足目前我国旅游业的发展要求。

【学习目标】

1. 掌握旅游景区的游客行为管理。
2. 领会旅游景区经营行为与开发管理。
3. 熟悉旅游景区营销管理。
4. 认知旅游景区设施管理。
5. 认知旅游景区环境管理。

任务 1　掌握旅游景区的游客行为管理

一、旅游者的人格特征与旅游行为

旅游者的人格特征与旅游者的行为之间的关系既十分复杂又紧密相关。通过对旅游者的人格类型和人格结构的分析，有助于旅游工作者更好地预测和引导旅游者的行为。

关于人格类型的划分有两种方式，一种是基于纯心理学理论研究的成果，例如，内倾或外倾、男性气质或女性气质、内控型或外控型、自尊或自卑等。另一种是出于应用的需要而划分出的人格类型，例如，经济学家从消费行为特点的角度把人划分为多虑型、文静型、不拘礼节型、性情急躁型、友好型等。

(一) 纯心理学理论角度的人格类型

心理学研究中划分的几种人格类型从心理学的角度，有以下几种人格类型：

1. 内倾、外倾。最早在心理学领域内规范化地使用内倾和外倾这一概念的是心理学家荣格。他认为人在与周围世界发生联系时，人的心灵一般有两种指向，一是指向个体内在世界，叫"内倾"；另一种是指向外部环境，叫"外倾"。具有内倾性格特点的人一般比较沉静、富于想象、爱思考、退缩、害羞、敏感、防御型强；而外倾者则爱交际、好外出、坦率、轻信、易于适应环境。内倾和外倾实际上是个连续体，而不是各自独立的两个极端。大多数人处于内倾和外倾这一连续体中的某一位置上，绝对内倾或外倾的人并不多见。

2. 男性气质、女性气质。所谓男性气质是指有进取心的、喜欢专断和控制人的，而且独立性较强；而女性气质指的是温和的、能容忍的、细腻的，有依赖性。一般而言，男人更多地具有男性气质，女人更多地具有女性气质。但这并不是绝对的。有的男人具有女性气质，如较温和、能容忍；同样，有的女人具有男性气质，有进取心、爱控制人。

3. 内控型和外控型。内控型的人，是那种坚定地认为自己是自己命运的主宰，只有自己才能控制自己的命运。这种人独立性强，不容易受外界影响而改变自己的行为。这种人如果碰到了好事，则认为是自己努力的结果。如果遇到倒霉事，也只怪自己，认为是自己造成的；因而这种人从不怨天尤人。外控型的人则相反。他认为一切事情都是命运主宰的，自己只是处于被动地位。因此，无论成功或失败，他们总认为是外力的结果。比如，面对一次升迁机会，如果没能如愿，内控型的人会认为自己还不合格，可能是自己工作干得还不太出色或资历不够；而外控型的人则可能会骂领导，认为是领导不公正。从文化心理上看，我国国人外控型居多，例如，我们说到成功时，最常提到的是外部条件，即天时、地利、人和之类，而对自己在成功中所扮演的角色则很少提及。

4. 自卑、自尊。所谓自卑，就是认为自己软弱、无能，对自己评价较低；自尊则是自视较高、认为自己了不起，对自己估计过高。

一般情况下人们有时会有自卑感，这并不表明这个人有问题或不正常，相反它会构成一种追求卓越的力量，促使人作出更大的努力，最终获得成功并因此而产生优越感。但是如果过于自卑的话，就可能摧垮一个人，整日唉声叹气，最终一事无成。

有时人们为了掩饰自卑心理以求得心理平衡，会显出很高傲的样子，表现出强烈的自尊。但这种高傲假象很容易被识破，因为这种高自尊的人比较敏感、脆弱，而且攻击性较强，一有机会就会贬低别人以抬高自己。这种人通常不会有所作为，只是小心翼翼地把自己笼罩在高傲的幻象中，欺骗自己以求自安。

恰当的自尊是维护个人心理的统整性、保持心理健康的重要前提。但一个人优越感过强、自视太高就可能变成一个专横跋扈、自吹自擂、傲慢无礼、爱贬低别人的人。

(二) 应用需要角度的人格类型

旅游应用中的人格类型分析旅游者人格类型的划分，可以从不同的角度来进行。为了更好地理解旅游者的人格和旅游行为的关系，我们这里从多个侧面来进行分析。

1. 根据旅游者在生活中的表现来划分。根据旅游者在生活中的表现或与他人之间的关系，可以划分为以下几种类型：

(1) 神经质的旅游者。神经质一词更多地用在变态心理学中，指的是具有敏感、易变等不完善人格的人。神经质的旅游者的特点是：厌倦的、脾气乖戾的；急躁的、大惊小怪的；兴奋的、易激动的；无礼的、事必挑剔的；敏感的、难以预测的。神经质类旅游者最难管理，对服务及管理人员是最大的挑战。通常情况下这类客人比例较小，但随着社会的发展，生活节奏日益加快，外在压力的增大，人们体验到的失败感越来越多，导致神经质的旅游者有增加的趋势。从旅游业的角度来说，没有选择客人的权利，只能给客人以舒适、抚慰、尊严。

（2）依赖性的旅游者。具有依赖性的旅游者的特点是：羞怯的、易受感动的、拿不定主意的。这类客人包括人格不健全的幼稚性人格者、初次出门的旅游者、年老和年幼难以自理者以及不熟悉情况的外国客人。这类客人需要更多的关注和同情，他们需要详细掌握旅游业所提供的服务项目、收费情况等。对这类客人如果不能给予充分关注，他们便难以充分享受和消费旅游业所能提供的各种产品，从旅游业角度看也就失去了商机。

（3）使人难堪的旅游者。使人难堪的旅游者的特点是：爱批评的、漠不关心的、沉默寡言的。这类客人的心中好像有许多不平事，属于原则对外的那类人。他们只是对别人提要求，而很少理解和关心别人。他们也从不由己推人，进行心理换位。因此，对这类客人要谨慎、周到、注意细节，在服务过程中要给予更多的关注。

（4）正常的旅游者。除了以上三种类型的旅游者以外，绝大多数的旅游者是属于有礼貌、理智的正常的客人。对于这些正常的旅游者，服务人员可以充分发挥自己的聪明才智，把各种服务充分有效地提供给他们。

2. 根据旅游者的性格倾向来划分。与内倾、外倾的分类方法相近的一种分类方法，是把人们分为心理中心和他人中心两大类。心理中心的人计较小事，考虑自己，一般忧心忡忡，心情有些压抑，不爱冒险。他人中心的人喜欢冒险、自信、好奇、外向、急于与外界接触、喜欢在生活中做新的尝试。

在一项专为调查旅游目的地受人们欢迎的程度为什么出现大幅度摆动而设计的研究中，人们分析发现心理中心的人和他人中心的人在旅游行为的许多重要方面存在着明显的差别，见表 7 - 1。

表 7 - 1　　　　　　　　　　　两种心理类型旅游者的特点

心理中心人格	他人中心人格
<ul><li>选择熟悉的旅游目的地</li><li>喜欢旅游目的地的一般活动</li><li>选择晒日光浴和游乐场所，包括相当程度无拘无束的休息</li><li>活动量小</li><li>喜欢能驱车前往的旅游点</li><li>喜欢正规的旅游设备，例如设备齐全的旅馆、家庭式的饭店以及旅游商店</li><li>喜欢家庭的气氛，熟悉的娱乐活动，不喜欢外国的气氛</li><li>要准备好齐全的旅行行装，全部日程都要事先安排妥当</li></ul>	<ul><li>选择非旅游地区</li><li>喜欢在别人来到该地区前享受新鲜经验和发现的喜悦</li><li>喜欢新奇的、不寻常的旅游场所</li><li>活动量大</li><li>喜欢坐飞机去目的地</li><li>旅游设备只要包括一般或较好的旅馆和伙食，不一定要现代化的大型旅馆，不喜欢逛吸引旅游者的商店</li><li>愿意会见和接触具有他们所不熟悉的文化或外国文化的居民</li><li>旅游的安排只包括最基本的项目（交通工具和旅馆），留有较大的余地和灵活性</li></ul>

从表 7 - 1 中可以看到，心理中心的人显然要求他的生活具有可测性，他最强烈的旅游动机是休息和松弛一下，而他人中心的人则希望生活中有一些估计不到的东西。他一般去那些比较偏远的、不太为人所知的景点去旅游。他办事灵活，如能去一些没有听说过的地方，体验一些新的经历，避免千篇一律，他会感到十分满意。

3. 根据生活方式来划分。生活方式是指社会生活的形式，它作为一种综合性的人格特征，与人的日常生活中的各种行为关系密切。按照生活方式来划分，旅游者的类型大致有以下几种：

（1）喜欢安静生活的旅游者。这类旅游者重视家庭，关心孩子，维护传统，爱好整洁，而且对身体健康异常注意。尽管他们也有足够的钱用来旅游，但他们更愿意将较多的钱用来购置家具，花更多的时间维修和粉刷房屋等。当然，他们对于一次幽静的度假也会十分欣赏。一般情况下，他们选择的旅游景点大多是环境宜人的湖滨、海岛、山庄等旅游区。他们喜欢这里清新的空气、明媚的阳光，喜欢去狩猎、钓鱼、与家人野餐。这种人喜欢平静的生活，不愿意冒任何风险，而且对广告从来都持怀疑态度——尤其是报纸和杂志上面的广告。

（2）喜欢交际的旅游者。这类旅游者活跃、外向、自信、易于接受新鲜事物，他们喜欢参加各种社会活动，认为旅游度假的含义不能局限于休息和轻松，而应该把它看成是结交新朋友、联络老朋友、扩大交往范围的良好时机。他们还喜欢到遥远的有异国情调的旅游景点去旅游。总之他们是敢作敢为的、活跃的、对新经历充满兴趣的。

（3）对历史感兴趣的旅游者。对历史感兴趣的旅游者认为旅游度假应该过得有教育意义，能够增长见识，而娱乐只是一个次要的动机。他们认为旅游度假是了解他人、了解他们的习俗和文化的良机，是丰富自己对形成今天这个世界产生过影响的历史人物和事件了解的良机。

对历史感兴趣的旅游者之所以对受教育和增长见识如此重视，是因为他们把自己的家庭和孩子看成是生活中最重要的部分，认为帮助、教育孩子是做家长的主要责任。因此他们认为假期应该是为孩子安排的，并且认为全家能在一起度假的家庭是幸福的家庭。

二、旅游者的类型与旅游行为

（一）团队游客及旅游行为特征

团队游客是由旅行社组织并安排的，按照固定的旅游线路、活动日程与内容，进行一日或数日游的旅游者。团队游客的人数至少为 15 人。

团队游客的行为往往受到较多约束，游客的形成安排大多比较紧凑，而可变动性差。团队游客大多统一行动，旅游活动按既定路线和内容进行。

（二）散客式自助游客及旅游行为特征

散客是相对团体而言的自行结伴、自助旅游者，他们根据自己的兴趣或爱好，按照自己的意志自行决定旅游路线和内容。散客的数量限制一般是 15 人以下。散客通常包括个体出游的游客，小团体结伴出游的游客和家庭出游游客等。

散客旅游是人们突破传统团体旅游约束、追求个性化的行为表现，具有自主性、内容随机性和活动分散性等特点。散客主要以年轻人为主，散客游活动中不确定的因素很大。

三、旅游流和游客经历

（一）旅游流的概念

　　旅游流是指旅游者借助交通工具，以始发地向旅游目的地移动所形成的，具有一定方向和一定数量的移动人群。旅游流的强度大小及其波动程度、分布状况及其合理程度、组成结构的差异，直接关系到旅游地的生态效益、社会效益和经济效益能否协调发展，关系到旅游资源、旅游基础设施和旅游接待服务设施能否得到合理利用。因此，加强旅游流研究，掌握该旅游地旅游流的特征和规律，适时调整旅游发展战略，对实现旅游业可持续发展有着重要意义。

（二）旅游经历的影响

　　游客的经历直接影响游客的行为。游客的个人背景，包括经济收入、性别、年龄、教育程度和职业，这些因素直接影响游客的个人欣赏偏好，以及游客在旅游活动中的各种表现。而这些表现则成为景区管理者的管理对象。管理者有必要了解游客的经历，以及他们出游过程中的种种表现，进行有地放矢的管理，并对他们在旅游过程中的反常行为，如不文明行为进行剖析并加以管理，实现游客满意与景区保护的统一。

四、游客个人背景对其行为的影响分析

（一）经济收入

　　收入水平的高低直接影响游客的旅游购买行为，家庭收入的多少直接限制旅游者购买旅游产品的种类、品牌、购买方式及购买数量。从调查中得知，旅游者以中等收入者为主（指家庭收入水平在1000元/月～3000元/月之间），占了旅客综述的60.3%；高收入者（3000元/月以上）次之，占游客总数的1/3。这说明随着人们生活水平的提高，旅游正在成为人们生活的一部分。而家庭月平均收入在1000元以下的游客，只占总数的6.3%，表明收入水平与游客出游行为有着直接的联系。由于最高收入层的人士往往是事务十分繁忙的人物，他们反而没有时间参加更多的旅游活动，出游频率出现一定程度的下降。但一般来说，收入越多，说明其可自由支配的收入越多，在选择产品时，更注重自己的兴趣而不在意产品的价格。

（二）性别

　　调查发现，男性出游率略高于女性。据1998年北京市20147份有效问卷的调查发现，国内游客男性高于女性约10个百分点，男性为55.7%，女性为44.3%。如松山自然保护区旅游客源市场以男性游客为主，占64.29%，女性仅为35.71%，性别比（男：女）为1.8：1。南京和黄山的旅游客流性别结构中，男性市场在两地均占绝对优势。总体上来看，中国的男性公民比女性有更多的出游机会是公认的事实。产生的原因有：男性比女性更富于

异向型心理特质，倾向于选择刺激性产品；男性比女性有更多的公务外出机会和可自由支配的空闲时间；男性的体魄较女性强健；因而男性产生旅游的可能性比女性大。

(三) 年龄

年龄不同，旅游需求不同。总的来说，年龄与旅游需求之间相关，也就是说，年轻人比年老者更趋向于参加旅游活动。进一步的分析还可发现，对不同类型的旅游活动，不同年龄层次的人的参与率也是不同的。一般老年人体力有限，探险欲望低，他们往往较多地选择较省力、安全的城市旅游地。

不同的年龄的人，他们所处的生活环境不同，所扮演的生活角色不同，社会化的程度也有差异，在行为层面上有很大的区别。24 岁以下的游客，易于接受新思想，新事物，希望能够全身心地体验丰富多彩的世界，旅游动机较强，但由于这一年龄多为学生和刚参加工作的低收入社会群，工作时间短，可自由支配的收入少，客观上限制了个人旅游行为。25 ~ 44 岁这一年龄组，由于具有较稳定的社会地位，较高的经济收入，丰富的人生阅历，但要承受较大的社会压力，为了减轻身心的疲劳，他们非常愿意选择和自己身份、地位相称的旅游方式，以求精神上的放松，身心的调节以及审美情趣的陶冶，因此这一组出游率比较高。45 ~ 64 这个年龄组，从收入、地位、积蓄来说，与上一组相当，但由于受到自身条件的局限性，更愿意待在稳定熟悉的环境中工作和生活，加之经费支出项目的增加，如子女的学习、婚嫁、养老保险、医疗费用预备等，在可自由支配收入上显得不那么宽松、富裕，因此出游受到一定的影响。

(四) 教育程度

一般来说，由于出游行为很大程度上是一种精神消费，因此受教育程度越高，对旅游的需求越大。受教育程度对不同类型的旅游活动的偏好具有影响。文化程度越高，消费能力越强。主要原因在于，不同的文化层级间接地造成了游客社会地位、经济收入以及需求层次等的明显差异。受教育程度越高，所选择的产品的文化含量越高。此外，学历越高知识越多，对外部世界了解的愿望就越强烈。因此，高学历的人对自己的旅游行为有较明确的目的性，而中等学历的人产生旅游愿望更多地是受大众媒介的影响。

(五) 职业

旅游者职业不同，意味着收入、闲暇时间和受教育程度不同，旅游的倾向和需求也不一样。抽样调查显示，就业情况与出游关系表现为：已就业的多以公务员、科技人员、工人、公司职员和商业从业人员为主，未就业的多以学生为主。职业决定了一个人的闲暇时间的多少，学生、教师是寒暑假旅游者的重要组成部分。在旅游者中，由于职业和身份的不同，导致其对游览内容和对象的选择也不同。一般来说，是根据各自的专业和兴趣选择旅游点。

职业在很大程度上决定了一个人的收入水平。各类职业中，行政和企业管理人员、专业技术人员、商务人员、工人的出游机会更多，因为这四种职业的人一般工资水平较高、福利较好、度假疗养和出差的机会较多等。其中，行政和企业管理人员、商贸人员去城市出差的机会较多，因而去城市旅游的机会也较多。学生所占比重较大，但他们的收入来源于家庭，因而要看家庭的收入水平，而随着学费的不断提高，有孩子读书的家庭一般来说负担不轻，因此，游客以中等收入者为主。

五、游客的管理方法

(一) 服务型管理方法

　　服务性管理方法是一种软性的管理方法。由于游客与管理者关系的特殊性，即游客既是管理者的管理对象，又是管理者的服务对象。因而，需要管理者在为游客提供服务和帮助的过程中提醒游客哪些该做，哪些不该做。服务性管理方法是基于游客都有公德心、责任心、廉耻心等人性中善的考虑，通过引导游客的行为来实现管理的目的。管理游客的过程中更多地加入人情味，表现出对游客的爱心，而这种爱心则需要通过关心、理解和尊重来体现。让游客意识到自己绝不仅仅是被约束、监督甚至惩罚的对象，更是被尊重、理解和关心的对象。同时，让游客意识到自己的不文明行为是不对的，处于对资源的保护以及管理的公正和顺利实施，必须被约束甚至惩罚。游客本身是各种各样的社会人，当游客表现出各种行为时，如有不文明举动时，又存在各种心理因素的驱动，管理者不能简单地加以惩罚或教育了事，而应该了解其产生不文明行为的原因，并对症下药，采用不同的处理方式。惩罚和教育只是一种手段，目的是为了游客不再出现类似的不文明行为。因而，深入了解游客的行为根源，采用软性的管理方法是比较有效的方式。

(二) 控制性管理方法

　　光靠服务性的管理方式是不够的，无法实现对游客的威慑力，必要性的控制性管理方法有助于管理措施更好地实施。制定必要的景区管理规则及惩罚措施，并配备必要的人员保证实施。控制性的管理方法的一个特点是严格。游客对管理规则提出的要求必须遵守，而不是既可以遵守也可以不遵守；这个要求必须明确，只能有一种理解，而不是既可以这样理解也可以那样理解；管理人员在操作过程中，必须坚持对的就是对的，错的就是错的，而不能盲目迎合游客；严格按照管理规则来办事，不能规定的是一套，操作起来又是一套。制定管理规则时应做充分地调查和实证，并根据实践的变化做出必要的修改。一旦该管理规则被确定，必须加以严格贯彻，并对所有的人都一视同仁，以体现规则的公正性。了解游客的不文明行为产生的原因，目的是理解这种行为，但理解不能代替管理。如了解到游客对景区资源的破坏行为是出于对旅游过程中的种种不满情绪的发泄，管理者可以对游客的行为表示理解，提供弥补性的措施，帮助其消除不满情绪，但对于已经造成的不良后果，游客还是应该承担责任，并按照管理规则收到惩罚。可见，控制性管理方法和服务性管理方法，两者都是必不可少的，而且两种方法在管理过程中应互相交叉使用。

六、正确引导游客的行为

(一) 正确引导游客行为的意义

　　很多游客存在不文明行为，这些不文明旅游行为从根本性危害上看，可能导致旅游景区环境污染，景观质量下降甚至寿命缩短，其最终结果必然是造成旅游景区整体吸引力下降、旅游价值降低。它严重影响和直接威胁着旅游景区的可持续发展。更有甚者，还可能给景区带来灾难性影响，如违章抽烟、燃放爆竹、违章野炊等行为很容易引起火灾，一旦发生，后果将不堪设想。

　　从最直接的影响来看：首先，游客的不文明旅游行为给旅游景区的环境管理、景观管理带来极大的困难；其次，游客的不文明行为本身往往成为其他游客游览活动中的视觉污染，影响游兴，破坏环境气氛，进而影响其他游客的游览质量；最后，游客的不文明旅游行为往往会给自己的人身安全带来隐患，如到一些未开发的景区游览、违规露营、随意给动物喂食、袭击动物、不按规定操作游艺器械等行为都可能给游客自身带来意外伤害。近年来，已有不少景区出现类似的安全事故，可惜很多游客意识不到这一点。中国国民素质从整体上说还不算很高，所以正确引导游客行为的责任尤为重要。

（二）正确引导游客行为的方法

　　1. 实物引导方法。

　　（1）建立旅游标志。在景区明显位置悬挂和摆放规范的美观醒目的旅游标志，配置有亲和力的标志性说明文字及提醒文字，达到游人自觉维护旅游秩序和环境的目的。例如，"请节约用水"；"请不要吸烟"；"清洁的环境需要您的努力"等。

　　（2）完善各种设施。景区应提供各种设施、设备以防止游客不文明旅游行为的发生。如合理放置美观有趣的垃圾箱，使游客便于、乐于负责任地处理废弃物。

　　（3）发放垃圾袋。给每个游客发一个垃圾袋，以便保护旅游景点的环境卫生。发垃圾袋只是一种手段，而不是目的，其目的是培养游客的环保意识，提高人人注重环保的自觉性。这是一个过渡时期，待人们的环保意识提高了，达到人人讲卫生的时候，便可取消。就目前来说，给游客发垃圾袋是很有必要的。它的好处有：首先，方便游客随时装垃圾，杜绝随地乱丢垃圾的不良现象；其次，有利于强化游客的环保意识，使人人养成自觉保护环境卫生的良好习惯；最后，有利于旅游景点的净化、美化，为国内外游客营造一个有利于旅游的环境。

　　2. 组织引导方法。

　　（1）发挥导游的引导作用。带队导游可对游客的行为起到直接的引导、监督、制约作用。在可持续旅游中，导游不仅要完成组织协调、解说等传统职责，同时还应负有"资源管理"的职责。在帮助游客了解、欣赏环境和景观的同时，应鼓励游客表现出对景区环境、景观负责的行为，预防和制止其不文明行为。旅游管理部门在导游考评、导游词设计等方面可适当增加有关环境特性和景观保护常识等内容，引导和鼓励导游负责任地行使好管理资源和保护环境的职责。在这一方面浙江省淳安县旅游局的做法颇有借鉴意义。淳安县是著名的千岛湖风景区所在地，为保护千岛湖的良好生态环境，该县旅游局明确要求导游员要成为千岛湖的环保大使。该局经常为导游员举办环保知识专题讲座，把（千岛湖环境）作为导游上岗、年审培训的必修课，强化导游员的环保意识，强调每个导游员有责任向游客宣传千岛湖环境保护意识，还在导游队伍中发起保护千岛湖，从我做起的倡议。这些做法取得了很好的效果。

　　（2）建立沟通渠道。建立方便的反映问题的渠道，便于游客反映问题和意见，及时消除不满情绪，预防破坏行为的发生。

3. 示范引导方法。景区员工在履行其正常职责的过程中，可以随时与旅游者交流聊天，提供游客所需要的信息，并听取他们的反映，向游客阐明注意事项。同时，要以自己的实际行动教育游客尊重环境，遵守规章。国内不少景区曾组织工作人员与青年志愿者一起开展环保活动，这既可强化工作人员的环保意识，又能起到对公众的宣传作用。黄山之所以卫生保洁的好，除了到处都是石砌的垃圾箱外，还能看到清洁人员不辞劳累、默默无闻地捡拾游客留下的垃圾，还有哪个人会忍心乱扔乱倒垃圾给他们添麻烦呢？此外，带队导游也要注意自己的一言一行，为游客树立好榜样。

4. 强制引导方法。

（1）根据景区自身的资源特点编制游客规则。例如，美国旅行商协会（America Society of Travel Agents，ASTA）制定了游客游览生态旅游地的十条戒律：

1）要尊重地球的脆弱性。意识到如果不保护环境，后代可能不会再看到独特而美丽的目的地。

2）只留下脚印，只带走照片；不折树枝，不乱扔杂物。

3）充分了解你所参观的地方的地理、习俗、礼仪和文化。

4）尊重别人的隐私和自尊，拍照时要征得别人的同意。

5）不要购买使用濒危动植物制成的产品。

6）要沿着划定的路线走，不打扰动物，不侵犯其自然栖息地，不破坏植物。

7）了解并支持环境保护规划。

8）只要可能，就步行或使用对环境无害的交通工具，机动车在停车时尽量关闭发动机。

9）以实际行动支持景区内那些致力于节约能源和环境保护的企业。

10）熟读有关旅行指南。此外，制定比较完备的规章制度对可能出现的各种不文明行为，尤其是对故意破坏行为加大制约力度，并配备一定数量的管理人员约束游客的不文明行为，包括加强巡查、长期雇用看护员、对违规行为实施罚款、使用闭路电视或摄影机监视等。

（2）分区管理。如关闭某些地域的活动场所、禁止在某些区域或某些时间段内从事某些活动。

（3）限制利用量。如限制停留时间、限制团体规模、限制游客数量、禁止野营。

（4）限制活动。如禁止超出道路和游径的旅行、禁止营火晚会、禁止乱扔废物、禁止游客纵容马匹啃食植物等。

5. 教育引导方法。

（1）加强环保宣传。政府环境部门、社会环保组织、旅游管理部门应加强环境保护问题重要性的宣传，提高公众的环保意识；要大力宣传旅游与生态环境保护之间的互惠互利的关系，使公众认识保护生态环境是旅游业可持续发展的前提；要大力宣传旅游活动可能会给环境造成的损害，尤其应让公众认识游客不文明旅游行为对旅游环境、景观的污染和破坏；政府部门应经常性地向旅游者、旅游地居民公布环境质量信息及污染对健康、经济、环境的损害。通过种种措施使社会大众对旅游与环境的关系问题有正确的认识。这是一项最为基础性的工作，需要长期不懈地进行。旅游行政管理部门应负起重要的责任。

（2）增加环保旅游项目。旅游景区在旅游活动项目的安排中应有意识地增加与环境、景观保护有关的内容，使游客在生动有趣的活动中获得相关知识。国外许多生态旅游地在游客进入景区中心部位之前，总是先通过种种形象生动的手段如展览、讲解培训等，对游客进行生态知识、游览规范等的教育和引导，旨在唤醒游客的生态责任意识。通过种种措施和手段在旅游景区内造就一种保护景观及周边环境、遵守游览规范的良好氛围，使游客时时意识到旅游景区对其文明行为的期待，从而能够约束自己的不文明旅游行为。

（3）对游客进行事前教育。向游客介绍活动类型、开放时间、场所。对于"盲目"的游客而言，有必要让他了解其责任。对于那些来自不同文化背景的游客，更有必要让他少犯错误，以减少投诉和对立。比如，向他介绍景区内应注意的事项（特别是不准做的事情），环保政策；当地的习俗，社会行为规范，宗教场所的行为规范，当地的小费习惯，在景区商店是否可以讨价还价，摄影时应遵守的礼貌及其他与当地社会习俗和价值观等有关的问题。景区管理者要将这些信息及时传递给旅游者。事前教育可采用情况介绍、报告宣传材料、利用交通工具上的视听设备等方法进行。

（4）加强对旅游景区内居民的环保教育。引导居民积极参加景区环保活动，充分发挥其示范与监督作用。武夷山风景区成立了由大量景区居民参加的"风景旅游资源保护协会"，在保护资源环境、发挥示范作用方面取得了很好的成效。张家界国家森林公园附近的居民在这一点上也表现得很出色。他们总会在游客进入森林公园前提醒游客不要抽烟、用火，以防止森林火灾，景区内居民在环境、景观保护方面所发挥的示范作用和监督作用，可有效地预防一些游客不文明旅游行为的发生，很有利于景区环境、景观的保护。

（5）加强旅游者的旅游法规教育。围绕旅游合同开展各种宣传教育活动，让旅游合同成为投诉和处理旅游投诉的共同标准。每年在一固定的时间，在公共场合宣传介绍旅游质量监督管理所的行政职能，公布投诉电话，定期向媒体公布质检所处理投诉的信息，着重宣传旅游者消费者投诉处理的流程，增加投诉处理的透明度。

（6）建立旅游信息中心。游客中心不但可以展示景区景观，提供相关的旅游信息，出售导游手册和相关书籍，而且会成为游客教育中心，成为利用播放声像资料让游人获得相关知识的中心。

（7）编制旅游指南或手册。要色彩鲜艳，夺人眼目，生动有趣，有吸引力。要通过各种途径免费散发给游人，在游客购票时效果最好，虽然景区增加了一点费用，但可以达到宣传效果，更让他们感觉到景区管理者对游客的一份关怀。

任务2　领会旅游景区经营行为与开发管理

一、旅游景区开发和保护的关系

（一）景区保护与开发概述

旅游景区吸引力由两部分组成：景观吸引力（有形吸引力）（景观包括自然和人文旅游资源、景区建筑及附属设施）、情感吸引力（无形吸引力）（景区所提供的优质可感知服务）。景观吸引力是情感吸引力的基础，没有景观吸引力，情感吸引力就犹如无水之木、无本之源。情感吸引力在一定范围内可以弥补景观吸引力的缺陷。两者互为一体，缺一不可。因此，对自然和人文旅游资源的保护是景区存在的前提，如果失去这些资源，景区也将被竞争激烈的旅游市场淘汰。景区资源的保护即需要国家法律、法规的保障，还需要大量的人力、物力、财力作保障，而我国大多数景区自身财力不足以支撑保护的成本需求，又难以从国家有关部门获得资助，只能通过景区开发获得保护所需的资金等。景区开发则会导致资源的进一步破坏，使保护工作更迫切，更艰难。景区开发与保护成为景区发展的瓶颈问题。

由于有些景区掠夺性的开发，对旅游资源造成了破坏。在环保意识不断增强的今天，人们对此种现象极为不满，以至于当谈及旅游景区的开发与保护时，产生了一种开发与保护是矛与盾的关系。实则不然，没有合理的开发，就没有有效的保护，而有效的保护是永续开发的基础。目前所存在的关键问题是缺乏对各种开发行为有效的监督机制。在实践中，要正确处理好旅游发展中开发与保护的主次关系问题。首先，在旅游发展的起步阶段，应以开发为主，开发要一步到位。传统的"以旅游养旅游"观念有值得商榷的地方。旅游地（旅游产品）有其起步、发展、成熟、衰落的发展过程。这样，按传统的"以旅游养旅游"的观点，则前一期开发回收投资再进行新一轮开发投资后，已开发的旅游产品（旅游地）已经呈现出"老态"，资源也已受到不同程度的破坏；新的投资开发也还只停留在局部，未能形成"大气候"。其次，保护是为了更好地开发和发展，不可再生性决定了当开发条件不具备或不充分时，应主要突出旅游资源的保护。保护好旅游资源是可持续旅游发展的重要保证。在技术、资金条件不成熟或尚未规划之前，切忌对旅游资源的盲目、无序、掠夺式开发。最后，旅游资源发展过程，开发与保护应并重。既然保护不是暂时的，而是贯穿于整个旅游资源发展过程，那么，从可持续发展角度看，旅游发展中应贯彻开发与保护并重的原则，以促进旅游资源的持续利用与可持续发展。

(二) 不同类型景区开发与保护的关系

本章所讨论的景区包括各种类型的旅游景区，范围涉及国家、省、市级风景名胜区，各级各类自然保护区、地质公园、世界遗产、历史遗迹、主题公园等。根据资源本身的稀缺性、科学价值、历史价值等将景区分为两大类：重点旅游景区和一般旅游景区。重点旅游景区包括国家级、省级风景名胜区，国家级、省级自然保护区，地质公园，国家级、省级文物保护单位，世界遗产；一般旅游景区指其他的各种类型的旅游景区。

1. 重点旅游景区的保护与开发。风景名胜区、自然保护区、地质公园和文物保护单位内存在的资源，是特殊的自然或文化遗产资源，具有独一无二性和非人工再造性。这是其他许多自然资源不具有的特征，其价值依赖于完整性、真实性和特殊性。重点旅游景区内的旅游资源的价值特点决定了它们是保护性资源而不是开发性资源，对这些资源的利用必须置于"保护第一"的原则下。

重点旅游景区的目标是为公民及后代的利益而保护，为公民提供教育和享用的机会，追求的是全社会及后代利益的最大化和代际的公平。世界遗产的管理目标还有为国际社会"保存好其境内存在的属于全人类的那部分世界遗产"。从其目标可以看出，这些景区的愿景是为公民提供非营利性的文化产品，而不是获取经济利益。"保护资源"则是实现愿景的前提和基础。从这个角度看，"顾客就是上帝"并不完全适用。

对重点旅游景区开发中涉及的某个具体项目（如在喀纳斯风景旅游区经营游艇服务业务）、饮食、纪念品销售等服务性行业可实行有限的"项目特许经营"。有限是指其经营活动必须在旅游区整体规划的框架内进行具体的活动，不得私自更改或扩大经营范围，随意降低环境标准和服务标准等。为保证"项目特许经营"按照规划进行，景区管理部门必须制定完善的监督机制，定期对各经营项目进行检查。

2. 一般旅游景区的保护和开发。一般旅游景区的旅游资源也具有一定的价值，是区域性旅游市场的支撑点，充分满足了当地旅游者的需求，与重点旅游景区相互补充，组成了有梯度的旅游供给市场。一般旅游景区数量多、规模不等，均属于开发性旅游资源。景区开发、发展依赖于市场，而不是国家投资。因此，一般旅游景区是以追求经济利益最大化为目标，通过完全的市场化运作，以市场为导向，开发旅游项目和产品，完全按照市场化的方式进行运营。

一般旅游景区也必须注重对旅游景区资源的保护。旅游产品市场非常强调"特色"，只有有"特色"的旅游产品才能得到消费者的认同。景区形成、发展自身的特色必须以资源为基础，强调"人无我有，人有我优"，以此实现景区的可持续发展。

二、旅游景区经营者类型与行为分析

（一）旅游景区经营者类型

一定规模的旅游景区（其空间范围是指经土地主管部门批准的可使用的面积）为了满足旅游者的需求，除了提供观赏对象外，还要为旅游者提供基本的餐饮服务、景区内交通服务、纪念品销售服务以及其他的诸如通信服务等。规模较大的景区还需要为游客提供住宿服务。景区经营者就是指以旅游者为服务对象，在旅游景区开展服务活动以获取经营收入的经营者。

根据其提供服务种类的不同，景区经营者分为以下类型：

1. 餐饮服务类。为游客提供不同类型的卫生的食物，经营规模可大可小。

2. 纪念品销售服务类。向旅游者提供带有景区标志的有纪念意义的产品，这些产品能满足旅游者的炫耀心理。

3. 景区交通服务类。面积较大的景区各景点之间距离较远，或景点之间存在大的交通障碍，致使旅游者在有限的时间内难以游览所有的景点。因此，景区必须提供相应的交通服务，使旅游者在景区内畅行无阻。这种服务可采取外包的方式进行。

4. 其他。通信、银行、住宿等服务均包含在此类型中。

（二）旅游景区经营者行为分析

旅游景区经营者的服务对象是到旅游区游览的消费者，目标市场确定。这个市场具有自身的特点，因而，为其提供服务的景区经营者的行为也有其独特性。

1. 景区经营者的行为具有"双高"的特点。所谓"双高"是指景区经营成本高、服务价格高。风景区是一种特殊的土地利用方式，景区土地上的一草一木都吸引着旅游者，因此，景区的每一寸土地都具有很高的使用价值，经营者为经营地点也要支付更高的地租成本。另外，大多数旅游景区离中心城镇有一定距离，使得景区经营者又要支付运输成本，较高的地租成本和较多的运输成本使景区经营者的总成本较高。而较高的总成本必然使商品和服务的价格较高。

2. 经营活动有波动性。由于旅游资源的特性和气候对旅游活动的影响，使旅游者的旅行具有很强的季节性。旅游者活动时间上的集中性使得旅游业也随着季节的变化而波动，经营者的经营活动也就具有了时间上的波动性，即经营者的收入主要来源于有限的几个月的经营活动中，而在旅游淡季，经营者则只能选择闭门歇业。

3. 景区经营者提供的服务具有较高的溢价价格。景区经营者提供的服务除了满足旅游者的生理需求外，更主要的是满足旅游者的心理需求。例如，每一位到新疆天池风景名胜区旅游的游客都要品尝特色的食品，购买旅游纪念品，留下更多美好的回忆。此时的食品、纪念品更重要的不是它们的有形使用价值，而是蕴涵在有形形态中的无形的满足旅游者炫耀心理的无形意义。因此，景区经营者所提供的服务产品具有较高的溢价价格。

三、旅游景区经营行为管理

旅游景区经营者的日常管理工作由旅游景区管理委员会在相关的政策、法规及主管部门的指导下进行。

各省、市、自治区都在国家旅游局的指导下，制定了相关的法规，对景区经营者的经营行为进行了严格的规定。主要内容包括以下几个方面：

1. 旅游经营者必须遵守自愿、平等、公平、诚信的原则和公认的商业道德。旅游经营者的合法权益受到法律保护。

2. 旅游经营者应当完善内部管理制度，加强对从业人员的法制教育、职业道德教育和职业技能培训，不断改进和提高服务质量。旅游经营者应当接受旅游主管部门和有关管理部门的监督和管理。

3. 旅游经营者有权拒绝违反法律、法规规定的收费和摊派。

4. 旅游经营者及其从业人员不能侵害旅游者合法权益，不能有以下行为：

（1）不履行或者不完全履行与旅游者的合同或者约定。

（2）不按照国家标准、行业标准或者本自治区规定的标准提供服务。

（3）对服务范围、内容、标准等做虚假的、引人误解的宣传。

（4）超出登记标准范围的经营。

（5）出售假冒伪劣商品。

（6）欺骗、胁迫旅游者购买商品或者强迫旅游者接受某项服务。

（7）其他侵害旅游者合法权益的行为。

5. 旅游经营者应当公开服务项目和收费标准，实行明码标价。属于政府指导价、政府定价的服务项目收费，必须按照物价主管部门规定的项目标准收费，不得擅自变更收费项目和收费标准，不得低于成本价竞销。

旅游经营者应当对其从业人员进行旅游业务培训和职业道德教育。

四、旅游景区旅游资源管理的原则和方法

（一）旅游景区旅游资源管理的原则

1. 持久原则。景区旅游资源是景区吸引力的基本组成都分，如果旅游资源被破坏，景区就失去了存在基础。因此，对资源进行管理贯穿于旅游景区管理的全过程，是旅游景区长久持续性的工作。

2. 合理利用原则。许多自然旅游资源都有其固有的生命规律，在利用这些资源的过程中，应遵循这些规律。如在新疆的中低山带有许多的短命植物，其开花期大约为 10～15 天，每年的 5 月下旬至 6 月初，五颜六色的鲜花盖满整个山坡，吸引了许多旅游者到此郊游，由于游人过多，超过了植物的承载力，破坏了它们的生长周期，3～4 年后，当初的盛景已不复存在。这样的景区经过 2 年的封育即可恢复。人文旅游资源也存在合理利用的问题，尤其是许多文物古迹，旅客量超载将使景区的空气质量发生变化，热量条件也会发生变化，这些都会导致文物古迹受损。

（二）旅游景区旅游资源管理的方法

1. 行政方法。行政方法是指依靠行政机构和领导的权力，管理对象产生影响的方法。

2. 环境审计法。环境审计法是一种系统的、定期的和客观的对景区旅游资源的运行过程及其旅游产品的环境管理业绩进行综合评价的工具，为景区发展提供有效的评估手段。有效的环境审计可以达到以下效果：维护资源的可持续性；提高管理水平和竞争能力；降低环境风险；发现资源管理中的不足和缺陷。环境审计的步骤有：确定审计范围；设计审计方案和实施进度表；确认审计标准是否符合国家的法律法规和政策；实地调查；撰写审计报告。

3. 定期检查法。此方法是指根据景区资源管理的年度工作计划，以景区制定的资源标准为依据进行周期性的检查，以确保及时发现管理中的问题，并提出解决方案。

4. 不定期检查法。此方法主要是针对旅游业的季节性而采取的。由于旅游活动在时间上的集中性，使得其对环境和资源的使用强度具有季节波动性，在旺季使用强度较大容易对资源造成破坏，因此，在此时应加大检查的密度，以保证资源安全。

五、旅游景区旅游资源开发管理

（一）项目开发程序

旅游景区的项目开发分为两个大的阶段：前期开发阶段和后期管理阶段。前期开发阶段又包括五个步骤：拟订项目建议书；资源和投资调查；可行性论证和决策；项目规划；项目建设。

项目建议书是指按规定由政府部门、企事业单位或新组成的项目法人，根据经济和社会发展的长期规划、产业政策、地区规划、经济建设方针、技术经济政策和建设任务，结合资源情况、建设布局等条件和要求，经过初步的调查、预测和分析，向计划部门、主管部门或本地区有关部门提出的建设性文件。任何项目的建设都必须在项目建议书得到批准的前提下

进行。项目建议书的内容主要包括建设该项目的必要性和依据、拟建景点（或景区）的内容和规模、拟订利用的资源和其他相关设施供应的可能性和可靠性、投资估算和融资渠道、项目建设的进程安排、三大效益（经济效益、社会效益、环境效益）初步评估。

资源和投资调查分为两部分。资源调查指，以国家质量技术监督局公布的旅游资源普查规范为依据，对可直接利用的旅游资源进行调查，以及对与项目有关的环境和条件的调查。投资调查又可分为宏观调查和微观调查。宏观调查主要指对社会经济环境、产业基础、项目所在地的经济实力、开放程度等的调查。微观方面指对旅客接待量、景点分布状态、客源市场的调查及预测。

可行性论证包括进一步弄清项目的规模、选址、工艺设备、组织机构建设、技术经济评估，以判断工作是否要继续进行，最后做出最优决策。

项目规划包括总体要求、布局设计、效益分析、规划设计图样。

项目建设主要指景点景区施工建设的过程，具体的施工一般通过招投标确定施工单位。专业技术方面的监控由监理公司负责。行政部门和投资部门的工作是进行资金运筹、投资控制、竣工决算审计等。

（二）开发过程控制

项目开发过程控制可分为内部控制和外部控制。前者是指项目建设方在建设过程中，依据合同，对项目的监管，如设立质检部，实施同时监督等。外部控制是指委托方聘监理公司全程负责对建设方的事中监督，以及在建设完成后，由政府部门对工程的验收等。

任务3 熟悉旅游景区营销管理

一、景区营销调研的内容、步骤和方法

旅游景区市场调研是运用科学的方法和手段，有目的地针对旅游景区市场需求的数量、结构特征等信息以及变化趋势所进行的调查与研究。

（一）景区营销调研的内容

1. 景区营销环境的调研。旅游景区市场营销环境主要是指旅游景区不可控制的宏观环境，包括政治环境，即政府有关方针政策、有关法令及政局的情况；经济环境，即人口、国内生产总值、旅游者收入及消费水平、物价水平、通货膨胀情况、能源和资源特别是旅游资源情况；科学技术环境，即先进的科学技术对旅游业的促进；社会文化环境，即教育文化水平、职业习惯、宗教信仰、民族分布、家庭状况等。

2. 景区市场需求的调研。需求调研是景区营销调研的核心部分。旅游市场需求调研主要对旅游需求进行量的分析，以及旅游者对旅游景区产品品种、价格的要求及旅游者爱好、习惯和需求结构变化等。

3. 旅游者消费行为的调研。对旅游者消费行为的调研就是了解购买旅游景区产品的旅游者的类型、特点、购买习惯和动机，以及对竞争产品的态度等。

4. 景区营销组合因素的调研。

（1）景区产品调研。旅游景区产品调研主要涉及旅游者对旅游景区路线、交通、住宿和导游等旅游景区产品的评价。旅游景区路线设计、旅游景区新产品的开发及老产品的淘汰，旅游商品的牌号、形象设计是否易于记忆、引人联想等。

（2）景区价格调研。了解旅游者对旅游景区产品价格变动的反应及其心理价位，了解旅游批发与零售价格、团体优待价格的确定，掌握旅游景区竞争者的定价策略与定价方法。

（3）景区产品销售渠道调研。旅游景区产品销售渠道调研主要包括各国、各地旅行社的销售额、潜在销售量、利润、资金的使用情况、经营能力、所在地区的市场占有率以及各国、各地旅游者对旅行社和驻外办事处的印象等情况。

（4）景区产品促销调研。旅游景区产品促销调研是了解旅游景区如何选择广告媒体、进行广告设计才能使广告更能引起旅游者的兴趣、竞争者的促销策略等。

（二）景区营销调研的步骤

1. 明确问题和调查目标。明确问题和调查目标是市场调研的重要前提。正式调查行动之前，必须弄清楚为什么调查、调查什么问题，解决什么问题，然后确立调查目标、调查对象、调研内容及调查方法。

2. 制订调研计划。调研计划包括调查方案设计、组织机构设置、时间安排、费用预算等。

调查方案内容包括调查目的要求、调查对象、调查内容、调查地点和调查范围、调查提纲、调查时间、资料来源、调查方法、调查手段、抽样方案，以及提交报告的形式。资料收集应确定是收集第二手资料还是第一手资料，还是两者兼顾。

机构的设置包括调研活动负责部门或人员的选择与配置、调研活动的主体选择是利用外部市场调研机构还是由本单位进行调研。调研活动的人员选择和配置是旅游景区市场调研活动成败的关键。

3. 收集信息。该阶段的主要任务是系统地收集各种资料，包括一手资料与二手资料。

二手资料是指为其他目的已收集到的信息。其主要来源包括：内部来源，包括旅游景区盈亏表、资产负债表、旅游统计资料、旅游预测报告等；政府出版物，包括政府的公开调查统计报告、年鉴、研究报告；期刊和书籍，各种有关的书刊，特别与开展业务关系密切的书刊；商业性资料。

获取二手资料的优点是收集成本低并可以立即使用，但二手资料可能过时、不准确、不完整或不可靠。

一手资料又称原始资料或实地调查资料，是调查者为实现旅游景区市场营销调研目的而专门收集的原始信息资料：一手资料的主要来源是旅游者，其次是中间商和旅游景区内部资料信息。收集一手资料的一般调查方法有四种：观察、专题讨论、问卷调查和实验。一手资料的特点是有目的性，时效大，特别适宜于分析变动频繁的、敏感性的要素。缺点是耗费时间长、花费太高。

4. 分析信息。信息分析主要有两种方法：一是统计分析方法，常用的是计算综合指标（绝对数、相对数以及平均数）、时间数列分析、指数分析、相关和回归分析、因素分析等；二是模型分析法，模型是专门设计出来表达现实中真实的系统或过程的一组相互联系的变量及其关系。分析模型主要包括描述性模型和决策性模型。

5. 提出报告。调研报告的编写力求观点正确、材料典型、中心明确。重点突出，结构合理，它一般包括以下四个方面的内容。

（1）前言。说明本次市场调研应回答的问题、调研目标、调研方法、调研对象、调研时间、调研地点以及调研人员的情况。

（2）正文。调研报告的主体，应包括对调研问题的研究结果及其分析，解释及其回答。

（3）结尾。可以提出建议，总结全文，指出本次活动的不足，以及对决策的作用。

（4）附录。包括附表、附图等补充内容。

（三）景区营销调研的方法

1. 观察法。通过观察要调查的对象与背景可以收集到最新资料。例如，调查员到景点、旅行社、饭店听取或试探性地观察其他游客对旅游景区的评价。

2. 专题讨论法。专题讨论是邀请 6 ~ 10 人，在一个有经验的主持人引导下、用几个小时讨论一种旅游景区产品、一项服务或设施等市场调查问题。

专题讨论法是设计大规模问卷调查前的一个有用的试探性步骤，它可以了解到旅游者的感受、态度和满意程度，这对更正规地进行调查有所帮助。但由于样本规模太小，也不是随机抽样，调查人员应避免将专题讨论参与者的感觉推广到整个市场。

3. 问卷调查法。旅游景区采用问卷调查法是为了了解人们对旅游景区的认识、看法、喜好、满意度等，以便从总体上衡量这些量值。

4. 实验法。实验法是最科学的调查方法，但由于旅游景区研究环境的复杂性，研究人员往往难以控制各种外部因素和变量，因而很少被使用。

二、旅游景区销售渠道策略

（一）景区销售渠道的概念和作用

销售渠道是指产品或劳务从生产者向消费者转移所经过的路线。在商品经济中，产品价值的实现是通过交换过程进行的。这一交换过程至少有一个以上的购销环节，它们在专门为购销服务的组织和个人的管理运作下，形成一个相互衔接的购销系统，这一系统便是销售渠道。从这个意义上说，销售渠道的实体是购销环节及专门为购销服务的一系列组织和个人，美国著名学者菲利普·科特勒也认为：“销售渠道是使产品或服务能被使用或消费而配合起来的一系列独立组织的集合”。

由此可知，旅游景区的产品分销渠道具有以下特点：第一，旅游景区产品分销渠道是由参与景区产品流通过程的各种类型的机构（如旅行社等）组成的。通过这种机构网络，旅游景区产品才能够上市流通销售，从而实现商品价值；第二，每一条旅游景区产品分销渠道的起点是景区服务人员，终点是使用景区产品的消费者；第三，在景区产品从服务人员流向最终消费者的过程中，最少要转移景区服务商品所有权一次。

选择和建立合适的产品分销渠道，对旅游景区具有积极的意义。

1. 降低景区经营成本。良好的销售渠道可以以更高的效率将旅游景区产品提供给目标市场。在这个过程中，渠道中间商可以利用业务往来关系、经验、专长和经营规模，为景区产品销售打开市场，并降低景区产品的销售成本。

2. 组装景区产品。很多专家认为，旅游景区并不能直接提供给旅游者在旅游过程中所需要的一切产品，只有通过旅游销售渠道才能将食、住、行、游、娱、购等旅游产品有机组合，形成以景区产品为核心的包价旅游产品。

3. 将潜在旅游需求转化为现实旅游消费。旅游中间商在旅游景区市场开拓过程中起着重要作用，特别是旅游批发商依靠广告、宣传、咨询服务和各类促销活动来激发旅游消费者的购买欲望，将潜在旅游需求转化为现实旅游消费，实现了旅游景区的产品价值。

4. 接受信息反馈，改进服务。旅游中间商可以直接与旅游者接触，掌握旅游者的需求和想法，还可以针对旅游景区的产品销售状况进行调查研究，提供信息，帮助旅游景区管理者对客源市场的变化及时作出反应，帮助旅游景区不断改进产品质量以适应旅游者的需求。

（二）景区销售渠道的主要形式

一般而言，旅游景区销售渠道的主要形式有以下四类。

1. 旅游批发商。旅游景区的旅游批发商通常提供住宿、交通运输、就餐和娱乐等内容。他们可以通过推销人员，使旅游景区能以较小的成本开支接近许多游客，有时可以为旅游景区提供财务援助，如提早预订、按时付款等。由于旅游批发商拥有强大的市场资源，因此在某种程度上，他们可以分散旅游景区的若干经营风险，并且可以向旅游景区和旅游者传递各种活动、新产品、价格变化等方面的情报，从而帮助旅游景区改进其经营活动。

2. 旅游零售商。旅游零售商是直接面向广大公众，向公众零售旅游景区产品的中间商，一般以旅行社为代表。

3. 政府旅游协会或行业协会。政府旅游协会或行业协会的作用主要在于向市场提供信息，在全国或更大范围内促进旅游旅游景区的发展。

4. 预订系统。预订系统可以分为两种：一种是全球分销系统；另一种是互联网。这两种都是新兴的、高效的分销渠道，经营成本较低，可以为旅游景区进入新兴市场提供更多的信息和渠道。

（三）影响景区销售渠道选择的因素

通常情况下，影响旅游景区销售渠道选择的因素主要有以下六类：

1. 市场因素。一般来说，市场规模越大，游客数量越多，旅游景区就越有必要开辟销售网点，采用较长的销售渠道，借助中间商的力量扩大销售。反之，宜采用较短的销售渠道或直接销售渠道，以降低成本。如果景区域潜在游客分布比较集中，一般适合直接利用当地旅游零售商的力量，建立一层次销售渠道，而不必借助旅游批发商参与；反之，宜由旅游批发商组织旅游零售商进行销售。如果旅游客源市场距旅游景区较远，如远程客源市场，则宜采用间接销售渠道；反之，宜采用直接销售渠道。

2. 产品因素。旅游景区资源的垄断程度、特色、对旅游者的吸引力等都会对旅游景区营销者在渠道设计上产生较大影响。

3. 景区自身经营规模和实力。如果旅游景区企业资金充足、实力雄厚、旅游人数数量大，宜采用间接销售渠道为主；而实力较弱的旅游景区企业因其销售量有限，多采用短渠道销售。

4. 中间商因素。中间商的实力大小、经营目标、营业状况、偿付能力和信誉程度以及是否对本旅游景区产品的销售感兴趣、是否有经验、有无合作意愿等这些因素是销售渠道选择成败的关键。

5. 竞争者因素。如果旅游景区想避免直接的市场竞争，应尽量避免采用与竞争对手相同的销售渠道策略。如果对方实力一般、旅游景区有足够的实力，则可以采用适合自身情况的销售渠道，不必考虑竞争对手的销售渠道策略。

6. 环境因素。旅游景区外部环境的变化，包括政治和经济环境、与景区相关的行业环境（如旅行社业、旅游交通运输业）等变化，这些都会影响到旅游景区销售渠道的选择。

（四）景区销售渠道的选择策略

由于旅游市场、旅游景区、旅游中间商以及旅游消费者等多种因素的影响，旅游景区产品销售渠道形成了多种状态，即使是同一种旅游产品，也可能通过不同的销售渠道进行销售。因此，旅游景区管理者必须了解销售渠道的各种类型，以便选择销售渠道。

1. 直接渠道和间接渠道。

（1）直接销售渠道。直接销售渠道是旅游者不经任何中间环节，直接购买旅游景区产品。直接销售渠道部分原因是旅游景区产品的不可转移性所决定的，优点是能够更好地控制旅游景区产品的数量与质量，能够向旅游者提供真正的个性化服务，能够使旅游景区产品出现差异化，在竞争中获得某些优势、及时直接获取旅游者反馈的意见、需求信息，能对旅游产品生产者提供最及时的信息，但存在着直接销售成本高，旅游景区市场难以进一步扩大的缺陷。

（2）间接销售渠道。简单的直接销售远远不能适应市场多样化的需求，旅游景区要想进一步扩大市场，降低营销成本，必须借助中间商的力量销售旅游景区产品。旅游者与旅游景区之间就可以通过中间商这一销售渠道进行沟通，一方面为旅游者提供更良好的服务，同时也为旅游景区的经营活动提供便利。

按照中间环节多少，景区产品的间接销售渠道可分为以下四种类型：

1）旅游景区—旅游零售商—旅游者。这种类型是目前中国普遍的经营模式。

2）旅游景区—旅游批发商—旅游零售商—旅游者。在中国旅游业中，这种销售渠道应用十分普遍，特别是大型旅行社普遍采用这种方式进行销售，尤其是在出境旅游方面，由于大型旅游企业拥有组团资格或特许经营权，因此销售出国旅游线路大都采用这一方式。

3）旅游景区—旅游总代理—旅游批发商—旅游零售商—旅游者。这种类型中又增加了旅游总代理这一中间环节，目前中国大部分国际旅游（入境旅游）主要采用这种方式进行。这种销售渠道类型由于中间层次数较多，不需要旅游景区经营管理者花费过多精力，因而具有独特性。当旅游景区经营管理单位在较大市场或新地区开辟旅游市场，由于自身缺乏足够的实力，往往采用这一方式。

4）综合销售渠道或网络，又可称为网络销售渠道。实际上是上述各种销售渠道方式的综合，各旅游企业通过分工和合作，形成系统性的网络化销售渠道，使旅游景区产品和服务能够有效地转移到旅游者手中。

总之，旅游景区产品属于消费面广的旅游消费品，如果采用直接销售渠道，必定要花费景区较多的人力、物力和财力，增加管理难度。除少数有条件、有实力的景区自行组建销售网外，大多数旅游景区一般都选择间接销售渠道进行销售。

2. 长渠道与短渠道。根据间接销售渠道中介人中间商层次的多少，旅游景区产品销售渠道可以分为长渠道与短渠道。景区产品销售渠道较短，旅游景区自身承担的销售任务就多，依旧能够较有力的控制销售渠道和进行价格、服务、宣传等方面的管理。旅游景区产品的销售渠道较长，旅游销售工作就主要由旅游批发商和旅游零售商来完成，旅游景区对产品销售渠道的控制就较为困难。

3. 宽渠道与窄渠道。根据一个时期内旅游产品销售网点的多少、分配的合理程度以及销售数量的多少，旅游景区产品分销渠道可以分为宽渠道与窄渠道。在具体的渠道选择对象上，通常有三种销售渠道策略可供旅游景区选择。

（1）广泛性销售渠道策略，又称密集性销售渠道策略。通过旅游批发商把旅游景区产品广泛分散到各个旅游零售商，以便及时满足旅游者需求的一种销售策略。采用这种策略，旅游景区要负担较多的广告费和促销费。

（2）独家经营销售渠道策略。旅游景区经营者在某一地区只选择一家中间商在其地域内销售旅游景区产品的权利，双方通过协商签订独家经销合同，规定经销商不得经营竞争者的产品，以便控制经销商的业务经营，调动其经营积极性，占领市场。这种情况一般只在同一地区进行恶性竞争的旅游景区中才会出现。

（3）选择性销售渠道策略。选择性销售渠道策略是旅游景区经营者有选择地确定一部分中间商经营推销自己的旅游景区产品。采用这种策略，由于旅游中间商较少，有利于旅游景区与旅游中间商之间相互配合、协作，同时也能使旅游景区降低销售费用和提高控制能力。这种策略适用性较广，旅游景区大都使用这种策略。

三、旅游景区促销策略

（一）旅游景区促销的作用

旅游景区促销就是通过一系列的活动，将旅游景区所能提供的产品和服务的有关部门信息，传递给潜在旅游者、影响乃至说服他们购买旅游景区产品。一般来说，它有以下四个作用。

1. 提供景区产品信息。旅游景区通过各种渠道向潜在消费者提供产品和服务信息，能够让他们及时了解旅游景区的经营发展情况，引起公众的消费兴趣、激发其消费欲望并形成旅游动机。

2. 增加旅游消费需求。旅游景区向中间商和消费者介绍商品，不仅可以诱导需求，有时候还能够创造需求、增加需求。当某一种景区产品的销量下降时，通过适当的促销活动，可以促使需求得到某种程度的恢复。

3. 突出景区产品特点。在市场上同类商品竞争比较激烈的情况下，许多旅游景区产品只有细微的差别，这些差别消费者往往不易察觉。这时旅游景区可以采取促销活动，宣传自己产品区别于竞争产品的特点，将自己产品特点的信息传递给旅游消费者，使旅游消费者能够充分地认识到该景区产品带给他们的特殊利益。

4. 稳定景区产品销售。由于受季节性、市场竞争等因素的影响，旅游景区产品销售容易产生波动，这是市场地位不稳定的反应。有利的宣传促销活动能够及时化解不利因素的影响，稳定景区产品的销售情况。

（二） 旅游景区促销组合

旅游景区促销组合是指旅游景区为了达到一定的销售指标和促进销售的目的，将各种促销工具如广告、公共关系、销售促进、人员推销等基本促销方式组合为一个策略系统，使旅游景区的全部促销活动互相配合、协调一致，最大限度地发挥整体效果，从而顺利实现促销目标。旅游景区促销一般可分为两大类，即人员推销与非人员推销，其中非人员促销又包括广告、公共关系、销售促进等三个要素。

1. 人员推销。人员推销是指推销员与旅游者（或潜在旅游者）直接交流，促成旅游者购买旅游景区产品。人员推销成功率高，但费用大。人员推销有三种基本形式。

（1）上门推销。上门推销是由旅游景区推销人员携带旅游景区产品的宣传工具推销旅游景区产品的形式，在旅游景区营销过程中一般较少采用这种形式。

（2）柜台推销，也称门市推销。柜台推销是指旅游景区在适当地点设置固定的门市，通过门市推销旅游景区产品。

（3）会议推销。会议推销是指旅游景区利用各种会议向与会人员宣传和介绍旅游景区旅游产品的一种推销方式。

2. 非人员推销。

（1）广告。广告是指旅游景区经营者有计划地通过各种大众传播媒体，以支付费用的方式将有关旅游景区产品的信息传送给目标市场，从而起到促进销售作用的一种非人员推销和大众传递手段。广告的形式很多，如电视、电台、报刊、杂志、网络广告等大众媒体广告，还有户外宣传广告、宣传品广告、店内指南、邮寄品广告、招贴画等。

（2）公共关系。公共关系是指旅游景区为取得社会、公众的信赖和了解，扩大旅游景区知名度、提高旅游景区美誉度，树立良好的旅游景区形象而促进旅游景区产品销售的活动过程。

（3）销售促进。销售促进也称营业推广，是旅游景区为刺激旅游者或中间商较迅速地购买旅游景区产品和服务的各种短期的非经常性的营销活动。其目的在于短期内迅速刺激和扩大需求，取得立竿见影的效果。

（三） 广告促销策略

广告能把有关旅游景区的旅游信息、资料提供给旅游者，便于旅游者了解旅游景区的各种旅游产品、旅游线路并购买旅游景区产品。通过广告，使潜在旅游者了解旅游产品的特点，提高他们的购买兴趣和欲望，树立旅游景区良好的形象，促进竞争，开拓市场，增加销售。

旅游景区在选取广告媒体时，一般要考虑旅游者的媒体习惯、广告成本的高低、媒体影响力的大小、市场范围等几个因素。

1. 广告制作原则。

（1）选择目标市场。明确旅游景区所要宣传的产品是向哪些人推销，老年人还是年轻人，国内游客还是国外游客等。

（2）确定一个主题。旅游景区广告的目的是要说服游客购买本旅游景区产品，广告主题要浓缩成一句能够打动游客的口号，激发游客到旅游景区旅游的动机。

（3）提供销售信息。要提供有关到旅游景区游览的一系列有关线路、交通、旅游价格等信息，便于旅游者购买旅游景区产品。

（4）广告内容要真实并便于识记。广告识记是提高广告记忆效果的必要条件和前提。

（5）考虑不同的广告媒体。印刷广告文字要少而精，要生动有趣，画面要形象突出，富有地方特色；电视广告要发挥视觉感染力，画面变化不要太快，用词要少；广播广告要选择能让他人产生联想画面的字句，避免难读、难辨的词。

（6）多管齐下。在财力允许的情况下，最好选择多种媒体，在各个方面互相加强。电视中播放，广告牌上出现，广播里传出，一个人受到多次不同形式的刺激，容易引起心理上的购买欲望。

2. 广告的媒体决策。旅游景区经营者希望是通过广告宣传、与旅游者和潜在旅游者进行沟通，促进销售量增加，扩大销路和开拓新市场。旅游景区广告决策是旅游景区经营管理者为旅游景区的广告信息选择适当的载体和工具，它主要包括以下内容：广告信息的选择，决定预期的接触面、频次和影响，选样主要媒体类型，选择具体传播媒介，决定传播时间等。

（四）销售促进策略

销售促进是一种短期的、非经常性的营销活动，一般包括以下四种形式：

1. 对旅游者的销售促进活动。旅游景区针对旅游者开展销售促进活动，其目的是鼓励旅游者更多地购买旅游景区产品。在旅游景区营销实践中，用于旅游者的销售促进工具一般有门票优惠、部分免费、普遍免费和馈赠等。门票优惠就是旅游景区在一些特殊的时间段或者旅游景区举办特殊的活动时采取的让利销售的一种形式；部分免费包括了对旅游者中部分特殊群体免费和在部分旅游项目上实行免费；普遍免费一般出现在新开发的旅游景区，主要是为了尽快扩大旅游景区影响，迅速打开市场而在一定时间段对所有旅游者实行的免费措施，馈赠则是当旅游者购买旅游景区产品以后，旅游景区赠与一定价值的物品予以鼓励。

2. 针对中间商的销售促进活动。旅游景区针对中间商进行销售促进活动，其目的是吸引和鼓励旅行社在旅游淡季销售旅游景区产品，抵消竞争性的旅行社促销影响，建立中间商的品牌忠诚度。

旅游景区为了取得中间商的合作，一般会采取购买折让、广告宣传折让、推销费用报销等促进工具。购买折让是旅游景区给予中间商一定金额的折扣以鼓励中间商购买的方法，广告宣传折让是旅游景区针对中间商为旅游景区所做的宣传推广的费用补偿，以刺激中间商宣传旅游景区产品的积极性；推销费用是旅游景区对部分推销旅游景区产品业绩比较突出的中间商所给予的奖励。

3. 针对推销人员的销售促进活动。旅游景区针对推销人员进行销售促进活动，其目的是鼓励他们大力推销旅游景区产品。旅游景区一般对推销人员大多是采用销售提成方式，有些是通过举行销售竞赛对优胜者给予一定的物质或精神奖励，还有些则是为推销人员提供学习培训的机会作为对其业绩的奖励。

4. 旅游景区现场促销。旅游景区现场促销就是旅游景区为吸引旅游者而对旅游景区进行多种形式的装饰、布置或在现场组织一些活动，烘托旅游景区促销气氛、美化旅游景区形象，强化旅游者对旅游景区产品和服务的注意、促成购买行为的促销方式。一般主要从以下方面开展活动：对旅游景区建筑物或景物的装饰、布置，对旅游景区工作人员的着装或行为的包装设计，力求表现出统一的主题，形成统一的风格；在旅游景区举办各种节庆、竞赛等活动；在旅游景区开展一些增加旅游者游兴的活动等。

(五) 公共关系策略

旅游景区进行公共关系的主要目的有两个：一是在公众中建立旅游景区的形象，促进旅游景区的经营销售。旅游景区形象的树立不是一朝一夕能够完成的，旅游景区要持续、连贯和有计划地工作，从不同的侧面在游客中树立自己的完整形象。二是沟通内外信息，营造良好的公共关系环境和社会舆论环境，促进社会各界对旅游景区的了解、好感与合作。

旅游景区公共关系活动方式是指以一定的目标和任务为核心，将各种公共媒体和方法有机地结合起来，形成一套具有特定公关职能的工作方法系统，一般可分为五种公关活动方式。

1. 宣传性公关。宣传性公关是指旅游景区运用报纸、杂志、广播、电视等传播媒体，采用投写新闻稿、演讲稿、报告、广告等形式，举办记者招待会、展销会、信息发表会，或印发公关刊物、演示文摘等形式，向社会公众传播旅游景区有关信息。

2. 交际性公关。交际性公关是以人际交往为主，包括社团交际和个人交际，可采用招待会、座谈会、午餐会、宴会、茶会、专访、电话、信函等形式。

3. 服务性公关。服务性公关是以提供各种实惠性服务来取得公众的了解而树立和维护企业良好形象。

4. 社会性公关。社会性公关指通过赞助文化、教育、体育、卫生、慈善等事业，承担社会责任，积极参与各种社会活动，提高企业的知名度和美誉。

5. 征询性公关。征询性公关是以收集信息、舆论调查、民意调查为主的公关方式。例如，开办各种咨询业务、建立来信来访制度及相应接待机构、制作调查问卷收集顾客意见、建立消费者热线电话、接受和处理投诉，聘请兼职信息人员等。

任务4　认知旅游景区设施管理

一、旅游景区设施分类及要求

旅游景区设施分类及要求按照不同的分类标准，旅游景区设施可以划分为不同的类型，根据用途来划分，主要可以分为以下几种：

（一）基础设施：旅游景区的基础设施主要有交通道路、给排水及排污、电力及通信、绿化建筑等设施

1. 道路交通设施。在旅游景区内，如果将若干各具特色的景点比喻为珍珠，旅游线路便是穿引珍珠的丝绳。游览道路将各个小景区、景点连接起来，是一个沉默的向导。由此可见旅游景区内的道路的重要性。安全、快捷的交通工具也是游客在景区观光所关心的一个问题，它包括车行、水运、缆车、索道、乘骑、单轨列车（游览列车）以及一些路径等。

2. 给排水及排污设施。为保证游客在旅游景区内顺利开展旅游活动，水是不可缺少的重要条件。在景区内必须有足够的水源或蓄水工程设施，有完善的供排水干管系统设施，为保证不污染环境，还必须有污水处理设施及污物处理排放的工程设施。

3. 电力、通信设施。在旅游景区内，有一个能保证质量且安全可靠的供电、输电网，以及方便、快捷的通信设施，信号良好才能保证整个景区正常地为游客提供现代化的服务。

4. 绿化设施。在旅游景区内有一些绿化是为了满足功能的要求，或起到风景效应以及兼有风景效应的作用。这些既可观赏也可隐蔽、遮掩有碍景观的建筑，又可服务于景区的绿化，我们也把它看作旅游景区的基础设施之一。如道路两旁的绿化，景区内的草坪、花坛等。

5. 建筑设施。主要是指旅游景区内一些公用、服务建筑设施、观赏建筑设施，如宾馆饭店、商业服务中心、各种游览标志、停车场、公共厕所、滨海浴场更衣室、园林建筑、民俗建筑等。

（二）旅游接待服务设施

1. 住宿设施。包括各类星级宾馆饭店、疗养院、野营地、度假村、民居等类设施。
2. 商业服务设施。在一个旅游景区内除分散的一些饮食服务和购买食品及旅游商品的网点外，一般还应有一个商业服务设施较为集中、完善及标准较高的商业服务中心，以满足游客的购物需要。

（三）娱乐、游憩设施

1. 水上娱乐、游艇设施。包括浴场、游泳池、游船、游艇、垂钓、水上游乐园等设施。
2. 陆上娱乐、游憩设施。包括动植物园、博物馆、展览馆、娱乐中心、游览车、狩猎场、高尔夫球场、滑雪场、展望台、索道、儿童乐园等设施。在游憩区内，餐饮设施常影响从事游憩活动者前往意愿与停留时间长短，因此，游憩区内与其周边环境所提供之餐饮设施，亦扮演举足轻重之角色，而提供餐饮服务之场所概略可分为饭店、餐厅、小吃部、小卖部、摊贩及流动摊贩等类型。

二、旅游景区的设施管理

旅游景区设施管理是一种以景区最佳服务质量和经济效益为最终目标，以最经济的设施设备寿命周期费用和最高设施设备综合效能为直接目标，动员全体人员参加，应用现代科技和管理方法，通过计划、组织、指挥、协调、控制等环节，对设施设备系统进行综合管理的

行为。它主要分为前期和服务期两个管理阶段。

（一）旅游景区设施前期管理

1. 设施前期管理的意义。旅游者在旅游景区除了游览观光之外，最为关心的是在景区内能否享受到良好的住、食、行、娱、购条件，实现这些条件都离不开完善良好的旅游设施。所以良好的旅游景区设施是接待、服务于旅游者以及发展旅游事业的物质条件，是经营旅游业的必要条件。要保证有良好完善的景区设施条件，必须对旅游景区设施有一个现代化完善高效的管理。做好设施的前期管理工作，可为今后设施设备的运行、维护、维修、更新等管理工作奠定良好的基础。在前期管理中，规划阶段一旦出现失误，将会给旅游景区带来严重的经济损失，同时也给日后的正常服务和维修带来困难，所以首先要做好旅游景区的前期管理。

2. 调查研究。在一个旅游景区内要设置一些什么样的设施，设置的地点、规模大小等都应在景区内先调查研究后，根据旅游景区的性质、类型和基本特色来提出所需设施。

调查的内容包括：现有水、电供应能力；电讯设施现状；景区内交通道路状况；是否有路通往各景点；林木花卉绿化的需求；现有的接待服务设施、娱乐文化设施是否能满足游客需要以及一些设施安装建设的环境条件等。在调查研究的基础上，应进行以下工作：

（1）规模预测。规模预测在旅游景区的设施规划中是一个极为关键的工作。如果规划期游人数量估计失误或误差太大，则关于用水、用电、接待、商业服务设施等建设规划将变得毫无意义，总体布局也将失去依据。规模预测即旅游需求量预测或游人数量发展预测。

1）旅游需求。就是指在一定时期内、在一定价格上，将被游客购买的商品和旅游服务的总量。旅游需求量的尺度是：游人抵达数、游览天数和游人开支额。一般的法则是旅游需求与旅游价格成反比。

2）旅游需求预测的计量。目前计量旅游需求的尺度，有以下四种：

A. 游人抵达数——到达旅游地的游客数。对于使用各种单位时间的游人抵达数据，有其不同的意义：

年抵达人数（人/年）——可以大致决定各种设施的种类与规模；

月抵达人数（人/月）——根据各月份的游人量变动数据，可以判断该旅游地的季节特性，此数据的最大意义在于确定旅游高峰季节、全年的可游时间和旅游设施的适宜规模；

日抵达人数（人/日）——对于设施规模的确定也是很重要的，这个数据，对于可当日游而不留宿的景区特别重要；

时抵达人数（人/时）——用于高精度确定各种设施规模，有重要意义。

B. 游人日数（或游人夜数）——用游人数乘以每个游人在旅游地度过的天数。游人在旅游地度过的天数可以通过旅馆的平均住宿率统计而得。

C. 每个游人的开支总额——此数若确定得准确，可成为计量需求的最有意义的尺度。

D. 游人流动量——单位时间内各交通线的利用人数及往返的流向。游人流动量关系到交通路线与设施的标准与规模。

3）旅游需求预测的资料包括：

A. 在目标年和过渡阶段预期抵达的游人数。

B. 游人参加旅游活动要求的预测计量资料，即游人逗留日期、各类旅游点的游览时间

（小时），对各种服务设施的最低要求的数量资料。

C. 游人在各类设施服务项目上的预计开支。

D. 需要的季节性分布。

E. 与上述资料相对应的区域性分布数据。

（2）规划项目。根据调查结果和实际需要，提出所需投资的景区设施。在基础设施规划中，可根据环境容量和游客规模进行相应规划：

1）蓄水、提水设施的规模。供排水管线的走向，以及污水、污物处理工程设施。如果旅游景区地表水、泉水资源十分丰富，水质良好，绝大多数旅游景区都可以就近取得优质水。取水点（蓄水池）应划出适当的保护范围，防止水源污染。景区应根据游客量、旅游服务设施规模，结合各游览区的实际情况，规划蓄水设施或取水设施的规模。采用集中统一供水系统，生活用水与消防用水合用。

如现有供水设施只能满足现状，根据游客量的增长，必须扩建供水设施或寻找新的水源，新建供水设施，以满足旅游景区需要。

一些旅游景区内河流纵横、水量丰富、植被较好，有一定的环境自净能力，规模小的服务网点产生的污水可巧借地势，通过排污管道，分散排污；如自净能力差，就必须集中通过简易的污水处理设施处理排放。规模较大的一些接待服务、商业服务设施及各游览区产生的污水，宜采用中、小型生物氧化池的方式解决。根据污水的性质，建立一些级别不同的污水处理站。排水设施采用分流制，清污分流，"散""蓄"并重。处理后的污水应符合国家有关规定方能排放。

在考虑污水处理设施的同时，也应对景区固体生活垃圾选择填埋的洼地。

2）旅游景区各种电压等级的输电线路的走向。对内、对外通信设施及通信线路架设方式与走向。一般旅游景区用电是依托于就近城镇或电站，各游览区就近主要骨干线路架设10千伏的输电线，就可满足景区的用电。电力线一般以架空为主，但不得破坏旅游景区景观。在主要游览区和游览点应采用地下电缆铺设。如古镇乌镇在古城保护中，采用"管线地埋"模式，投入巨资对电力高压线、低压线、有线电视、自来水管、排污管线等进行了地埋。

旅游景区内应根据游客发展规模规划安装程控电话交换设施，总容量应满足中远期旅游通信需要。在各景区设置的程控交换设施，通过中继线与市话网连接，构成外部通信系统设施。在一些小景点、景区、服务设施内设置分机，通过电话线与主机连通，构成景区内部通信系统。主要景点附近电信线路尽量采用地下线路，以免破坏景观。

在景区内应设置电视差转系统设施，为改善电视接收质量和自播节目，应规划地面接收站以及设置共用天线，完善卫星电视接收系统设施。

3）绿化的重点地段及树种花卉的选择。属于景区一级保护区的区域为重点绿化区。应在现有植被和林带基础上，种植一些适应性强、生长迅速、观赏价值高的、又突出地方特色的植物种类，也可在局部景区或大面积突出植物的特性。也可种植果园、茶园等加强景区特色。游览区内应注意植物景观的季节色彩，错落有致的外观轮廓。种类上将乔木、灌木、藤木、草本巧妙有机地组合。

在景区内，一些有碍风景的建筑物，如公厕、配电房、垃圾处理站、不美观建筑等可用丛林、林带、树丛、绿篱进行隐蔽和遮挡。在漫长或广阔的墙面上和缺少变化的屋面上，漫布攀援植物可打破其单调之感。二层以上的高楼，可种植悬垂植物，形成花帘。

游路两侧种植行道树或灌木，以求同环境协调，如果造成林荫路，就更显得和谐。在一些曲折且较窄的游路两侧，种植竹丛、树丛或灌木丛，有曲径通幽之效果。

水源丰富、以水景为主的景区，可种植类型多样的竹类，以衬水之柔美；以山景为主的景区，可种植高大乔木及松类，以衬山之雄伟、峻峭。

4）旅游景区游览道路以及交通设施。景区内联系各景点的步行路以 1.5 米～2.5 米宽为宜，道路选择应依山就势。具体要求如下：

A. 沿途有丰富的风景观赏面，有最佳的视角和视距，以扬景之长、避景之短。

B. 景内小径宜曲不宜直、宜险不宜易、宜狭不宜宽、宜粗不宜平，要保留自然风貌。游人或攀山、或越涧、或穿林、或涉水，不断变幻空间、变幻视线，处处领会诗情画意的意境。

C. 根据步行的长度和攀登的高度，适时设休息点，走走停停，随处可安，灵活行止。

D. 景区游览线路有多条，供不同年龄、兴趣的游人选择。

E. 游览线路尽量为环行，不走回头路，使游人处处感到新奇，游兴未尽。

有一些分散的景点或相距中心景区较远的各景区，需通过汽车或船才能到达。为使游客安全快捷地到达景区、景点，这就要求有质量较高的道路和安全可靠的水路以及安全完善的交通运输设施。联系各景区和分散景点的道路都应尽可能改扩建为四级柏油路以适应景区的发展。水路应选择河道较宽、水流较缓的地段，以确保游客安全。在保证内部交通设施合理规划的同时，也要规划停车场、码头等一些交通附属设施。

除车、船为常用的游览交通设施外，缆车和索道也是一些景区常采用的交通设施，它既可节省时间、减轻游客举步之劳，又可从一个新角度观赏风景，再有乘骑也不失为一种趣味性的游览观光交通设施。

旅游景区交通设施规划不同于一般的城市公共交通规划，它有特殊的要求，一般要遵循以下原则：

A. 交通设施与景观协调。停车场、码头等交通设施要与旅游景区的景观相协调，布局合理，容量能充分满足游客接待量的要求。场地平整、坚实或水域畅通。标志及中外文规范、准确、醒目，符合相应的国家标准。

B. 游览线路布局合理。旅游景区内的游览线路或航道布局合理、顺畅，通行便利，路面平整、坚实。

C. 旅游景区内尽量不使用对环境造成污染的交通工具。

5）旅游服务设施的规模与分布。

A. 从规划建设的角度看，服务接待设施建造费用是旅游设施费用中最昂贵的部分。旅游服务设施的规划主要考虑三方面的问题：一是根据旅游需求的预测，确定床位数；二是从区域规划、景区总体布局的角度，研究它的位置、风格、间距、体量、建筑密度、等级标准问题；三是考虑将来发展、扩建的可能性。

一个旅游景区服务接待设施的旅游床位数，是该地区旅游业规模的重要标志，也是该旅游地的影响能力、吸引能力的重要标志。

近几年来，主张建低层旅游接待服务设施的呼声越来越高，其理由有四：可减少对电力、机械设备的依赖，便于上马；可节约材料，降低造价，加快建设与回收投资的速度；适应当前中国经济水平，可充分利用当地材料及当地施工力量；采用低层院落式，便于与地方建筑风格取得协调，有地方特色。

B. 旅游景区商业服务设施中饮食服务建筑，可以分为两类：一类是独立的饮食服务设施，另一类是附属接待服务设施。独立的饮食服务设施的特点为：建筑占地大、内容杂、游人集中、有公害，所以特别要注意选址造型。

独立的饮食服务建筑，其布局一般为以下三种情况：在接待区（即在游览起始点）；在游览区（即在游览目的地）；在游览路线中间（即在途中）。

其规划设计特点如下：一是布局与服务功能要根据游程需要安排。如起始点准备、顺路小憩、中途补充、息脚久望、活动中心、餐食供应等等。二是作为景区的有机组成部分，从外望它，是风景的一个"成员"，从它望外，是一个观景场所，有如新增一景。三是容量有弹性。四是造型新颖，独具一格。

目前，中国各景区在游览高峰季节，特别是"五一"、"十一"黄金旅游周期间，各景区出现游客抢饭吃的现象很普遍，所以旅游景区中的饮食服务设施规划不可忽视。

6）娱乐、游憩设施。旅游景区的娱乐、游憩设施可分为两类：一类是附属接待服务设施的，另一类是独立分散于旅游景区内的。附属接待服务设施的为一些适于室内活动的娱乐、文化、康体设施，如歌舞厅、会议厅、健身房、保龄球馆、茶室、棋牌室、游泳池等。独立的娱乐、游憩设施则要根据景区特点规划适合游客的项目。

具体来讲，以山体为主要景观的景区，可设置缆车索道、乘骑、山顶展望台、登山探险道、狩猎场等娱乐、游憩设施。如山体植被较好且有科学考察价值，可设置植物园，也可种植一些具有当地特色的果园和茶园以增游途之趣。

以水体为主要景观的景区，可设置天然游泳池、嬉水池，沿河设置竹筏、漂流、垂钓场等娱乐、游憩设施。

在以宽阔水面和水域为主要景观的景区，可设置海水浴场、河湖水浴场、沙滩排球、游艇、游船、帆板、水面跳伞、水族馆等娱乐、游憩设施。

在以人文景观或民风、民俗建筑为主的景区，可设置美术馆、展览厅、纪念馆等文化娱乐设施和民风民俗活动娱乐设施。

在北方的一些景区内可根据季节设置溜冰场、滑雪场等一些冬季娱乐游憩设施。

另外，可根据景区的需要，规划一些儿童乐园、高尔夫球场、网球场等体育娱乐设施。

总之，对于旅游景区来说，一般应尽量避免布置城市型的游乐设施项目，而应该因地制宜、因景制宜，多发展一些与山水风景、地方民俗有关的文化体育游乐设施，以达到情景交融、游娱相辅、地方色彩浓郁的目的。

（二）旅游景区设施服务期管理

1. 旅游景区设施服务期管理的意义。旅游景区从开始接待游客起，其设施也就投入了服务。从规划到施工安装、设施完工属于设施管理的前期，设施一开始服务于游客，对设施的维护和保养就是设施的服务期管理。设施的服务期正是各类设施设备以最经济的费用投入，发挥出其最高综合效能的最重要的时期。如果在此期间，旅游景区设施管理不善，那么，不但在经济上会给旅游景区带来巨大损失，而且还会严重影响旅游景区的声誉，产生不良影响。

旅游景区设施管理是为旅游景区的经营目标服务的，除了设施的经济管理外，还有设施的技术管理。从设施的技术管理角度看，旅游景区设施的服务期必须是设备保持良好的服务状态时期。这就要求对设施设备进行规范化的维护保养工作，以预防故障、事故发生，从而节约维修费用，降低成本，保证服务质量，提高旅游景区的声誉。因此，旅游景区设施的服务期管理不论从经济上还是技术上都是提高旅游景区经济效益和社会效益的重要环节，对旅游景区的发展目标的实现具有十分重要的意义。

2. 设施设备的使用管理。对旅游景区设施的服务期管理，不仅是单一的对某一种设施内各类设备的维护保养，也是对一个设施的组成部分（各个环节）及这些组成部分的设备进行维护保养。如一些接待设施内不仅设置了住宿设施，也设置了餐厅类饮食服务设施和娱乐、健身、会议厅类的娱乐文化设施，这些设施内又包含了一些水电、通信等基础设施。要使这些接待设施达到最佳服务质量和最好效益，必须综合管理，也就是必须对这些设施中的各类设备，如给排水及卫生设备、电信通信设备、餐厨设备、娱乐设备、康乐设备、环境设备、安全设备、交通运载（电梯）设备等进行规范化的维护保养。

（1）设施设备使用规范管理。

1）对运行操作人员的规范化管理。运行操作人员必须学习和掌握设施设备的原理、结构、性能、使用、维护、维修及技术安全等方面的知识。强化运行操作人员的责任心和敬业精神。

2）对服务人员的规范化要求。服务人员必须参加常用设施设备的使用操作学习培训，向游客介绍设备使用方法和注意事项。对游客使用过的设备进行清洁维护和报修，制定岗位责任规范。

（2）设施设备使用管理规章制度。设施设备使用管理的规章制度包括：运行操作规程、维护规程、设施设备运行人员岗位责任制和设施设备管理表格等。建立和健全旅游景区设施设备使用管理规章制度有助于实现科学管理，消除工作中的混乱现象；有助于提高设施设备的综合效益，延长使用寿命，减少维修费用，降低能耗；有助于充分调动员工积极性，更好地完成工作任务。

为确保管理制度的严格执行，必须坚持定期检查和考核。要搞好检查、考核工作，就要抓好三条：一是抓标准，标准是考核的依据，没有标准就会好坏不分。二是抓考核办法，考核办法是否科学，关系到考核是否正确。三是在考核的基础上奖罚要分明，该奖的必须奖，该罚的一定罚。只有搞好检查、考核、奖罚工作，才能促进管理制度的实施。

（3）设施设备使用的基本要求。旅游景区设施设备数量多、分布广、使用范围大。要搞好设施设备的使用管理，就要推行设施设备全员管理制度，要做到谁使用，谁就要维护好。要达到这个目的，首先要求抓好设施设备操作基本功和操作纪律的培训。设备部门和操作人员的基本要求有以下几条：

1）对设施设备使用部门的"三好"要求。一是管好设施设备。每个部门必须管理好本部门的设施设备，重要设施设备要定机定人操作，未经领导同意，不准他人随意使用。二是用好设施设备。操作人员必须严格按照操作规程使用所有设施设备，不得超负荷使用，禁止不文明操作。三是保养好设施设备。旅游景区内所有供游客使用的设施设备，景区服务人员不仅要管好、用好，还应保养好，使它们保持完好的状态。如有损坏，应积极配合维修人员修好设施设备。

2）对操作人员的"四会"要求。一是会使用。操作人员应事先熟悉每一个设施设备的用途和基本原理，学习掌握设施设备的操作规程，正确使用。二是会维护。学习和执行设施设备维护规程，做到设施设备维护的四项要求，即整齐、清洁、润滑和安全。三是会检查。了解自己所使用设施设备的结构、性能，了解设备易损零件的部位，熟悉日常点检、设备完好率的检查项目、标准和方法，并能按照规定要求进行点检。四是会排除故障。旅游景区的工程管理部门，要懂得所有设施设备的特点，能鉴别设备正常与异常情况，懂得拆装方法，会做一般的调整和简单故障的排除，自己解决不了的问题要及时报告，并协同维修人员进行检修。

3）操作者的"五项纪律"。纪律是管好、用好设施设备的保障。每一个操作人员都应严格执行"五项纪律"：实行定人定机，凭证操作制度，严格遵守安全技术操作规程；经常保持设施设备清洁，按规定加油。要做到没完成润滑工作不开车，没完成清洁工作不下班；认真执行交接班制度，做好交接班记录及运转台时记录；管理好工具、附件，不能遗失、损坏；不准在设备运行时离开岗位。发现异常声音和故障应立即停止运行。自己不能处理的应及时通知维修人员检修。

4）服务人员的"两介绍"：向游客介绍设施设备使用方法并示范操作；向游客介绍使用设施设备的安全注意事项。

三、设施设备的更新与维护

旅游景区设施的维护工作必须将专业管理与游客管理相结合，依靠运行操作人员、检查维修人员和服务人员共同维护好设施设备，同时要取得游客的合作和支持。建立维护制度的目的是让景区内各方人员在维护工作中有章可循，各司其职，从而真正形成设施设备的使用维护保证体系。同时，旅游景区为了使设施内的各种设备的综合效能达到最高，而寿命周期费用最经济，可以将设施设备按各自适用的维修方式分类，编制不同的维修计划。

（一）设施设备维护

设施设备维护必须达到四项基本要求：整齐、清洁、润滑和安全。我们把维护制度按层次划分为：日常维护、定期维护、区域维护和计划维护等几种。

1. 日常维护又称例行维护，是全部维护工作的基础。它的特点是经常化、制度化。对于服务设施、娱乐设施、交通设施等一些大型设备应做到在每天工作前必须检查电源以及电气装置是否安全可靠。各操作机构正常良好；安全保护装置齐全有效；在运行中是否有异常情况。停工后设施设备保持清洁，如有损坏和故障，应及时报修。

2. 定期维护是在日常维护的基础上，规定在一段时间后对设施设备从更深层次上进行维护，以便消除事故隐患，减少设备磨损，保证设备长期正常运行。

3. 区域维护除一些大型设施外，还有部分小型设施设备和基础设施分布在旅游景区各处，这就需要对这些设施划分区域维护。区域维护小组或人员要认真执行划分负责区域巡回检查制度，对供排水设施的管道、照明供电、电线电缆线路、绿化设施、游路等基础设施以及一些分散的小型服务设施进行巡回检查，科学安排巡检路线，发现故障和损坏要及时处理或报修。

4. 计划维护又称指令维护。它是以全部设施的维护任务的计划为基础，通过向维护人员发出指令，维护人员根据指令完成指定维护任务的一种维护管理方法。

（二）设施设备点检制度

1. 设施设备点检的概念和目的。设施设备点检是现代一种先进的设施设备管理方法，它是应用全面质量管理理论中关于质量管理点的基本思想，对影响设备正常运行的一些关键部位进行经常性检查和重点控制的方法。设施设备点检的"点"就是预先确定的设备的关键部位或薄弱环节，"检"就是通过人的感官和一定的检测手段进行调查，以便及时准确地获取设备、部位的技术状况异常或劣化的信息，及早采取措施预防维修。

设施设备点检的目的是为了及时掌握故障隐患并及时消除，从而提高设施完好率和利用率，提高设施维修工作质量和节省各种费用，提高总体效益。

2. 设施设备点检的分类。设施设备点检可根据设施类型不同划分为三类：属于接待服务设施点检的"A类点检"；属于商业服务设施点检的"B类点检"；属于娱乐、游憩设施点检的"C类点检"。如此分门别类，便于管理。

在各类点检中，要根据各设施的服务时间及规律划分"日常点检"、"定期点检"和"专项点检"。

（1）日常点检。日常点检时间周期是每日进行，主要通过感官检查设施设备运行中的关键部位的声响、振动、温度、油压等，检查结果记录在点检卡中。

（2）定期点检。定期点检的时间周期长短按设备具体情况划分，有一周、半个月、一个月、数月不等。定期点检对象是重点设备，点检内容也较复杂，其主要目的是检查设备劣化程度和性能状况以查明设备缺陷和隐患，为中、大修方案提供依据。定期点检凭感官并使用专用检测仪表工具。接待服务设施内的供电设施、电梯、游览的缆车、渡船等。

（3）专项点检。专项点检是有针对性地对设备某特定项目使用仪器工具，在设备运行中进行检查。

3. 设施设备点检的优越性。

（1）使维修工作减少盲目性和被动性，提高针对性和主动性。

（2）设施设备点检各个项目明确并且定量化，保证维修工作质量，培养技术人员的综合分析能力和判断问题的能力，提高了专业技术水平。

（3）制定严格的点检线路，使用规范化点检表，便于实行点检考核，增强责任感，提高工作效率。

（4）采用点检记录卡，积累设备的原始资料，有利于充实和完备设备技术档案，为设施设备信息的电脑化管理奠定基础。

4. 设施设备点检的方法和步骤。

（1）确定设施设备检查点和点检路线，设施设备的检查点应确定在设施内一些重点设备的关键部位和薄弱环节上。

（2）确定检查点的点检项目和标准。

（3）确定点检的方法。

（4）确定点检周期。

（5）制定点检卡。

（6）落实点检责任人员。

（7）点检培训。

（8）建立和利用点检资料档案。

（9）点检工作的检查。

（三）设施设备的更新

1. 改造更新项目的规模分类。

（1）全面改造和更新。对一些已陈旧或已不能满足需要的设施设备进行全面改造更新。全面更新改造一般是在基本保留原有的项目基础上，对某一设施或设施内主要大型设备进行改造或更新，以提高旅游景区的现代化水平，达到旅游服务标准的要求。

（2）系统设备改造更新。这是针对某一设施内具有特定功能的配套系统设备性能下降、效率低或者能耗高、环保特性差等具体问题所采取的改造和更新的技术措施。

（3）单机设备改造和更新。这是对设施内某一单机设备所采取的技术措施。

2. 设施设备的改造和更新次序。

（1）申请。对旅游景区某一设施或设施系统设备进行技术改造或更新，必须由设施设备管理部门或使用部门提出项目改造和更新理由。

（2）调研与审查。景区管理层需组成由工程师、技师、主管人员参加的改造更新项目小组进行调查研究，充分讨论，提出审查意见。

（3）计划与筹备。由项目负责人组织制定该项目的实施进度计划，详细安排项目准备、开工、施工和竣工投产的阶段进度，特别要注意各阶段的工作衔接、资金和物资供应、设计和施工等方面的工作穿插配合等等问题。

（4）现场管理。改造和更新工程要有专职机构和专职人员负责日常管理。

（5）竣工验收。改造和更新工程接近竣工时，就应着手做验收准备工作。

（6）总结。改造或更新项目完工验收后，必须做好技术方面和管理方面的总结，这是为设施管理积累软件资源的重要措施。

3. 设施设备更新方案比较。

（1）更新方案比较的原则。旅游景区的设施设备在服务过程中有形无形的磨损，使设施设备的使用成本逐渐增加，服务效果日益降低，或者由于出现了性能更先进完善、外形更美观的设施设备。旅游景区出自对更高的经济目标和服务效果的追求，可能会在旧设施设备还能使用的情况下考虑购进新一代的设施设备。

在进行设施设备更新方案的比较时应该遵循的基本原则是：

1）必须假定设施设备的收益成效率是相同的，而后对它们的费用进行比较。

2）对于两种使用寿命不同的设施设备，必须比较它们的年度费用。

3）原设施设备的价值必须按目前实际值多少来计算，不能以当初的原值计算。

4）必须采取同一个时间参照点，不同时间参照点的比较会产生错误的结果。

（2）更新方案比较。在考虑购进新一代设施设备时，一定要进行方案比较。考虑是购买原值高但使用和维修等成本费用低的新设施设备，还是既购进新设施设备又保留旧设施设备，或者是其他方案。类似的更新方案的比较会因各种情况的不同而出现多种多样必须研究的问题，最主要的有以下三种：一是由于适应性问题的更新；二是由于维修问题的更新；三是由于效益问题的更新。

设备的更新是全部恢复设备的使用价值和价值。在实际工作中，既要及时更新过时的设备，又要节省景区的开支，所以要合理确定旅游景区设施的使用期限。其使用期限通常由如下一些因素来确定：设施的使用频率及磨损程度；设施的维修保养状况，设施使用不当、浪费等可能性的大小；旅游景区及设施设计标准的高低等。

总之，在进行设施技术改造和更新时，要突出重点，要把有用的人力、财力和物力优先用于关键设施和重点项目，要争取少花钱多办事，努力增强竞争力。具体来说，要注意计划性和资金的投入产出等技术、经济分析。旅游景区要根据发展目标，制定 3~5 年的设备添置和技术改造、更新计划。对旅游景区来说，投资回收期在 5~7 年比较合适。对其设备的处理，要及时在财务账和固定资产账上具体反映出来。

任务5　认知旅游景区环境管理

一、旅游景区环境的概念及其构成要素

(一) 旅游景区环境的概念

旅游景区环境有广义和狭义之分，广义的旅游景区环境是旅游景区得以存在的一切物质基础和外部条件，包括自然、社会、经济、文化等方面，狭义旅游景区环境仅指旅游景区的自然环境。从旅游景区环境管理的角度，本任务将旅游景区环境定义为旅游景区的周围空间及其周围空间中存在的事物和条件的总和，主要包括自然生态环境、社会人文环境、旅游资源和卫生环境四方面的构成要素。

(二) 旅游景区环境的构成要素

1. 自然生态环境。自然生态环境是指构成旅游景区自然生态系统的各种要素的集合，是由大气、水体、土壤、生物及地质、地貌等组成的自然地域综合体。旅游景区的自然环境是各种自然要素相互作用、相互影响的产物，也是旅游景区得以存在的基础，其质量高低直接影响到旅游体验的质量。

2. 社会人文环境。旅游景区的社会人文环境是指对游客体验产生影响的社会因素，主要包括旅游景区的社会治安情况、当地居民对游客的态度以及配套的各项服务。社会治安情况是指当地社区的社会风气好坏、犯罪率高低等；当地居民对游客的态度是指当地居民对待游客是采取友好的、无所谓的或敌视的态度和行动；配套的各项服务主要是指那些为游客提供的各种非营利性质的服务，包括旅游信息中心、旅游咨询电话等。

3. 旅游资源。旅游景区旅游资源指旅游景区内存在的对游客具有吸引力的自然要素和文化遗产，通常分为自然旅游资源和人文旅游资源两部分。显然，不论是自然旅游资源，还是人文旅游资源它们都是旅游景区整体环境的组成部分，只不过由于它们对游客产生足够的吸引力，是吸引旅游者前来旅游的主动力，因而将其从旅游景区环境中划分出来，目的是做好资源管理工作。从一般意义上说，旅游环境本身就构成旅游者的吸引力因素，旅游资源和

旅游景区环境互为依托，但各自的侧重点和针对对象不同。旅游资源是相对于旅游者而言，旅游景区环境则是相对于旅游活动而言。

4. 卫生环境。旅游景区卫生环境主要指旅游景区的卫生条件状况，如垃圾处理、干净整洁程度，此外还包括社区居民的健康状况，如地方病、传染病、流行病的情况等。在中国《旅游区（点）质量等级的划分与评定》等国家标准中，卫生环境是重要的组成部分。同时旅游景区卫生环境是游客最直接的环境感受部分，卫生环境管理是旅游景区日常环境管理中的主要工作。

二、旅游景区环境问题描述

高质量的旅游体验离不开高质量的旅游景区环境。为保证高质量的旅游体验，实现旅游景区的可持续发展，旅游景区必须有效解决相关的环境问题。旅游景区的环境问题主要包括以下几方面：

（一）旅游景区旅游资源破坏

根据国家标准《旅游区（点）质量等级的划分与评定》（GB/T17775—1999），旅游景区旅游资源（tourism landscape resource）定义为"自然界和人类社会中凡能对旅游者产生吸引力，可以为旅游业开发利用，并可产生经济效益、社会效益和环境效益的各种食物和因素"。旅游景区资源破坏是指对旅游景区内的旅游资源的破坏，其原因有自然原因和社会原因，其中不合理的开发利用是主要原因。

（二）旅游景区环境污染

所谓旅游景区环境污染，就是指由于旅游活动以及旅游景区周边地区人类的生产、生活活动，将大量的有害物质排入自然环境中，破坏了旅游景区生态系统平衡和环境的机能，超过了环境自净能力，造成污染和公害。旅游景区环境污染主要分为大气污染、水污染、固体废弃物污染和噪声污染。

1. 大气污染。旅游活动离不开大量的交通工具。随着大量机动车辆的涌入和旅游设施的兴建，燃煤锅炉、汽车尾气等都会导致空气中的二氧化硫、二氧化碳等有害气体增加，在很大程度上降低了旅游景区大气质量。

2. 水体污染。旅游景区内的生产生活用水没有经过处理，或仅经过初级处理，就排放到水环境中，就会把病原体带入水中，污水排入使水体的富营养化加速。以湖泊、水库、池塘等水体为基础的旅游景区，受到的影响更为突出。

3. 固体废物污染。由于旅游区配套设施不完备及旅游者本身素质较低等各方面原因，致使与旅游有关的服务性行业产生大量固体废弃物，许多固体废弃物不加处理或处理不当便弃于旅游景区内，严重污染了旅游景区环境。如峨眉山旅游景区每年产生固体废弃物4800多吨，其中96%以上未加处理排入旅游景区的溪流中。

4. 噪声污染。噪声是指在工业生产、建筑施工、交通运输和社会生活中所产生的干扰周围生活环境的声音。对人的影响和危害跟噪声的强弱程度有直接关系。噪声污染是指所产生的环境噪声超过国家规定的环境噪声排放标准，并干扰他人正常生活、工作和学习的现象，具体分为工业生产噪声、建筑施工噪声、交通运输噪声和社会生活噪声。在旅游景区中，噪声污染主要表现为交通运输噪声和社会生活噪声。

（三）旅游景区环境破坏

旅游景区环境污染是指因人为的活动向环境排入了超过环境自净能力的物质或能量，导致环境发生污染，危害人类生存和发展。旅游景区环境破坏则是指由于人类不适当地开发利用环境，致使环境功能受到破坏或降低，从而危及人类的生存和发展。旅游景区环境破坏主要表现为：

1. 土壤破坏。由于旅游资源的不当开发，使地貌和植被遭受破坏，加剧旅游区的水土流失。尤其是旅游景区道路两侧、湖泊水库两侧、宾馆和房屋等建筑物所在地更为突出。此外，游客为休息、取景拍照、寻找"野趣"，或因为拥挤而走捷径，自行开辟道路，增加了旅游景区土壤受践踏的范围和程度，造成游径变宽。同时旅游景区内特殊的交通形式，也会增加植被遭受破坏和土壤踩踏的范围，使游道两旁的土壤板结或松散，增加地表径流，容易造成水土流失，地表土壤的有机质、水分和营养元素的含量降低，水体的时空分布被改变，径流的含沙量增加。

2. 植被破坏。植物受到人为机械损伤、砍伐、践踏等干扰，会导致植被覆盖减少，群落的种类组成改变并且趋于简单化，生物多样性降低。践踏会使游道两旁的植物树种更新困难，将改变植物群落的年龄结构，游客有意无意地采集花朵、枝叶、菌类或带入外来物种，会改变物种的组成或结构。游客的践踏使路面上出现植物根部裸露，会威胁到植被生长。旅游活动中用火不当，不仅会引起火灾，甚至会引发稀有植物种的消失。

（四）旅游景区环境退化

旅游景区环境退化是指由于对旅游景区及周边的自然资源过度和不合理利用而造成的生态系统结构破坏、功能衰退、生物多样性减少、生物生产力下降以及土地生产潜力衰退、土地资源丧失等一系列生态环境恶化现象。旅游景区环境退化主要表现为：

1. 旅游景区生态系统功能衰退。随着全球生态环境问题的发展，生态系统功能衰退已经成为普遍性的现象，旅游景区生态系统也不例外。例如，近年来圆明园人工湿地就经历了常年积水、季节性积水、土壤季节性过湿、干旱的退化过程，致使人工湿地生态系统功能不断衰退，其主要原因是由于大环境造成天然水文情势的改变以及人为破坏和干扰。

2. 生物多样性减少。土地利用以及人的活动会使野生动物的生境不断缩小和破碎化。如旅游景区内的大项旅游设施严重地影响了动物的重要生活环境和活动通道；动物对旅游者的活动非常敏感，旅游活动会影响动物的正常取食和繁殖，使一些易受惊吓的动物远离旅游景区。旅游者乱丢吃剩的食物，会改变某些动物的食物结构。森林公园内动物的种群数量及种类组成常因森林旅游基础设施的建设及森林旅游活动的开展而发生显著变化。

三、旅游景区环境问题产生的原因

旅游景区环境问题的产生原因众多，可分为两大类：自然原因和人为原因。其中人为原因是主要原因。

（一）自然原因

　　旅游景区旅游资源和环境，无论自然形成的还是人工创造的都是大自然的一部分。大自然的发展、变化都会影响其变化，使之受到破坏。一种情况是突变，例如，1997 年 8 月 12日，夏威夷岛上最古老的神庙，被基拉韦厄火山喷出的熔岩全部淹没，一座有着 700 年悠久历史的名胜古迹在瞬间毁于一旦。另一种情况是渐变，例如埃及的基奥斯普大金字塔，由于寒暑变化、风吹雨淋等原因，近 1000 多年来风化产生的碎屑达 5 万立方米，即整个金字塔表层每年损耗约 3 毫米。中国的云冈、龙门、敦煌三大石窟无一例外地受到了这样的破坏。由于自然原因导致的旅游景区环境问题，只能通过一些科技手段去延缓或补救。

（二）人为原因

　　旅游景区环境问题大多数是由人为破坏引发的。按其破坏的根源可以分为建设性破坏和管理性破坏。

　　1. 建设性破坏。建设性破坏是指工农业生产、市镇建设、落后的生产方式和旅游资源开发建设中规划不当导致旅游资源遭到破坏和旅游景区环境问题，其破坏方式主要有以下几种：

　　（1）工农业生产。工农业生产带来的"三废"污染对于旅游区的影响往往十分严重。在旅游景区及周边地区如果发展带污染性的工业，将会对旅游景区造成空气和水体的污染。空气污染导致酸雨的产生，不仅会损害旅游区的环境质量，而且还会腐蚀、破坏旅游资源。水体的污染同样是旅游景区环境衰退的突出问题。

　　（2）市镇建设。市镇规划不合理以及建设不当是旅游景区旅游资源和环境破坏的重要原因。例如，吴江市平望镇本来是一个河网密布的水乡古镇，但近十年来为了市镇建设填平了镇上的大部分河流。如今，昔日"小桥流水人家"的景象已不复存在。而吴江市的同里镇则因为完好地保护了古镇面貌而得以发展旅游业。

　　（3）落后的农业生产方式。在许多地区，由于生产方式的落后，导致无计划的过度伐木、采石、取水，这些对旅游景区旅游景观的破坏不仅十分严重，而且其造成的后果常常不可逆转。在一些旅游景点，如云南路南石林，成批的农民到旅游景区采石，全然不顾自己对本地旅游资源的破坏，以致路面、石林伤痕累累，不复往日风采。"水作青罗带，山如碧玉簪"的桂林漓江，也由于上游森林过度砍伐，蓄水功能下降，出现了 86 公里游览河段竟然仅能通航 6 公里的现象。

　　（4）旅游资源开发规划不当造成的破坏。旅游资源开发小，规划不当也会造成旅游资源特色及景观的破坏。例如，云南大理在旅游开发过程中曾一度由于片面考虑古城石板地面不利于旅游车行驶，将石板路改为柏油路，与古城风貌格格不入，破坏了古城的特色。

　　2. 管理性破坏。旅游区是为游客服务的，若管理不善，也会对旅游资源造成破坏主要表现在下列几个方面：

　　（1）旅游活动加速石刻、雕塑、壁画古迹的损坏。古代丰富多彩的石刻、雕塑、壁画是我国重要的旅游资源，尽管在自然条件下也要经历风化作用使其衰竭，但其风化较为缓慢。旅游开发后，随着旅游活动的开展，大量游客不断涌入，加速了自然风化的速度，导致古迹的损坏。中国的三大石窟在自然风化与人为原因（游客拥入改变石窟小气候）的双重作用下，受到的损坏已极为严重。为此我们必须通过控制来访游客数量以及对古迹做适当仿古重修来维护旅游区的旅游资源。

（2）游客踩踏带来的破坏。旅游业逐渐发展，一些著名风景名胜区游客增多，游客的踩踏使地面因磨损而失去原有的特色。故宫许多大殿前和内部的路面、地面，因游客密度较大而严重磨损。要发展旅游业，这种破坏是很难避免的，补救措施只能通过定期的补修才能实现。颐和园蜿蜒700多米的长廊路面的砖，因踩踏每隔几年要更换一次。

（3）游客素质低，直接破坏旅游资源。由于游客层次不一，其中不乏素质低下的人，这部分人对景物随意刻画、涂抹，任意毁坏旅游资源。最典型的莫过于有些人在景点上刻上"某某到此一游"的刻痕，曾有相声演员创作过一个段子专门讽刺这种现象。此外，有些游客乱扔果皮纸屑，也给旅游区的环境造成了一定的污染。对此，我们必须采取扩大旅游环保宣传范围和强度、制定旅游区旅游资源保护条例以及加强旅游管理等手段对旅游资源进行全方位的保护。

（4）旅游活动对旅游区生态环境的污染。在旅游城市和旅游景区，游客的进入、旅游活动的开展和满足游客基本生活需求，都会给旅游生态环境带来影响。如游客行、游需要的交通设施所排出的废气、废油污染了大气和水体，满足游客生活必需的食宿条件会产生大量的生活污水和生活垃圾排入环境。这些废气、废水、垃圾物若不采取措施，将会导致严重的环境污染。

【资料链接】

新华网兰州9月15日电（记者 孙勇）莫高窟、月牙泉是敦煌举世闻名的两大景观。然而近年来，月牙泉水位不断下降，1999年甚至出现了湖底露出水面的情况，这使得月牙泉面临着干涸的危险。

专家分析，月牙泉形成于晚更新世与全新世的过渡时期，距今约12000年，一直是水波荡漾。然而，近40年来，月牙泉水位却在不断下降，40年累计下降了9~11米，水面面积也由原来的14480平方米萎缩到了现在的5260平方米。

月牙泉是敦煌盆地区域地下水在地面的自然露头，是整个地下水系统的一个组成部分，月牙泉接受盆地区域地下水的补给。造成月牙泉水环境退化的原因：一是水利工程的干预导致地表水天然入渗补给地下水量的减少；二是超量开采地下水导致地下水位下降。

党河是月牙泉唯一的补给来源，这条河距月牙泉最近的距离为3.5公里。为了提高党河水资源的利用率，1975年10月修建了党河水库，河水全部被放流进入水库，水库下游的河床因此断流，这导致了地表水天然入渗补给地下水量的减少。另外，从20世纪60年代后期起，随着敦煌盆地人口的增加和社会经济的发展，人们大量开采地下水资源，导致月牙泉出现了水位大幅度下降和水面严重萎缩。

资料来源：http：//www. cctv. com/science/20040915/100790. shtml.

四、旅游景区环境管理方法

旅游景区环境管理是一项系统工程，需要采用各种方法进行综合管理。旅游景区环境管理的方法主要包括以下几种基本方法：

（一）法律方法

　　法律方法是通过各种法律法规来管理旅游景区环境。法律法规具有强制执行、权威性、规范性的特征。旅游景区环境管理需要有相关的法律法规作为支持，使管理工作建立在法制化的基础上，才能大大提高旅游景区环境管理的效率。旅游景区环境保护法制化建设就是加强旅游景区环境保护的法律建设，通过设立并利用各种涉及旅游开发、旅游景区运营管理以及旅游景区环境保护的法律、法规来约束旅游开发者、旅游景区管理者以及旅游者的行为，目的是实现对旅游景区环境的有效管理。法治方法主要涉及以下几方面：

　　1. 各级法律法规。法律法规是由国家及各级地方政府制定，并强制实施的制度性安排。与环境保护和管理相关的法律法规可以分为如下层次：综合性环境保护基本法、环境保护单行法。

　　（1）综合性环境保护基本法。综合性环境保护基本法是对环境保护和管理的目的、范围、原则、方针、措施以及组织等内容的总体原则性规定。综合性环境保护基本法通常构成国家进行环境管理的法律基础，其他各类环境相关法律法规都要以此作为依据。我国环境保护的综合基本法是 1989 年颁布的《中华人民共和国环境保护法》。

　　（2）环境保护单行法。环境保护单行法是针对特定的环境保护对象的专门性法律法规，这些法律法规适合于某些特定的环境。我国常见的与旅游景区旅游环境保护相关的单行法包括：《海洋环境保护法》、《水法》、《森林法》、《草原法》、《渔业法》、《防洪法》、《防震减灾法》、《矿产资源法》、《土地管理法》、《水土保持法》、《水污染防治法》、《大气污染防治法》、《野生动物保持法》、《环境噪声污染防治法》、《固体废物污染环境防治法》、《风景名胜区管理暂行条例》、《中华人民共和国文物保护法》。

　　此外，还有其他各级政府制定的实施细则。如为了保护千岛湖生态环境，淳安县就提出了"生态立县、旅游兴县、依法治理"的方针，先后出台了《千岛湖水环境管理办法》、《淳安县渔业资源保护管理办法》、《淳安县水土保持方案审批办法》等一系列保护千岛湖水源、水质的可操作性文件，为保护千岛湖提供了可靠保障。

　　2. 环境质量标准。环境质量标准是由行政管理机构根据立法机关的授权而制定和颁布，旨在控制环境污染、维护生态平衡和环境质量的各种法律性技术指标和规范的总称。

　　与旅游景区环境管理相关的质量标准有：

　　国家标准：《旅游区（点）质量等级的划分与评定》（修订）（GB/T17775—2003）、《旅游规划通则》（GB/T18971—2003）、《旅游资源分类、调查与评价》（GB/T18972—2003）、《旅游厕所质量等级的划定与评定》（GB/T18973—2003）、《导游服务质量》。

　　行业标准：《旅游汽车服务质量》、《内河旅游船星级评定规则（试行）》、《星级饭店客房客用品质量与配备要求》。

　　3. 旅游景区管理章程。旅游景区管理章程是由旅游景区管理部门制定，旨在对旅游景区内服务流程、管理手段、员工及游客行为进行控制，以提升旅游景区环境质量的规定。

　　为了更好地对旅游景区环境实施控制和管理，旅游景区应在国家和地方政府的环境保护法律框架下，制定针对旅游景区的环境质量控制与管理条例，并严格付诸实施。

（二）经济手段

经济手段是指通过经济杠杆来调节旅游景区和旅游者行为，来提升环境质量，减少环境问题的管理方法。经济手段通常具有较强的激励效应，对于调节对象而言具有良好的效果。常用的经济调节手段包括税收调节、环保费用征收、经济奖励与处罚等。

1. 税收。税收是国家或地方政府对于组织或个人无偿征收货币的经济活动，是国家和地方财政收入的重要来源，同时也会对国家和区域经济的发展起到一定的调节作用。在旅游景区环境质量监控和管理过程中，政府可以通过税收的手段来引导旅游景区和旅游者自觉遵守旅游景区环境保护的要求。

2. 环保费用征收。环保费用征收是指对于产生环境污染或导致旅游景区环境质量下降的组织征收排污费的方法，环保费用的征收同样能够直接影响到旅游景区的经营效益，因此，能够从根本上激励其产生环境保护的意识。旅游景区环境是公共物品，容易产生外部效应，从而导致污染和破坏。较为有效的解决途径是运用经济手段调节技术，通过环保费征收，将外部负面效应内部化。环保费用的征收主要包括以下几种形式，即排污收费、超标排污收费、环境保护保证金的预先征收、非环保产品收费等。

通常有两种具体方法：一种办法是旅游景区管理机构核定排污量，向旅游景区内的企业、单位收取排污费，旅游景区管理机构统一新建设施，统一处理。另一种方法就是将环境资源产业化，建立旅游景区内统一的废水废物处理企业。

一般而言，在旅游景区内让每家企业都添置废水废物处理设备是不现实的，也是不经济的，因此可以估算出该旅游景区可能产生的废水废物，建立统一的废水净化厂、垃圾处理厂等，保证旅游景区内产生的废物都能得到有效处理。

企业可以通过收费的方式维持生产，获得效益。旅游景区还可设立植被种养企业，培养一支专业的园林园艺队伍，可以通过向旅游企业提供有偿服务获得利益。

实践中，排污费排污罚款等常常达不到控制环境质量的目的，且成本高，税收容易流失。另一种行之有效的方法就是排污权交易。大型旅游景区的管理机构或当地环境管理部门，可以根据旅游景区自然界的自净能力等其他因素制定出旅游景区总排污量的上限，按照上限发放排污许可指标。这样可以鼓励企业通过自身努力，采用新技术、新工艺，加强内部管理，减少自身排污量，将多余指标转让给其他企业，从而带动整个旅游行业环境保护水平的提高。另外，管理部门也可以根据所监测到的环境质量状况，及时参与排污权的交易，达到有效控制环境质量的目的。这种方法在许多国家已广为采用，中国旅游景区也可积极推广。

3. 经济奖励与处罚。经济奖励与处罚是对为旅游景区环境优化作出贡献的组织和个人予以奖励，对破坏旅游景区环境的组织和个人处以经济处罚的行为。如河南太白山国家森林公园推出环保旅游新措施，游客下山时可以凭随身携带的一包垃圾去抽"幸运游客奖"，凡个人带废弃物超过 2 公斤、车辆带废弃物超过 25 公斤者均可以抽奖。通过赏罚分明的经济激励措施，旅游者的行为和旅游景区企业的经营管理行为能够得到进一步的优化。

（三）教育方法

教育方法是指通过各种媒介向公众传达保护环境的相关知识，从而达到提高公众的环境保护意识，促进旅游景区旅游环境质量提升的目的。旅游景区环境质量控制的教育对象主要包括旅游者、旅游景区工作人员以及旅游景区所在地的居民。

1. 旅游者教育。对于旅游者而言，旅游景区环境质量教育主要是为了促进旅游者的消费行为文明化，将旅游者行为对旅游景区环境造成的负面影响减少到最小。如教育旅游者尊重旅游景区的文化和风俗，对旅游景区内资源采取欣赏但不占有的态度，对自身的行为对照公共道德及旅游景区规则加以规范等。关于教育旅游者行为的具体方法可参见游客管理相关章节。

2. 旅游景区工作人员教育。对旅游景区工作人员的教育主要是增强其环境保护的意识、知识与技能，即通过环境保护教育达到提升其参与环境保护能力的目的。如对于生态型旅游景区的经营管理及服务人员而言，旅游景区应提供生态学、生物学、地理学、气象学、环保学、园林学等相关专业知识的培训，让其在日常工作中能够按照科学理论的指导为旅游者提供服务。

3. 社区居民教育。居民在旅游景区环境保护方面的作用是不容忽视的，具有强烈环保意识的社会环境能够对旅游者起到极大的约束作用，能推动旅游者在旅游活动中自觉遵守相关的规章和条款。因此，对旅游景区所在地居民的教育则应立足于普遍增强居民的环保意识，鼓励其广泛参与到旅游景区环保中来。

（四）行政方法

所谓行政方法是指各级政府及旅游主管部门根据国家和地方政府制定的政策和法规，依靠行政组织和行政力量来管理旅游景区环境质量的方法。在中国，行政手段往往容易得到组织和个人的重视，执行起来更加具有效率，因此，依靠行政手段管理旅游景区环境能够起到较为理想的效果。通常采用行政管理手段有行政通告、政府行政倡议以及政府的专项和综合整治等。

1. 行政通告。行政通告是指政府和旅游主管部门针对某项内容制定规则并公开颁布实施的方式。如1995年国家旅游局和环保总局就会同建设部、林业部以及国家文物局等单位联合下发的《关于加强旅游区环境保护工作的通知》就属于政府行政通告的形式。行政通告对相关责任人能够起到较强的约束作用，规则内容的执行同样具有一定的强制性。

2. 行政倡议。政府行政倡议是为了推动某个环保行为或环保理念而由政府及相关管理部门发起的运动。

3. 专项和综合整治。专项和综合整治是指政府职能部门对于严重影响旅游景区环境质量的问题进行专项治理或对旅游景区环境问题进行全方位治理的行为。政府牵头推行的整治工作往往能够在短期内达到理想的效果，但是由于整治工作具有短期性和针对性的特点，在环境整治之后，原来存在的问题可能会继续出现。

（五）技术方法

技术方法通过引入先进的科学技术和思想方法来加强对旅游景区环境监测、污染处理等工作。例如将地理信息系统、全球定位技术、遥感等俗称的"3S"技术引入环境系统监测能够大大提高环境监测的精度和连续性。此外，各种物理、化学、生物、环境工程等方法也应大力引入旅游景区环境监控与管理中来。

1. 旅游景区环境监测与预测技术。旅游景区环境监测是指运用各种监测手段，对旅游景区的大气、水体、土壤和生物等进行跟踪检测，以判断旅游景区环境质量是否符合国家规定的各类旅游景区的环境质量标准，提出环境质量报告书，为旅游景区环境预警和措施采用提供基础数据。旅游景区环境预测是环境监测的延伸，指根据已经掌握的情报资料和监测数据，对未来的环境发展趋势进行估计和推测，为提出防止环境进一步恶化和改善环境的对策提供依据。

2. 旅游景区环境监测和预测的一般程序。

（1）现场调查。现场调查的主要内容包括：主要污染物的类型、来源、性质及排放规律；污染受体的性质和污染受体与污染源的方位和距离；各种水文、地理、气象等条件，必要时要调查其有关历史情况。全面、客观的调查，是保证后续监测工作取得预测成果的基础，忽视环境调查会给整个监测工作带来盲目性和片面性。

（2）布点采样。根据现场调查资料确定测定的范围和项目，进行合理布点，确定采样点的数量和具体位置，然后确定采样的时间和频率。可以根据各自的实际情况，进行间断的定时采样或者长时间的不间断地连续采样。

（3）分析和处理。按照国家规定进行样品分析、检验，测出污染物的性质和浓度，并对取得的数据作出客观分析和合理解释，然后将经过科学分析的数据记录入档。

（4）提出环境质量报告。根据监测数据评价环境质量的现状，判断环境质量是否符合标准，指出引发主要环境问题的原因，污染过程发生的危害程度，预测环境质量变化的趋势。环境质量报告是旅游景区环境监测全过程的总结，既反映了环境保护和环境管理的状况，又为下一步的管理决策提供了科学依据。

（5）进行环境预测。环境预测首先必须根据预测目标，尽可能详尽准确地收集相关数据和资料，选用适当的预测技术，建立反映旅游景区内外各种可变因素与环境预测项之间关系的数学模型，将收集到的相关资料代入，求出初步预测结果，对初步结果进行分析、验证或修正以后，输出最终结果，提交决策部门，制定环境管理方案。

3. 旅游景区环境监控对象。旅游景区环境质量的监控是环境质量控制和管理的重要手段和必经环节，只有通过对旅游景区环境的实时监控，旅游景区管理者才能掌握环境质量的变化情况，并针对其变化特征采取有效措施保证旅游景区环境质量向更好的方向发展。对旅游景区环境质量的实时监控包括三个部分的内容，即旅游景区环境污染监控、旅游景区生态环境监控以及旅游景区旅游资源监控。

（1）旅游景区环境污染监控。旅游景区环境污染监控是指对旅游景区环境中污染物的浓度实施间断或连续测定，以分析和研究其变化对环境影响的过程，如对旅游景区内水质、大气、土壤等的测定。由于旅游景区内污染源具有来源广泛、影响机理较为复杂、产生效应时期不确定的特点，对于旅游景区环境污染的监控应采取网状连续检测的方式，即在一定范围内设置多个环境污染监测点。例如，为了促进四川九寨黄龙旅游景区的水资源保护和旅游可持续发展，当地水资源勘测局投资 200 余万元，分 3 年在九寨黄龙旅游景区流域内逐步完成 8 个 "九寨黄龙国家级生态水文站" 和 6 个雨量观测站点的建设，全面对旅游景区的扎如沟、则渣哇沟、树正沟、日则沟、涪源沟等水资源进行实时监测，以形成水资源和水环境监测网络。

实施旅游景区环境污染检测的主要任务有以下五点：第一，将检测结果与国家相关的标准和法规进行对照，看是否与这些标准的要求相符，并将环境质量报告定期上报给旅游景区管理者。第二，在发生旅游景区环境污染的情况下，判断污染源造成的污染影响，为环境保护措施的实施提供数据依据，并对环境保护措施的效果进行评价。第三，确定污染物的浓度、分布状况以及发展趋势，为旅游景区环境污染的防治提供对策建议。第四，通过收集大量的数据，分析各种污染源造成环境污染的动力机制和发展模式，为旅游景区环境保护部门提供预防环境污染的理论支持。第五，为旅游景区管理者制定适合本旅游景区的环保制度和规章提供依据。

（2）旅游景区生态环境监控。旅游景区生态环境监控是指对旅游景区内的生态环境的现状特征、演化趋势以及存在的问题等内容进行调查研究的行为，其目的在于为旅游景区的生态环境管理提供支撑。由于我国生态环境监测工作起步较晚，旅游景区的生态环境监测还没有系统开展，因此，迅速建立专业化的生态环境监测队伍，对旅游景区内不同类型的生态环境进行监控是目前国内旅游景区应尽快完成的工作。

生态环境监测的主要方法是根据不同类型的生态环境选择相应的关键指标，然后通过对关键性指标的持续监控和考察来分析生态环境质量的变化趋势。

（3）旅游景区旅游资源监控。旅游资源对于旅游景区而言，是旅游景区得以存在的基础。与此同时，旅游资源也是旅游景区环境质量的重要组成部分，对其实施监控和保护的迫切性和必要性是显而易见的。旅游资源监控的主要内容在于考察旅游资源的单体完整性、空间分布特征、质量变化趋势等。

其方法主要是，首先应建立完整的旅游景区旅游资源信息库，对旅游景区内所有旅游资源的基本特征信息予以记录备案。然后，通过仪器监控或工作人员轮询的方式来获取旅游资源的实时状态数据，并将上述数据与其原始数据进行对比，从而及时发现旅游资源保护中出现的问题，保障旅游景区的持续发展。

4. 旅游景区环境影响评价技术。

（1）旅游景区环境影响评价的概念。旅游景区环境影响评价是指对旅游景区旅游活动产生的环境影响的评估系统通过设置一套完整的评价指标体系来实现对旅游景区环境的全面监控和评估。

环境影响评估对于旅游景区经营管理者和旅游景区所在地的行政管理部门都具有重要的实践意义。首先，对于旅游景区经营管理者而言，旅游景区环境影响评估是对其经营管理业绩的衡量方式之一。其次，对于旅游景区所在地区的旅游主管部门而言，旅游景区环境影响评估又是其管理决策的重要依据。当旅游景区经营活动对所在区域环境产生负面影响时，主管部门可以根据环境影响评估传递的信息，制定针对性的措施。当旅游景区申报新的项目时，主管部门也可以根据项目的环境影响评估预测来判断该项目通过申报的可能性。

（2）旅游景区环境影响评价的方法。旅游景区环境影响评估主要采取定性和定量相结合的方法。

就评估的程序而言，首先应构建一个环境影响评估的框架体系，通过科学合理的评价指标选取来实现对旅游景区环境影响的全面评估。评估指标应涵盖旅游景区自然环境、旅游氛围以及社会经济环境等构成要素。

与旅游景区自然环境相关的要素通常有：空气污染；地表水污染，包括河、溪、湖、池塘和近海水域；地下水污染；内部供水污染；固体垃圾堆放问题；排水和供水问题；动植物破坏情况；生态影响和破坏，包括土地和水域、湿地及总体动植物生长栖息地；项目区土地位用和交通问题；重要的、有吸引力的自然环境景观的破坏；土地松动和滑坡等问题；自然灾害环境，如地震、火山爆发等对项目可能造成的破坏等。

与旅游景区旅游氛围环境相关的要素包括：噪声污染，包括平均水平和高峰水平；平时和高峰期的行人和车辆拥堵情况；景观美化问题，如建筑设计、绿化和标牌等；环境健康问题，如各种疾病等；历史、考古及其他文化遗迹的破坏。

与旅游景区社会经济相关的因素包括：对区域内生产总值的贡献率；对区域就业的影响；旅游景区旅游发展的乘数效应；区域旅游产业的投入产出；对区域社会风气的影响；对区域社会稳定程度的影响；旅游景区所在区域社区设施和公共基础设施的状况；居民对旅游者的态度。

旅游活动对旅游景区环境的影响评价指标并非如上固定不变，其可以根据旅游景区特点实行自主调节，在评估项目上有所增减。针对不同的指标可以采用定性或定量的方式来加以测量和评价，如对于地表水的污染可以用水质的测量数据来加以定量分析，而居民对旅游者的态度则在更大程度上需要依靠定性分析的方法。

在评估时，通常使用旅游景区环境影响评估矩阵表，该工具是将环境影响评价指标列表，并与评价结果组合而成矩阵表。

5. 分区管理技术。自然保护区应根据自然资源和文化资源的价值，特别是它们的脆弱性和容量来划分管理区域。在不同的区域，实施有差别的管理措施。一般来说，保护区可分为：严格保护不允许游人进入的核心区；严格限制使用，可允许游人进入，但只能是步行入内，开展对环境影响小的旅游活动的缓冲区；中度开发利用，建有配套的、数量有限的且负面影响小的服务设施的试验区；为游客提供住宿和餐饮的旅游服务旅游景区，如九寨沟的沟外食宿区。

另外一些保护级别较低的风景名胜区和森林公园等可根据游客可欣赏利用的重要资源类型分为内旅游景区和外旅游景区两部分。在内旅游景区里面，旅游开发利用要适度。可允许建造一些必不可少的基础设施，如道路、天然小径、简朴的营地，也可允许一些参与人数较少的小规模娱乐活动；在外旅游景区内，可设置一些基础设施，提供较全面的旅游服务，例如停车设施、铺设良好的道路、游客中心、商店，较正式的宿营地和过夜住宿。

分区管理对于保护重要的旅游资源、生态脆弱、容量较小的区域具有重要作用。例如澳大利亚的海洋生物博物馆大堡礁被分成若干地区，进行不同方式和层次的管理和利用。有的地区受到十分严格的保护，不允许在大堡礁上行走、采集和垂钓等活动，有三分之一的旅游景区禁止捕鱼，禁渔区总面积达到1100万公顷。大大改善了大堡礁整体的生存环境，保护了珊瑚礁和珊瑚岛，以及栖息在这一区域的400多种海洋软体动物和1500多种鱼类。

6. 环境容量测量技术。旅游景区容量，又称为旅游环境承载力，基本含义是在保证旅游景区环境质量的前提下，旅游景区所能承受的各种活动的能力。旅游景区容量包括多个维度，是一个概念体系。旅游景区容量（TCC）取决于物质容量（PCC）、生态容量（ECC）和心理容量（PCC）三个分量值。物质容量是旅游设施等物质条件对旅游活动的容纳能力；生态容量是自然生态环境对旅游活动的容纳能力；心理容量是基于游人和旅游社区居民的心理承受能力而建立起来的一种容量值。生态容量和物质容量合称自然容量（NCC），是指以资源利用为基础，与供给要求相联系的容量。

【案例】

千岛湖景区生态环境现状及面临的问题分析

千岛湖景区位于杭州市淳安县境内，是杭州——千岛湖——黄山黄金旅游线上的一颗璀璨的明珠，经过40多年的保护和开发，现已成为国家著名旅游度假胜地。伴随着旅游事业的快速发展，游客大幅度增加，景区的生态环境面临着较大的压力。

一、生态环境现状

千岛湖建水库40年来，淳安人民始终注重生态环境保护，在湖区建起了17个国有林场，3000余名林业工人奋战在植被保护第一线，森林覆盖率由建湖之初的23.8%上升到94%（不合水面），绿化率近100%，景区水、气、声环境质量符合国家一级标准，生物物种十分丰富。

1. 水质现状。目前，湖区共布设水质监测断面12处，中街口、三潭岛、大坝前3处属国家监测网络断面已开展监测分析项目28个，根据1999年和2000年监测结果，对照国家标准分析，除溶解氧为国家二类外，千岛湖水质其余各项指标均达到国家一类水质标准，其中挥发酚等多项指标尚未检出、是我国水质环境最好的水库、湖泊之一。

2. 大气、产质量现状。据多年监测，目前景区空气环境质量一直稳定的保持在国家一级标准，噪声环境低于40分贝。

3. 生物资源。目前，湖内有鱼种13科84类，名贵鱼种有鳜鱼、鳗鱼、甲鱼等；景区范围内野生植物有194科830属，有国家保护植物香果树、黄山梅等19种；野生动物有150余种（不合昆虫1800余种），其中国家一级保护动物有黄腹角雉、云豹等8种，国家二级保护动物有大天鹅、黑熊、金猫等14种，野生动植物种类繁多。

二、存在的主要环境问题

随着景区经济的发展，岛屿景点的相继开发建设和旅游人数的快速增长，也给千岛湖生态环境带来了污染和破坏，由于水上游览时间长，旅游活动主要靠游船、游艇进行，形成的环境问题主要有以下四类：

1. 湖面垃圾增多。部分游客和游船、游艇经营者随意将旅游活动时产生的各类垃圾抛弃入湖，垃圾漂浮于水面，严重破坏了景观，形成"白色污染"，特别是洪期，受洪水的冲刷，流域内各入湖支流带来了大量的生活垃圾和农业秸秆及枯枝烂叶，既污染水体，更有碍感观。

2. 船舶油污染加剧。目前在千岛湖从事营运的各类船舶有近5000艘，其中游、客船123艘，摩托艇179艘，其余部分是货物运输船和渔业捕捞船。由于档次相对较低，污染防治能力较差，各类含油污水大量排入水体，对水体造成污染。部分船只虽按规定安装了油水分离器，但缺乏强有力的监督管理、油水分离器使用常处于非正常状态，同时由于没有建立相应的废油回收管理制度，分离出来的废油仍大量倾倒在岸边，最终渗沥入湖。据统计，仅游船一项，年排入湖的含油污水就达 160 吨以上。

3. 生活污染加重。目前，景区范围内的各类船舶都没有安装污水处理回收装置，厕所采用的仍是原始的直排式，游客排放的大小便和其他污水都直接排入水体，而且大部分游船、客船同时兼营餐饮业，虽方便游客就餐，形成一项旅游特色，但餐饮废水和剩余饭菜在未经任何处理的情况下直接倒入湖中，是水体的又一项污染来源。旅游业的兴起带动了宾馆、旅店等第三产业的发展，目前，景区周围已建成 65 家宾馆、旅店和招待所，每天排放大量生活污水，也是水体污染的一个重要因素。

4. 水土流失严重。由于千岛湖大部分的景点都是建在湖中岛屿上，受经济利益的影响，在开发建设过程中，对水土保持重视不够，各类建筑垃圾和浮土被直接倒入湖中，而且建设周期长，绿化速度慢，植被受到破坏，湖区的一些林场仍在推行全垦式造林方式，砍掉原生植被现象比较严重。

环境是景区乃至旅游业的生存之本，尤其在像千岛湖这样以自然资源为旅游吸引物的景区，环境管理是景区管理最基本的职能，千岛湖环境状况基本良好，但仍存在许多隐患，特别是旅游业发展带来的破坏日趋严重，亟须景区管理部门采取强有力的措施加以解决。

【讨论】

1. 分析千岛湖景区的环境系统构成。

2. 千岛湖景区的环境问题产生的原因有哪些？

3. 如何解决千岛湖景区的环境问题？

项目小结

本项目首先介绍了旅游者的人格、类型与旅游行为，据此探讨了游客的管理方法以及引导游客行为的方法；同时也介绍了景区的经营行为与开发管理、营销管理、设施管理以及环境管理，使学生了解旅游景区经营管理的基本方面。

项目实训

【实训目的】

通过实地调查的分析，掌握旅游景区经营管理的实际情况。

【实训内容】

1. 对某一景区进行必要的调查，探讨该景区在营销活动中应采取哪些促销策略，以及采取怎样的销售渠道策略。

2. 调查该景区的环境和设施管理的实际情况。

【实训要求】

1. 实训学时：4 学时。

2. 以组为单位（3~4 人一组），实地调查，同时查阅相关资料。

3. 实训完成后写出实训报告。

模块三

支撑模块

项目八

旅游企业人力资源管理

【引言】

近日，国家旅游局正式启动全国旅游人才开发示范试点工作，首批全国旅游人才开发示范试点企业有 23 家。

国家旅游局相关负责人表示，启动国家旅游人才开发示范试点工作，推动旅游企业联手旅游职业院校共同培育人才，是破解旅游人才"总量不足，结构失衡"瓶颈的重要途径。

旅游企业作为服务业，其人才的流失率远远高于其他行业。一般行业正常的人员流失在 5%~10% 左右，而旅游企业人员的流失率竟高达 20% 以上。来自各大高校就业指导中心的数据显示，很多毕业生因为对服务业的偏见均改做他行。在持导游人员资格证书、等级证书的人员中，目前已不再从事导游工作的有 65471 人，占 33.2%。其中，持资格证书人员的流失率为 45.3%，持初级导游员证书的流失率为 6.4%，持中级导游员证书的流失率为 14.6%，持高级导游员证书的流失率为 10.1%，持特级导游员证书的流失率为 37%。

有关专家指出，我国旅游业已经步入转型升级的重要时期，正在向着建设世界旅游强国的目标迈进。行业发展，人才是关键，建设世界旅游强国，当务之急是加快实施科教兴旅、人才强旅战略，培养和建设一支适应现代服务业发展要求的高素质旅游人才队伍。

搞好旅游人才发展战略规划。要制定旅游人才发展战略规划，完善旅游人才开发体系，优化旅游人才开发环境，力求使旅游人才总量与旅游业发展相适应，旅游人才结构与旅游产业结构相协调，旅游人才素质提高与旅游业快速发展的要求相同步，努力使我国旅游人才在总量、结构和素质上适应未来旅游业发展的需求。

大力发展旅游职业教育。建设世界旅游强国，既需要一批高素质复合型旅游研究、经营、管理人才，更需要大量在各个基层岗位工作的基础型服务人才。要根据全国旅游业发展趋势和旅游行业的实际需求，大力开展旅游职业教育、职业培训、职业资格认证和职业技能鉴定，全面提升旅游从业人员整体素质。

【学习目标】

1. 掌握人力资源管理相关知识。
2. 了解旅游企业人力资源管理。
3. 领会如何进行旅游企业人力资源规划。

任务 1　掌握人力资源管理相关知识

一、人力资源的概念和特征

（一）人力资源的概念

人力资源是指一切能为社会制造财富，能为社会提供劳务的人及其所有的能力。具体为存在于人的体能、知识、技能、能力、个性行为特征等载体中的经济资源。在企业中的人力资源是指一切能为企业创造财富，能为社会提供企业规定服务的人及其所有的能力。

（二）人力资源的特征

人力资源是所有资源中较为特殊的资源，它与其他资源相比较有其鲜明的个性特征。

1. 人力资源的生物性。人力资源是以人为载体的资源，是有生命的"活"的资源，其基本形态是具有生命的人，因此人力资源具有生理和心理个性特征，人力资源管理比其他物资资源管理更为复杂，管理的难度更大。

2. 人力资源的再生性。自然资源在被消耗之后，一般是不可再生的，而人力资源是一种可再生资源，其个体在劳动过程中的消耗可通过休息和各种形式的补充使劳动能力再生，其劳动者的总量随人类的繁衍而不断地再生产出来，所以只要人类存在，人力资源就是一种取之不尽，用之不竭的资源。

3. 人力资源的增值性。人力资源不仅具有再生性的特点，而且其再生过程也是一种增值的过程。随着劳动人口的增加和科学技术的发展，人力资源不仅在总量上增大，而且劳动生产能力也在提高。

4. 人力资源的时代性。一个国家或地区的人力资源，在其形成过程中受到时代条件的制约，人一出生就置身于某一特定的时代背景之下，各方面受当时的社会经济发展水平的影响，只能在时代为他们提供的前提条件下发挥作用。

5. 人力资源的能动性。自然资源在被开发和利用时是被动的，而人力资源则不同，它存在于人体之中。人具有意识，为了一定的目的会自觉地运用能力，并通过学习、积累经验不断地强化自身的工作能力。

6. 人力资源的时效性。每个有生命的活体都有其生命周期，人在不同年龄阶段有着不同的生理和心理特征，人的能力的发挥也有最佳年龄段，会受到时间的限制。人力资源开发和使用的时间不同，所得效益也不相同。

人力资源开发的核心，在于提高个体的素质，因为每一个人体素质的提高，必将形成高水平的人力资源质量。合理的群体组织结构有助于个体的成长记高效性地发挥作用，不合理的群体组织结构则会对个体造成压抑。社会环境构成了人力资源的大背景，它通过群体组织直接或间接地影响人力资源开发。

二、人力资源管理的概念

人力资源管理是指组织为了实现既定的目标，通过运用科学、系统的技术和方法对人力资源的取得、开发、保持和利用等方面所进行的计划、组织、领导、控制等一系列管理活动的总称。人力资源管理是现代企业管理的核心。

人力资源开发与管理的基本职能：

1. 获取。获取主要包括人力资源规划、招聘与录用。

2. 整合。整合又叫做一体化、融合，即是员工之间的一种和睦相处、协调共事，使招录到的人员不仅在形式上加入到本组织中来，而且在思想上、感情上和心理上与组织认同并融为一体，取得群体认同的过程；是员工与组织之间个人认识与组织理念、个人行为与组织规范的同化过程。其内容主要包括对员工的培训，介绍组织的宗旨与目标，并启发和指引员工接受这些宗旨与目标，协调好组织中的人际和群际关系。

3. 保持与激励。指对招聘的人员采取适当措施，使其对所处的工作环境和条件感到满意，培养和保持其工作热情，维护其安全健康的工作环境。根本目的在于增强员工的满意感，提高其劳动积极性和劳动生产率，提高组织的绩效。

4. 控制与调整。这包括合理而完整的绩效考评制度的设置与执行，并在此基础上采取适当的措施，如晋升、调迁、解雇、离退、奖励、惩戒等的实行与落实。控制与调整是对员工实施合理、公平的动态管理过程。

5. 开发。这是人力资源开发与管理的重要职能，是指企业为有效地发挥每个人的才干，提高其知识、技能和能力而采取的一系列活动，使其得以最大限度地实现个人价值。主要环节有人才发现，人才培养，人才使用与人才调剂。主要内容包括组织与个人开发计划的制订、组织与个人对培训和继续教育的投入、培训与继续教育的实施、员工职业生涯开发设计及员工的有效使用等。它包括两个目标：一是提高人力资源的质量，二是提高其活力。具体做法有教育训练、组织发展、提高生活质量等。

三、人力资源管理的任务和目标

（一）人力资源管理的任务

人力资源管理作为企业管理的一个方面，担负着人事匹配、促进企业与员工共同发展的重要任务，具体表现在以下几个方面：

1. 人力资源战略与规划。根据组织的长期战略，人力资源战略要解决的主题问题有：组织的未来结构和我所需要的组织成员数量与结构预测；组织员工的培训途径和选拔规划，关键技术人员、管理人员的选拔模式；应当建成的组织文化；对员工的管理理念，等等。

组织的人力资源规划，则要立足于组织的中长期发展，具体根据组织的近期发展所提出的对于人力资源的需求，寻找供给的缺口。

2. 工作分析和工作设计。工作分析和工作设计是人力资源开发与管理工作的基础。

3. 招聘和选拔。招聘是指通过各种途径发布招聘信息，将应聘者吸引过来；选拔则是企业挑选最合适的求职者，并安排在一定职位上。

4. 培训与开发。通过培训提高员工个人、群体和整个组织的知识、能力、工作态度和工作绩效，进一步开发员工的智力潜能。

5. 绩效管理。绩效管理是在特定的环境中，与特定的组织战略、目标相联系的组织对员工的绩效进行管理，目的是为了实现组织目标，促进员工发展。绩效管理的内容涉及绩效管理系统的构建、绩效考核指标设计、绩效管理方法的分析、绩效考核结果的运用等。

6. 薪酬福利设计。影响旅游企业薪酬的因素是多方面的，大致可归纳为三类：旅游企业内部因素、员工个人因素和外部的社会因素。

7. 劳动关系。劳动关系是企业管理者与员工之间的相互关系，解决员工在工作中所发生的各种矛盾和冲突，保持组织运行的协调一致和高效率。

8. 职业计划与发展。职业计划是根据员工个人性格、气质、能力、兴趣、价值观等特点，结合组织的需要，为员工制订一个事业发展的计划，并为之不断开发员工的潜能。

人力资源管理的主要任务就是以人为中心，以人力资源投资为主线，研究人与人、人与组织、人与事的相互关系，掌握其基本理念和管理的内在规律，为充分开发、利用人力资源，不断提高和改善职工生活质量，充分调动人的主动性和创造性，促使管理效益的提高和管理目标的实现。

（二）人力资源管理的目标

人力资源管理目标可分为终极目标与直接目标两个方面。就直接目标来说，是从人的角度提高企业效率，促进企业的稳定发展。从终极目标来说，人力资源管理活动的最终目的是提高员工和企业的工作绩效和效益，提高企业竞争力，实现企业价值最大化。并在实现企业目标的基础上，努力实现员工的个人目标，使企业与员工共同发展。

任务2　了解旅游企业人力资源管理

一、旅游企业的员工流动

许多优秀的企业已经在控制人员流动方面采用了一些值得借鉴的方法：

1. 利润分享并实行持续的激励计划。

2. 绩效工资，按劳取酬。

3. 利用先进技术实施人力资源开发，帮助员工提升素质，使员工可以根据自身情况进行自我培训。旅游企业人力资源培训与开发是指旅游企业针对其内部员工有计划、有组织实施的系统学习和挖掘潜力的行为过程，通过员工知识、技能、态度乃至行为发生定向改进以及潜力的发挥，确保员工能够按照预期的标准或水平完成工作任务。

二、旅游企业的员工招聘

旅游企业从战略发展的角度分析现有的人力资源状况，预测人力资源需求与供给，确定需求，并制定旅游企业人力资源规划。人力资源规划确定了所需要填补的工作的具体数量，而工作分析提供了特定工作的性质和要求。员工的招聘是根据人力资源规划在工作分析的基础上，为一定工作岗位选拔合格人才而进行的一系列活动。招聘是旅游企业获得人力资源补充的重要渠道之一，是外部优秀人才进入旅游企业的唯一通道，是人力资源开发和利用的开端，也是旅游企业经营成败的关键。

（一）招聘的途径

旅游企业获取人力资源的途径有内部招聘和外部招聘，也就是说旅游企业可以用自己现有的人员来填补某项特定的工作，也可以从旅游企业以外的劳动力市场选拔优秀合格的人才。但无论是内部招聘还是外部招聘都各有利弊。

1. 内部招聘。据有关调查显示，美国有90%的管理岗位是由内部招聘来填补的，旅游企业通常也会优先考虑内部招聘，只有在企业内部没有人才或者企业的情况不适合内部招聘时，才考虑外部招聘。

内部招聘的优势主要有：

（1）为内部员工创造了提升的机会，激励被提升者工作更加努力、工作效率更高。同时，也可以激励和鼓舞其他员工，对员工的动机和士气产生积极的作用。

（2）可以减少招聘的环节，降低招聘成本。

（3）通过绩效考评，旅游企业对内部员工的工作情况比较了解、员工对旅游企业的组织结构、服务流程、服务标准等也已经熟悉，因此，内部招聘可以使对员工预期的不准确和对旅游企业不满意的可能性降低。

（4）旅游企业对现有的人力资源投资很大，充分开发利用现有的人力资源可以提高旅游企业的投资回报。

然而，内部招聘也有一些缺点。内部招聘不易吸收到优秀人才，可能使企业缺乏活力，在内部提升中如果选拔不公平、公正，反而会挫伤员工的积极性，引起内部明争暗斗，工作上相互牵制。

旅游企业在进行内部招聘时，通常以发布公告的形式向员工传递招聘信息。许多旅游企业在员工食堂、员工休息区、员工宿舍等设置信息栏，通过信息栏发布招聘公告，如果旅游企业设有完善的内部网进行员工间相互沟通、传递信息、文化交流，人事部门会在内部网上及时发布职位需求信息。公告中详细说明所需职位的名称、报酬以及任职资格，员工向所在部门提出申请，旅游企业按照公开、公平的原则经过严格的筛选程序进行人才选拔。

2. 外部招聘。外部招聘的渠道很多，我们比较常见的有大学校园招聘、员工推荐、媒体招聘、职业介绍机构和人才交流市场、网络招聘等。

（1）大学校园招聘。大学校园是旅游企业优秀人才的主要来源之地。中国目前的高等教育越来越重视学生的动手能力，在教学计划中有大量的实践教学，旅游企业与学校采取实习、就业联合一体的方式，学生的实践教学在旅游企业中进行，旅游企业对实习的学生进行考查，实习结束后旅游企业根据实习情况选拔聘用合格学生在旅游企业就业。

（2）员工推荐。员工推荐可节约招聘费用和时间，尤其对关键职位的人选，经有关研究机构调查这种聘用形式比其他聘用方式更有效，员工流动性小。缺点是容易在内部形成裙带关系。

（3）职业介绍机构与人才交流市场。旅游企业在开业之初，人员需求量较大，可以通过专门机构招聘员工。旅游企业只要将有关招聘信息传递给这些专门机构，就可以直接获得应聘人的相关资料。但有的机构管理不规范，应聘人员素质参差不齐，难以选拔到优秀人才，成功率比较低。

（4）媒体招聘。利用广播、杂志、电视、报纸等进行招聘宣传，这种招聘方式信息传播迅速且范围较广，但筛选工作量大，而且时效短、招聘成本较高。

（5）网络招聘。网络招聘是指旅游企业通过在人才网站发布招聘信息的方式进行招聘，这种方式越来越多地被旅游企业所采用。因为，网络招聘相对于传统招聘方式收费低，招聘面广、时效长。旅游企业应充分利用网络技术，与正规专业的人力资源网站合作，提高招聘的效率。

内部招聘为员工提供了职业发展的机会，外部招聘为旅游企业注入了新鲜血液，"鲶鱼效应"激活了内部员工的潜能。内部招聘和外部招聘都有其优缺点，旅游企业应根据自身的具体情况选择合适的招聘途径。

（二）甄选的方法

无论是外部招聘还是内部招聘，在招聘过程中都应该按照招聘程序，采用恰当的甄选方法进行严格筛选，以确保旅游企业招收到合格的员工。一般来说，甄选的方法主要有专业笔试法、面试法、情景模拟法、心理测评法等。

1. 笔试法。笔试是让应试者在试卷上回答事先拟好的试题，然后由评估人员根据应试者解答的正确程度予以评定成绩的一种测试方法。旅游企业主要通过这种方法测试应聘者的专业知识、管理知识以及综合分析能力。笔试的优点是可以大规模地进行，而且比较客观；缺点是不能考察应聘者的口头表达能力和实际操作能力。

2. 面试法。面试是通过与应聘者直接交谈，观察其言谈举止，可以了解到应聘者的知识状况、能力特征和求职动机等情况。面试根据方式方法不同又分为结构性面试、非结构性面试、压力面试、小组面试和系列式面试等。

（1）结构性面试是指根据事先拟定的纲要来进行面试，纲要的拟定以工作分析为基础。应聘同一个工作所需回答的问题是相同的，面试者按照清单提问并记录下求职者的回答，这样便于在不同的应聘者之间进行比较。结构性面试获得的信息比较全面、系统。

（2）非结构性面试与结构性面试正好相反，没有预先确定问题的清单，它是一种比较随便、开放式的面谈，如：你和同事的关系好吗，你认为自己最擅长哪些方面，等等。非结构性面试比较灵活，面试氛围宽松、和谐，但这种面试无法系统地了解应聘者的信息，而且主观性大，测试的准确度不高。

（3）压力面试是将应聘者置于压力之下，观察应聘者的情绪变化，承受压力的能力。在压力面试中，面试者故意采取一种不友好和敌对的态度，对应聘者提出一系列不礼貌、冒犯的问题，将应聘者置于尴尬、难堪的境地。压力面试通常用于对谋求要承受较高心理压力岗位的人员的测试，旅游企业在面试中只对有这种需要的工作采用压力面试，如公关销售工作人员和大堂经理等。

（4）小组面试是指两个或两个以上的面试者对一个应聘者进行面试。允许每位面试者提出不同的问题，可以得到更深入、更有意义的回答。

（5）系列式面试是指面试者分别对应聘者面试，由每一位面试者依据自己的看法，向应聘者提问，然后将自己的评价意见记录下来，最后所有面试者经讨论作出评价判断。

3. 情景模拟法。所谓情景模拟法是指模拟真实的工作环境和过程，让被试者在模拟的情景中表现自己的才干，内评价员在旁边观察并根据测评要素进行评定的一种方法。旅游企业在招聘中采用情景模拟法不仅可以考察应聘者的语言能力、应变能力，还能考察应聘者的心理素质和形态举止。

4. 心理测评法。心理测评法是指对个体的心理特质进行测量和评价。现在有许多企业在选拔人才时使用心理测评技术，如联想集团是国内较早在招聘中运用心理测评的企业。在旅游企业招聘中仅凭外表和简历在众多的应聘者中选拔优秀人才，其成功率是很低的，为了进一步了解应聘者的能力、人格、兴趣等，有必要对其进行心理测评，为人才和职位匹配提供重要的依据。心理测评按测评的功能可分为能力测评、成就测评和个性测评。

三、旅游企业人力资源配置原则

旅游企业人力资源配置指的是将旅游企业人力资源投入到各个局部的工作岗位，使之与物质资源相结合，形成现实的经济运动。旅游企业人力资源的科学配置，是旅游企业人力资源生产与开发之后的关键环节，也是旅游企业人力资源经济运动的核心。从宏观角度说，旅游企业人力资源的配置就是要达到充分就业和合理使用，以形成良好结构，保证旅游企业顺利发展的需要，取得经济的最大效益和自身比较高的使用频率。因此，旅游企业人力资源配置要遵循以下原则：

（一）充分投入原则

在旅游企业人力资源处于供不应求和供求平衡状态时，一般来说比较容易达到充分利用。在旅游企业人力资源供过于求的状态下，则应当通过各种措施扩大需求，增加投入，尽量减少人力资源的闲置和浪费。

（二）合理运用原则

旅游企业人力资源的合理使用应当包括员工的潜能发挥、员工社会地位的提高，以及有关劳动的各种社会关系的协调等，即有着一定社会效益的内涵。

（三）良性结构原则

在宏观的人力资源处于良性结构的情况下，人力资源状况能够适应社会经济发展的需要，并能有利于旅游企业在较长时间内保持协调，从而取得较大的经济效益。

（四）提高效益原则

提高效益是重要的经济学原则。高效劳动是一种较好的状况，可能接近或者达到充分利用人力资源的程度；低效劳动、零效劳动、负效劳动显然是人力资源运用很不合理的状况，应当向高效劳动转化。

四、旅游企业员工培训

(一) 旅游企业员工培训的内容

1. 职业道德培训。职业道德是指从事一定职业的人,在职业活动的整个过程中必须遵循的行为规范和行为准则,是从属于社会道德总范畴的,是社会道德的一个领域,也就是社会道德在职业生涯中的具体体现。在旅游企业员工的培训中,职业道德的培训相对于其他培训来说更为重要,因为其他的培训教会员工如何做事,而职业道德培训则是教育员工在从事这项职业的过程中如何做人,常言道:修身先修德,做事先做人。在旅游企业员工的培训中要加强员工的道德认识,在服务的过程小树立正确的价值观和道德观,发扬爱岗敬业、真诚为顾客服务的精神,并把遵守职业道德的情况作为考核、奖惩的重要指标,从而养成良好的职业习惯,增强员工的责任感和使命感。

2. 知识的培训。知识的培训包括基础知识培训和专业知识培训。通过一些调查机构对旅游企业人力资源状况的调查显示,旅游企业基层从业人员的学历普遍偏低,中高层管理人员虽有不少具有大专以上学历,但大多是学财会、工商管理等专业,旅游企业专业人才匮乏,因此在旅游企业的培训中,对基层员工既要适当地进行基础知识教育,以提高员工的基本素质,还要进行专业知识和专业技能的培训。对管理人员主要是专业知识的培训,并且要求有一定的理论深度、广度。

3. 能力的培训。能力包括一般能力和特殊能力,一般能力也就是我们通常所说的智力,特殊能力是指在完成某种专业活动时所表现出来的能力,如绘画能力、数学能力、专业技术能力等。任何一项工作,除了必须具备一般的观察力、思维力、记忆力、想象力外,还要具备某种特殊能力才能适应该项工作的要求。在旅游企业的培训中针对不同能力的从业人员进行不同层次的职业培训,如餐厅服务员主要进行餐饮服务技能培训,办公室文员主要是公文处理和打字速度的培训,销售人员主要是寻找和开拓市场的能力、表达能力以及应变能力的培训。

(二) 旅游企业员工培训的类型

1. 岗前培训。坚持“先培训,后上岗”的原则,岗前培训是指旅游企业的员工在上岗前所进行的培训,根据培训的内容不同又分为一般性岗前培训和专业性岗前培训。

一般性岗前培训,主要由人力资源部组织实施培训,培训的内容应以企业和员工两方面的需要为基础,主要有:介绍企业的企业文化、基本概况、组织结构,熟悉企业的各项规章制度、报酬、福利,参观了解旅游企业的内外部环境等。一般性岗前培训要想取得积极的效果,必须在企业需求和员工需求之间实现良好的平衡。

专业性岗前培训,主要由培训师根据新员工将来所要分配的部门和岗位有针对性地进行专业训练,使新员工在上岗前掌握将来岗位的工作流程和基本技能,能够很快地适应新的工作,旅游企业不会因为新员工不熟悉业务导致服务质量下降。

2. 在岗培训。在岗培训指对旅游企业在职人员进行的提高综合素质的不脱产培训,是岗前培训的延伸,主要采取重复培训和交叉培训的形式。旅游企业员工的大部分技能和专业知识是通过在岗培训获得的，在岗培训是一项长期、持续不断进行的工作，在岗培训应与员工的职业发展相一致，贯穿于员工的整个职业生涯。

3. 岗外培训。岗外培训主要指旅游企业为了发展和员工职位晋升等需要安排员工暂时脱产进行专门的训练，岗外培训一般由旅游企业以外的专门培训机构、行业协会或旅游大专院校组织实施培训，有些对人力资源管理重视和实力雄厚的旅游企业还会派遣员工出国进修学习，通过以培训班、研讨会、考察、参观学习等形式的培训，使员工更新观念，学习到更多的专业知识和先进经验，对旅游企业和员工个人的发展起到非常积极的作用。

五、旅游企业薪酬管理

(一) 薪酬的概念

薪酬指员工通过从事企业所需要的劳动，而得到的以货币形式和非货币形式所表现的补偿，是企业支付给员工的劳动报酬。与传统的工资概念所不同的是，薪酬还包含了非货币形式的报酬如带薪假期、集体福利和保险等。薪酬制度直接或间接地反映了旅游企业的经营目标、管理态度以及整个企业的组织氛围，

因此，薪酬管理制度的建立是企业管理者可以支配的最有效的激励手段之一。薪酬有直接薪酬和间接薪酬两种形式，直接薪酬主要有工资、奖金和津贴；间接薪酬主要指福利。

(二) 旅游企业薪酬的构成

目前旅游企业行业薪酬主要由工资、奖金、津贴和福利等构成。

1. 工资。工资也称为基本薪酬，一般情况下，旅游企业的基本薪酬是根据员工所承担的工作的重要性、复杂性以及在旅游企业中的相对价值而确定的，即采用职务工资制，不论是谁，什么职位就拿什么档的工资。另外，有些旅游企业为了鼓励员工提高技能和减少员工流动率，除了职务工资外还包括以每个员工的技能等级为依据的技能工资。基本薪酬属于薪酬中相对稳定部分，这部分薪酬为员工提供了最基本的生活保障。

2. 奖金。奖金是旅游企业对超额劳动的报酬，其形式多种多样，如个人奖励、团体奖励和组织奖励，目的是激励员工提高工作效率和工作质量。奖金是一种灵活、有效的薪酬形式，奖金产生的激励作用，可以极大地调动员工的积极性，提高旅游企业的经济效益。

3. 津贴。津贴也称附加工资或补贴，指员工在艰苦或特殊条件下进行工作，旅游企业对员工的额外劳动量和额外的生活费用付出所给予的一种补偿。如夜班津贴、物价津贴、特殊岗位津贴和差旅津贴等。

4. 福利。福利指企业为了吸引员工，维持员工稳定，增强员工对旅游企业的忠诚感和激发员工的工作积极性而支付的补充性薪酬。旅游企业的福利包括根据中国劳动法规定的社会保险福利和单位福利。

(三) 薪酬管理的原则

1. 公平原则。旅游企业在制定薪酬制度时，公平性是重要的出发点。员工对薪酬是否公平的评价包括两个方面：内部公平和外部公平。内部公平指在旅游企业内部，员工感受是

公平的，其劳动付出和报酬是基本相符的。外部公平指旅游企业的薪酬水平在同行业中具有竞争力，能够吸引和留住人才。薪酬制度必须建立在公平的基础上，只有当员工感觉企业的工资、奖金是合理公平的，才能有效地激励员工更好地工作。

2. 激励原则。旅游企业在制定薪酬制度时要充分考虑薪酬的激励效果，适当拉开薪酬的差距，对工作绩效高的员工提供较高的薪酬，使工作表现突出的员工所获薪酬明显高于一般员工，这样薪酬才有激励员工努力工作的效果。

3. 经济性原则。较高的薪酬水平具有竞争力，但同时也会增加旅游企业的劳动力成本支出，因此旅游企业在进行薪酬管理的时候，要考虑旅游企业的支付能力和发展需要，在保持有竞争力的薪酬水平与控制劳动力成本之间进行适当的平衡。

4. 合法性原则。旅游企业薪酬制度不能违反国家及政府部门的法律法规政策。

（四）旅游企业薪酬管理的基本内容

1. 薪酬管理的目标。旅游企业薪酬管理的目标与旅游企业发展的目标是一致的，通过建立成功的薪酬制度，吸引优秀的员工，降低员工流失率，激发员工的积极性，控制旅游企业的劳动力成本，实现旅游企业与员工的和谐发展。

2. 工作评价。在工作分析的基础上对旅游企业各项工作进行分析比较，确定各项工作对企业的相对价值，由此作为工资等级评定和分配的依据。工作评价的目的是根据各项工作的相对价值确定合理、系统和稳定的工作结构，建立一套符合内部公平的薪酬制度。工作评价是实现内部公平的基础，具体的工作评价的方法有多种：有工作排序法、要素比较法、要素计点法等，每种方法适用于不同的旅游企业，旅游企业可根据自身实际情况选择适用于本企业的评价方法。

3. 薪酬调查。调查本地区或跨地区同行业或相近行业的薪酬水平，特别是竞争对手的薪酬状况，结合本旅游企业的财务支付能力以及旅游企业的人力资源策略，确定和调整旅游企业的薪酬水平和薪酬结构，以保证旅游企业的竞争地位，薪酬调查的目的是提升旅游企业薪酬的外部竞争力。

4. 薪酬控制。薪酬控制主要是对薪酬水平和薪酬支付过程的协调和控制，主要包括薪酬预算和薪酬成本控制。

薪酬预算是指管理者在薪酬管理过程中进行的一系列成本开支方面的权衡和取舍，管理者在进行薪酬预算时要考虑诸多因素的影响，如外部市场的薪酬水平、旅游企业的财务承受能力、员工的绩效、旅游企业的薪酬策略等，综合各方面的因素进行权衡。旅游企业的薪酬预算通常采取的是通过对旅游企业的业绩总额进行预测，确定旅游企业所能接受的新的薪酬总额，按照一定比例分配给各个部门，同时，各部门管理者预测单个员工的薪酬水平，将所有员工的薪酬汇总与薪酬预算总额相比较，调整二者之间的差异。旅游企业的薪酬除了有维持员工基本生活保障的作用外，还有激励的功能。旅游企业管理者在进行薪酬预算时应充分考虑薪酬的激励作用，分析生成薪酬的各种因素，计算薪酬预算总额，严格执行既定的薪酬制度，允许实际薪酬在预算薪酬总额上下波动，保证激励的有效性。

薪酬成本控制是指在保证薪酬竞争力和激励性的前提下，控制旅游企业的劳动力成本。旅游企业的劳动力成本主要受员工数量和人均现金报酬和人均福利成本的影响，因此控制劳动力成本必须在分析旅游企业现有薪酬状况下对以上三项指标进行控制。旅游企业控制薪酬的方法有冻结薪酬、延缓增资、延长工作时间、控制奖金和裁员等方法。

5. 薪酬沟通。薪酬方案的实施，需要全体员工的支持与合作，因此，旅游企业在设计薪酬体系的同时应加强与员工的薪酬沟通。在人力资源管理实践中，企业人力资源管理者往往忽略薪酬沟通，认为工资、奖励、福利制度的制定是管理者的工作。其实不然，薪酬管理中一项重要的工作就是让员工参与薪酬体系的设计，通过员工与管理者的沟通，增加彼此的信任，发现薪酬体系中存在的问题，使员工清楚地知道旅游企业薪酬的制定依据，了解薪酬结构，知道自己和他人薪酬的差异，怎样工作才能加薪。只有加强薪酬沟通，让员工参与薪酬的决策，才能使员工理解和接受旅游企业的薪酬方案，减少因薪酬带来的误解和矛盾，激励员工在有效的薪酬体系下尽其所能地做好工作。

任务3 了解如何进行旅游企业人力资源规划

一、旅游企业人力资源规划的概念和种类

(一) 旅游企业人力资源规划的概念

人力资源规划有广义与狭义之分。广义的旅游企业人力资源规划是指旅游企业根据其发展战略、目标及内外环境的变化，预测未来组织的任务和环境对组织的要求，以及为完成任务和满足要求而制定和实施相应人力资源政策、措施的过程。狭义的旅游企业人力资源规划是指旅游企业对未来人力资源供求情况进行预测，为保证满足未来需要而提供人力资源的过程。广义的旅游企业人力资源规划定义可以从以下四方面来理解：

1. 人力资源规划的目标是配合旅游企业发展的战略，从组织的目标和任务出发，要求旅游企业人力资源的质量、数量和结构符合特定的要求，确保旅游企业在需要的时间和需要的岗位上获得各种需要的人才。

2. 一个组织的环境是变化的，这种变化带来了组织对人力资源供需的动态变化，旅游企业人力资源规划的基础是分析和预测环境的变化对劳动市场的影响。外部信息包括宏观经济发展趋势、旅游行业的发展前景、主要竞争对手的动向、劳动力市场的趋势、人口趋势、政府相关政策法规、风俗习惯演变，等等。

3. 旅游企业人力资源规划的内容是对企业内部人力资源的需求以及对企业外部人力资源的供给进行分析和预测，并制定相应的人力资源政策和措施，如人员调动和补缺、员工晋升和降职、员工招聘和录用、员工开发和培训、员工离职管理，等等，从而确保企业发展的不同阶段对人力资源需求的满足。

4. 旅游企业人力资源规划的宗旨是最终实现企业和员工的双赢。企业获得所需要的人才，员工得到施展才华的空间，并在实现组织目标的同时，也要满足个人的发展，使个人与企业一起成长。

人力资源规划需要一些要素的配合才能发挥作用。

第一，旅游企业必须有一个目标作为一切活动的基础，并通过这个目标，发展处一套目标体系和经营战略；人力资源规划是企业为实施其发展战略、实现其目标而对人力资源需求

进行预测，并为满足这些需求而进行系统安排的过程。

第二，管理者要对外在劳动力市场和内在劳动力市场有充分的了解，才能有效地规划人力资源。一般来讲，管理者会先分析已有的劳动力供给，倘若内在市场未能有足够的供给，就需分析外在劳动力市场；有时，管理者会因为希望改变企业文化或需要引进某些专业人才而决定向外招募。

第三，人力资源规划必须有高级管理层的支持与参与，以及企业文化的配合才能成功。

第四，人力资源规划需要其他人力资源管理活动的配合，并在有效地内部人力资源信息支持下才能收到一定效果。

（二）旅游企业人力资源规划的种类

根据不同的标准和需要，旅游企业人力资源规划有以下不同的划分方法：

1. 按时间跨度划分。按照规划的时间跨度来划分，旅游企业人力资源规划可分为短期规划、中期规划和长期规划。短期规划一般是对未来 3 年的人力资源进行规划；中期规划一般是对未来 5 年的人力资源进行规划；长期规划一般是对未来 10 年的人力资源进行规划。

旅游企业选择短期、中期或长期的人力资源规划主要取决于两方面因素：一是旅游企业本身的情况及需要；二是旅游企业所处环境的稳定性。

2. 按适用范围划分。按照规划的适用范围划分，旅游企业人力资源规划主要可以分为企业层面人力资源规划和部门层面人力资源规划。企业层面人力资源规划是对整个企业的人力资源的总体规划，部门层面人力资源规划是对企业内某个部门的人力资源的规划。（前者更为常见业务更为实用）

3. 按规划内容划分。按规划的内容划分，旅游企业人力资源规划主要可以分为战略性人力资源规划和战术性人力资源规划。战略性人力资源规划的内容是旅游企业未来人力资源配置应采取的主要战略，实际上相当于企业人力资源战略规划；战术性人力资源规划是在总的战略指导思想下对企业人力资源进行具体的配置，其内容主要是较为具体的人力资源供需预测和人力资源供需的平衡等，可区分为：费用规划、组织规划、人员规划等。人员规划包括人力资源现状分析、企业定员、人员需求、供给预测、供需平衡等。

二、旅游企业人力资源环境分析

（一）外部环境分析

经济环境。虽然人们的观念会影响到对旅游的态度和行动，但是经济因素尤其是人们的可自由支配的收入情况及人们对经济环境的预期则对人们的旅游愿望和旅游行动有着决定性的影响。同时，税率变动、通话膨胀和经济增长速度等经济因素不仅会影响到旅游企业的战略和目标，而且会影响到劳动力的可获得性。

1. 政策和法律环境。企业人力资源规划如果与国家对于人力资源的法律法规、国家和地方的劳动保障法规政策相抵触，则无效。

劳动力市场。经济学家指出决定劳动力供给的四个典型因素：

（1）人口规模以及年龄、性别和教育水平构成；

（2）经济中对商品和服务的需求；

（3）生产技术的性质；

（4）劳动力大军中重要的亚群体的参与程度。

2. 旅游企业人力资源。旅游企业需要的人员可能跨越不同的劳动力市场，涉及经理市场、秘书市场、推销员市场、服务员市场等。劳动力市场对旅游企业的人力资源供应的预测有十分重要的影响。主要涉及以下方面：

（1）劳动力供应的数量；

（2）劳动力供应的质量；

（3）劳动力对职业的选择；

（4）当地经济发展的现状与前景；

（5）旅游企业提供的工作岗位数量与层次；

（6）旅游企业提供的工作岗位地点、工资、福利等。

3. 技术状况。科学技术的发展对旅游企业人力资源供应预测主要有以下一些影响：

（1）科学技术的发展使人们从事工作的时间越来越少，闲暇时间越来越多，因此服务行业的劳动力需求量越来越大。

（2）由于办公室自动化和网络的普及，中层管理人员会适当削减，而有创造力的人员则更显珍贵。

（3）技术进步和技能改进会影响到企业聘请具备相应的技术和技能要求的人员；而劳动力市场中的许多求职者却因为不具备这些技术和技能而无法被雇用，造成某些技术领域或技术岗位人才短缺及另外一些低技术和低技能要求的岗位人才过剩。

4. 最后是地理因素和竞争状态。如地区经济发展状况、地区直接的竞争者数量和国际竞争对该地区的影响以及人才分布在地域方面的离散程度等都会影响到旅游企业人力资源规划的制定。

在制定人力资源规划时，要特别考虑外部环境这一动态因素，而不能简单地将人力资源规划理解为静止的数据收集和一劳永逸的应用。

（二）内部状况分析

制定旅游企业人力资源规划还必须对企业的人力资源现状进行一次总的盘点，主要包括以下内容：

1. 基本信息盘点。基本信息主要是企业现有雇员的一般情况，如员工数量及其在企业中的分布、男女雇员的比例、雇员的年龄结构、职位结构、职称结构、知识和经验、学历层次、工作年限等。需注意：这种信息的盘点不是简单的数字记录，还要对这些信息进行有利于人力资源开发与管理的各种统计和分析，尤其是这些基本信息与业绩和离职率之间的关系等。

2. 岗位信息盘点。通过工作分析和岗位分析可以了解企业现有的工作岗位情况，包括岗位的名称、数量、工作岗位现任职人数、工作岗位之间的隶属关系、工作岗位的重要性以及现任职人员的基本信息，等等。同时，还要根据企业的发展战略分析会有哪些新增的工作岗位及这些新增的工作岗位的特点和要求。工作岗位分析信息主要来源于书面资料、访谈、工作日志、同事报告、直接观察等。

3. 能力信息盘点。员工的能力和技能是构成企业核心竞争力的核心要素，旅游企业人力资源规划不仅是要让企业获得足够数量的雇员，还要让企业获得有竞争力的雇员。能力信息盘点可以让企业明了目前雇员的技能水平以及企业战略的实施还需要哪些关键技术和关键能力。

4. 心理信息盘点。人力资源管理的一个重要特征就是要尽可能使人与工作相匹配，不仅是能力的匹配，还是性格和个性的匹配。心理学的许多技术和方法被广泛运用于现代人力资源管理，尤其是通过个性测试和心理测验等方法了解员工的个性心理特征、行为偏好及其对员工工作胜任力、工作匹配程度和离职率等管理因素的影响，从而对员工进行有效的管理和激励，使员工行为与组织目标相一致。

三、旅游企业人力资源供求预测

在搜集的人力信息基础上，采用定性和定量相结合、以定量为基础的各种统计分析方法及预测模型，对旅游企业未来的人力资源状况进行预测。旅游企业人力资源的供求预测首先是对企业的人力资源供求状态进行评估，确定供求处于均衡状态还是不均衡状态，如果是处于不均衡状态还要分析是属于劳动力短缺状态还是属于劳动力剩余状态，或者是属于低技能劳动力过剩但关键岗位或者关键技术人才处于短缺状态等。旅游企业人力资源的供求预测是建立在对企业的人力资源需求及劳动力市场的人力资源供给的预测的基础上的。

旅游企业人力资源的预测是一项技术性较强的工作，其准确程度直接决定了规划的有效性，因此，除了正确选择方法之外，对预测人员的素质、业务能力、经验的要求也高。

(一) 需求预测

旅游企业的人力资源需求实际上就是在规划期内企业人力资源的总需求与企业现有人力资源总拥有之差。在旅游企业人力资源的内部现状分析阶段，我们已经获得企业人力资源现状的相关信息，包括组织结构和岗位设置情况、员工的数量和能力、工作定额和劳动负荷等信息。所以，接下来要做的就是根据企业的发展战略预测规划期内企业人力资源的需求，如企业发展规模、企业业务种类和范围、企业组织结构和工作岗位、人员要求、技能要求等。

(二) 供给预测

要满足旅游企业人力资源的需求有两个途径：一是组织内部人员流动、职务升降、人员减少、人员培训等；二是组织外部的人力资源的可供给状况。

四、旅游企业人力资源规划的平衡管理

从理论上来讲，人力资源供求的绝对平衡状态是不存在的，企业不可能没有人员的自然消耗或者企业生产规模的扩大、缩小等引起的员工不足或员工冗余，所以，旅游企业的人力资源规划主要是针对人力资源供求不平衡而言的。分析人力资源需求预测和人力资源供给预测后，旅游企业便可着手制定一连串相互整合的人力资源规划方案，以平衡人力资源供给与需求。

（一）避免劳动力出现短缺的方法

如果按照预测企业在一定时间内会出现人力资源短缺的情况，在规划中就要有相应的措施"广开才路"，保证旅游企业能够及时获得所需的人员。

临时雇用是旅游企业在产品和服务需求急剧变化的情况下，保持高效运转的一种灵活的人力资源补充方法。另外，旅游企业还可以将某些工作或任务整个外包给外部的组织去完成。

（二）减少劳动力出现过剩的方法

劳动力成本在企业经营，尤其是劳动力密集型企业，如旅游企业中占着极高的比重。减少劳动力出现过剩的最有效方法就是裁员，即人员裁减。另外，对旅游企业而言，工作轮换和工作分享都属于隐性的裁员手段，员工并没有被辞退，但原本一个人做的工作或承担的责任由两位以上员工完成，每人拿自己劳动份额的报酬。

（三）制定人力资源规划

旅游企业人力资源规划包括两个层次，即总体规划与各项业务规划。人力资源的总体规划是有关计划期内人力资源开发利用的总目标、总政策、实施步骤及总的预算安排。人力资源所属业务计划包括人员招聘计划、使用计划、提升计划、培养计划、薪酬计划、劳动关系计划等等。每个企业的业务计划各不相同，但典型的业务计划至少应包括以下几个方面：计划的时间段、目标、情景分析、具体内容、制定者和制定时间。

（四）人力资源规划的实施与控制

实施与控制人力资源规划只要包括四个步骤：执行、检查、反馈、修正。

通常，我们往往只看重人力资源规划的制定和实施过程，而忽视了对人力资源规划的评估工作。对人力资源规划进行适时、动态的评估是保证人力资源规划成功的关键。另外，如果不对人力资源规划进行评估，就不可能了解规划的正确与否，不知道其缺陷所在，也就不可能有效地指导旅游企业的人力资源管理。

【案例】

罗森布路斯国际旅游公司

罗森布路斯国际旅游公司不像典型的旅行社。首先，这是一家庞大的公司，3000 名员工分布在美国、英格兰和亚洲的 582 个办事处。你也许从未听过这家旅游公司，因为其业务的 96% 来自于 1500 家公司客户，像杜邦、英克、切夫弄隆、伊斯曼、通用电气等公司都是他们的客户。公司以膨胀的速度发展，20 世纪 70 年代，它还只是费城一家地方旅行社，营业额为 20 万美元，到 1992 年营业额已达 15 亿美元。是什么因素使它获得巨大的成功呢？公司总裁和首席执行官罗森布路斯认为，是通过把员工放在客户之上而实现全心全意的服务。是的，他就是这样表达的。你什么时候听说过把员工放在客户之上？罗森认为："当人们对常见的工作障碍而担忧时，如害怕、挫折感、官僚主义等，他们就不可能把注意力放在顾客身上，他们必须为自己担心。只有当人们了解了初次出现在他们雇主面前时的感觉，他们才能体会站在顾客面前的感觉。"

　　罗森坚信，他有责任为员工创造一种愉快的工作环境和快乐的体验，因此，他创造了"快乐晴雨表"。这个小组由18名员工组成，他们是随即从办事处选出来的，他们提供关于顾客感受的反馈信息。公司每年两次对全公司的员工发放调查问卷，了解他们对工作的满意程度。这些调查的结果被记录下来，并与全公司的员工分字。根据罗森的观点，旅游业的压力很大，就好像是航空交通阻塞控制员，一个呼叫接着一个呼叫。结果，这一行业的员工流动特别严重，有时一年高达50%。而罗森公司的流动率只有6%。他的雇用和培训项目可以对此做出解释。

　　求职者要经过仔细挑选，以发现那些对公司合适的人。罗森要求各于团队合作的和富有积极向上生活态度的人。"任何公司都可以购买同样的机器和工具，然后由人来创造性地使用它们。归根结底，人是一个公司所能拥有的唯一竞争优势。因此，发现合适的人就变得至关重要了。我们寻找友好的人，其他的一切都可以学会。在我们的选拔过程中，与工作经验、过去的薪水和其他传统简历上所列的相比，我们更重视善良、富有同情心、热情。"应聘基层职位的求职者要经过3~4小时的面试，对于高级职位，罗森邀请一位应聘销售总监的人及其太太和自己一起出去度假。在假期的第三天，就有了结论。

　　一旦雇用，新员工很快就会适应旅行社的氛围。新员工上班的第一天不是填写各种表格，而是参加一个幽默短剧的演出，在里面扮演一个角色，这样做是为了让员工感到有趣，让他们放声大笑。幽默剧同时也是一种学习经历，例如，也许要求新员工表演服务不成功的经历。然后对这样的经历进行分析，学会如何把它变成成功的服务。所有的员工都要进行2~8周的培训，这也是为了让管理者来评价新员工是否能适应罗森公司高效量的团队工作环境，那些喜欢显示个人的人会被淘汰。

　　罗森更奇特的做法是把员工放到顾客之上。有时，他甚至走得更远，帮助客户公司去找别的旅行社。他注意到，通常这些公司对他们自己的员工不够友好，因此，他们也会在电话中这样对待罗森的员工。罗森说："我认为要求我的员工与一个每隔15分钟就表现出粗鲁无礼的人交谈是一件糟糕透顶的人。"

【讨论】

1. 你愿意为罗森公司工作吗？为什么？

2. 如果罗森管理员工的方法很成功，为什么还有很多公司还在努力创造一种严肃的工作氛围呢？

3. 你是否认为快乐的工人积极性更高？

项目小结

　　人力资源管理作为企业管理的一个方面，担负着进行人事匹配、促进企业与员工共同发展的重要任务。本项目首先介绍了旅游企业人力资源管理的基础知识，然后阐述了旅游企业人力员工招聘和培训等方面的内容；最后探讨了旅游企业如何进行人力资源规划。

项目实训

【实训目的】

　　了解具体旅游企业人力资源的管理情况。

【实训内容】

　　对你所在城市5家旅游企业的人力资源管理状况进行调查，调查内容主要包括：人员招聘、员工职业发展、员工培训、激励和薪酬水平等方面。

【实训要求】

　　1. 实训学时：2学时。

　　2. 以组为单位（3~4人一组），实地调查，同时查阅相关资料。

　　3. 实训完成后写出2000字以上的实训报告。

项目九

旅游企业质量管理

【引言】

　　瑞士旅游联合会 5 年前开始在全行业推广的质量管理计划如今取得了初步成果，参加这项计划的企业已经超过 1000 家。在谈到实行这一计划的初衷时，负责人妮娜·伏尔根说："20 世纪 90 年代，瑞士饭店餐饮业在服务质量方面的口碑不佳"。"当时我们发现邻国旅游业正在切实改善服务质量，我们却毫无起色，必须迎头赶上。"她说："最初参加质量管理计划的大多是属于旅游联合会会员的饭店和餐馆，现在范围扩大到了几乎所有与旅游直接或间接相关的行业，代表质量管理达标的蓝色 Q 字标牌已经挂在很多商店、滑雪场、缆车公司、公交公司、旅游办事处，甚至乡村面包坊。"

　　作为瑞士旅游联合会聘用的"神秘人士"，桑德拉以学员的身份到伯尔尼一家滑雪学校做暗访。她对学校的服务和授课质量表示满意。她说："办公室的职员熟悉业务，态度和善，能够很快处理顾客的要求。教练也很好。"她的考察内容还包括入学前后学校对她的书面答复以及对顾客建议或投诉的答复情况。

　　质量管理计划分 3 个等级。第一级的标准是企业必须接受审计，并根据企业在服务方面存在的问题制定出行动方案，还要指派一名经过专门培训的员工担任质量指导。第二级主要通过"神秘人士"的外部监督来完成，这种暗访每 3 年进行一次。桑德拉暗访的滑雪学校目前就是在申请第 2 个 Q。第三级，即"全面质量管理体系"。

　　尽管游客可能对 Q 字标牌的含义不甚了解，但瑞士旅游联合会坚信质量管理计划可以提高顾客的忠诚度、避免企业因重复失误而增加成本、增强员工的积极性，这将是企业和顾客"双赢"的结果。伏尔根表示，随着质量管理在全行业的推广，他们下一个目标是通过广泛宣传，使游客逐渐学会识别 Q 字标牌。

　　问题：质量管理计划对于瑞士的旅游企业有什么意义？从瑞士旅游联合会在全行业推广质量管理计划中得到什么启示？

【学习目标】

1. 了解什么是旅游企业质量管理。
2. 领会旅游企业的全面质量管理。
3. 了解旅游企业服务质量管理。

任务1　了解旅游企业质量管理

美国著名质量管理专家朱兰（J. M. Juran）1994 年在美国质量管理学会年会上所说，20 世纪将以"生产率的世纪"载入史册；未来的 21 世纪将是"质量的世纪"。质量必将成为新世纪的主题，它正在向我们挑战，旅游企业同样要迎接它的来临。

一、质量管理的意义

朱兰有句名言："生活处于质量堤坝后面"。质量正像黄河大堤一样，可以给人们带来利益和幸福，而一旦质量的大堤出现问题，它同样也会给社会带来危害甚至灾难。所以，企业有责任把好质量关，共同维护质量大堤的安全。

从宏观上来说，当今世界的经济竞争，很大程度上取决于一个国家的产品和服务质量。质量水平的高低可以说是一个国家经济、科技、教育和管理水平的综合反映。对于企业来说，质量也是企业赖以生存和发展的保证，是开拓市场的生命线，正可谓"百年大计，质量第一"。当今市场环境的特点之一是用户对产品质量的要求越来越高。在这种情况下，就更要求企业将提高产品质量作为重要的经营战略和生产运作战略之一。

因为，低质量会给企业带来相当大的负面影响：它会降低公司在市场中的竞争力，增加生产产品或提供服务的成本，损害企业在公众心目中的形象等。

另外，以前价格被认为是争取更多的市场份额的关键因素，现在情况已有了很大变化。很多用户现在更看重的是产品质量，并且宁愿花更多的钱获得更好的产品质量。在今天，质量稳定的高质量产品会比质量不稳定的低质量产品拥有更多的市场份额，这个道理是显而易见的。较好的质量也会给生产厂商带来较高的利润回报。高质量产品的定价可以比相对来说质量较低产品的定价高一些。另外，高质量也可以降低成本，而成本降低也就意味着公司利润的增加。

二、质量管理重要术语

GB/T6583－ISO8402：1994 对质量管理中的基本术语以及与质量有关的术语给出了标准定义，现在进行一些介绍。

（一）实体

国际标准 ISO8402：1994 对实体的定义是："可单独描述和研究的事物"。现在作一些解释：

1. 实体明确了有关质量工作的对象。
2. 实体的内涵十分广泛。实体可以是活动或者过程；可以是产品，包括硬件、软件、流程性材料和服务；可以是一个组织、一个体系、一个人或一些人；或者是上述内容的任何组合。

3. 强调了实体是可以单独描述和研究的，即每一个实体的界定是清楚的。

（二）过程

国际标准 ISO8402：1994 对过程的定义是："将输入转化为输出的一组彼此相关的资源和活动。"现在作一些解释：

1. 质量管理和质量保证工作的一个基本观点是：所有工作都是通过过程来完成的。ISO9000 特别重视过程及其控制，并以此来保证预期结果的实现。

2. 有过程就要有输入，输入经过转换（即过程）形成的结果即输出。当然，这种转换应是有目的的，有效果的。

（三）产品

国际标准 ISO8402：1994 对产品的定义是："活动或过程的结果。"现在作一些解释：

1. 产品是一个广义的概念，包括硬件、软件、流程性材料和服务四大类别。

2. 产品分为有形产品和无形产品。如钢材、汽车、风扇等都是有形产品，概念、理论、知识、电脑软件和某项服务等则是无形产品。

（四）服务

国际标准 ISO8402：1994 对服务的定义是："为满足顾客的需要，供方和顾客之间接触的活动以及供方内部活动所产生的结果。"现在作一些解释：

1. 服务是产品的一种，是活动或过程的结果。

2. 服务不仅包括服务者（供方）与被服务者（顾客）接触时的活动所产生的结果，也包括服务者（供方），即服务组织内部的活动所产生的结果。

3. 在供方与顾客的接触中，供方可以是人员，如售货员、医生等；也可以是某种设备或设施，如自动售货机、取款机等。

4. 服务是以顾客为核心展开的，没有顾客也就谈不上服务。

5. 一般来说，服务是无形产品，但在提供服务的过程中，有形产品也常常成为服务的组成部分，如餐馆的菜肴、饮料等。甚至有时这些有形产品对服务的优劣是决定性的。

（五）组织

国际标准 ISO8402：1994 对组织的定义是："具有其自身的职能和行政管理的公司、集团公司、商行、企事业单位或社团或其一部分，不论其是否是股份制、公营或私营。"现在作一些解释：

在本术语的"注"中特别说明了，这里"组织"的定义是适用于质量领域的，在其他范畴有不同的解释。

（六）质量

国际标准 ISO8402：1994 对质量的定义是："反映实体满足明确和隐含所需要的能力的特性总和。"现在作一些解释：

1. 明确需要是指在标准规范、图样、技术要求和其他文件中已经作出规定的需要。而隐含需要指：

A. 顾客和社会对实体的期望；

B. 人们公认的、不言而喻的、不必明确的需要。显然，在合同或法规规定的情况下，需要是明确规定的；而在其他情况下，应该对隐含需要加以分析研究、识别并加以确定。注意，需要会随时间而变化。

2. 特性是指实体所特有的性质，它反映了实体满足需要的能力。因此，"需要"应转化为特性，这里可以应用质量功能展开（QFD）的方法。硬件和流程性材料类别的产品质量特性可归纳为以下六个方面：

A. 性能，它反映了顾客和社会的需要对产品所规定的功能。

B. 可信性，它反映了产品可用性及其影响因素：可靠性、维修性和保障性。

C. 安全性，它反映了把伤害或损害的风险限制在可接受水平上。

D. 适应性，它反映了产品适应外界环境变化的能力。

E. 经济性，它反映了产品合理的寿命周期费用，指产品的质量应该是使用价值与价格统一的适宜的质量。

F. 时间性，它反映了在规定时间内满足顾客对产品交货期和数量要求的能力，以及适应随时间变化的顾客需求的能力。

软件类别的产品质量特性有功能、可靠性、便于操作、效率、可维修性、可移植性、保密性和经济性等。

3. 质量特性要由过程或活动来保证。

4. 对"满足需要"要有正确的理解，不限于满足顾客的需要，而且要考虑到社会的需要，符合法律、法规、环境、安全、能源利用和资源保护等方面的要求 ISO9000 中提出了受益者的概念，满足需要应满足"全体受益者"的需要，包括顾客、员工、所有者、分供方、社会。必须强调，只有用户才能最终决定质量。日本已故著名质量管理专家石川馨认为，"真正的质量特性"是满足消费者要求，而不是国家标准或技术标准，后者只是质量的"代用特性"。美国著名质量管理专家费根堡姆也指出，"质量的主导地位基于这样一个事实：是用户决定质量，而不是推销员、工程师、公司经理决定质量。要承认：对质量的评价如何取决于用户使用产品在客观或主观上的感觉"。

（七）质量管理

国际标准 ISO8402：1994 中对质量管理的定义是："确定质量方针、目标和职责并在质量体系中通过诸如质量策划、质量控制、质量保证和质量改进使其实施的全部管理职能的所有活动。"现在作一些解释：

1. 质量管理是各级管理者的职责，但必须由最高管理者领导。质量管理的实施涉及组织中的所有成员。

2. 质量管理是组织全部管理职能的重要组成部分，是企业管理的中心，是企业管理的纲领。质量管理的职责是制定并实施质量方针、质量目标和质量职责，质量管理应该与经营相结合。

3. 质量管理是有计划的系统活动，为了实施质量管理，需要建立质量体系。

4. 质量管理是以质量体系为基础，通过质量策划、质量控制、质量保证和质量改进等活动发挥其职能。

上述质量管理的定义集中反映了组织进行质量管理的主要内容，但不是质量管理的全部内容。

（八） 质 量 策 划

国际标准 ISO8402：1994 中对质量策划的定义是："确定质量以及采用质量体系要素的目标和要求的活动。"现在作一些解释：

1. 质量策划是一项活动或一个过程，它不是质量计划，也不应理解为制订质量计划的过程。

2. 质量策划的主要内容是：

A. 对质量特性进行识别、分类和比较，以确定适宜的质量特性；

B. 制定质量目标和质量要求，如确定产品的规格、性能、等级以及有关特殊要求（如安全性、互换性）等；为实施质量体系做准备，确定采用质量体系的目标和要求等。

（九） 质 量 控 制

国际标准 ISO8402：1994 中对质量控制的定义是："为达到质量要求所采取的作业技术和活动。"现在作一些解释：

1. 这些"作业技术和活动"的目的在于监视过程，进行控制、诊断与调整，使过程处于受控状态。

2. 质量控制与质量保证在某些方面是有联系的，例如某些作业技术和活动既可用于无监视过程，又可为质量保证提供证据。

（十） 质 量 保 证

国际标准 ISO8402：1994 中对质量保证的定义是："为了提供足够的信任表明实体能够满足质量要求，而在质量体系中实施并根据需要进行证实的全部有计划和有系统的活动。"现在作一些解释：

1. 质量保证的重点是为"组织是否具有持续、稳定地提供满足质量要求的产品的能力"提供信任。

2. 质量保证根据目的的不同可分为内部质量保证和外部质量保证。内部质量保证是向组织内各层管理者提供信任，使其相信本组织提供给顾客的产品满足质量要求。外部质量保证是为了向外部顾客或其他方面（如认证机构或行业协会等）提供满足质量要求的产品。

（十一） 质 量 体 系

国际标准 ISO8402：1994 中对质量体系的定义是："为实施质量管理所需的组织结构、程序、过程和资源。"现在作一些解释：

1. 这里的"资源"包括：人才资源和专业技能；设计和研制设备；制造设备；检验和试验设备；仪器、仪表和电脑软件。

2. 适宜的质量体系应能满足实现质量目标的需要，同时也是经济而有效的。

3. 一个组织的质量体系只有一个。

（十二）　全面质量管理

国际标准 ISO8402：1994 中对全面质量管理的定义是："一个组织以质量为中心，以全员参与为基础，目的在于通过让顾客满意和本组织所有成员及社会受益而达到长期成功的管理途径。"现在作一些解释：

1. 全面质量管理并不等同于质量管理，它是质量管理的更高境界。

2. 全面质量管理强调：

A. 一个组织以质量为中心，质量管理是企业管理的纲领；

B. 全员参与；

C. 全面的质量；

D. 质量的全过程都要进行质量管理；

E. 谋求长期的经济效益和社会效益。

（十三）　质量改进

国际标准 ISO8402：1994 中对质量改进的定义是："为向本组织及其顾客提供更多的收益，在整个组织内所采取的旨在提高活动和过程的收益和效率的各种措施。"现在作一些解释：

1. 质量改进是组织长期的、坚持不懈的奋斗目标。

2. 正确使用有关的工具与科学技术是质量改进的关键，这方面应对有关人员进行培训。

3. 质量改进的根本目的在于提高"活动和过程的收益和效率"，从而最终使顾客受益。

三、旅游企业质量的定义和特性

（一）　旅游企业质量定义

根据国际标准化组织对质量的定义可以将旅游企业质量定义为：旅游企业所提供的产品和服务所具有的、能用以鉴别其是否合乎规定要求的一切特性和特征的综合。在这里，产品和服务质量指产品和服务满足要求的程度，其中包括满足顾客要求和法律法规要求的程度。

（二）　旅游企业质量特征

1. 适用性。适用性是指旅游企业提供的产品和服务适合使用的特性，包括使用性能、辅助性能和适应性。产品的使用性能与产品的功能有区别：产品的功能是指产品可以做什么，产品的使用性能是指产品做得怎么样；辅助性能是指保障使用性能发挥作用的性能；适应性是指产品在不同的环境下依然保持其使用性能的能力。

如一个餐厅，其有无包房是餐厅的功能范畴，包房是否能正常使用属于使用性能问题，属于质量范畴；包房有空调，在炎热的夏天和寒冷的冬天顾客仍能舒适地就餐就属于产品的适应性问题。

2. 经济性。经济性是指顾客在使用旅游企业提供的产品和服务时所需投入费用的大小。经济性尽管与产品或服务的使用性能无关，但是是消费者所关心的。对于提供同样功能的产品或服务，价格低的产品经济性就越好。如同样是三星级饭店，标价 288 元的标准间比标价 318 元的标准间经济性要好，经济性也是导致旅游企业进行价格竞争的主要原因之一。

3. 满足性。产品的满足性是指旅游企业提供的实物产品和无形服务与目标顾客期望的符合程度。旅游者通常会根据自己的喜好对旅游企业提供的产品和服务提出自己的具体要求，旅游企业如能满足旅游者要求，则会让旅游者认为提供的产品和服务的质量很高，否则旅游者就认为质量很低。

4. 安全性。旅游企业产品和服务的安全性是指顾客在享受旅游产品或服务时财产和人身不会构成损坏的特性。不管产品和服务的使用性能如何、经济性如何，如果存在安全隐患，那不仅是顾客所不能接受的，政府有关部门也会出面干涉或处罚旅游企业。安全性是旅游企业产品和服务质量很重要的一个指标。

另外，旅游企业还应注意理所当然的质量特性与富有魅力的质量特性的区别。理所当然的质量特性是指能防止顾客产生不满，但不能保证顾客的满意；只有富有魅力的质量特性才能对顾客产生吸引力，旅游企业才有机会赢得忠诚的顾客。理所当然的质量特性与富有魅力的质量特性也不是一成不变的，随着社会进步，原本富有魅力的质量特性可能变成理所当然的质量特性。

任务 2　领会旅游企业的全面质量管理

全面质量管理是旅游企业管理的中心环节，是旅游企业管理的纲，它和旅游企业的经营目标是一致的。这就要求将旅游企业的生产经营管理与质量管理有机地结合起来。全面质量管理是有其特色的，现在将全面质量管理的基本指导思想与工作原则及有关基础工作简要介绍于后。

一、全面质量管理的基本指导思想

（一）质量第一、以质量求生存、以质量求繁荣

任何产品和服务都必须达到所要求的质量水平，否则就没有或未完全实现其使用价值，从而给消费者、给社会带来损失。从这个意义上讲，质量必须是第一位的。自 20 世纪 80 年代以来，国际市场的竞争异常激烈。日本在产品质量和经济上的成功与欧美工业发达国家的衰退，促使了欧美国家质量管理的复兴。

例如，1984 年英国政府发起了一项质量改进运动，与此同时，美国政府也发起了一项有关质量的五年运动。现在西方国家又把统计过程控制列为现代高技术之一。市场的竞争归根结底就是质量的竞争，企业的竞争能力和生存能力主要取决于它满足社会质量需求的能力。1984 年首届世界质量会议提出"以质量求繁荣"，1987 年第二届世界质量会议提出"质量永远第一"，这些都说明"质量第一"的指导思想已成为世界各国的共同认识。贯彻"质量第一"就要求企业全体职工，尤其是领导层，要有强烈的质量意识；要求企业在确定经营目标时，首先应根据用户或市场的需求，科学地制定质量目标，并安排人力、物力、财

力予以保证。当质量与数量、社会效益和企业效益、长远利益与眼前利益发生矛盾时，应把质量、社会效益和长远利益放在首位。

"质量第一"并非"质量至上"。质量不能脱离当前的消费水平，也不能不问成本一味地讲求质量。应该重视质量成本的分析，把质量与成本加以统一，确定最适宜的质量。

（二）用户至上

在全面质量管理中，"用户至上"是一个十分重要的指导思想。它就是要树立以用户为中心，为用户服务的思想。

为用户服务的思想，是指使产品质量与服务质量尽可能满足用户的要求。产品质量的好坏最终应以用户的满意程度为标准。这里，所谓用户是广义的，不仅指产品出厂后的直接用户，而且指在企业内，下工序是上工序的用户，下工段或下车间是上工段或上车间的用户等。旅游企业要为旅游者提供优质的旅游产品和服务，涉及景区景点、旅行社、旅游饭店、交通客运部门等多个环节和部门，相互之间更应该树立用户至上的意识。

（三）质量是设计和制造出来的，而不是检验出来的

在为旅游者提供产品和服务的过程中，检验是重要的，它可以起到对不合格产品和服务把关的作用，同时还可以将检验信息反馈到有关部门。但影响产品质量好坏的真正原因并不在于检验，而主要在于设计和制造。设计质量是先天性的，在设计时就已决定了质量的等级和水平；而制造只是实现设计质量，是符合性质量。二者不可偏废，都应重视。但从中国旅游业发展的现状来看，对于设计质量还需要格外强调。

（四）强调用数据说话

这就是要求在全面质量管理工作中要具有科学的工作作风，在研究问题时不能满足于一知半解和表面现象，对问题除有定性分析外还尽量有定量分析，做到心中有"数"。这样可以避免主观盲目性。

在全面质量管理中广泛地采用了各种统计方法和工具，其中用得最多的有"七种工具"，即因果图、排列图、直方图、相关图、控制图、分层法和调查表。日本又提倡和推行了"新七种工具"，即关联图法、KJ法、系统图法、矩阵图法、矩阵数据解析法、过程决策程序法（PDPC法）和箭条图法。常用的数理统计方法有回归分析、方差分析、多元分析、实验设计、时间序列分析等。

（五）突出人的积极因素

"人民，只有人民，才是创造历史的动力"。从这个意义上讲，在开展质量管理活动中，人的因素是最积极、最重要的因素。与质量检验阶段和统计质量控制阶段相比较，全面质量管理阶段格外强调调动人的积极因素的重要性。必须调动人的积极因素，加强质量意识，发挥人的主观能动性，以确保产品和服务的质量。全面质量管理的特点之一就是全体人员参加的管理，"质量第一，人人有责"。1962年日本在中国"鞍钢宪法"三结合小组的启发下开展了质量管理小组活动，对保证和提高质量起了很大的作用。

旅游业本身是一个劳动密集型的产业，每一个与顾客接触的服务人员都代表着旅游企业

的质量水平。要提高质量意识，调动人的积极因素，一靠教育，二靠规范。需要通过教育培训和考核，同时还要依靠有关质量的立法以及必要的行政手段等各种激励及处罚措施。

二、全面质量管理的工作原则

（一）预防原则

在企业的质量管理工作中，要认真贯彻预防的原则，凡事要防患于未然，尽量把不合格产品和服务消灭在发生之前。旅游企业虽然也向旅游者提供有形产品，但本质上都是提供的服务。服务是生产与消费同时进行的，是一次性的，不能重复。在这种情况下，对于服务的质量就应该事先设计好。试想一下，如果旅行社、饭店在接待旅游者之前不设计好相应的流程和各环节的质量标准，会是怎样的状况。

（二）经济原则

全面质量管理强调质量，但质量保证的水平或预防不合格的深度都是没有止境的，所以必须考虑经济性，建立合理的经济界限。这就是所谓的经济原则。因此，在产品设计制定质量标准时，在生产过程进行质量控制时，在选择质量检验方式为抽样检验或全数检验时等场合，我们都必须考虑其经济效益来加以确定。自20世纪80年代以来，由于国际市场的竞争异常激烈，所以质量管理发展的新方向之一即经济质量管理（EQC），在推行全面质量管理时追求经济上最适宜的方案。1986年德国乌尔茨堡大学成立了以冯·考拉尼教授为首的经济质量管理研究中心，就是这种趋势的一个明证。

（三）协作原则

协作是大生产的必然要求。旅游经营活动涉及的上下游企业越多，服务分工越细，就越要求协作。一个具体单位的质量问题往往涉及许多部门，如无良好的协作，是很难解决的。因此，强调协作是全面质量管理的一条重要原则。这也反映了系统科学全局观点的要求。

三、全面质量管理的基础工作

（一）标准化工作

标准是从事生产、服务等各项工作的一种共同的技术依据，是综合了生产实践、科技成果，加以研究制定并经过一定程序批准，在一定范围内共同遵守的技术规定。凡正式生产的工业品、各类工程建设、环境条件、安全卫生等都必须制定标准，并在工作中贯彻执行。旅游企业虽不同于工业品生产企业，但同样也不例外须实行标准化工作。实行标准化，有利于保证和提高产品质量，保障用户的利益并便于产品的使用与维修。在生产中，推行标准化可以减少设计和工艺准备的工作量，保证产品的互换性，便于组织专业化生产，促进劳动生产率的提高和降低产品成本。

除了有关产品设计与工艺的技术标准外，还有各项管理标准。后者在企业范围内更有突出的指导作用。质量管理的过程就是对标准的采用与实施的过程，需要保持生产过程和服务提供工程中标准的统一性、权威性和约束力。同时，要认识到标准是产品质量应达到的最低期望值，而不是最高水平。例如，按照国家规定，达到国家标准的是合格品，超过国家标准、处于国内先进水平的才是一等品。随着生产技术水平的进步，既应保持标准的相对稳定，又应定期加以修改和提高，力争尽快与国际水平接轨。

（二）计量工作

大多数质量特征都可以定量化。因此，计量工作就成为全面质量管理的重要基础工作之一。基础计量管理包括计量标准的贯彻、精密测量技术的推广、理化试验鉴定和技术分析等工作。基础计量管理工作的基本要求是：严格保持测量手段的量值的统一、准确和一致，并符合国家标准；保证测量仪器和工具质量可靠、稳定以及配套；完善测量技术、测量手段的技术改造和技术培训工作；逐步实现计量工作的科学化与现代化。

对于不能定量的质量特征，如外观、形态、色、香、味、包装内部缺陷等要逐步改进评价指标及评价方法，使之更完善、更科学化。

（三）质量信息工作

及时、正确的质量情报是企业制定质量政策、目标和措施的依据。质量情报的及时处理和传递是生产过程质量控制的必要条件。质量情报是多方面的，它包括：国内外有关的科技发展状况；同类产品质量情况及发展趋势；市场需求的变化及质量反映；企业内部在产品研发与制造过程中的质量信息等。应该建立企业的质量信息系统并和企业内外的质量跟踪系统结合起来。要确定质量跟踪点，质量反馈程序和期限，并把质量跟踪方式与企业生产计划、批量投入、质量标准结合起来，以保证质量信息的及时性。做好质量信息工作还要和企业的生产统计分析工作结合起来，要完善指标体系，使质量信息工作规范化、制度化。

（四）质量教育工作

质量管理活动既是一个工作过程，也是一个教育过程，要"始于教育，终于教育"。特别在当前，质量管理正面临新的挑战，要适应新的经济环境，加强教育至关重要。质量教育内容广泛，要分层次、有针对性地进行，并加以考核。中国对质量教育是比较重视的，从1980年起历年都举办了全面质量管理电视讲座，参加的学员以百万计，并举行考试，取得了很大的成绩。今后，各个企业对不同层次人员的质量教育还需要经常化、制度化，尤其要重视结合实际工作，避免流于形式。

（五）质量管理小组活动

质量管理小组是全面质量管理的群众基础。它是以保证和提高质量为目的，围绕现场存在的问题，由班组工人或科室人员在自愿的基础上所组成的开展质量活动的小组。开展质量管理小组活动，要做到组织、研究课题、措施与效果"四落实"，要把学习与创造相结合，成果发表与竞赛评比相结合，思想教育与物质鼓励相结合，稳步发展，不断提高。质量管理小组是日本受到中国"鞍钢宪法"三结合小组的启发于1962年提出的。在日本和一些亚洲国家，质量管理小组比较普及，并已成为日本质量管理特色之一。

任务 3　了解旅游企业服务质量管理

旅游企业是服务性行业中的典型代表，出售的产品是以服务为形式的无形产品，因此旅游企业质量管理的实质与落脚点就是旅游企业服务质量管理。服务质量是旅游企业的生命线，它不仅直接影响到客户的消费感受、消费利益，也直接影响着旅游企业的管理水平、经济效益和市场形象。因此，服务质量就成为旅游企业管理的重要内容。

一、旅游企业服务质量管理的内涵

（一）旅游企业服务质量的定义和分类

质量是"一组固有特性满足要求的程度"，由此可以将旅游企业服务质量定义为反映旅游企业的服务满足一组固有特性的程度。具体来说，就是指旅游企业以旅游资源、旅游设施设备和有形产品为依托，提供的劳务适合和满足旅游者对物质和精神需求的程度。旅游企业的服务质量，可分为技术质量和功能质量两个方面，其功能质量的重要性要远远高于技术质量，即服务质量主要取决于顾客的感受和认识。当旅游企业的服务质量超过了旅游者的预期，旅游者就对旅游服务质量的评价较高；反之，如果旅游者获得的服务质量低于其预期，就对旅游服务质量的评价很低。技术性质量主要体现在设施设备、实物产品方面，功能质量主要体现在劳务质量、环境质量、旅游资源等给顾客带来的心理感受方面。

（二）旅游企业服务质量的特点

1. 服务质量评价标准多元化。因为旅游服务质量有技术质量和功能质量两个方面，技术质量可以测定，但功能质量却无法固定一个标准。所以对旅游企业服务质量的评价应该是硬性指标与软性指标的统一。

2. 服务质量是多方面、多层次劳动服务相结合的结果。无论是旅行社有组织的接待旅游还是自助旅游，旅游者都离不开旅游过程中的吃、住、行、游、购、娱等基本需求要素，都需要获得相应的服务。即使旅行社集中代表旅游者购买了相应的服务，有些服务环节也是旅行社难以控制的。对于旅游者来说，在旅游过程中只要得到了不满意的服务，可能就是购买了一次不愉快的经历。所以要保证和提高服务质量，旅游企业内部各部门之间、旅游行业上下游各企业和部门之间必须树立全局意识。

3. 服务质量是服务意识和技术水平的统一。旅游企业的服务质量，是在企业与旅游者接触过程中产生的。因此，服务质量一方面取决于员工的服务技能，另一方面则取决于员工的服务意识。只有"乐于为顾客服务"的意识，才会有最好的态度和精神面貌展现在旅游者面前，为客人提供恰到好处的服务，最终实现旅游者对旅游服务质量的满意。

二、旅游企业服务质量形成模式

根据北欧两名服务质量管理学家（瑞典的古默森教授和芬兰的格龙鲁斯教授）对产品

和服务质量的形成过程的研究成果，结合旅游企业服务生产和消费的特点，将旅游企业服务质量的来源综合为设计、供给和关系三个来源。旅游企业如何认识和管理好这三方面来源，将会影响顾客对总体服务质量的认识。

（一）设计来源

即旅游企业提供的服务是否优质，首先取决于服务的设计是否科学和具有独到性、针对性。

（二）供给来源

即设计好的服务，依靠旅游企业服务提供系统，并以顾客满意和希望的方式实际操作服务过程，把理想中的技术质量转变为现实的技术质量。

（三）关系来源

指旅游企业服务过程中服务人员与顾客之间的关系，服务人员越是把顾客的需求放在第一位，关心和体贴顾客，解决顾客的实际问题，顾客对旅游企业的服务质量的评价就越高。

服务质量的三种来源与服务的技术质量和功能质量两方面的内容之间是相互关联，互为作用的。服务的设计虽然旨在增加服务的技术质量，但同时也会提高功能质量。旅游企业涉及服务是要考虑到现有顾客和潜在顾客的需求，通过征询顾客的要求和爱好，把它们归纳为一定的特征和要素，然后通过设计服务过程尽可能满足顾客的要求和爱好。细致、周到的服务设计，不仅反映出服务的技术质量，顾客也会感到旅游企业为满足自己的要求而做出了相当多的工作和努力，必然会提高服务的功能质量。

旅游企业的服务质量供给来源，在形成技术质量的同时，也会提高其功能质量。服务的供给过程不仅需要服务人员和服务设施参与其中，而且需要顾客的参与和配合。服务质量的关系来源强调旅游企业与顾客之间的相互关系是形成服务质量的来源，这种来源形成的主要是旅游服务的功能质量，服务过程中顾客与旅游企业之间的关系是形成服务功能质量的最重要来源，也是评价服务质量优劣的重要依据。在旅游企业竞争日益激烈的今天，如何培育和发展与顾客之间的长期关系是目前旅游企业提高服务质量最关键的环节。旅游企业必须深入了解顾客的需要和期望，通过现代新的信息技术和数据处理技术来建立企业与顾客之间的关系，引导和满足顾客的需求并从中不断开发新的服务项目。

三、旅游企业服务质量管理的内容

（一）服务项目设计的质量控制

旅游服务烦琐、复杂，产品的无形性特征明显，但实际上可以通过对具体服务的划分、设计，将其变为具体并有条理的服务。把旅游者的需求和愿望正确地变为特定的服务，实际上就是服务的设计和开发工作。通常，将核心服务项目的设计进行细分，包括以下几个环节：

1. 进行市场调查，弄清旅游者需要。由于不同的文化背景和生活习俗，不同的旅游者在同一线路的旅游行程或者是同一旅游目的地的需求都是不一样的，这就需要旅游企业提供有针对性的、个性化的服务。例如外国客人和国内商务客人到海南旅游，主要是为了度假，而国内大众旅游者到海南，主要是以观光为主。观光旅游产品和度假旅游产品是有很大区别的。

2. 根据市场需求，制定服务规程、服务提供规范。服务规程就是对服务项目设计的一组操作规则，相当于生产企业的产品技术标准；服务提供规范是对服务提供过程的规定要求，它相当于生产企业的工艺规程。

3. 在新的服务项目得到实施、推广以后，应该采取措施收集市场的反馈信息，以便做进一步的修改，完善服务质量。

（二）服务的过程质量控制

由于旅游服务产品的生产和消费是同时进行的，所以旅游企业的服务质量管理必须要加强旅游服务过程的质量控制，使服务工作一次就能做好。为此，旅游企业必须做好以下几点：

1. 树立全员服务意识，提高服务人员的技术素质。旅游服务是以服务人员与旅游者面对面的形式来完成的，服务人员必须有娴熟的技能和规范的言行举止，才能为客人提供规范的服务。同时还需要注意的是，服务是"为满足顾客需要，供方与顾客接触的活动以及供方内部活动所产生的结果"，这就是说不仅服务人员与顾客的接触会影响服务质量，不与顾客直接接触的旅游企业内部工作是否协调，同样影响服务质量。所以旅游企业不能仅仅抓一线服务环节的服务质量，还必须树立后台为前台服务，前台为顾客服务的全员服务意识。

2. 建立服务质量责任制，使人人有专责，实施有人管。每个职工都有明确的岗位职责和努力方向，做到心中有数、自我调控。

3. 开展服务质量检测。好的服务质量不是检测出来的，是设计和制造出来的。但是，没有严格的检测制度，质量管理的相关要求和制度就形同虚设，没有检测，就一定不会有好的服务质量。旅游企业可实行自检自控、互检互控、专检专控来加强质量检测。

（三）服务的关键环节控制

旅游企业制定服务质量能够控制，必须抓住关键环节、关键时刻的管理和控制。比如旅行社的接机服务、住店服务、餐饮安排、沿途和景点讲解等，都是旅行社为旅游者提供服务的关键环节。与关键环节相对应的是关键岗位，在上述旅行社的服务中，导游和计调就是两个关键的岗位。对这样一些关键的环节和岗位，旅游企业必须制定详细的服务标准和作业规程，并严格执行相应的检测制度。

四、旅游企业服务质量管理方法

（一）制定适合与适度的质量标准

进行服务质量管理，要有相应的质量标准。虽然旅游服务的功能质量受旅游者主观感受的影响较大，但这并非就等于不需要标准。旅游服务质量标准的建立是旅游企业质量管理的基础工作，通过标准使企业的管理者及时发现问题和偏差，并采取措施来提升质量，促进旅游企业管理的科学化、系统化和效率化，从而提升旅游企业自身素质。标准化的服务质量也为旅游企业树立了标杆，有利于企业的规模化扩张，增强企业实力。同时标准化导致产品和服务的差异性减少，促进旅游企业的创新。

制定质量标准要注意适合性与适度性。适合性，就是指质量要适合于各类目标客源的要求。例如导游在为普通大众旅游者讲解某个旅游风景点时，可以讲解一些基本的概况和一些民间传说，但对于知识型、专家型的旅游者，就应该讲解得更专业和深入一些，包括地质形成、气候、动植物状况等。适度性，是指质量要根据目标客源的等级要求即付费标准，以合理的成本为顾客提供满意的服务。例如旅游饭店的目标客源是普通商务客，只需提供商人工作室就可以了，如果目标客源是高级商务客，就要提供商务行政楼层。

（二）服务质量保证卡

旅游企业推出服务质量保证卡，一是使顾客放心满意，二是通过满意的顾客口碑宣传，吸引大量的回头客，三是利用顾客的质量监督促进旅游企业的全面质量管理。

服务质量保证卡一般包括这几方面的内容：服务态度保证、服务标准的保证、产品标准的保证、质量保证的使用区域、对质量不满意部分的纠正与赔偿保证、质量热线电话。

（三）PDCA 工作法

PDCA 是指开展质量管理工作的四个阶段，这里，P 指计划（Plan），D 指执行计划（Do），C 指检查计划（Check），A 指采取措施（Action）。PDCA 循环是质量体系活动所应遵循的科学工作程序，周而复始，循环不已。这四个阶段具体又可分为八个步骤：

（1）列出目前存在的质量问题。

（2）找出质量问题中的主要问题。

（3）分析产生主要质量问题的主要原因。

（4）制订解决质量问题的计划和措施。

（5）实施计划和执行措施。

（6）对照制定的措施和目标检查执行情况，及时调整，纠正偏差。

（7）对达到目标的措施加以规范化和制度化，固化成果。

（8）对未解决的问题和新出现的主要问题转入下一个工作循环。

在第二个步骤中，通常又采用 ABC 分析法来找出重点问题，A 是重点问题，B 是次重要问题，C 是次要问题。根据"重要的少数，次要的是多数"原则，当同一个（类）问题多次发生，频率在 70% 左右时，这类问题就被确定为 A 类问题，需要重点解决；当同一个（类）问题发生频率在 20% 左右时，这类问题被确认为是 B 类问题，需引起重视；当同一个（类）问题发生频率在 10% 以下时，这类问题被确定为 C 类问题，可暂时不予考虑。

在第三个步骤中，通常采取因果分析法，它是运用像鱼刺一样的因果分析图，来对产生质量问题的原因进行层层分析，然后对症下药，予以解决。

（四）顾客期望的管理

服务质量的优劣，是与顾客的期望分不开的。当顾客对服务质量的感受超过了他的预期，顾客就会产生满意，对服务质量的评价就比较高；当顾客对服务质量的感受低于他的预期时，顾客就会产生不满，对服务质量的评价就比较低。

而旅游企业也不能被动接受顾客对自己的预期，应该能动地调控旅游者的预期，有效地管理顾客期望。在竞争日益激烈的市场条件下，旅游企业只有掌握顾客期望的形成机制、变化动态，采取及时措施满足顾客期望，调整服务的竞争战略，完善旅游服务的系统设计，加强品牌管理，才能达到有效的质量管理。其中积极的顾客期望管理是旅游企业建立长期竞争优势的有效策略。

1. 保证服务承诺能够反映旅游服务的现实水平。承诺是旅游企业对顾客在服务水平、服务质量上的一种允诺，这种诺言必须基于现实，既不能脱离现实，给予顾客过高的期望；也不能落后于现实，这无疑会丧失一部分客户。因此，旅游企业的经营管理者给旅游者和客户提供承诺时，要做到：

（1）通过市场调查掌握主要客源的具体和特殊需求；

（2）根据旅游者现实需求补充、完善服务项目和服务设施；

（3）杜绝做出不切实际、与实际相差甚远的承诺，以免造成顾客的失望；

（4）关注市场信息的变化，随时追随市场行情和走向。

2. 保证承诺的服务具有现实的可靠性，即承诺能够得到兑现。任何承诺的价值在于服务的不折不扣。研究表明，承诺一旦离开服务的可靠性支撑是难以经受实践的考验的，其结果往往是适得其反。可靠性是旅游服务质量的重要标准，只有提供可靠而且稳定的服务，才可以稳定客源，赢得旅游者良好的口碑，获得更多的赢利机会，从而提升自身的市场竞争力；同时还可以有效控制与减少服务失误造成的不必要的支出，提高员工士气，稳定员工队伍。

坚持服务的可靠性，需要采取的措施是：

（1）旅游企业的管理者要重视服务质量的设计、监督、检查等管理工作，只有管理层重视了，一线服务人员才能保持服务质量的可靠性和稳定性；

（2）经常与客户保持必要的联系，听取客人意见，改进服务质量；

（3）质量检查坚持不懈；

（4）建立完善的服务基础，包括系统的服务标准，责、权、利相统一的服务岗位责任制，部门之间团队合作意识，信息及时反馈机制，以及为一线员工服务的后勤保障等。

3. 提供超出旅游者预期的服务。显然，如果旅游者获得的服务超出了他自己的预期，旅游者就会非常满意，很可能重复购买或介绍他人购买。所以旅游企业要处理好企业提供给旅游者的实际利益与旅游者预期利益之间的关系。这里关键在于旅游企业要将旅游者对旅游服务质量的预期调节到适当的水平上，要防止出现太低和太高两个极端。

一些成功的跨国公司为了创造使消费者非常满意的结果，在其产品性能大大超过其竞争对手的前提下，采取适当的保留性宣传策略，以使消费者为享受到的额外利益而惊喜。例如，波音公司承诺其生产的飞机比其他同类飞机节约5%的燃油，而实际上却节省了8%，使用户感到格外的高兴而再次购买或推荐别人购买。这种策略也值得旅游企业学习和借鉴，比如旅行社可以安排一个免费景点；将承诺的二星级住宿提高为三星级标准；客人在结账时，意外收到了饭店赠送的礼物；餐馆免费向客人赠送一道菜等。

【资料链接】

戴明博士质量管理十四条

十四条的全称是《领导职责的十四条》。这是戴明先生针对美国企业领导提出来的。从美国各刊物所载原文看，无论是次序还是用语，都各有差异。这可能是因为在长达十多年的时间里，戴明本人在不同场合有不同的强调的缘故。

第一条　要有一个改善产品和服务的长期目标，而不是只顾眼前利益的短期观点。为此，要投入和挖掘各种资源。

第二条　要有一个新的管理思想，不允许出现交货延迟或有差错或有缺陷的产品的现象。

第三条　要有一个从一开始就把质量造进产品中的办法，而不是依靠检验去保证产品质量。

第四条　会有一个最小成本的全面考虑。在原材料、标准件和零部件的采购上不要只以价格高低来决定对象。

第五条　要有一个识别体系和非体系原因的措施。85%的质量问题和浪费现象是由于体系的原因，15%的是由于岗位上的原因。

第六条　要有一个更全面、更有效的岗位培训。不只是培训现场操作者怎样干，还要告诉他们为什么要这样干。

第七条　要有一个新的领导方式，不只是管，更重要的是帮，领导自己也要有个新风格。

第八条　要在组织内有一个新风气。消除员工不敢提问题、提建议的恐惧心理。

第九条　要在部门间有一个协作的态度。帮助从事研制开发、销售的人员多了解制造部门的问题。

第十条　要有一个激励、教导员工提高质量和生产率的好办法。不能只对他们喊口号、下指标。

第十一条　要有一个随时检查工时定额和工作标准有效性的程序，并且要看它们是真正帮助员工干好工作，还是妨碍员工提高劳动生产率。

第十二条　要把重大的责任从数量上转到质量上，要使员工都能感到他们的技艺和本领受到尊重。

第十三条　要有一个强而有效的教育培训计划，以使员工能够跟上原材料、产品设计、加工工艺和机器设备的变化。

第十四条　要在领导层内建立一种结构，推动全体员工都来参加经营管理的改革。

资料来源：http://www.xiaomi001.com/bschool/10/45400.html。

项目小结

本项目通过对质量管理所涉及基本概念的认识，使学生明白旅游企业开展质量管理工作应涉及的基本方面；而在旅游企业管理中，最常见的就是全面质量管理，因此探讨了旅游企业全面质量管理应树立的指导思想和应坚持的工作原则以及应开展的基础性工作；旅游企业提供的核心产品是服务，所以本项目对服务质量管理的内容、方法也进行了重点介绍。

🐾 项目实训

【实训目的】

　　将所学的旅游企业质量管理的理论知识运用到实践中。

【实训内容】

　　以某景区、旅行社或酒店为例，制定一份宾客服务质量保证卡。

【实训要求】

　　1. 实训学时：2 学时。

　　2. 实训完成后写出实训报告。

旅游市场营销

【引言】

2012 年 9 月 9 日，由中国旅游协会旅游城市分会、南开大学旅游与服务学院和昌荣传播集团主办，巅峰智业集团协办，国智创想旅游文化传媒有限公司承办的"第三届城市与旅游营销管理干部研训班"在河北霸州成功举办。

为期三天的本届研训班，是目前国内影响力最大的旅游行业和营销学界的专业活动及行业盛事，参加研训班学习的 120 多位学员均来自国内 19 个省（直辖市）的 50 多个地市旅游局领导及景区企业负责人。中国旅游协会、南开大学旅游与服务学院、昌荣传媒集团和巅峰智业集团的相关领导高度关注此次行业盛事的举办，并应邀出席本届研训班。

本届研训班汇集了国内旅游行业、营销学界、传媒产业的权威专家和知名学者，在为期三天的授课时间里，将通过回顾、梳理、提炼和总结，与来自全国各省、市及区域的旅游局相关领导，展开专项议题的共同研讨与交流，共同学习、分享国内外旅游市场营销系统中的成功经验与经典论述，并探讨新媒体时代的城市与旅游营销系统创新。

据悉，本届研训班由北京国智创想旅游文化传媒有限公司（以下简称"国智创想"）承办。国智创想于今年才成立，系由中国最大的本土传媒机构——昌荣传媒集团与中国顶级的旅游行业智业集团——巅峰智业集团，共同整合两大集团原有关联业务并出资组建的，是国内顶级的专注于中国城市与旅游整合营销传播服务的专业机构。该司一成立，国智创想即与南开大学旅游与服务学院达成战略合作，双方在共同关注旅游产业进步、推动旅游产业创新的基础上，建立稳定、互动、共同提升的合作关系，合作的根本目的是以价值创新引领行业升级，以知识协同、人才驱动推动产业进步。

南开大学旅游与服务学院院长白长虹介绍说，国智创想的成立以及双方的合作对整个旅游行业来说，均具有极为重要的行业意义，并寄语国智创想：希望国智创想以精益服务赢得市场、获得成长，成为中国旅游产业的新领军者。同时双方的合作也将为中国旅游行业发展提供创新思路和更为系统的管理方式。

研训班授课期间，来自业内的众多专家和知名学者以"旅游营销系统构建与方法创新"为主题，多角度地就中国旅游业发展的宏观环境、旅游产业创新与新业态、旅游目的地品牌管理、城市与旅游营销创新与传播管理、电视媒体、新媒体应用策略、国际营销推广案例等内容，做到了理论与实战相结合，国际经验与中国实践相结合，为中国旅游市场营销领域的管理者、实践者提供前沿理论系统梳理和实战方法，受到了学员们的欢迎。贵州旅游投资控股集团战略策划部副经理孙健、江苏天目湖旅游股份市场总监尤旭辉、杭州市旅委市场开发处调研员马立达，北京市东城区旅游局局长李雪敏，江西省修水县委常委、副县长王建华，福建泰宁旅游管委会主任黄志远、安徽省凤阳县旅游局局长邸金强等参训学员，一致认为此次参训受益颇多，期待专家学者们能去各单位现场指导，以尽快改变目前旅游营销中普遍存在的同质化强、个性化弱等诸多问题。

【学习目标】

1. 了解旅游市场营销。
2. 掌握旅游市场营销学及其内容体系。
3. 领会旅游市场营销新理念。

任务1　了解旅游市场营销

一、旅游市场的内涵

在市场经济条件下，任何一个旅游企业都在不断地与市场进行着交流，从市场获取信息，同时也把企业及与企业有关的产品信息向市场传播。旅游企业只有同市场系统保持输入输出关系，进行物质的、劳务的、信息的交换或置换，才能求得生存与发展。市场不仅是旅游企业生产经营活动的起点和终点，还是旅游企业与外界建立协作关系、竞争关系的传导和媒介，也是旅游企业生产经营活动成功与失败的评判者。认识市场，适应市场，使旅游企业活动与社会需求协调起来，是旅游市场营销活动的核心与关键。

（一）旅游市场的概念

旅游市场是连接旅游产品供给者与需求者的中心环节，能够灵敏地反映旅游经济活动的发展变化趋势。具体说来，旅游市场的概念有以下几种定义：

1. 经济学的角度。狭义的旅游市场是指旅游产品交换的场所，广义的旅游市场则是指在旅游产品交换过程中各种经济活动现象与经济关系的总和。在旅游市场中存在着相互对立又相互依存的双方，即旅游产品的需求者与旅游产品的供给者，它们之间的矛盾运动推动着旅游经济活动的发展。此外，旅游经营者之间、旅游需求者之间、旅游经营者与供应商、中间商之间的各种关系，也最终通过旅游市场表现出来。所以，旅游市场就是旅游产品供给与旅游需求过程中所表现出来的各种经济关系的总和。

2. 市场学角度。旅游市场是指在特定的时间、地点与条件下，具有购买欲望与支付能力的群体，即某种旅游产品的现实购买者和潜在购买者。这种意义上的旅游市场即旅游需求市场，我们通常称之为旅游客源市场。

（二）旅游市场的特征

与其他行业的市场相比，旅游市场具有如下特征：

1. 旅游市场的全球化。第二次世界大战之后，随着社会生产力的发展，世界各国科技、经济的联系进一步密切，全球化的进程不断加快。各国的旅游市场由封闭逐步走向开放，从区域性的旅游市场发展成为世界性的旅游市场。旅游市场的全球性，首先表现为旅游者构成的广泛性。现代旅游已由少数富裕阶层扩展到工薪阶层和全民大众，包括学生。统计显示，2011 年中国 13 亿人口平均每年每人旅游一次，而到 2015 年中国人均旅游次数将会翻 4 倍。其次，交通运输的发达使旅游者的活动范围遍布世界各地，因而旅游需求市场十分广阔。最后，世界各国和许多地区都在大力发展旅游业，纷纷将旅游业视为促进本国或本地经济发展的大事来抓，旅游的供给市场也逐步在全球范围内建立与完善。

2. 旅游市场的多样性。旅游者的年龄、性别、偏好等因素的差异性导致了旅游需求市场的多样性，同时为旅游经营者创造了多样化的市场空间。从旅游供给的角度看，旅游经营者依托不同的自然景观与人文景观，进行不同形式的产品组合，可以使旅游者获得不同的感受和经历。此外，旅游经营者还可以依据旅游者购买形式的不同，采取包价旅游、小包价旅游、散客旅游等多样灵活的经营方式。而且，随着现代旅游的发展，一些并非专为旅游服务的其他社会资源也转化为旅游资源，人类还创造了大量现代人文的景观。由此，传统的旅游形式继续得到强化和充实，而新的内容又层出不穷地涌现。

随着人类旅游需求在量和质上的不断提高，旅游活动的内涵还会不断拓展，变得更加丰富多彩。

3. 旅游市场的季节性。旅游市场的季节性表现在以下几个方面：第一，旅游目的地与气候有关的旅游资源在不同的季节其使用价值有所不同，如北戴河是公认的避暑胜地，哈尔滨冬季适宜开展冰雪旅游，没有冬天的海南岛则是避寒者的最好选择。这些旅游资源在特定的气候条件下，其旅游价值较高于平日，会形成淡旺季的差异。第二，旅游目的地的气候本身也会影响旅游者观光游览活动。旅游者出游一般选择旅游目的地康乐性气温的时机，或春暖花开或秋高气爽，如国外旅游者前往中国游览长江三峡一般选择在 3～6 月或 9～11 月，12 月至次年二三月，旅游者闲暇时间分布不均衡也是造成旅游市场淡旺季的原因。旅游者一般利用节假日外出旅游，但世界各地人们的带薪假日的长短和时间也是不一样的，因而不同时期客流量也有明显差异。旅游经营者根据旅游市场季节性的特点，应有针对性地分析旅游淡旺季对策，尽量避免旺季接待能力不足，淡季设施大量闲置的现象。

4. 旅游市场的波动性。旅游市场是一个在波动中持续向前发展的市场，它受多种因素的影响和制约。

首先，旅游消费的季节性是引起旅游市场波动的原因之一。如果旅游经营者不采取有力措施缩小旅游淡旺季的差距，有可能使淡旺季市场产生较大波动。

其次，旅游业内部与相关部门之间比例关系的协调与否，也会引起旅游市场的波动。旅游产品是满足旅游者食、住、行、游、购、娱等多方面需要的综合性产品，因此，旅游餐饮、旅游宾馆、旅游交通、旅游景点、旅游商品、娱乐业之间必须保持合理协调的发展速度。如果这些部门之间发展比例失调或经营不当，则会影响旅游产品的整体效能，引起旅游市场的波动。

最后，汇率变化、经济危机、政府政策、战争、国际关系恶化、贸易壁垒、地震、疾病流行、环境污染、生态恶化等都会引起旅游市场的变化和波动。因此，旅游经营者必须采取灵活动的市场策略，防范经营风险。

二、市场营销的内涵

(一) 市场的概念

市场不是从来就有的，它是经济和社会生产力发展到一定阶段的产物。从不同的学科角度，不同的层面理解，市场可以有不同的解释。

1. 场所说。场所说认为市场是商业进行交换的场所。这是从地理位置而言的，即市场是商品交换的地方。在我国北方有"赶会"、"赶集"或"集市"的活动，在南方则有"赶场"、"赶墟"或"去埔"等说法。这是最简单的市场形式。后来发展到庙会、贸易货栈、物资交流会、交易会、百货商场以及今天的超级市场和连锁店等。随着商品经济的发展，特别是现代电子技术及网络技术的发展，商品的交换已不再局限于某一时间或地点，买卖双方不必面对面地进行交易，而更多地采用电话、电报、传真、网络进行交易，即在虚拟市场上实现交易，市场就成了一个遍及全球的区域。

2. 关系说。从经济学角度看，市场是商品交换关系的总和。如果市场上存在买卖双方，他们之间都有可供交易的商品，且买卖双方都能接受交易条件（价格），市场交换才得以形成。在市场交换中，买方、卖方及商业中间人参与交换的目的，在交换中的地位和作用各不相同，因而都有各自不同的经济利益。因此，从经济关系角度看，市场体现着商品的买卖双方及商业中间人之间的关系，体现了人与人之间的经济关系。还体现着商品在流通过程中发挥促进或辅助作用的一切机构、部门与商品买方和卖方之间的关系。

3. 营销意义上的市场观。从营销意义上观察，市场必须由四个要素构成：人口、购买力、购买愿望及购买权力。在市场活动中，只有人口、购买力、购买愿望和购买权利四者结合起来，才能产生买卖行为。它反映了市场的人文特征和消费者的社会心理特征，这四要素的关系可用下面的等式表示：

$$市场 = 人口 \times 购买力 \times 购买愿望 \times 购买权力$$

人是市场的主体，但仅有人还不能形成市场，人们还必须有钱去购买，同时还必须有购买的欲望，而且人们还必须拥有购买权力，这样才能形成市场，由上面公式可以看出，这四个要素缺一不可，缺少任何一个要素都难以形成市场。比如，青少年有钱，有抽烟、喝酒的愿望，然而烟酒制造商并未把青少年市场作为他们的目标市场。

由此可见，市场是随着社会分工和商品交换而产生和发展的，是社会生产力发展到一定阶段的产物。虽然在不同的时期市场有着不同的内涵，但总的说来，市场具有地理特征、社会经济特征、人文特征、消费者的社会心理特征。

(二) 市场营销的含义

对于什么是市场营销，曾经有过多种口径不一、重点有别的表述。过去很长一段时间人们把营销等同于销售或促销，认为市场营销就是把生产的商品卖出去，实现其使用价值和价值的过程。这种认识显得有失偏颇。实际上，市场营销活动是一种复杂的综合性过程，包括市场调查与预测、选定目标市场、产品开发、定价、促销、分销和售后服务等一系列活动。如果企业不能生产出适销对路的产品，无论怎样推销，即或能够得益于一时，也绝不可能收效长久。

从整个市场营销活动看，销售仅仅是整个市场营销的一部分，但不是市场营销的最重要部分，销售是企业市场营销人员的职能之一，但不是最重要的职能。

1960 年，美国密歇根大学教授、营销学大师杰罗姆·麦卡锡提出了著名的 4P 组合，即产品（Product）、价格（Price）、地点（Place）和促销（Promotion）的营销组合。

这里提到的 4P 组合主要是针对有形产品而言的，其实，广义的产品应包含有形产品和无形服务两个方面。在发达国家里，服务的产值已远远超过狭义产品的产值。在我国，服务业被称为"第三产业"，目前也得到了长足的发展，大约已占到国民生产总值的 1/3 左右。由于服务的无形性，所有权不能转移性以及不可分割性，"服务"这种产品营销更富于竞争性，对于产品营销的 4P 要素，服务营销就应该再加上 3 个 P，即人员（People）、过程（Process）和公共关系（Public Relations）。

服务营销不仅包括对现实顾客的服务，而且也包括对潜在顾客的服务；不仅要提高顾客现实的（售后的）满意程度，还要提高预期的（售前的）满意程度。这进一步体现了市场营销的核心思想，即以消费者为中心。

综上所述，所谓市场营销是指企业利用自身的资源优势，在变化的市场环境中，通过市场交易满足目标市场现实或潜在需求的综合性商务活动的过程，它以市场需求为起点，也以市场需求为终点，适应市场环境的变化，实现商品价值的交换。

三、市场营销观念的演进

市场营销观念是指企业经营决策者在组织和谋划本企业的经营管理活动时的指导思想。一定的市场营观念是特定时期社会经济发展的产物，是企业经营决策者在企业所处的内外环境的动态条件下，为追求企业的生存和发展，在持续不断的经营活动中形成的。迄今为止，市场营销观念发生了五次大的变化，经过了五个发展阶段：即生产观念、产品观念、推进观念、现代市场营销观念和社会营销观念。

（一）生产观念

生产观念是指导经营者行为最古老的观念之一，又称为生产（者）导向观念。

1. 产生背景。在 20 世纪 20 年代以前，欧美国家完成了工业革命，内燃机的使用和电力技术的发展，技术工人在装配线上的操作带来了生产效率的急剧提高，但是，市场的总体状况仍然是供不应求，企业的产品无法满足全部消费者的需要，产品的短缺现象仍然严重存在。在这种情况下，买方的地位不如卖方，买方处于劣势。

2. 表现特点。经营者关心的问题是如何在资源有限的条件下获得最大限度的产出，企业的经济活动都是以生产为中心，"我生产什么，就卖什么"，是其典型的思维方式，很少考虑顾客的需求。生产与销售的关系是"以产定销"，在市场上卖方处于有利的主导地位，因此这时的市场状态是卖方市场。

（二）产品观念

1. 产生背景。这种观念基本上与生产观念并行，也是一种古老的经营思想。虽然市场上产品仍然供不应求，但供求关系趋向缓和，消费者的比较意识逐渐增强，选择产品的自由度提高，从追求数量满足转变到开始关注产品质量、性能和特色。此时，生产观念已难以适应新的形势，产品观念就应运而生，"酒好不怕巷子深"成为企业信条。

2. 表现特点。产品观念认为顾客最喜欢高质量、高性能的产品，愿意花较多的钱购买质量上乘的产品。企业的任务是不断改进生产工艺，生产出高质量的产品。虽然产品质量对企业来说是最重要的，但是，产品观念往往片面强调产品本身的性能而忽视市场需求，以为只要产品质量高、技术独到，顾客就会争相购买。企业活动的焦点过多集中在新产品自身的特点上，认为质量是决定产品销售的唯一因素，质量高的产品就是好产品，相对而言不顾及顾客的需求，缺乏顾客至上的意识，一些学者把企业的这种症状称为"营销近视症"。

生产观念和产品观念都属于以生产为中心的经营思想，思考的重点在企业自身，而很少考虑买方的需求。其主要区别只在于：生产观念注重以量取胜，而产品观念注重以质取胜，两者的共同错误是都没有把市场需求放在应有的位置。

（三） 推 销 观 念

推销观念是一种以推销或销售为导向的经营观念。

1. 产生背景。从 20 世纪初到第二次世界大战结束，资本主义国家经济不断发展，产品数量日益增多，在西方各主要资本主义国家，企业所面临的首要问题已经不再是生存，而是如何把他们过剩的产品推销出去，把消费者手中积压资金"挖"出来，企业才能进一步生产和发展，此时市场态势是由卖方市场逐渐向买方市场过渡。在这种形势下，注重推销的观念必然代替生产观念。

2. 表现特点。"推销"一词很形象地说明了当时经营者的心理和行为。这时的商业行为不是一个自然的交易行为，而是生产方把自己的产品努力往外"推"，销售过程带有很大的"推"的色彩。持推销观念的经营者认为，既然市场上供大于求，就要把企业经营重点放在推销上，奉行的经营哲学是："我干什么就推销什么"，以为"只要我推销什么，顾客就会购买什么"。因此，经营者开始努力研究推销术，为了推销积压产品，企业用广告、推销员拼命向顾客推销，向买主大肆兜售产品，以诱使购买，压倒竞争对手。推销观念开始重视市场研究和销售渠道的选择，以及售货技巧的运用，这无疑提高了销售在企业经营管理中地位。

从生产观念发展为推销观念是经营思想的一大进步，但仍然没有跳出"以产定销"的模式。推销观念已经着眼于销售已经生产出来的产品，而不是反过来，生产容易出售的产品。遗憾的是它对出售的产品是否令顾客满意、顾客真正需要什么样的产品还未给予足够的重视，顾客不能买到自己想要的产品，从而产生不满的情绪。

（四） 现 代 市 场 营 销 观 念

市场营销观念是一种以顾客需要和愿望为导向的观念，又称消费者导向观念。

1. 产生背景。市场营销观念产生于第二次世界大战以后，尤其在 20 世纪 50 年代之后得以迅速发展。这一时期，国际市场形成，商品更新换代的周期缩短，供过于求的现状更加突出，市场竞争更加激烈，整个市场由卖方市场变成买方市场。同一时期，企业家们和市场学家经过对市场的研究，总结企业经营实践经验，提出了市场营销观念，完成了市场经营思想的革命性演变。

2. 表现特点。市场营销观念是从顾客需求出发，按照目标市场的顾客的愿望去组织生产、销售产品，从长远的目标出发去占领市场阵地。从"生产什么就销售什么"转为"市场需要什么就生产什么"。这种观念认为消费者需求才是企业生存和发展的唯一机会。企业的经营重心放到了顾客身上。此时业界流行的话语就是"顾客是上帝"。

3. 推销观念与市场营销观念的比较。推销观念和市场营销观念的相同之处在于，企业的经营目的相同，都是为了企业利益，但在两种观念指导下企业所走的却是两条截然不同的道路。

（五）社会营销观念

1. 产生背景。20 世纪 70 年代，西方资本主义国家出现了环境恶化、能源短缺、通货膨胀、失业增加、消费者运动盛行等形势。在这种背景下，人们纷纷对市场营销观念提出了质疑，认为市场营销观念虽然以满足顾客的需要和欲望为最高宗旨，但私人企业生产经营的根本目的是为了获得利润，以消费者为中心只不过是获得利润的一种手段，因此，许多企业在经营过程中回避了满足消费者的需要同长远利益、社会利益之间的矛盾，从而造成了资源大量浪费和环境污染等社会问题，也就是说忽视了社会的可持续发展。针对这种情况，一些学者提出了社会营销观念。

2. 表现特点。社会营销观念认为，企业的任务是在明确目标市场需求和欲望的基础上，通过制定有利于消费者利益和社会利益的经营战略和策略，从而向市场提供比竞争者更受欢迎、令消费者更满意的产品和劳务。持社会营销观念的经营者，在制定营销战略和策略时会注意三方面利益的平衡，即消费者的利益、企业利益和社会利益。

四、旅游市场营销的内涵

（一）旅行市场营销的概念

旅游业是一个特殊的行业，旅游商品是一种特殊的商品。这种商品在时空上具有相当特殊的特征，它既不可贮存，留待以后出售，也不可以转移，搬运到另一个地方。因此，旅游市场营销和一般市场营销相比，有着自己的特殊规律。从某种意义上说，市场营销对于旅游业来说，比对其他行业更为重要。如果不能把餐厅的一个座位或者饭店的一套房间租出去，那么，在一定时期内这种商品便失去了它的价值。

因此，我们可以这样理解：旅游市场营销是指在变化的市场环境中，旨在满足旅游消费者的各种需要而开展的一切旅游商务活动的过程。

（二）旅游市场营销的特点

与有形产品市场营销不同，旅游市场营销具有如下特点：

1. 提供的产品主要是一种服务。旅游产品具有不可感知性，即它不是实际存在的物体，而是一种旅游经历的切身感受。游客对旅游产品不具有有所权，而只拥有暂时的使用权。

2. 游客可参与到旅游产品的生产过程。在旅游市场营销中，游客也是旅游产品生产过程中必不可少的元素之一。因此对旅游市场营销人员来说，要生产出符合游客需要的旅游产品，不仅要对从业人员进行一定的管理，而且对游客也同样进行某种管理，以便于实现游客与旅游产品生产人员之间的沟通，提高旅游产品的满意度。

3. 产品质量难以标准化。旅游产品的好坏是以旅游者的切身感受为标准加以衡量的，然而每个人的感觉都不一样。在旅游业强调个性化服务的今天，制定一套统一的服务标准更是不可能的，因此，需要激励旅游从业人员热情地为游客服务。

4. 时间因素十分重要。时间不仅是指旅游企业为游客服务时的迅速快捷、高质量，而且还指在对待游客投诉的处理及回复的及时上，只有如此游客才会感觉受到了重视，旅游企业的信誉才能逐渐建立起来。另一方面，旅游产品不可贮存性的特点，也要求旅游企业重视时间因素的把握。

5. 产品的分销渠道与有形产品不同。有形产品一般是通过物流渠道送到消费者手中，而旅游产品的分销是通过旅游企业与游客签订合同，然后游客自己前来参与旅游产品的生产和销售。

五、旅游市场营销的产生与发展

国外旅游业是从 20 世纪 60 年代才开始应用营销学原理的。以前，由于旅游业并不独立为一个行业，往往是依附于服务业、商业中的企业，不可能产生自己的经营理念。后来，旅游业成为一门新兴的第三产业。到 60 年代末，旅游业的竞争日趋激烈，迫使旅游业的经营管理人员开始重视市场营销活动，重视研究市场营销理论，并采用其他行业的研究成果，对旅游企业的组织结构进行了调整。一些饭店成立了销售部，旅行社也成立了营业部，但是这些部门的活动仍然以销售、推销为主，采用的销售用手段主要是广告、宣传和推进性营销。整个 70 年代，推销的观点在西方旅游企业的经营思想中占据统治地位。

随着全球经济的迅速增长，不少国家和地区大力发展旅游业，旅游设施迅速增加，旅游者选择的余地也就随之增大，旅游业发展竞争也越来越激烈。这时旅游业的经营者认识到除了推销以外，还必须提高产品质量，保持足够的竞争力。由于多个企业都相继提高质量，人们终于认识到即使餐厅能提供最佳的菜肴，旅店能提供最清洁的客房，也不一定能在竞争中压倒对手，因为已经有大量涌现出来的旅游设施可供旅游者选择。旅游企业的投资费用急剧上升，也迫使企业经营者们在建造旅游企业之前就开始了解顾客的需求，从顾客的需求出发营造旅游产品，使旅游企业更具竞争力。在经营过程中，经营者们从旅游者的需求出发，改造企业的组织，提高产品的质量和增加产品的种类，改变销售渠道，使竞争对手防不胜防，使企业立于不败之地。这样一来，旅游企业的经营在思考问题的方法上从首先考虑"我的饭店"转变为首先考虑"我们的顾客"。这就是旅游营销着眼点的转变。

20 世纪 80 年代开始，西方旅游业逐渐进入了"细分市场时代"。旅游企业经营者已开始根据人口分布的特点、旅游者的兴趣和生活方式等对旅游消费者进行分类，依此提供恰当的旅游产品和服务。在销售过程中，"市场定位理论"逐渐得到推广，使得旅游企业在众多旅游消费者中树立起良好形象。

进入 20 世纪 90 年代，旅游企业能否满足旅游者的特殊需求和爱好，依然是决定旅游业经营成败的关键。旅游者对旅游产品和服务选择的余地扩大了，使得旅游企业的竞争进一步加剧。旅游企业的经营者必须注重研究市场竞争、旅游者旅游动机及旅游企业在市场中的不同地位，采取"重新定位"或"渗透已确立的细分市场"的策略，以便在竞争中获胜。进入21世纪，旅游市场营销又呈现出一些新的特点与发展趋势。在美国，人们把1997～1999年间出生，成长于数字媒体环境下的这一代称为"网络世代"即Net Generation简称"N"代。在德国，人们则把14～29岁间伴随着TV、PC和Internet成长起来的信息时代的新人类称为"@时代"。在中国也出现了一些关于"新人类"的报道。这些人的价值观念、行为准则乃至消费行为都具有一些新的特点，例如，全球化的视野、反权威的沟通方式、对环境的关注等。这在很大程度都反映了一定的时代特征。旅游市场营销也因此代之以多元化的营销理念：关系营销、个性营销、绿色营销。其中，"关系营销"是美国学者巴巴拉于1985年提出的，它是指通过企业与社会公众建立长期、稳定、互利的伙伴关系以增强竞争力。该理念从90年代才开始受到重视，它对于提高旅游市场营销的服务质量具有重要的指导意义。"个性营销"是指为企业消费者"量身定做"产品和提供个性化服务、满足其个性需要，从而创造良好的效益。在旅游市场营销中，它主要表现为为游客提供自助旅游方面的服务和人性化的服务。"绿色营销"是随着环境日益恶化和可持续发展观念逐步深入人心而产生的，消费者逐渐树立起环保意识，并以使用无公害产品为荣。因此，企业在营销中，注重强调产品对环境影响的评估体现出了一个企业的道德水准并赢得消费者的认可。在旅游市场营销中，这主要表现为旅游企业在进行旅游规划、旅游资源的开发和旅游产品的设计时，对环境效益的高度重视。比如当今对自然保护区、文化遗产的保护与改善，以及"生态旅游"的兴趣，都是绿色营销理念在旅游市场营销中的体现。

任务2　掌握旅游市场营销学及其内容体系

一、旅游市场营销学

旅游市场的形成和发育，不仅规范了旅游企业的市场行为，而且促进了旅游市场营销的产生、发展。旅游市场营销学（Tourism Marketing）也称为旅游市场经营学，是市场营销学在旅游经济领域中的具体应用。它不仅研究旅游经济个体（个人和组织）在日常经营中的市场行为，同时也研究为实现某一具体的行为，经济个体应具有的一整套的管理职能。

运用这些管理职能，旅游组织不仅可以找到理想的旅游目标市场——现实的和潜在的旅游者，还可以激发潜在旅游者对新的旅游产品的购买动机，从而创造出新的消费需求（值得注意的是，如果运用不当，也可以破坏现有的消费需求）。通过信息反馈，努力生产出能满足旅游者需求的旅游产品和服务。与此同时，旅游组织也实现了自己的经济目标。

二、旅游市场营销学的内容体系

旅游市场营销学是以现实的和潜在的旅游者的消费需求为背景，动态地研究旅游经济个体的市场行为以及与此相配备的管理职能和运行手段的一门学科。它的基本内容应包括以下几个方面：

（一） 产 品 策 略

现代旅游市场营销学强调一切经济活动都应从旅游者的需求出发，根据旅游市场的需求制定旅游产品策略。产品策略（Product Policy）主要指旅游企业如何根据自己的优势和特点，在激烈的市场竞争中适时地生产出自己的旅游产品和服务。同时，根据产品的生命周期积极研制和开发新的旅游产品和服务，真正做到"人无我有，人有我特，人特我新"，从而在市场竞争中永远处于主动地位。产品策略主要包括新产品的开发策略、旅游产品的商标策略和旅游产品的实际内容三个方面。

（二） 价 格 策 略

我国旅游事业的发展是一个以接待国际入境旅游为主，先国际旅游后国内旅游，以国际旅游带动国内旅游发展的非常规发展过程。因此，研究和制定旅游产品的价格策略（Price Policy）必须考虑国际旅游市场的价格，尤其要注意发达国家旅游业的旅游价格策略。一般来说，依据市场经济体制特有的运行规律，发达国家中旅游经济个体，诸如旅游饭店、旅行社等都可自行决定规划产品的价格，这样，旅游价格的制定成为实现市场营销的一种基本手段。另外，这种市场经济体制中的旅游产品的价格受市场供求关系的影响极大，各旅行社、旅游饭店均可根据各自不同的条件采取多种多样的定价方法和策略。因此，处于经济体制转轨时期的我国旅游业，必须同时研究制定发达国家旅游业的产品价格策略和我国国际旅游市场的产品价格策略以及国内旅游市场的产品价格策略。

价格策略的内容主要包括：价格制定策略和价格管理策略。价格制定策略主要指针对现行旅游产品，如何制定适宜的价格，恰当地体现旅游市场中的供求关系，以及市场诸要素变动之后对旅游产品的价格所作的必要的调整。价格管理策略主要指从维护旅游消费者和生产者各自的利益这一法律角度出发，对产品的价格从制定到执行再到调整所采取的各种监督和管理措施。

（三） 促 销 策 略

促销的目的不仅在于向旅游消费者出售其需要的旅游产品，更重要的在于如何向旅游消费者介绍新的旅游产品，刺激旅游需求，以此来扩大旅游企业的市场占有额，从而使旅游企业居于有利的地位。

在旅游业发达的国家，旅游企业在产品促销过程中积累了丰富的促销经验，由此总结出成套的推销艺术和广告艺术。前者是人员销售（Personl Selling），由推销员挨户进行面对面（Person to Person）的推销。后者为非人员销售，即利用文字、广播、图像等进行的推销。

促销策略（Promotion Policy）的基本内容包括：旅游产品营销计划的制订，促销人员的培训，旅游产品的广告促销以及旅游企业的公关销售。另外，旅游企业售后服务也成为促销策略的附加内容。

（四） 流 通 渠 道 策 略

现代旅游企业为追求"规模经济"而不断地扩大旅游产品的生产规模，同时，由于旅游业自身固有的综合性和依赖性，也为这种大规模的旅游企业的横向联系提供了必要条件。

而将各种类型的旅游产品通过何种途径传递到旅游消费者手中，自然成为旅游市场营销的一个重要方面。

流通渠道策略（Place Policy）对于更好地满足旅游者的需求，使企业最快最便捷地进入目标市场，缩短产品传递的过程，节省产品的销售成本起到了积极作用。现代旅游商品的流通渠道一般都要经过旅游批发商、零售商等多个环节，最后才到旅游消费者，尤其是国际旅游，更需要增加国外旅游批发商和零售商几个环节，从而加大了旅游产品中的营销成本。因此，流通渠道策略正确与否，流通渠道的选择是否适宜在某种程度上决定着旅游产品市场营销的成败。

渠道策略主要包括：旅游产品销售渠道的选择，产品营销中介的建立及产品营销渠道计划的制订三个方面。

产品、价格、促销、渠道构成了旅游市场营销学的基本内容，一般被称为旅游市场营销学的"四大支柱"，我们简称为4P——"Product、Price、Promotion、Place"。

此外，旅游市场营销学还包括：旅游市场营销环境分析、旅游市场调研、目标市场选择、旅游目的地营销策略、旅游市场营销中的公共关系和旅游市场营销控制与管理等内容。

三、旅游市场营销学的发展

（一）国际旅游业对市场营销学的研究

自第二次世界大战之后，国际旅游业得到迅速发展。20世纪60年代，旅游业的发展进入到第一个高潮，与此同时，市场营销学被引进旅游业并得到普遍应用。而在此之前，指导旅游业的基本经营思想是推销观点。绝大部分旅游经营者认为，旅游企业的销售量越大，利润就越高。旅游业采用的销售手段主要是广告、宣传和推进性推销。

20世纪60年代末，旅游业的竞争日趋激烈。不少经营者开始重视学习市场营销学理论，并采用其他行业的研究成果，对旅游企业的组织结构进行调整，多数拥有150间（套）以上客房的旅游企业先后设置了营业部或营销部。许多经营者开始认识到，以推销观点作为旅游企业整体活动的指导思想，已远远不能适应不断变化的市场的需要。但由于营销学在他们眼中仍是一门神秘的学科，因此营销部的活动，实质上仍然以推销活动为主。

首先，旅游业的竞争越来越激烈，不少发达国家大力发展旅游业，从而使旅游消费者选择余地越来越大。许多经营者渐渐开始思考旅游企业的生存和发展，先后采用了市场营销学一些基本原则，竭力扩大旅游企业在市场竞争中的优势。

其次，激烈的竞争缩短了旅游企业在进入目标市场之前的准备时间。在准备阶段，旅游企业分析市场，研究旅游者的需求，分析旅游者的兴趣、爱好和意见，从而确立旅游企业经营的依据和基础。

最后，旅游企业的投资急剧上升。旅游企业若不注重了解旅游者的需求，同时又对本旅游企业的产品和服务质量抱不切实际的幻想，贸然建造旅游设施，就是浪费资源。

因此，经营者只有了解了旅游者的动机和愿望，采用营销观点，才有可能最低限度地减少经营失误。旅游业引进市场营销学原理与方法之后，指导思想逐渐发生变化。经营者开始对旅游设施进行进一步改造。快餐馆提供汽车驾驶员从快餐车上购买食品的餐柜，旅馆推出供单身汉周末活动旅馆、经济汽车旅馆，风景区分期住宿旅馆等也相继问世。与此同时，旅游企业向旅游者销售产品的方法也越来越丰富多样。

总体上说，20 世纪 70 年代，西方发达国家旅游企业成为市场营销学的初学者。发达国家旅游企业逐渐进入"细分市场时代"。旅游企业经营者已开始根据人口分布的特点、旅游者的兴趣、生活方式等对旅游消费者进行分类，依此提供恰当的旅游产品和服务。在销售过程中，"市场定位理论"逐渐得到推广。

进入 20 世纪 80 年代后，旅游企业能否满足旅游者的特殊需求和爱好，是决定旅游业经营成败的关键。旅游者对旅游产品和服务的选择余地扩大了，使得旅游企业的竞争进一步加剧。在整个 80 年代，旅游企业的经营者必须注重研究市场竞争、对旅游者旅游动机及旅游企业在市场中的不同地位，采取"重新定位"或"渗透已确立的细分市场"的策略，才能在竞争中获胜。

(二) 中国旅游企业市场营销观念的发展

新中国成立以来，中国旅游业的发展经过了两个完全不同的阶段。1978 年以前，旅游企业主要从事政府接待，旅游在国民经济结构中构不成一种产业。1978 年，经济体制开始改革，旅游业才走向市场。随着中国由计划经济转向市场经济，中国的旅游企业在市场观念、结构思路上大致经历了以下几个阶段：

1. 接待阶段。从新中国成立一直到 1978 年的改革开放，中国旅游企业的经营一直处于一种纯接待阶段。旅游企业基本上属于政府接待型机构，没有任何真正的市场行为。最明显的表现在于：旅游企业无须主动寻找客源，不需要旅游企业进行自己的促销活动，其主要任务是负责与政府活动有关的接待工作，而不是获利。这一阶段中，旅游饭店中面向市场的专业部门是"接待科"。由于旅游企业在市场中占主动地位，因而，对市场的基本态度是"等客上门"。

2. "公关"阶段。随着旅游企业自身职能的不断强化，旅游企业开始向市场考虑与自身有关的经营战略。随着对外开放，外资和合资旅游企业为众多的国有旅游企业树立了经营榜样，旅游企业一方面出于树立自身的旅游企业形象的需要，另一方面出于市场竞争的压力，开始将客人和一些重要的政府部门和企业机构视为自己的市场资源，主动与企业建立关系网络。这一阶段，饭店面向市场的专业部门是"公关部"。这是市场意识觉醒的开始。

3. 销售阶段。进入 20 世纪 80 年代中期，中国旅游业务进入第一个发展高潮。国际旅游入境人数大幅度增加，但旅游接待能力受到"旅游饭店"和"旅游交通"两个瓶颈限制，旅游企业面临空前激烈的竞争局面。在这种背景下，旅游企业自身的主动销售行为开始出现，有了激烈的市场竞争局面。在激烈的市场竞争中，旅游企业意识到必须主动将自有的产品推向市场，展示给旅游者。这一阶段，旅游企业开始设立专门的"销售部"，从事市场销售工作的专门人员开始出现。

4. 市场营销阶段。进入 20 世纪 90 年代，由于中国经济体制改革已进入全面、深入的改革阶段，旅游业的外部环境逐渐理顺，旅游市场行为已经规范化，旅游企业经营者的市场意识从觉醒走向成熟，全面的市场营销观念与方法开始为旅游企业界所认可，传统的销售（Sales）过渡到了比较成熟的市场营销（Marketing），旅游企业的市场行为从简单的销售阶段走向了在调查、研究、预测市场需求的基础上，设计自己的产品和调整自己的产品结构，确定现实目标市场和促销策略，预测未来潜在市场并在市场进行先期的市场培育，切实抓好实际销售并融进市场促销。同时，注重客人对旅游产品质量的反应和处理，注意抓好售后服务，为进一步搞好产品生产和销售提供反馈信息。

可以说市场营销是进入到 20 世纪 90 年代后才真正在中国旅游企业开始实际应用的。因而中国旅游市场营销尚未真正成熟，这将直接影响到中国旅游企业的自身经营和在国际、国内市场中竞争力。

任务3　领会旅游市场营销新理念

一、绿色营销

（一）绿色营销的含义

绿色营销是随着环保意识日益增强和绿色浪潮到来，使得营销观念必须重新定位的产物。绿色营销（Green Marketing）是指企业在经营活动中要体现"绿色"理念，即在营销中要注意生态环境的保护，促进经济与生态的协调发展，为实现企业自身利益、消费者和社会利益以及生态环境利益的统一而对产品、定价、分销和促销进行策划与实施。它要求在营销活动中把"无废无污"和"无任何不良成分"及"无任何副作用"贯穿于整个市场营销活动之中。绿色营销体现了人与自然的和谐相处，是当今世界营销发展的大趋势和必由之路。

绿色营销至少包括以下含义：市场营销的观念是绿色的，以节约能源、资源和保护生态环境为中心，强调污染防治、资源的充分利用、再生利用以及新资源的开发；绿色营销企业所属的行业是绿色的，或者说其生产经营的产品是绿色的，具有节约能源、资源，利用新型能源，或者促使资源再生利用等优点；绿色营销强调企业服务的不仅是顾客，而是整个社会，关注的不是近期而是长期；绿色营销不仅是要从自然索取，更要强化对大自然的保护，在营销活动的全过程中时时注意对环境的影响。从出发点上看绿色营销有两种：一是基于旅游企业自身的利益——降低成本，满足旅游者的绿色消费需求，从而获得更多的市场机会，占有更大的竞争优势；二是基于社会道义而进行的，社会要求必须有环保意识，必须进行可持续发展，维护全社会的公共利益。

（二）绿色营销的特点

从市场经济整体过程来理解，绿色营销是指企业在充分满足消费者需求，争取适度利润和发展的同时，注重自然生态平衡，减少环境污染，保护和节约自然源源，维护人类社会长远利益和长期发展，将环境保护视为企业生存、发展的条件和机会的一种新型营销观念的活动。绿色营销是现代市场营销发展的一个重要方面，也是对传统营销的延伸和扩展，从营销内容和营销过程来看，它与传统营销是一致的。与传统营销相比，绿色营销只不过更强调人类社会生活环境的利益，讲究企业活动和发展要与环境保护、生态平衡相协调，从根本上保护消费者、社会（尤其是生态环境）、企业三者的共同利益，最终实现企业和人类社会的持续发展。

（三） 绿色营销的产生和发展

20 世纪 60 年代以来，人们认识到传统工业文明所信守的"人本主义"和"功利主义"的弊端：人本主义夸大了人对自然界的中心地位和能动作用，忽视了人对自然界永恒的和绝对的依赖性；功利主义则不考虑生态价值和环境成本，用涸泽而渔的方式满足人类的短期需求，忽略了资源的持续利用和人类的长期福祉。绿色营销以"可持续发展"为旗帜、以崇尚人与自然互惠协调发展为特征的新功能主义和新人本主义，已为越来越多的人所接受，绿色文明作为一种追求环境与人类和谐生存和发展的新型文明开始在全球放出希望的曙光。绿色营销就是在这样的背景下产生的。

绿色营销的产生和发展也有其特定的外在环境。其中，全球环境的恶化是导致绿色营销的外在压力因素；国际社会和各国政府的努力是绿色营销的强制引导因素；再次，经济和技术的进步是绿色营销的特质保障因素；绿色运动和公共传媒的冲击是绿色营销的社会因素。

（四） 绿色营销的实施步骤

1. 分析本企业实施绿色营销成功的几率有多大。因为绿色营销的实施还牵涉到旅游供应商和分销商的环保意识，他们可能接受的价格等，还有考虑竞争对手。

2. 明确对待环境的问题的目标与原则。旅游企业各部门都应树立绿色营销意识和制订绿色营销计划。

3. 确定目标市场为绿色营销找到真正的定位。

4. 整合营销工具，以使绿色营销进入竞争中去。

二、关系营销

（一） 关系营销的含义

传统的营销观念（也即是交易营销）的核心是促成交易的完成，关系营销把营销的重点放在和顾客关系的建立、发展和维护上，把包括交易在内的与顾客的每一次接触视为维系企业与顾客关系的一个步骤。

关系营销包括两个基本点：首先，在宏观上认识到市场营销会对范围很广的一系列领域产生影响，包括顾客市场、劳动力市场、供应市场、内部市场及利益相关者市场。

其次，在微观上，认识到了企业与顾客的相互关系在不断改变，市场营销的核心从交易转到了关系。在这些观念的支持下，关系营销主张把客户关系作为企业营销的根本。

企业是社会经济大系统中的一个子系统，企业营销目标的实现要受到众多外在因素的影响。关系营销以系统论为基本指导思想，将企业置身于社会经济大环境中来考察其市场，考察其市场营销活动，认为企业营销乃是一个与消费者、竞争者、供应商、分销商、政府机构和社会组织发生互动作用的过程，正确处理与这些个人和组织的关系是企业营销的核心，是企业成败的关键。关系营销将建立与发展相关个人及组织的关系作为企业市场营销的关键变量，把握住了现代市场竞争的特点，正因为如此，关系营销被西方舆论界视为是"对传统营销理论的一次革命"。

（二）关系营销的产生和发展

从现代市场营销的发展史来看，不同时期有着各自的侧重点。20世纪50年代是消费品营销；60年代市场营销的核心思想是产业市场营销；到了70年代，则是社会营销；80年代，服务营销则成了营销思想发展的核心；在90年代，关系营销得到了越来越多的关注，在这个过程中，大多数营销理论都是从对消费者市场的研究发展而来的。然而，对于产业和服务业市场的研究表明这样的理念已经无法满足需要。于是，进入80年代后，西方企业界和学术界一批颇具发展眼光的人士大胆地突破传统市场营销框架的桎梏，积极寻求和创建适应当代企业竞争要求的营销理论和方法，一批颇有见地和创新的市场营销理论应运而生，关系营销便是其中的佼佼者。

（三）旅游业关系营销的内容

1. 旅游业和顾客的关系。旅游业和顾客的关系是旅游关系营销中最基本的关系。旅游业可以采取营销策略促使顾客长期购买和频繁购买旅游产品，并给这种长期购买和频繁购买的游客予以特别的优惠，从而建立较为稳定的关系，减少了游客的购买顾虑，降低游客的购买风险，自然就减少了交易时间。

2. 旅游营销链上的关系。任何一个旅游企业都和自己业务的上游和下游构成一个"营销链"。一个和谐稳定的供应链，可以减少交易成本，节省大量的人力物力。

3. 企业内部的关系。内部关系包括部门之间的关系和员工之间的关系。旅游行业与别的行业不同之处在于：这个行业的质量难以客观检测，难以标准化，所以员工工作的主观性相对大得多，只有理顺员工的内部关系，员工才能不带情绪地努力工作，才能带给游客更好的体验和服务。

【资料链接】

巴黎里兹饭店的记车牌制度

法国巴黎的里兹大饭店有这样一条制度，凡是到该饭店居住的客人，接待生在帮顾客打开车门时，都必须为顾客记住每一辆搭载的出租车号码。为什么？

经理解释：巴黎有1万4千辆出租车，如客人有物品遗忘在车上，这是帮助客人找回失物最佳的方法。

经理还说：接待生还必须记下客人大件行李数目，一旦客人短少行李，能很快查出行李是遗失在机场或是出租车上。

结果：凭借这类公关制度，里兹大饭店在顾客中赢得了良好的形象，在竞争激烈的同行中，一直保持很高的入住率。

三、文化营销

（一）文化营销的含义

文化营销是一个组合概念，简单地说，就是利用文化进行营销，是指企业营销人员及相关人员在企业核心价值观念的影响下，所形成的营销理念，以及所塑造出的营销形象，两者在具体的市场运作过程中所形成的一种营销模式。文化营销是指通过传递特定的文化来实施营销活动的过程。在营销的过程中，企业努力构筑一个主题鲜明的活动，这类活动不是单纯地把某一件商品推销给消费者，而是努力与消费者达成默契，从内心上去影响和引导消费者的行为。文化营销的概念在房地产、汽车、饮料食品销售中表现得最为淋漓尽致。这些产品无论在设计还是宣传包装上都传递着一种情感，文化品位和价值观念。人们在购买这样的住房和汽车时，除了改善生活环境、追求幸福生活的目的外，还在无意间流露出购买者的事业阅历。

专家指出，营销过程在实物上表现的是传递产品以满足需要的过程，而在内层方面则是一种文化价值的传递和达到满意的过程。在一定意义上，现代市场营销是物化营销和文化营销的结合。营销离不开文化，如果说传统市场营销强调的是实物传递的过程，主要着眼点在于物化营销的话，那么文化营销则更强调营销过程的文化传递，通过传递特定的文化赋予产品更多的价值。文化营销的过程也是一个传递价值观的过程，通过传递某种与其产品特质暗合的价值观，营销者提升了其产品在消费者心理上的价值。事实上，多数情况下这种价值观早已潜存于消费者心中，文化营销通过倡导这种价值观来引导消费者购买与这种价值观相协调的产品，以满足其被激发的心理需要。由此，文化营销依靠提升产品在消费者心理上的价值赢得优势。

（二）文化营销的特点

文化营销把企业营销活动的重点从交易的完成和实物的传递转到文化的传递中来，把每次与消费者的接触看做是传递文化的机会，而不是一项单一的买卖、服务活动。这是与传统市场营销根本不同的，因此文化营销有其鲜明的特点。首先，文化营销可以分为两个阶段，其一是文化传递，这是主要的阶段，是文化营销活动的重心所在；然后才是产品的实物转移，这个阶段是水到渠成的结果。其次，文化营销的目标是传递文化而不是出售产品，仅仅以出售产品为目标是难以成功的，只有以传递文化为目标，提升产品在消费者心理的价值。占有市场，才能实现突出的销售业绩。再次，文化营销认为营销不再是某个职能部门的事，作为一种以传递文化为主的活动，文化营销强调全员参与，每一个员工与外界的接触都是传递文化的机会。最后，文化营销强调信息的双向沟通，而不是单向的信息传递。企业倡导的文化不是随意捏造的空中楼阁，而是来源于消费者，只有这样发展起来的文化才能被消费者广泛接受。

（三）文化营销的三个层面

在实际运作中，文化营销可以从以下几个层面展开：

1. 产品或服务层面。这一层面上的文化营销就是推出能提高人们生活质量、推动人物质文明发展的产品或服务，并能引导一种新的、健康的消费方式和消费观念。比如，人文景观旅游资源突出或者强化人们已经接受的或者容易接受的概念主题，对于自然景观旅游资源则要去发掘基于本资源的那些高于物质层面的精神性东西。

2. 品牌文化层面。这一层面上的文化营销就是用特定的文化内涵来塑造能给消费者带来极大满足的品牌。品牌有无竞争力，能否成为名牌，主要的并不取决于技术物理上的差异，而在于品牌是否具有丰富的文化内涵。文化营销在品牌方面做的文章主要是在品牌的附加价值、象征意义、个性等几个方面。

3. 企业文化层面。每个企业在产生和发展过程中，都会形成自己的独特的企业文化。企业文化渗透在企业每一个细节之中，无声无息地影响着企业的生存和发展。在营销过程中，如果能够形成优秀的理念文化、行为文化、物质文化、制度文化，通过整合，必然会有效地传达给社会，产生良好的社会效益。在文化的几个层面中，理念文化是核心，它包括了一个企业的价值观、企业精神、企业道德。

在操作中，三个层面中的文化因子越统一，则营销的效果越好。同时，文化应该有一个明确的定位。这种定位必须反映个性，随着社会主流文化的变迁，文化定位也将是一个动态的过程。

四、服务营销

(一) 服务营销的含义

服务营销既是从市场营销学中衍生出来的，也是对市场营销学的拓展，它把服务业的市场营销活动和实物产品市场营销活动中的服务作为研究对象。服务与实物产品本来就是相伴而生的，起初并无严格界限，正如斯密所说，"没有任何评价标准可以明确地分开这两种产业（产品和服务）"。实际上，在购买商品时，实体成分占主导地位，而购买服务时则以非实体成分占主要地位。服务是产品，但又不同于一般产品而是特殊产品，服务营销和实体产品营销存在于营销领域，但有着程度和重心上的不同。

服务营销从两个角度切入：一是研究服务业的整体市场营销活动；二是实物产品市场营销活动中的服务。服务业是泛指第三产业的各个行业，其社会覆盖面相当宽阔，包括生产性服务业、生活性服务业、流通性服务业、知识性服务业及社会综合服务业等，各类服务业又分别包含很多的服务行业，其跨度之广、情况之复杂，非第一、第二产业可比。但不管哪类服务行业或企业，其市场营销行为均是服务营销的研究对象。实物产品市场营销中的服务亦是服务营销所关注的对象。服务已成为实物产品市场竞争的重要手段，而且它提供了形成产品附加价值和巨大竞争优势的潜力。

(二) 服务营销的特点

服务营销是从市场营销中派生的，它从理论基础到结构框架都脱胎于市场营销。但作为一门独立的学科服务，营销又有以下的特点：

1. 供求分散。服务营销活动中，服务产品的供求具有分散性——供方覆盖了第三产业的各个部门和行业，企业提供的服务广泛分散；需方更是涉及各种各类企业、社会团体和千家万户不同类型的消费者。

2. 营销方式单一。有形产品在市场可以多次转手，经批发、零售多个环节才使产品到达消费者手中，因而其营销方式有经销、代理和直销多种营销方式。服务营销具有生产与消费的统一性，因而只能采取直销方式，中间商的介入是不可能的，储存待售也不可能。

3. 营销对象复杂多变。服务市场的购买者是多元的、广泛的、复杂的，购买服务的消费者的购买动机和目的各异，某一服务产品的购买者可能牵涉社会各界各种不同类型的家庭和不同身份的个人。

4. 消费者需求弹性大。根据马斯洛需要层次理论，人们的基本物质需要是较低层次的需要，满足这种需要的实体产品其需求弹性就小；而人们对精神文化消费的需要是较高层次的需要，品质、个性化的要求较多，满足这种需要的服务需要弹性较大。

5. 服务人员的技术、技能、技艺要求高。服务者的技术、技能、技艺直接关系着服务质量，消费者对各种服务产品的质量要求也就是对服务人员的技术、技能、技艺的要求。

（三）服务营销的产生和发展

1. 服务营销的产生。服务营销学于 20 世纪 60 年代兴起于西方。1966 年，美国约翰·拉斯摩（Joan Rathmall）教授首次对无形服务同有形实体产品进行区分，提出要以非传统的方法研究服务市场的营销问题。1974 年他所著的第一本论述服务市场营销的专著面世，标志着服务市场营销学的产生。此外，在服务营销学的形成中，北欧以格隆鲁斯（Christopher Gronroos）和赫斯基（James Heskett）为代表的诺边克学派（Nordic School）起了巨大的推进作用。他们有关服务质量理论及服务营销管理理论成为服务营销学的重要理论支柱。

服务营销学的产生源于服务业的迅猛发展和产品营销中服务日益成为焦点的事实。随着经济的发展，服务业在国民经济中的比重日益扩大，产业升级与产业结构优化必然导致服务业的强劲发展和产品营销服务成为企业竞争焦点的局面。具体而言，服务业的发展与科学技术的进步和发展、社会分工和生产专门化、市场环境的变化、人们消费水平的提高等因素有密切的关系。

2. 服务营销的发展。服务营销学脱胎于市场营销学，在自己的空间内得以茁壮成长。美国营销学教授科特勒曾指出，服务代表了未来市场营销管理和市场营销学研究的主要领域之一。在欧美地区，服务营销学正蓬勃地发展起来。自 20 世纪 60 年代以来，服务营销学的发展大致上可分为以下三个阶段。

第一个阶段（20 世纪 60 年 ~ 70 年代）是服务营销学的脱胎阶段。第一阶段是服务营销学刚从市场营销学中脱胎而出的时期，研究的主要问题包括：服务与有形物产品的异同；服务的特征；服务营销学与市场营销学研究角度的差异。

第二个阶段（80 年代初 ~ 80 年代中期）是服务营销的理论探索阶段。这一段主要探讨服务的特征如何影响消费者购买行为，尤其集中于消费者对服务的特质、优缺点及潜在的购买风险的评估。

第三阶段（80 年代后期至今）是理论突破及实践阶段。这一阶段，市场营销学者们基于第二阶段取得的对服务基本特征的共识，集中研究了在传统的 4P 组织不够用来推广服务的情况下，究竟要增加哪些新的组合变量的问题。

五、体验营销

（一）体验营销的含义

所谓体验就是指人们用一种从本质上说以个性化的方式来渡过一段时间，并从中获得过程中呈现出的一系列可回忆的事件。与之相对的是，服务只是指由市场需求决定的一般性大批量生产。正如服务经济的地位高于产品经济一样，体验经济高于服务经济。由于被赋予个性化之后会变得值得记忆，一项为顾客定制化服务就使它成为一种体验。如果顾客愿意为这类体验付费，那么体验本身也就可以看成某种以经济为舞台，以商品为道具，围绕着消费者创造出值得回忆的活动。

体验营销（Experience Marketing）是美国战略地平线公司的创始人 B-josephpine Ⅱ 和 James Hgilmore 在 1998 年首先提出的。他们对体验营销的定义是："从消费者的感官、情感、思考、行动、关联五个方面重新定义、设计营销理念"。他们认为，消费者消费时是理性和感性兼具的，消费者在消费前、消费中和消费后的体验，是研究消费者行为与经营企业品牌的关键。现今的消费者不仅重视产品或服务给他带来的功能利益，更重视购买和消费产品或服务的过程中获得的符合自己心理需要和情趣偏好的特定体验。

（二）体验营销的产生和发展

与其他营销理论一样，远在正式的概念提出之前，体验营销的基本思想就已经被很多的企业所运用。近年来，继其正式定义问世之后，体验营销无论在知识界还是商界都获得了空前的发展。事实上这并非偶然，原因可归纳为以下几点：

1. 消费者需求层次的提高。在农业社会，人们追求的是温饱的基础满足，在工业社会，生活水准由物质产品来衡量；在后工业社会，人们更加关心生活的质量，重视自己在心理上和精神上获得满足。体验可以说正是代表这种满足程度的经济提供物，以体验为基点的体验营销之所以产生并迅速发展是社会发展的结果。

2. 产品和服务的同质合璧趋势。激烈的市场竞争使各行业提供的商品和服务越来越趋相同，这种商品和服务的趋同无法满足消费者的个性化需要。因此，消费者越来越追求独特性的体验。

3. 先进企业对消费者的引导和示范。许多体验性消费是由少数先进企业首先引导和示范的。例如，在索尼公司推出随身听之前，消费者并没有想到收听音乐会如此方便；在苹果公司制造个人电脑之前，消费者不曾期望自己能够用上如此神奇的机器。

4. 现代科技的突出成就。如果说消费者对独特体验的渴求是体验消费者盛行的内因，那么现代科学技术的飞速发展则提供了各种体验消费的可能性。现在人们接触到的许多体验，如互联网游戏、网上聊天、虚拟社区等都是因现代科学技术的飞速发展而满足人们体验需求的。

（三）体验营销的主要策略

在体验消费盛行的今天，越来越多的企业开始意识到体验的战略意义。如何在消费过程中给消费者带来美的享受，体验营销有以下几种策略：

1. 感官式营销策略。感官式营销是通过对消费者视觉、听觉、嗅觉和触觉刺激建立感官上的体验。感官式营销可以增强消费者对公司和产品的识别能力，增加产品的附加值，引发购买动机等。

2. 情感式营销策略。情感式营销是在营销过程中触动消费的内心情感，创造情感体验。这里的情感既可以是温和的、正面的，如欢乐、自豪，也可以是强烈的、激动的。情感式营销需要真正了解什么刺激可以引起某种情绪，并能使消费者自然的受到感染，融入到这种情景中来。

3. 思考式营销策略。思考式营销是启发人们的智力，创造性地让消费者获得认识解决问题的体验。它运用惊奇、计谋和诱惑，引发消费者产生统一或各异的想法。

4. 行动式营销策略。行动式营销是通过偶像、角色（如影视歌星或运动明星）来激发消费者，使其生活形态予以改变，从而实现产品的销售。

5. 关联式营销策略。关联式营销包含感官，情感，思考和行动等的综合。

（四）体验营销的实施

在企业的具体运作上，体验营销可以有以下的实施办法：

1. 在产品中附加体验。在体验营销中，产品不仅需要有好的质量和功能，还要有能满足使用者视觉、触觉、审美等方面要求的特性。现在消费者对产品的期望值越来越高，某一个细节的缺陷便会影响消费者对产品的感知，从而不利于产品的销售。因此，企业要密切联系消费者和使用者，在附加体验或去除不良体验方面大做文章。

2. 用服务传递体验。在服务过程中，企业在完成基本任务的同时，完全可以突出自己所传递的体验。海尔在这方面做得很好。譬如，海尔的维修人员在服务结束时，会用自带的抹布在门口的地面很细心地擦一遍，即使是根本没有弄脏，这个看似无足轻重的服务细节，却能给消费者带来美好而难忘的体验。

3. 通过广告传播体验。由于广告的传播范围广，优秀的体验广告更能吸引目标消费者，达到产品销售的目的。例如，"百年润发"广告巧借中华民族夫妻间青丝白发、百年好合的传统美德，以洗发的浓浓深情，把人带入"青丝秀发、缘系百年"的美好境界。

4. 借品牌以体验。表面上，品牌是产品或服务的标志；深层次上，品牌则是人们心理和精神上的追求。在体验营销者来看，品牌就是"消费者对一种产品或服务的总体体验。"因此，创造一个强调体验的品牌形象，消费者就会蜂拥而来。

5. 创造全新的体验业务。体验业务不同于依附在产品或服务之中的体验，它是企业真正要出售的东西，产品只不过是一种服务载体。我们需要在各大行业，如影视、艺术、体育、旅游等中间创造出全新的体验业务，以满足人们不断上升的体验需求。

【资料链接】

顾客的需要就是工作的第一目标

麦克尔是当今世界上最好的饭店营销专家之一，曾任时代旅馆（DayInn）的首席执行官。在他任职期间，时代旅馆的饭店数和客房数翻了一倍还多。他成功的要素就是引入一个观念——顾客导向。

赖文对顾客的关注可以追溯到 30 多年前他在纽约罗斯威饭店（Roosevelt Hotel）做销售代表的时候。有一次，他接到一个会议策划人员的电话，要预定一个有 60 人参加的宴会，需要 10 张 6 人的桌子。与这个策划人员确认了整个安排后，赖文把单子交到了宴会部。令他吃惊的是，这个单子被退回来了，上面有红色的标注"不行，我们不能提供 6 人的宴会桌。"宴会部还解释说饭店联盟要求宴会桌必须是 10 人或 8 人的。赖文给顾客打电话说明了情况，顾客的反应令他永生难忘——"我不管你们联盟是如何规定的，我是顾客，我会到其他能够满足我要求的饭店去！"

这位未来的首席执行官并没有就此放弃，而是返回了宴会部，了解到原来每张桌子必须最少给服务员 8 份小费，于是，赖文想出了一个创造性的解决方案。他给那个会议策划者打电话，解释了协约的限制，并说服这位顾客每桌多付两份额外的小费。这样，他通过满足顾客的需要挽回了这个预定。

现在，赖文已经是美国特许经营系统的首席执行官。这是一个新的、发展迅速的饭店公司，微型客栈、最佳旅馆和豪森公寓饭店都是该公司的特许经营饭店。

资料来源：雍天荣．旅游市场营销．对外经贸大学出版社．2008.

【探讨】

1. 如果按照宴会部的做法，那么时代旅馆的经营会出现什么问题？

2. 从本案例中，你能否总结出市场经营理念的重要性？

📋 项目小结

旅游市场营销学是对旅游企业经营实践的科学总结，它不仅是一门科学，而且还是一门艺术。本项目首先介绍了旅游市场营销的内涵，市场营销观念的演进，阐述了旅游市场营销的产生于发展；通过构建旅游市场营销学的内容体系来增加学生们市场营销相关知识，提高专业水平；最后通过介绍旅游市场营销新理念使学生了解旅游市场，掌握旅游市场的理论知识和怎样运用各种营销手段把旅游产品推销出去。

👥 项目实训

【实训目的】

将旅游市场营销的理论知识运用到实践当中。

【实训内容】

1. 结合所在地旅游资源的状况，为当地旅游企业策划、构思新的旅游产品。

2. 结合新产品的开发，提出新产品的营销组合方案。

【实训要求】

1. 实训学时：2 学时。

2. 实训完成后写出实训报告。

主要参考文献

［1］赵西萍. 旅游企业人力资源管理［M］. 天津：南开大学出版社，2005.

［2］陆慧. 现代饭店管理概论［M］. 北京：科学出版社，2005.

［3］德克·格莱泽. 旅游业危机管理［M］. 安辉，译. 北京：中国旅游出版社，2004.

［4］邹统钎. 旅游危机管理［M］. 北京：北京大学出版社，2005.

［5］叶秉喜，庞亚辉. 考验：危机管理定乾坤［M］. 北京：电子工业出版社，2005.

［6］李宝明. 旅游企业管理［M］. 北京：经济科学出版社，2004.

［7］张公绪. 新编质量管理学［M］. 北京：高等教育出版社，1998.

［8］何建民. 现代酒店管理经典［M］. 沈阳：辽宁科学技术出版社，1996.

［9］魏卫，邓念梅. 旅游企业管理［M］. 北京：清华大学出版社，2006.

［10］王大悟，魏小安. 新编旅游经济学［M］. 上海：上海人民出版社，1988.

［11］国家旅游局人事劳动教育司. 旅行社经营管理［M］. 北京：旅游教育出版社，1999.

［12］斯蒂芬·P·罗宾斯，大卫·A·德森佐. 管理学原理［M］. 大连：东北财经大学出版社，2004.

［13］章平，李晓光. 旅游景区管理［M］. 北京：科学出版社，2006.

［14］黄其新. 旅游景区管理［M］. 武汉：华中科技大学出版社，2008.

［15］陈道山，阮跃东. 旅行社经营管理实务［M］. 北京：中国发展出版社，2009.

［16］郑向敏，韩军. 旅游企业管理［M］. 重庆：重庆大学出版社，2008.

［17］董正秀，朱晔. 旅行社管理实务［M］. 重庆：东南大学出版社，2007.

［18］陈才，龙江智. 旅游景区管理［M］. 北京：中国旅游出版社，2008.

［19］王瑞，吴有怀. 酒店管理基础与实务［M］. 北京：化学工业出版社，2010.